Über dieses Buch

Unverhüllt wird uns das Bild der Griechen-Heroen gezeigt, dieser sehr menschlichen Halbgötter. Aus den Liebesverbindungen von Göttern und Menschen hervorgegangen, wurden sie zu Leitbildern der Antike, und bis zu heutigen Zeiten verbinden sich ihre Namen mit Ereignissen der klassischen Geschichte. Der Trojanische Krieg, die Irrfahrten des Odysseus, die Taten des Herakles blieben im Gedächtnis der Nachlebenden. »Nicht die Welt der Götter, doch eine ganze Welt wird sich hier auftun, uns bald heimatlich anmutend, bald befremdend, und von dieser Seite her betrachtet, vielleicht zum erstenmal: eine Welt zwischen der Mündung des Guadalquivir und dem Kaukasus, von einer Dauer, etwa seit 1500 vor Christus, von mindestens zweitausend Jahren, die den Glanz großer Götter und Göttinnnen in den Gestalten ihrer als Heroen verehrten Söhne getragen hat.«

Der Autor

Karl Kerényi, geb. 1897 in Temesvár, gest. 1973 in Zürich, studierte klassische Philologie in Budapest und an verschiedenen deutschen Universitäten. Ab 1936 war er Professor für Religionswissenschaften in Pécs (Fünfkirchen), ab 1941 in Szeged. Er emigrierte 1943 in die Schweiz, wurde 1944 Gastprofessor in Basel und ab 1948 Forschungsleiter am C. G. Jung-Institut in Zürich.
Zahlreiche Veröffentlichungen, vor allem zur griechischen Mythologie, u. a.: ›Einführung in das Wesen der Mythologie‹ (mit C. G. Jung, 1941), ›Hermes der Seelenführer‹ (1944), ›Prometheus‹ (1946), ›Die antike Religion‹ (1952), ›Apollon‹ (1953), ›Umgang mit Göttlichem‹ (1955), ›Griechische Miniaturen‹ (1957), ›Gespräch in Briefen‹ (mit Thomas Mann, 1960), ›Die Mysterien von Eleusis‹ (1962), ›Die Religion der Griechen und Römer‹ (1963), ›Humanistische Seelenforschung‹ (1966), ›Auf den Spuren des Mythos‹ (1967), ›Tage- und Wanderbücher‹ (1968) und ›Dionysos‹ (1976).

Karl Kerényi:
Die Mythologie der Griechen

Band 2
Die Heroen-Geschichten

Deutscher
Taschenbuch
Verlag

Ungekürzte Ausgabe
1. Auflage Dezember 1966
3. Auflage September 1977: 31. bis 42. Tausend
Deutscher Taschenbuch Verlag GmbH & Co. KG,
München
Lizenzausgabe mit freundlicher Genehmigung der Albert
Langen-Georg Müller Verlags GmbH, München
Umschlaggestaltung: Celestino Piatti
Gesamtherstellung: C. H. Beck'sche Buchdruckerei,
Nördlingen
Printed in Germany · 3-423-01346-x

Den kommenden Dichtern

> *Denn der Boden zeugt sie wieder*
> *Wie von je er sie gezeugt.*
>
> Faust II, III 3

Der Mythos ist eine allgemeine Voraussetzung des griechischen Daseins. Die ganze Kultur samt allem Tun und Lassen war noch die alte, ursprüngliche, nur allmählich weiter gebildet. Von zahlreichen Formen des Lebens kannte man noch den mythischen und heiligen Ursprung und fühlte sich demselben sehr nahe. Das ganze griechische Menschengeschlecht hielt sich für den Erben und Rechtsnachfolger der Heroenzeit; erlittenes Unrecht aus der Urzeit wird noch spät vergolten; Herodot beginnt seine Erzählung vom großen Kampf des Westens und Ostens mit der Entführung der Io, und der Perserkrieg ist eine Fortsetzung des trojanischen.

Jacob Burckhardt, Griechische Kulturgeschichte

Vorwort

Das Buch, das ich hier vorlege, ist wiederum zu voll des Stoffes, mehr noch, als meine ›Mythologie der Griechen‹* es war. Es setzt wohl die Erzählung jenes gelehrten Inselgriechen unserer Zeit fort, in dessen Mund die Göttergeschichten gegeben wurden, und ergänzt sie an allen Stellen, wo jene in die Heroengeschichten mündete. Aber ein umgekehrter Weg wäre ebenso möglich: von den schweren Schicksalen dieser Halbgötter und oft um so mehr leidenden Menschen auszugehen und von da her zum spielerischen Sein der leichtlebenden Götter vorzudringen. Nicht die Welt der Götter, doch eine ganze Welt wird sich hier auftun, uns bald heimatlich anmutend, bald befremdend und, von dieser Seite her betrachtet, vielleicht zum erstenmal: eine Welt zwischen der Mündung des Guadalquivir und dem Kaukasus, von einer Dauer, etwa seit 1500 vor Christus, von mindestens zweitausend Jahren, die den Glanz großer Götter und Göttinnen in den Gestalten ihrer als Heroen verehrten Söhne getragen hat.

Es ist ein Stück jener Geschichte, die wir, im Sinne einer unsere Fähigkeiten zur Erinnerung und zur Aufnahme bestimmenden, gemeinsamen Erbschaft, »unsere Geschichte« nennen dürfen. Auf Grund der Erfahrungen der Psychologie bezweifle ich, daß es möglich wäre, solch ein Stück Geschichte völlig auszuschalten. Und als Historiker würde ich es für eine Verfälschung des Gesamtbildes der Menschheitsgeschichte halten, wenn man das Wissen darum unterdrücken wollte. Daß ich es hier in einer endgültigen Form dargestellt habe, glaube ich am wenigsten. Daher die Widmung an die kommenden Dichter: sie sollen das einmal als geistige Wirklichkeit Dagewesene, das in die Literatur- und Religionsgeschichte Europas gehört, in eine gültigere neue Form überführen, als es einem Werk der Altertumswissenschaft möglich ist.

Dieses Buch will nicht der Verschönerung dienen – das taten die so lange den Träumen der Jugend entsprechenden ›Schönsten Sagen des klassischen Altertums‹ von Gustav Schwab oder wie immer solche Darstellungen in anderen Sprachen hießen –, und es hütet sich vor dem Verdecken der in ihrer Wesenhaftigkeit leuchtenden Überlieferung der Antike. Eine Verdeckung des Überlieferten kann auch durch ehrlich gemeinte Wissenschaftlichkeit zustande kommen: durch ein berechtigtes Wissenwollen, das seine durch die Überlieferung selbst gesetzten Grenzen nicht erkennt. Das Wissenwollen kann sich auf das Gegebene richten, auf Einzelheiten und Zusammenhänge, die durch Funde und Entzifferungen täglich erweitert werden können; es kann versuchen, das Ganze geistig zu

---

* Titel der dtv-Ausgabe: Die Mythologie der Griechen. Band 1: Die Götter- und Menschheitsgeschichten.

durchleuchten und zu beleben, und dann darf es den Anspruch auf den Namen »Wissenschaft« mit vollem Recht erheben. Es erliegt indessen allzuoft der Versuchung, beantworten zu wollen, wie das Gegebene entstanden ist, und hier stößt es meistens auf Unwißbares. Denn selten ist der Gang einer Entstehung überliefert. Ganz besonders gilt dies vom Stoff der Götter- und Heroengeschichten.

Er ist in Texten und Kunstdenkmälern überliefert. Die Beschäftigung mit der Geschichte dieser Formen der Überlieferung ist wichtig für das Erkennen dessen, was eigentlich gegeben ist. Sie bedeutet aber eine mächtige Ablenkung vom Gegebenen selbst, in der Richtung von Ursprungshypothesen und Rekonstruktionen verlorener Werke, zu Ausführungen, die sich im Grunde doch auf Unwißbares beziehen. Solche Hypothesen und Rekonstruktionsversuche, selbst wenn sie nicht zu einem vom konkret Vorhandenen losgelösten Gedankenspiel werden, vermögen dieses Konkrete leicht zu verdecken. Verdeckend ist in diesem Sinne auch das bewunderungswürdige Werk von Carl Robert, ›Die griechische Heldensage‹, mit seinen anderthalbtausend Seiten, in der erweiterten Ausgabe von Ludwig Prellers ›Griechischer Mythologie‹. Ich nenne es dankbar als den dem großen Stoff einzig gemäßen Leitfaden für diejenigen, die sich auch mit den letzten Verzweigungen und Wandlungen sowohl der literarischen als der archäologischen Überlieferung befassen wollen. Es bedürfte freilich auch der Erneuerung.

Was ich glaubte vornehmen zu müssen, ist ein dezidiertes Vordringen zum Inhalt. Dies wurde getan, soweit es möglich war, im Zusammenleben mit den Texten, angesichts der unerschöpflichen Werke der Vasenmalerei und der Kunst der Gräber – Orte des langen Nachlebens der Heroenverehrung –, nicht der Deutung, sondern der Atmosphäre wegen. Es galt dabei als Aufgabe, den überlieferten Stoff in einen Zustand der Belebung und Auflockerung zu bringen, aus dem die Gestalten der Heroen in ihren ursprünglichen Konturen wie von selbst hervortreten könnten. Dazu gab die Entwicklung der Kunst des Erzählens seit Virginia Woolf auch dem wissenschaftlichen Schriftsteller manche Ermutigung. Ein jeder Heros ist, mit seinem Kult zusammen betrachtet, ein Woolfscher Orlando, und manche Gleichungen zwischen Heroen und Gottheiten müssen ebenso in der Schwebe gelassen werden wie die mythologischen Selbstidentifizierungen des jungen Joseph Thomas Manns.

Die glatte Fläche der einschichtigen Erzählung ist in der großen Literatur seit langem aufgebrochen worden. Eine Form, die die antiken Erzähler – sogar mehrere neben- und nacheinander – und den erwägenden Nacherzähler zugleich zu Wort kommen läßt, mußte auch in der wissenschaftlichen Literatur entwickelt werden, ohne die Wirkung eines ursprünglichen Erzählungswerkes auch nur erstreben zu wollen, nur der Selbstbehauptung eines uralten Erzählungsstoffes vertrauend. Diese Selbstbehauptung in der jahrelangen Arbeit an der Auswahl, der Befreiung und der Zusammenfügung des konkreten menschlichen Inhaltes zu erproben, zuerst an mir selbst, dann auch an anderen, lockte mich, ich bekenne es, wie ein wissenschaftliches Experiment und war mir zugleich ein Versuch im lebendigen Humanismus, der sich auf irgendeine Weise immer zu den Griechen verhält. Er soll das richtige Verhältnis auch zur Heroenmythologie der Griechen finden, auf Grund eines weder pädagogisch vereinfachten noch belletristisch zurechtgemachten, noch irgendwie verdeckten oder verschleierten Bildes.

Für die Vorbedingungen dieses humanistischen Experimentes, der Fortsetzung des in der ›Mythologie der Griechen‹ unternommenen, danke ich der Schweizerischen Eidgenossenschaft und meinen Verlegern, dem Rhein-Verlag in Zürich und Thames & Hudson in London, für die Verfertigung der Register, die dem Buch erst die Brauchbarkeit eines Handbuchs verleihen, meiner Frau, für das Durchlesen des Manuskriptes Frau Daisy Brody, für Mitlesen der Korrektur Herrn Professor Dr. Walther Kraus in Wien, für freundliche Bemühung bei der Beschaffung der Bilder Herrn Dr. Hellmut Sichtermann in Rom.

Von Rom nach Ascona, am 21. April 1958.

Einführung

Wird die griechische Mythologie auf die Götter und allenfalls noch auf die Ursprungsmythologeme des Menschengeschlechtes beschränkt, so müssen die Heroen am Rande bleiben. Doch die Götter fordern die Heroen: diese gehören noch in die Mythologie. Sie ragen indessen von dorther in die Zeiten nicht mehr der »Geschichten«, sondern der »Geschichte« hinein. Ein wesentlicher Unterschied zwischen den Erzählungen von Heroen und der eigentlichen Mythologie, zwischen der Göttermythologie und der mit ihr vielfach verwobenen oder mindestens an sie grenzenden Heroenmythologie, besteht darin, daß diese sich mit der Geschichte, den Ereignissen nicht einer außerhalb der Zeit liegenden »Urzeit«, sondern der geschichtlichen Zeit, gleichfalls mehr oder weniger verwoben und so eng an sie angrenzend zeigt, als wäre sie bereits Historie und keine Mythologie. Den Heroen ist geschichtliche Existenz, Historizität, nicht grundsätzlich abzuerkennen. Sie treten so auf, als ob sie historisch gewesen wären und nur ausnahmsweise das Sein von Göttern – im Fall des Herakles auf dem Olymp, sonst in der Unterwelt – erlangt hätten. Doch selbst wenn sie einmal geschichtliche Personen waren, stehen sie in ihren »Geschichten« auf eine Weise da, die sie aus der »Geschichte« heraushebt. Man wird ihnen nicht mehr ganz gerecht, wenn man ihre »Historizität« erweist. Sie büßen dadurch ihren mythologischen Aspekt ein, der sie mit den Göttern verbindet und durch den sie wie Urbilder wirken. Ihre Existenz ist eine besondere Quasiexistenz, die weniger und mehr ist als die gewöhnliche menschliche Existenz: mehr, weil sie auch ihr Nachleben im Kult umfaßt.

Ausgezeichnet werden sie nicht immer und nicht etwa nur durch Heldenhaftigkeit: ein Grund, warum ich der nicht übersetzbaren griechischen Bezeichnung »Heros« vor »Held« den Vorzug gebe, obwohl ich auch dieses Wort, wo es der Situation entspricht, nicht vermeiden will. Viel eher als durch eine Eigenschaft werden die Heroen in allen Geschichten durch ihre Substanzialität, eine eigentümliche Konsistenz, gekennzeichnet, die sie mit den Göttern als Gestalten teilen. Die Götter mancher nicht mit den Hochkulturen Vorderasiens und des Mittelmeers verbundenen Mythologien nehmen diese mittlere Stellung zwischen Göttergestalten, wie die der Griechen sind, und den Menschen ein. Es ist dies eine Konsistenz, die sich in der dichterischen Gestaltung, der die Heroen fortwährend ausgesetzt waren, dermaßen bewährt hat, daß ein durch Schriftstellerwillkür völlig verwandelter Alexander, Caesar oder Napoleon denkbarer ist als ein ganz anderer Perseus oder Oidipus, ja ein veränderter Alexander der Große schon weniger, da er doch bereits im Altertum in die Reihe der Heroen einging. Zu den »Heroen« der Geschichte gehört die geschichtliche Zeit. Sie sind in eine einmalige

Zeitspanne eingebettet, die durch zahllose gleichzeitige Begebenheiten bestimmt wird und an der nichts zu ändern ist. Auch ein völlig »neuer« Caesar oder Napoleon hätte seine Konturen von dort her, er bliebe an seiner zeitlichen Hülle erkennbar. Das Unveränderliche an den Heroen der Mythologie ist hingegen ein unverwechselbarer Kern, den man bei demselben Heros immer wiederfindet. Das Wort Ralph Waldo Emersons trifft für ihn auch in sachlich religionsgeschichtlichem Sinne zu: »The hero is he who is immovably centred.« Anderen Heroen kann er in einem oder in mehreren Zügen gleichen. Es gibt auch Heroentypen, wie es gewöhnliche Menschentypen gibt. Im vereinigenden Mittelpunkt seiner Züge bleibt der Heros einzig. Die Zurückführung des in seiner Einzigartigkeit konsistenten Heros auf eine im Menschen und in seiner Welt seit jeher präformierte Möglichkeit, der Erweis und die Bestimmung seines archetypischen Charakters müßte die Aufgabe einer besonderen Betrachtung bilden, die richtig nur psychologisch und philosophisch in Angriff genommen werden könnte, doch kaum ohne die geschichtliche Grundlage, die nur ihrer Grenzen bewußte Darstellung der Überlieferung über die Heroen der Griechen bietet. Die philosophische Ausdrucksweise wird immerhin in dieser Einführung nicht ganz vermieden werden können, und ein »Mythos vom Heros« wird zutage treten.

Der Heros, wie er uns in seinen »Geschichten« entgegentritt, gehört sicherlich noch mehr als die Götter der Griechen in eine philosophische Menschenlehre. Seine rein menschliche Charakterisierung ist durchaus möglich. Es fällt indessen auf ihn ein Glanz, den wir vom Standpunkt der Religionsgeschichte aus, für die das Göttliche jenes Gegebene ist, von dem sie ausgeht[1], den Glanz des Göttlichen nennen dürfen: das Wort »Glanz« wohl metaphorisch gebraucht, doch auf eine ebenso berechtigte Weise, wie wenn wir vom Glanz eines Kunstwerkes reden und von allen verstanden werden, die dafür die Empfänglichkeit – einen verschieden verteilten allgemeinen menschlichen Besitz – haben. Der Glanz des Göttlichen, der auf die Gestalt des Heros fällt, ist eigentümlich vermischt mit dem Schatten der Sterblichkeit. Daraus ergibt sich ein mythologischer Charakter, der Charakter eines besonderen Wesens, zu dem mindestens *eine* Geschichte gehört: die Erzählung von eben jenem und keinem anderen Heros. Wird der mythologische Charakter durch eine rein menschliche Charakterisierung ersetzt, werden die Heroengeschichten zu Erzählungen von kriegerischen Männern verwandelt, denen die Anrede »Heros« nur in jener nichtkultischen Bedeutung zukommt, in der sie Homer verwendet – etwa wie: »Edle Herren« –, so wird der Mythologie, auch der Heroenmythologie, ihre Grenze gesetzt.

Dies ereignete sich in der epischen Dichtung von den Fahrten und Feldzügen ganzer Heroenscharen, wie der Argonautenfahrt oder dem Krieg gegen Troja. All das – sicher auch schon der Zug der Sieben gegen Theben und eine Anzahl verlorengegangener vorhomerischer Epen – ist zur heroischen Dichtung mit eigener Atmo-

sphäre geworden, selbst wenn ihre Helden zu den Heroen der Mythologie gehören. Wie jede Mythologie bewahrt auch die Heroenmythologie ihre Verbindung mit dem Kult. Die heroische Dichtung
ist, soweit wir sie kennen, vom Kult unabhängig. Der Heros mit seinem Kult grenzt sich vom Heros im Epos mehr ab als vom Heros in
der Tragödie, die immer auch einen Kultakt darstellt. Es ist keine
Grenze im Stoff, es ist eine Grenze zwischen Atmosphären. Solcher
Begrenzung muß sich auch die Darstellung der Heroen der griechischen Mythologie unterwerfen, damit sie schließlich nicht zur In-
haltserzählung der Heroendichtung wird und deren eigentümliche
Atmosphäre entweder abstreift – das Interesse an Kampfschilderun-
gen wird sie ohnehin nicht erwecken wollen – oder mit einer anderen
Atmosphäre vermengt. Dabei bilden die Argonautenfahrt und der
Zug der Sieben gegen Theben in ihrer Art der Überlieferung – die
eine durch den gelehrten Dichter Apollonios von Rhodos, der andere
durch die Tragödie – doch eine Mittelstufe, die in einer Wiedererzählung der Heroenmythologie nicht ausgeschaltet werden darf.
Eine Wiedererzählung der reinen heroischen Dichtung, die den Ge-
halt der beiden mit Homers Namen verbundenen Epen, der Ilias und
der Odyssee, dem heutigen Menschen vermitteln könnte, scheint
mir auch möglich, ja erforderlich, nur nicht in diesem Buch.

Zum Heros gehörte sein Kult: eine besondere Art der Verehrung,
die mit »Heroenverehrung« im Sinne Carlyles nicht zu verwechseln
ist. Sie war tatsächlich »Kult«, schlichte und strenge rituelle Handlung, ein selbstverständlicher Tribut an den Heros, kein Akt der
Exaltation. Im kleinen war es die gleiche Verehrung, die im großen
den Unterweltgöttern, den Beherrschern der Abgeschiedenen, dargebracht wurde. Das Göttliche, dessen Glanz der Heros sogar unter
den Toten trägt, erzeugt vom Totenreich her noch viel mehr als die
in den Tod eingegangene Gestalt eines gewöhnlichen Sterblichen
jenen tiefen Schauer, von dem W. F. Otto der Wahrheit entsprechend sagte, daß wir ihn zu einseitig als Furcht bezeichnen, während
er zugleich die feierlichste und hoheitsvollste Stimmung ist[2]. Das
Opfer für Totengötter und Heroen hieß *enágisma*, zum Unterschied
von *thysía*, die vor allem den Himmelsgöttern zukam. Es wurde auf
Altären dargebracht, die eine besondere Form hatten. Sie waren
niedriger als der *bōmós*, der gewöhnliche Altar, und hießen *eschára*,
»Herd«. Durch sie sollte das Blut der Opfertiere, sollten Getränke-
opfer in die Opfergrube fließen. Dafür waren sie trichterförmig und
nach unten offen. Denn diese Art des Opfers ging nicht in ein fröh-
liches Mahl über, in das sich Götter und Menschen teilten. Das
Opfertier wurde mit dem Kopf nach unten über der Grube gehalten,
nicht mit zurückgebogenem Hals wie für die Himmelsgötter in die
Höhe gehoben. Und es wurde völlig verbrannt. Das sind die charak-
teristischen Züge dieser Riten, die dennoch kein starres, unabänder-
liches Zeremoniell bildeten. Beispielshalber vereinigten die Opfer
für Herakles an manchen Orten diese düstere Weise mit der helleren:

in Attika wurden ihm die Stiere nach dem gleichen Ritus geopfert wie den Olympiern. Auch sonst zeugten hie und da weniger finstere Züge von der Freude der Griechen sogar an diesem Kult.

Durch ihren Kult allein, wiewohl er zum vollen Heroenporträt gehört, hätten die Heroen für uns gewiß keine Bedeutsamkeit erlangt. Auch durch ihre erhaltenen Gräber nicht, obschon sie eindrucksvoll genug sind: wie die innerhalb und außerhalb der kyklopischen Mauern von Mykenai oder die in ihrer großen, ungeschlachten Anlage »heroisch« erscheinenden, die bei Eleusis, auf dem Wege vom Peloponnes nach Theben, gefunden wurden und angeblich sechs von den berühmten Sieben bargen. Nicht einmal die Namen, die mit Gründungen von Städten, Herrscherfamilien, Adelsgeschlechtern, ganzen Stämmen verbunden sind, hätten zu einer allgemeineren Bedeutsamkeit genügt, nicht zu reden von der großen Zahl der Heroen, die für uns bloße Namen oder die ohne Namen blieben. Für alle würde das wissenschaftliche Interesse vorhanden sein, sofern sie zum Gesamtbild der griechischen Kultur gehören. Die menschliche Bedeutsamkeit liegt in den überlieferten Geschichten, die den Kult zum Hintergrund hatten.

Es mag manchmal so erscheinen, als wären Götter- und Heroengeschichten gleicherweise auf »Märchenmotive« zurückzuführen, als wären sie Weiterbildungen von wenigen uralten Märchen, auf die man sie leicht reduzieren könnte. Dieser Schein ist – außer dem, daß er trügt – wie nichts anderes geeignet, die Aufmerksamkeit vom menschlich ergreifenden Inhalt abzulenken. »Motive« oder »Erzählungsschemen« sind, wenn man sie für sich betrachtet, immer nur Ergebnisse der Abstraktion und der Reduktion. Sie existieren und wirken für sich nicht, nur in »Geschichten«, die mehr sind als Motive und Schemen. Märchen sind tatsächlich sehr motivisch und sehr schematisch, und wenn sie sich auch nicht völlig darin erschöpfen, so sind sie doch sehr darauf reduziert. Auch dadurch verraten sie ihre relative Spätzeit. Die frühesten Märchen und Märchensammlungen liegen uns alle in Texten relativ, ja absolut später Zeiten vor. »Märchen« als ältere Formen der Götter- und Heroengeschichten nach der Analogie dieser Texte anzunehmen gehört zu den Inkonsequenzen einer nicht durchdachten historischen Methode. Doch eben diese Texte bieten uns eine Grundlage – die einzige, die wir wirklich besitzen –, über den Charakter der Erzählungsform »Märchen« nachzudenken. Wer es streng genug tat[3], mußte die relative Spätzeit des Märchens auch in dessen Charakter erkennen. Der Märchenerzähler wendet sich gegen die tragische Wirklichkeit des unter Beschränkungen leidenden menschlichen Daseins und setzt ihr eine Antitragödie entgegen. Bewußt oder unbewußt ist der Märchendichter ein Leugner, ein Antitragiker, und seine Schöpfung dem Geleugneten gegenüber sekundär: das Primäre, das Geleugnete, ist im Mythos da. Das Märchen hält am besten bei der Hochzeit, der Erfüllung, inne. Wenn etwa auch in der Geschichte des Perseus dies der

Fall ist, so liegt der Grund der Märchenhaftigkeit eben dieses Mythos darin, daß er wohl in einer relativ späten Form aus der mykenischen Zeit zu den Dichtern gelangt ist, die auf ihn für uns zum erstenmal Bezug nehmen. Bei der Theseusgeschichte oder in der Geschichte des Peleus – lauter Namen des gleichen Typs – ist der Vorgang des Werdens eines Märchens aus dem Mythos fast noch zu beobachten: bei der einen ist der tragische Schluß, der Tod des Theseus bei Lykomedes, völlig unbegründet, aber doch vorhanden, bei der anderen wird er dadurch gemildert, daß die Hochzeit mit einer Göttin dem Mythos und dem daraus abgeleiteten Märchen gleicherweise als ein Glück galt, das alle tragischen Folgen aufwog.

Den Heroengeschichten der Mythologie steht eine andere Gattung nah: eine gerade in der Tragik verwandte Form der Erzählungen. Sie heißt altnordische Saga, auf deutsch Sage. Die Saga ist uns in konkreten Werken der altisländischen Literatur greifbar, die vermutlich auf den mündlichen Familienchroniken der nach Island ausgewanderten Adelsgeschlechter beruhen. Die »Sage« ist mit André Jolles als eine »einfache Form« zu bestimmen, wie auch das »Märchen«, doch von einer größeren Wahrhaftigkeit: als das formende Prinzip eben jener Gattung, die in der Saga die Welt gestaltete und festhielt. »Hervorgegangen aus der Geistesbeschäftigung mit Familie, Stamm, Blutsverwandtschaft« – so charakterisiert der große Germanist die Sage[4] – »baute sie aus einem Stammbaum eine Welt, die sich in hundert schillernden Spielarten gleichblieb, eine Welt von Ahnenstolz und Vaterfluch, von Familienbesitz und Familienfehde, von Frauenraub und Ehebruch, von Blutrache und Blutschande, Verwandtentreue und Verwandtenhaß, von Vätern und Söhnen und Brüdern und Schwestern, eine Welt der Erblichkeit.« Diese Schilderung mahnt uns wohl an Ähnlichkeiten, namentlich in den Geschichten der Dynastie des Atreus, aber auch an Unterschiede, die uns in den griechischen Heroengeschichten begegnen werden. Zu den Unterschieden gehört schon, daß uns in Griechenland keine so dichte, zusammenhängende, für sich bestehende Tradition über die Heroen empfängt – keine wahre Familienüberlieferung –, wie es in Island die Saga ist. Wir müssen Bruchstücke sammeln – und immer aus zweiter Hand! Diese Hand ist freilich oft die Hand großer Dichter, vor allen anderen Homers. Auf eine der Homerischen Dichtung vorausgehende Geisteswelt, die Welt der ursprünglichen Heroenmythologie, kann immerhin gefolgert werden, und dann wird die Frage berechtigt: war die mythologische Tradition über die Heroen auf griechischem Boden wirklich das, was die Saga in Island ist und nicht vielmehr ein besonderes Phänomen der Menschheitsgeschichte?

Tritt man durch das berühmte Tor der festen Burg und Königsstadt Mykenai, das als Giebelschmuck und Krönung eine von Löwen flankierte Säule trägt – ein Symbol des Kultes der Großen Göttin und Herrin der wilden Tiere, möglicherweise die Stelle ihrer Epiphanie

in Vogelgestalt –, so bemerkt man als erstes einen großen Begräbnis-
platz. Er ist von parallel aufgestellten Steinplatten umringt. Mit diesem Ring wurden im 14. Jahrhundert vor Christus, nachdem das Tor
und die mächtigen kyklopischen Mauern der Burg erbaut worden
sind, die tiefen Schachtgräber der früheren Könige umhegt: ein Zeichen der Verehrung der Vorgänger, die vielleicht nicht einmal die
blutsmäßigen Ahnen der nach ihnen kommenden Herrscher waren,
durch ihre Nachfolger, der Verehrung der Perseiden – um die Namen
aus der Heroenmythologie hier ohne Beweise einzusetzen – durch
die Atreiden. Schliemann fand da, als er den Gräberring ausgrub,
einen Altar, der auf die vorhin beschriebene Weise dem Heroenkult
gedient hat. Aus der Zeit, in der zur Königsburg kein Reich mehr gehörte, sind uns zwei weiterlebende Heroenkulte in Verbindung mit
Mykenai bekannt, beide außerhalb der Stadt: der Kult des Perseus
selbst – nicht der Könige, die vielleicht als seine Nachkommen, als
Perseiden, galten – durch die Überlieferung, und der Kult des Atreiden
Agamemnon durch den Fund des Ortes seiner Verehrung bezeugt.

Keinen Grabstein hat hingegen Schliemann gefunden, auf dem
der Name eines im Ring verehrten königlichen Toten zu lesen wäre.
Man erwartete damals auch keine schriftlichen Zeugnisse aus so früher Zeit. Doch als vor kurzem ein zweiter Ring von ähnlichen Gräbern außerhalb der Burgmauern gefunden und ausgegraben wurde
und man da auf Grabstelen stieß, die Darstellungen trugen, Szenen
von Jagd und Kampf mit mächtigen Tieren, aber keine einzige Inschrift, begann das Schweigen der Steine bedeutsam zu werden.
Keine anderswo gemachten Funde lassen bis jetzt auf die Zufälligkeit
dieses Schweigens schließen; es ist wohl charakteristisch. Heute
kennt man die mykenische Schrift. Ihre Denkmäler wurden im Palast von Knossos auf Kreta und mancherorts auf dem Festland gefunden: im Palast des Nestor in Pylos, in Mykenai und – um hier
nur diesen Mittelpunkt von Heroengeschichten zu nennen – in Theben. Plutarch erzählt uns von dieser Schrift, welche die Griechen der
geschichtlichen Zeit den ägyptischen Hieroglyphen ähnlicher fanden
als ihren eigenen Buchstaben. Die Spartaner, die unter Agesilaos um
380 vor Christus Böotien beherrschten, öffneten ein Grab in Haliartos, von dem es hieß, Alkmene, die Mutter des Herakles, läge
darin, und fanden eine Bronzetafel mit solchen Schriftzeichen[5], doch
viel bescheidenere Beigaben als die aus den Gräbern der Steinringe
von Mykenai zutage getretenen. In keinem einzigen der vielen Gräber aus mykenischer Zeit, die von den Archäologen geöffnet wurden,
fand sich eine Inschrift. Die Schrifttafeln, die in den Palästen und
Häusern gefunden wurden, sind Verzeichnisse von Vermögenswer-
ten, von Opfern und Tributen, die Göttern und Menschen zukamen.
Für Kreta und Mykenai scheint immer noch eine Beobachtung gültig
zu sein, der ich einmal schon Ausdruck verlieh[6] und die mit Oswald
Spenglers Worten wiederholt sei: »In der Gesamtmasse der kretischen Funde fehlt jede Andeutung von historischem, politischem

oder selbst biographischem Bewußtsein, wie es gerade die Menschen der ägyptischen Kultur von den frühesten Zeiten des Alten Reiches an vollkommen beherrscht hat.« Es hatte wenigstens kein Drang nach schriftlicher Verewigung seine Spuren in den mit so großer Sorgfalt angelegten und behüteten mykenischen Grabanlagen hinterlassen.

Und die Verewigung war doch da, nur nicht durch die Schrift. Die großartigen Kuppelgräber außerhalb der Stadt wurden vom 15. bis zum 13. Jahrhundert vor Christus gebaut. Die mit kostbaren Beigaben so reich ausgestatteten Schachtgräber zeugen nicht nur von einem Totenkult in Mykenai, dem Vorgänger des griechischen Heroenkultes der historischen Zeit, sondern gerade in ihrer Stummheit von einem Kult des Gedächtnisses, vom Vertrauen – um es in der Sprache der historischen Griechen zu sagen, die in der Burg der Gräberringe bereits gesprochen wurde – auf die Göttin Mnemosyne. Nach viel späteren Zeugnissen eines Glaubens, der sicherlich auf altem Totenkult beruhte, sollte sich der Verstorbene auch persönlich ihr vertrauen, in der Unterwelt aus ihrer Quelle trinken. Wer sich seiner selbst erinnert, entspricht der Erinnerung, in der er weiterlebt: das wäre wohl die größte Gabe der Mnemosyne. Vom mykenischen Totenglauben besitzen wir keine solchen Zeugnisse wie jene goldenen Täfelchen, auf denen die Unterweisung zur Erlangung dieser größten Gabe steht. Wir können aber nicht umhin, ein Zeitalter der Mnemosyne einzuräumen, das nicht ausschließlich das der mehr oder weniger düsteren Familienerinnerungen war und an dem bereits die Töchter jener großen Göttin ihren Anteil hatten. Die Ausgrabung des Nestorpalastes in Pylos erbrachte, wie ich glaube, den Beweis dafür, daß eine sehr menschliche, sehr dingfreudige epische Dichtung vor Homer vorausging und über die wirren Zeiten der Jahrtausendwende bis zu ihm hinüberreichte[7].

Wie weit die Schrift sowohl das Gedächtnis als auch die Dichtkunst doch schon unterstützt hatte, ist nicht mehr genau zu sagen: schriftliche Denkmäler standen in jenem Zeitalter, das ich eben darum das Zeitalter der Mnemosyne nannte, sicher nicht im Vordergrund. Und wenn wir eben darin eine Ähnlichkeit auch mit der isländischen Saga bemerken müssen, so erscheint uns die finstere Familiengeschichte der Atreiden für die ganze Heroenmythologie der Griechen dennoch nicht als charakteristisch. Manche Gestalten von Heroen und Heroinen tragen einen helleren göttlichen Glanz, der auch einstigen Gottheiten eignen mochte. Wir wissen nicht, wie weit die Könige von Mykenai danach trachteten, den Göttern ähnlich zu sein, und wie weit ihr Totenkult diesen Anspruch zum Ausdruck brachte. Der archäologische Befund[8] spricht bis jetzt eindeutig dafür, daß der griechische Heroenkult nicht die Fortsetzung eines allgemeinen mykenischen Totenkultes ist, sondern die des königlichen Totenkultes der Mykenäer. Lag darin ein Theomorphismus, dessen Maß uns noch unbekannt ist, so begegnete er sich mit einem Anthropomorphismus im Göttermythos, von dem eine Elfenbeingruppe zweier Göttinnen und eines göttlichen Kindes bereits in der Weise der griechischen Mythologie zeugt[8a]. Die Begegnung mochte sich im Heroenmythos ereignet haben. Das Göttliche ging in das Menschliche ein, das Menschliche wurde zu den Göttern erhoben, und der Mythos vom Heros war da. Im Menschen selbst angelegt, nährte er sich aus dem Doppelbereich der Mnemosyne: dem Totenreich, der der Kult auf den Gräbern zugewandt war, und der Vergangenheit, die durch die Erinnerung gegenwärtig blieb und eine Idealität gewann, welche göttliche Menschen auszeichnen durfte.

Nur eine Annahme von der Entstehung des Heroenkultes der Griechen sei damit ausgesprochen. Sind wir geneigt, im göttlichen Glanz der Menschen, denen jener Kult galt, die im Tode erreichte Verwirklichung einer in der menschlichen Natur angelegten Bestrebung zu sehen, so ist dafür die geeignete Ausdrucksweise, von einer widersprüchlichen Gestalt zu reden, die alle Variationen der Heroenmythologie zuließ: von der Gestalt des Gottmenschen in ihren unzähligen Variationen in den unzähligen Geschichten. Die Voraussetzung der Heroengeschichten wäre dann dieses Menschliche, daß der Mensch auch im Stammes- und Familienverband fähig ist, um das Einzigartige zu wissen, welches darin nicht aufgeht. Die Herkunft des Einzigartigen, die Ursprünglichkeit eines Wesens, das durch seine Mutter als erstaunlich Neues, noch nie Dagewesenes in die Welt gesetzt wurde, die Unmittelbarkeit eines Einbruchs in die Welt, dessen Folge ein einzigartiger Lebenslauf war, erscheint in der Heroenmythologie als Herkunft von den Göttern. Darüber ließe sich in der Sprache der Philosophie als von einer Offenbarung des Seins im Menschen sprechen, und es wäre hinzuzufügen, daß alle Seinsoffenbarungen in Gestalten eingegangen sind, wo immer sie sich ereignen: sowohl in der Geschichte als auch in der Mythologie, der unsere Betrachtung ausschließlich gilt. Den Ausdruck »Gottmensch« wähle ich unabhängig von seiner christlichen Bedeutung, auf Grund des griechischen Befundes, dessen Sinn nicht die Erlösung des Menschen ist, wohl aber ein hoher Begriff von ihm, der in der gesamten Religionsgeschichte seinesgleichen sucht. Für das Allgemeinmenschliche, das hier gemeint wird, und seine nachchristliche Ausdrucksweise darf schon Carlyle angeführt werden[9]: »Das Wesen unseres Seins, das Mysterium in uns, das sich ›Ich‹ nennt – haben wir Worte dafür? – ist ein Atem des Himmels; das Höchste Sein offenbart sich im Menschen. Dieser Leib, diese Fähigkeiten, dies unser Leben, ist es nicht insgesamt ein Kleid für jenes Nichtzunennende? ›Es gibt nur einen Tempel in der Welt‹, sagt der fromme Novalis, ›und das ist der menschliche Körper. Nichts ist heiliger als diese hohe Gestalt. Das Bücken vor dem Menschen ist eine Huldigung dieser Offenbarung im Fleisch. Man berührt den Himmel, wenn man einen Menschenleib betastet!‹ Das klingt allzusehr wie eine rednerische Blüte, ist es aber nicht. Wohl bedacht, wird es sich als wissenschaftliche Tatsache herausstellen, als der Ausdruck in

Worten, welche für die faktische Wahrheit der Sache gefunden werden konnten. *Wir* sind das Wunder der Wunder – das große unerforschliche Mysterium Gottes.«

Carlyle begründete auf diese Weise seine exaltierte Heroenverehrung, die für ihn auch die Grundlage des Christentums bildete, allerdings eines arianischen und daher nicht ganz unantik aufgefaßten Christentums, eine Heroenverehrung – wir müssen seine eigenen Worte hören –: »heartfelt, prostrate admiration, submission, burning, bondless, for a noblest godlike Form of Man« – sich hinwerfende herzliche Bewunderung, Unterwürfigkeit, brennend, zügellos, für die edelste göttliche Menschengestalt – »ist das (fügt er hinzu) nicht der Kern des Christentums selbst? Der größte aller Heroen ist Einer – den wir nicht nennen!« Die Heroengeschichten der Griechen sind demgegenüber ebensowenig exaltiert wie ihr Heroenkult. Sie sind vielmehr erstaunlich realistisch und nichts weniger als moralisch idealisierend, wenn sie die menschlichen Eigenschaften ihrer Heroen schildern. Carlyle bildet geradezu den Gegenpol dazu. Die griechische Heroenmythologie beschäftigt sich mit den Ursprüngen der Städte, Familien, Stämme – und beschäftigt sich zugleich mit dem »Gottmenschen«: dadurch wird ihre eigentümliche Höhe bestimmt. Zwischen jenen beiden Themen spielen die Geschichten von Erfindungen und Errungenschaften für wirtschaftliche und technische Fortschritte eine geringere Rolle. Der von den Ethnologen eingeführte Begriff des »Kulturheros« gehört in andersgeartete Mythologien als die griechische, ja es wäre gewaltsam, ihn da hereinzuzerren. Ein »Kulturheros« wäre ein auf eine Funktion reduzierter Heros, und gerade die Menschlichkeit der Heroen der Griechen würde solche Reduktion nicht dulden. Herakles wäre, wenn man in ihm den »Kulturheros« betonen wollte, höchstens ein Jägerheros, ein Feind der wilden Tiere, ein Orion, der auch mehr war als nur das. Die Analyse der Taten des Herakles zeigt erst recht etwas anderes. Nur ihre späte Auffassung lenkt auf diese Simplifikation ein. Zwei von den großen Errungenschaften, die zur menschlichen Kultur notwendig waren: das Korn und das Feuer, sind Göttern und Titanen – Demeter, Hermes, Prometheus –, die Bearbeitung der Metalle Göttern und erdentsprungenen Urwesen – Hephaistos, den Daktylen und Kabiren – zugewiesen. Nur der Bringer des Weins ist ein »Gottmensch«, freilich der Gottmensch unter den Göttern: Dionysos.

Die griechische Heroenmythologie, wenn es ihr auch um den Gottmenschen und um die Gründungen gleicherweise geht, ist dadurch charakterisiert, daß in ihr die Betonung, eine eigentümliche Steigerung, auf der Seite des Menschlichen und keineswegs auf der Wichtigkeit einer Gründung liegt. Auf eine krasse Art wird das Göttliche etwa bei den Indern betont und gesteigert, wenn ihre Helden den Gott, der da Menschengestalt annahm, durch maßlose Kraftentfaltung in Erscheinung treten lassen. Für die Heroenmythologie der Griechen ist nichts charakteristischer, als daß das Göttliche sich da von selbst versteht: seine Epiphanien sind das Natürlichste in der Welt. Eine Steigerung erfährt vielmehr das Menschliche in allen seinen Erscheinungsformen, nicht am wenigsten in der Schwere des Schicksals und des Leidens, das die Heroen tragen. Mit dieser Art der Betonung des Menschlichen schlägt die Heroenmythologie von Anfang an einen Weg ein, der charakteristischerweise in die Tragödie mündet. Die Heroengeschichten führen vom feierlich-selbstverständlichen Heroenkult auf die tragische Bühne hinüber, den Ort immer neuer Erschütterungen durch den alten Stoff. Wenn wir nach einem griechischen Ausdruck für diesen besonderen Stoff der Mythologie suchen – denn so etwas wie »Sage« oder »Saga« gibt es im Griechischen nicht –, gelangen wir zu jenem des Asklepiades von Trogilos, der ihn zur Zeit des Ausklangs der Tragödiendichtung in einem Prosawerk vorlegte und sein Buch »Tragodumena«, das heißt »Tragödienstoffe«, nannte. Diesen Titel verdienten alle diese Geschichten, selbst die, welche von den Tragödiendichtern zufällig nicht bearbeitet wurden. Sie waren immer potentielle Tragödien.

In diesem Stoff geht es nicht nur um kleine Dramen, deren archetypischer Plan eine notwendige Gruppe von Personen enthält, wie in den Göttergeschichten, sondern es geht im Grunde genommen immer um ein bestimmtes Drama, da es um das Schicksal des »Gottmenschen« geht: um ein Drama in zahllosen Variationen. In Bereitschaft stehen außer ihm andere, nicht immer in Erscheinung tretende Personen des Dramas: vor allem die Mutter des Gottmenschen, die ihn von einem Gott empfing, sodann dessen Stellvertreter, der irdische Vater des Heros, und oft ein ungleicher Bruder, sogar ein Zwillingsbruder. Es gibt aber keinen Kanon der Stadien, die er durchlaufen, der Handlungen, die er verrichten muß, um ein Heros zu sein. Schicksal und Entwicklung sind nicht identisch. Die Wahrheit über den Heros hat Emerson ausgesprochen – und Rilke bestätigt – mit dem angeführten Satz: »The hero is he who is immovably centred.« Diesen Satz müssen wir immer wieder in Erinnerung rufen, wenn wir uns mit Heroengeschichten befassen. Der Glanz des Göttlichen ruht auf dem Unbeweglichen in ihm, beschattet wird er aber durch sein Schicksal. Die schicksalhaften Aufgaben löst er kraft jenes Unbeweglichen, von dem der Kult noch in seinem Tode zeugt. Es ist die seltenste Ausnahme – wie im Fall des Herakles –, wenn er dem Tod nicht anheimfällt. Berührt wird er von ihm immer, der Tod gehört zu seiner »Gestalt«, und der Kult zeugt von ihm wie von der letzten schicksalhaften Wendung des Heroenlebens: er ist doch Totenkult.

Kult und Mythos des Heros enthalten die Tragödie im Kern. Nicht nur ihrem Stoff, ihrem formenden Prinzip und ihrem Sinn nach, sondern auch zeitlich schließt sich die attische Tragödie an den Heroenkult und die Heroenmythologie an. Es gibt hier keinen Bruch, keine Kluft. Es ist eine lückenlose Kontinuität der geistigen Beschäftigung da, die – im Hinblick auf die Heroenmythologie, diesen Kult der Heroen durch die Erzählung – bereits eine Kultübung genannt werden darf. Die Tragödie ist nicht weniger ein Kultakt als die heiligen Handlungen der Heroenverehrung: ein großer, feierlicher Akt des Dionysoskultes, voll der Leiden der Heroen. So bleibt noch die Beantwortung der Frage übrig: gehören denn die Heroen zu Dionysos und Dionysos zu ihnen? Der feste Zusammenhang: Kult und Erzählung zu Ehren der Heroen und das dramatische Spiel, Tragödie genannt, um Dionysos zu ehren, steht da und zeugt selbst von einem Aspekt des Gottes, durch den er unsere Frage beantwortet. Er war doch unter den Göttern der Heros. So riefen ihn die Frauen von Elis: »Komm, Heros Dionysos[10]!« Wäre man sicher, daß »Heros« in diesem Zusammenhang nur den »Herrn« bedeutet, auch dann müßte man dem Umstand Beachtung schenken, daß der auszeichnende Name, mit dem bei Homer Menschen ohne jeden Anspruch auf einen Kult angeredet werden, hier einem Gott in seinem Kult gegeben wird: immerhin einem Gott, dessen Verbindung mit dem Totenreich und dem Tode selbst schon durch seine Geburtsgeschichte feststeht. Ob er von der Unterweltskönigin Persephone geboren wurde oder von der thebanischen Königstochter Semele, als sie von den Blitzen des Zeus schon brannte[11], es war eine unterirdische Geburt oder Geburt im Tode. Wie der heilende Gott Asklepios seiner Mutter Koronis auf dem Scheiterhaufen durch Apollon entnommen wurde, wurde Dionysos von Zeus aus dem tödlichen Brand gehoben. Es ist die Geschichte von der Geburt im Feuerbrand, der Geburt eines Gottes, der aus dem Tode kommt und von ihm berührt wird. Sterben mußte auch Asklepios; seine Geburt war indessen eine des Gottes der Heilung würdige Geburt. Und »Herois«, Heroine, war auch Semele – so hieß nach ihr das Fest in Delphi, an dem sie mit geheimen Riten gefeiert wurde[12]: Dionysos mußte sie aus der Unterwelt holen[13]. Er starb aber auch.

Die Geburt eines Gottes im Grab – auch ohne das Motiv des Verbrennens – muß eine sehr alte Geschichte gewesen sein, da sie auch von Perseus, dem Gründerheros von Mykenai, als seine Geburtsgeschichte erzählt wurde. In einer unterirdischen Kammer wurde er geboren, in einem ehernen Gemach, in dem seine Mutter wie in einer Grabkammer für immer eingeschlossen war. Von dorther drang die Stimme des Kindes in den Hof des Palastes. Die Geschichte spielt in Argos, der Mykenai gegenüberliegenden Königsburg. Sie belebt für uns den steinernen Ring der Gräber im mykenischen Burghof, als dächten sich die alten Erzähler die cherne Kammer ebenda in der Tiefe gebaut. Der Tod des Dionysos wurde aber dem Perseus zugeschrieben. Er hätte ihn getötet, indem er seinen Kult abwehren wollte – so wurde die Geschichte später begründet[14]. Er warf den Gott in die tiefen Gewässer von Lerna. Doch die Geschichte von der Feindschaft zwischen Dionysos und Perseus will selbst etwas begründen: die in der Gegend von Mykenai und Argos geltende Kunde, Dionysos habe mit der Unterwelt zu tun, deren Eingang bei Lerna

– einer vorgeschichtlichen Stadt in der Nähe der eben genannten – geglaubt wurde. Wie in Elis, so gab es auch da ein Fest, an dem man den Gott aus der Unterwelt rief. In Elis sangen die Frauen, der Heros Dionysos solle mit Stierfuß stürmend in seinen Tempel kommen. In Lerna wurde der Bugenes Dionysos, der »Stiersohn«, gerufen[15]. Man rief ihn mit Trompetenschall: eine seltene Zeremonie in Griechenland – all das tönt uns aus einer früheren, sicherlich der mykenischen Welt entgegen –, und ein Lamm wurde für den Pylaochos, den »Türhalter«, in den Abgrund der Gewässer versenkt. »Türhalter« oder »Türschließer«, Pylartes, hieß der Herrscher der Unterwelt, sonst auch Hades genannt. Nach der Erzählung von der Zurückholung der Semele aus der Unterwelt war Dionysos bei Lerna der Mutter wegen da hinuntergestiegen; nach der Perseusgeschichte wurde er hinuntergeworfen. Wem galt aber der Ruf mit der Trompete, wenn nicht einem, der da zu Hause war und auf den Ruf wartete, damit er unter den Lebenden wieder erscheine?

Wurde er als Heros gerufen, so zielte auch dies auf eine solche enge Verbindung mit dem Totenreich hin. Und damit ist nur das mindeste gesagt. Größeres sprach der Philosoph Heraklit aus. Überall fand er Beispiele des Einen, das sich im Gegensätzlichen offenbart. Er *nimmt* diese Beispiele, er konstruiert sie nicht: wie wären sie dann Beispiele, die etwas beweisen? Aus der sichtbaren Welt: »Das Meerwasser ist das reinste und das unreinste – für Fische trinkbar und die Rettung selbst, für den Menschen untrinkbar und der Tod selbst«; »Der Weg nach oben und nach unten – derselbe.« Und aus der unsichtbaren Welt: »Derselbe ist Hades und Dionysos[16].« Es ist die gleiche Belehrung – Belehrung für uns, nicht für die Zeitgenossen –, die uns auch Denkmäler erteilen, vor allem jenes Vasenbild des archaischen Meisters Xenokles, der uns auf seine Weise erzählt, wie Dionysos, den Kantharos in der Hand, die Persephone empfängt – oder entläßt[17]. Doch das meiste verraten archaische Grabsteine aus der Nähe von Sparta[18], neuerdings auch ein großer Fund von Tontäfelchen[19], die uns dieselbe Identität vor Augen führen. Da thront der Gott, das gleiche Weingefäß, den Kantharos, in der Hand, oder auch den Granatapfel, den er als Speise der Persephone reichte, neben ihm die Unterweltskönigin. Andere Zeichen – die Schlange, der Hund, das Pferd, einmal auch der jugendlich gebildete Kopf, das Opfer, das kleine menschliche Gestalten dem Götterpaar darbringen – besagen unmißverständlich, daß dieser Hades und Dionysos in einer Person den »Heros« darstellt. Noch mehr! Eine unter den Grabstelen trägt den Namen des spartanischen Weisen Chilon und bezeugt, daß mit der Darstellung nicht ein Heros im allgemeinen gemeint ist, sondern der ebenda begrabene Tote als Heros, als – und das ist die wichtigste Belehrung – Dionysos.

Ein hohes Ziel des Theomorphismus scheint in Griechenland einst Dionysos gewesen zu sein. Keine Apotheose im allgemeinen, ohne das Eingehen in eine bestimmte Gestalt, wurde da erstrebt,

sondern die Identität mit diesem Gott, dem Gatten der Unterweltskönigin und Herrscher im Totenreich. Dies war wohl ursprünglich
eine königliche Bestrebung, nicht aufgenommen von der Homerischen Dichtung, die sich dem Dionysischen gegenüber streng verschloß. Zunächst ist sie dort anzunehmen, wo Dionysos als Unterweltskönig galt, vor allem auf dem Peloponnes, einem Gebiet, das
der Geist Homers viel weniger durchdrang als die Inselwelt oder
Athen. Den Sinn der Bestrebung verraten aber noch die bescheiden-
sten Spuren, die sie hinterlassen hat: beispielshalber die Weinreben,
auf die die Athener ihre Toten in den Gräbern gebettet haben[20]. Was
für Spuren hat aber der Brauch nicht hinterlassen, dessen gleicher
Sinn sich so leicht verflüchtigen konnte: der Brauch, Weingefäße
den Begrabenen mitzugeben! Wir verdanken ihm Schätze der Vasenmalerei und das meiste unserer Kenntnisse von dieser Kunst überhaupt. Das antike Begräbniswesen – eine herabgestimmte Weise des
Heroenkultes – ist bis in die spätesten Zeiten hinein voll des Dionysischen. Alles ist da Andeutung und Beschwörung der Glückseligkeit, die nach den unvermeidlichen, durch kriegerische Taten nur
gesteigerten Leiden des Lebens er spendet: Dionysos, der am Leiden
und Sterben teilhabende Gott. Er war der Heros unter den Göttern,
dem einst die Könige nachstrebten. Es wurde für ihn auch ein Lied
über den Bock gesungen, der als Opfertier ihn leidend vertrat[21]. Das
Lied hieß *tragodia*, »das Lied aus dem Anlaß des Bocks«, und eben
darin, in der Tragödie, wurde ihm von immer kühneren Dichtern
das Leiden der Heroen dargebracht.

Sein Mythos, der ursprünglich das Schicksal aller Lebewesen – der
Pflanzen, Tiere und Menschen – umfaßte, nahm in der thebanischen
Geburtsgeschichte des Gottes Züge an, die den Mythos vom Gottmenschen charakterisieren. Sein Beiwort »Bugenes« in Lerna wies
auf seine Abstammung von Gottheiten in Tiergestalt hin. Seine
thebanische Mutter, Semele, trägt noch den Namen, der in Phrygien
die Unterweltsgöttin bezeichnete[22]. Sie ist aber nunmehr nur eine
Königstochter, die auserwählte Braut des Götterkönigs. Man tut ihr
kein Unrecht, wenn man in ihr ein irdisches Mädchen erblickt[23]. Sie
gehört in die lange Reihe der von Göttern geliebten Heroenmütter,
die da drüben, im Jenseits, wie es die Odyssee schildert, die vornehmste Stelle einnehmen. Die genealogische Dichtung zählte diese
besonders auf und verherrlichte sie nacheinander. »Oder wie die!« –
so begann die Preisung einer jeden und wurde zu einer Gattung der
Poesie. Odysseus wollte eigentlich, außer der Begegnung mit der
eigenen Mutter, nur von ihnen berichten. Wenn er von Semele
schweigt, so ist das ein schwerwiegendes Schweigen, das zwei gegen-
sätzliche Erklärungen zuläßt. Entweder der Dichter verschloß sich,
wie vor dem Gott, so auch vor der Gottesmutter. Oder er zeugt mit
seinem Schweigen von der Geltung jener Erzählung, nach der
Dionysos Semele nicht lange in der Unterwelt ließ. Nach der thebanischen heiligen Geschichte empfing und gebar sie im Hause ihres

Vaters als sterbliche und bei der Geburt sterbende Mutter den Gott. So mündete der Göttermythos im Palast des Kadmos in den Heroenmythos. Dort erschien die Göttlichkeit und Sterblichkeit vereinigende Gestalt des Gottmenschen für einen Augenblick rein: in Dionysos, dem Sohn einer sterblichen Frau.

So waren aber die Heroengeburten überhaupt. Ein Wesen göttlicher Abstammung wurde geboren, nur nicht im Tode, wie der Sohn der Semele, zuletzt indessen dennoch dem Tode, der Unterwelt, damit es nachher vom Grab aus weiterwirke und auf dem Grab seine Verehrung erhalte. Die Anschauung von den Heroengeschichten, die sie als eine mit dem Heroenkult verbundene Mythologie betrachtet, führt ungezwungen und folgerichtig zum Ursprung der griechischen Tragödie. Nichts ging Dionysos so nah an als das Schicksal eines Heros, das durch Leiden und Tod in Kult überging. Die Lösung des alten Problems ergibt sich wie selbstverständlich aus der hier dargelegten Anschauung und bestätigt zugleich ihre Richtigkeit. Die Anschauung wurde aus der Überlieferung gewonnen. Diese soll jetzt mit ihren Einzelheiten vorgelegt, und mit der Geschichte von Kadmos und Harmonia soll der Anfang gemacht werden. Denn nicht nur durch die Geburtsgeschichte des Dionysos mündete der Göttermythos im Palast des Kadmos in den Heroenmythos, sondern auch durch die Erzählung von diesem göttlichen Paar. Kadmos und Harmonia hatten keinen Heroenkult in Griechenland, und ihre Geschichte ist an menschlichen Zügen eher arm. Es sei daher vorausgeschickt, wer sie wahrscheinlich waren.

Sie galten wohl als Heros und Heroine, doch als solche, die nicht unter Hellenen, sondern im fernen Illyrien ihre Ruhestätte fanden. Von ihrer Entrückung auf die Insel der Seligen zu erzählen lag auch darum nah, weil ihre Heroengräber in Griechenland nirgends verehrt wurden. Ihre Verwandlung in Schlangen wäre freilich die für einen Heros und eine Heroine gegebene Form des Weiterlebens im Kult gewesen. Oder aber – das war die andere Möglichkeit – sie wurden in dieser Form noch enger mit den Unterirdischen verbunden. Und so verhielt es sich wahrscheinlich. Wenn auch kein Heroenkult, so kam ihnen der Kult eines unterweltlichen Paares auf eine noch feierlichere Weise zu. Im Mittelpunkt ihres Kultes stand ihre Hochzeit. Diese wurde auf Samothrake in den Mysterien gefeiert. Der andere Ort der gleichen Mysterien war Theben, und es ist nicht leicht zu entscheiden, wie weit dieser Kult auf thebanischem Boden von Samothrake aus beeinflußt und wie weit die nur durch relativ junge Bauten bezeugten Mysterien der thrakischen Insel von Theben aus gestaltet waren. Drei von den geheimnisvollen Namen der Mysteriengötter – Axieros, Axiokersos, Axiokersa – sind griechisch, der vierte, Kadmilos oder Kasmilos, ist eine deminutive Form von Kadmos. Der eine von den zwei Gewährsmännern, auf die sich unsere sehr kurz gefaßte Quelle beruft[24], ist der Historiker Dionysodoros, am wahrscheinlichsten der Böotier, der über die thebanischen

Götternamen unterrichtet sein konnte. In Theben umschrieb man wohl das göttliche Paar der Mysterien als Axiokersos und Axiokersa, »die der Hochzeit Würdigen[25]«, und es wird von eben diesen Namen gesagt, daß sie Hades und Persephone meinten. Auf eine Hochzeitsfeier beziehen sich manche Vasen, die im thebanischen Mysterienheiligtum gefunden wurden, und es ist nicht anzunehmen, daß in jenem Kabirion die Hochzeit anderer Gottheiten gefeiert worden wäre als auf der Kabireninsel Samothrake. Das Heiligtum lag außerhalb der Stadt. In den heiligen Ruinen des Kadmospalastes hingegen, in der Burg der Thebaner, der Kadmeia, stand eine uralte Statue des Dionysos Kadmos[26]. Kein anderer war der würdige Bräutigam in Theben, als er, Dionysos und Hades in einer Person, Kadmos in den Heroengeschichten, Axiokersos in den Mysterien geheißen, keine andere als Harmonia die würdige Braut, sonst auch Persephone genannt. Die Erzählung darüber, wie sie einander fanden und ihre Hochzeit feierten, ist uns indessen als Heroengeschichte überliefert.

Weder diese noch irgendeine andere unvermeidliche Deutung im Folgenden will als Selbstzweck gelten, sondern als Hilfe für den Leser bei der Bewältigung des besonders in den ältesten Geschichten spröden, durch das Alter selbst reduzierten Stoffes. Der Übersicht dienen die genealogischen Tabellen im Anhang. Es wird in ihnen, wie auch sonst, eine gewisse Auswahl der überlieferten Namen getroffen. Denn allzuoft sind diese nur von den Genealogen erfunden oder aus kleinen Lokaltraditionen hergeholt worden. Die Quellenangaben sollten sich in der Zählung den Anmerkungen der Einführung anschließen, die gleichfalls im Anhang stehen. Diese sind dann mehr, als geplant war, angewachsen. Der Quellennachweis verweist bei den Texten, die schon in meiner ›Mythologie der Griechen‹ wiedererzählt wurden, auf jenes Werk. Hinweise auf Seiten der ›Heroen-Geschichten‹ selbst wurden nicht gegeben, da man an Hand der Register alles, was sich auf eine Gestalt an verschiedenen Stellen bezieht, leicht finden kann. Daß meine Fassungen auch die Kritik der philologischen Literatur über die betreffenden Stellen in sich schließen (auch die des Eingriffs in den Text Pindars N. 3.22), werden die Fachleute merken. Der Leser wird dadurch nicht gestört werden.

Die Widmung an die »kommenden Dichter« soll die Widmungen einzelner Kapitel, die als Festgaben überreicht wurden, nicht auslöschen: die Widmung von ›Kadmos und Harmonia‹ an Walter F. Otto, die des ›Perseus‹ an C. G. Jung und die des ›Sisyphos und Bellerophontes‹ an Thomas Mann, an alle drei großen Anreger meiner Bemühungen um die Mythologie zum achtzigsten Geburtstag.

Erstes Buch

I. Kadmos und Harmonia

Es gibt außer Mykenai keine Stadt in Griechenland, die so viele Heroengeschichten auf ihrem Boden und in ihrem Umkreis vereinigt hätte, als Theben. Und kein Heros war so geehrt bei den Göttern und Menschen wie Kadmos, nach dem die Burg der Thebaner Kadmeia hieß. Er gehört in die fünfte Generation der Urkönige, der Landes- und Stammesgründer, die aus der Stierhochzeit des Zeus mit der kuhgestaltigen Io hervorgegangen waren[7]. Mit Bewunderung zählte man die vielen Fäden auf, durch die er mit den Göttern verbunden war[8]. Sein Ururgroßvater war Zeus, Poseidon sein Großvater, Ares und Aphrodite seine Schwiegereltern. Seine Tochter Semele wurde zur Mutter des Dionysos und stieg mit ihrem Sohn empor zum Himmel[9]. Zur Göttin wurde auch eine andere von seinen Töchtern: Ino, die sich in Leukothea, die »weiße Göttin«, verwandelte. Außer Dionysos hatte Kadmos auch in deren Sohn Palaimon, mit anderem Namen Melikertes, ein göttliches Kind zum Enkel. Beide Knaben gingen in die Göttergeschichten ein.

All das ergibt ein großes Gewebe von Abstammungsgeschichten um Kadmos. Sie waren wohl das Werk thebanischer Genealogen, die ihm diese vornehme Stellung in der von Zeus beherrschten Götterwelt sichern wollten. Man ließ ihn von einem Geschlecht herstammen, in dem Zeus zweimal Stierhochzeiten gefeiert hatte. Zum ersten Mal mit Io. Sie war, wie es aus den Göttergeschichten bekannt ist, die Tochter des Flußgottes Inachos in Argos. So entstammt auch sie der Gegend, in der sich Mykenai und die übrigen festen Burgen des Landes Argos erheben sollten. In Kuhgestalt umhergetrieben, floh sie vom väterlichen Fluß zum Nil. Dort gebar sie dem Zeus den Epaphos, den Stammvater jener Sippe, von der in der Geschichte des Danaos und seiner Töchter die Rede sein wird. In dieser Sippe haben die Genealogen auch Kadmos untergebracht. Auf den Spuren einer Kuh soll er nach Böotien gelangt sein und dort die Burg Thebens gegründet haben. Zur gleichen Sippe wurde die schöne Europa gerechnet, die Zeus in Stiergestalt entführte, in der bekannten Überlieferung nach Kreta, in der weniger bekannten nach Böotien.

Ob auf ihren Spuren oder auf den Spuren einer gewöhnlichen Kuh wandernd, in diesem Gewebe zweier Stierhochzeiten, das schließlich die Vorgeschichte zur Geburt des Dionysos, des stiergestaltigen und als Stiersohn verehrten Gottes bildet, erscheint Kadmos wie ein Hirt. So erschien er indessen auch in den Titanengeschichten[10]. Damals war die Herrschaft des Zeus über die Götterwelt noch keineswegs gesichert. Der Drache Typhoeus hatte ihm die Sehnen herausgeschnitten und in einer Höhle verborgen. In dieser Geschichte trat Kadmos als Hirtenknabe auf. Mit seiner Hirtenflöte bezauberte er den Drachen. So nahm er von ihm die Sehnen zurück und gab sie dem Zeus wieder. Die Begebenheit spielte sich in Kilikien ab, im östlichen Lande, in dem nach der Genealogie des Kadmos sein Bruder Kilix regieren sollte.

Ein Rinderhirt der Urzeiten, auf den Spuren einer Kuh, die doch keine gewöhnliche Kuh ist, sondern die Braut eines Gottes, und die das Zeichen des Mondes trägt: so naht uns vom Osten her die Gestalt des Kadmos, in dessen Haus in Theben Dionysos sollte geboren werden. Es bleibt in Dunkelheit – es wurde wohl geheimgehalten – ob er selbst ein göttliches Kind gezeugt hat. Im Kreis der Kabiren, die auf der Insel Samothrake, aber auch in Theben ihren geheimen Kult besaßen, hieß der eine der Götter Kadmilos, der »kleine Kadmos«. Er war kein anderer als Hermes in jener Form, in der ihn die Athener oft aufgestellt haben, in Übereinstimmung mit der heiligen Mysteriengeschichte von Samothrake[11]: als ithyphallische Herme. Warum hieß dieser Hermes der »kleine Kadmos«, wenn er nicht der göttliche Sohn des Kadmos war? Man wußte spät noch von der innigsten Beziehung des Götterboten zum ersten König von Theben. Damals hieß es freilich, Hermes sei dem Kadmos zugetan gewesen, wie dem Hyakinthos Apollon[12].

Manche Länder umfaßte die Geschichte von Kadmos' Wanderungen. Agenor, der ihm zum Vater gegeben wurde, ein Urenkel der Io, dem Namen nach der »Anführer der Männer«, herrschte in Phönizien[13]. Seine Söhne hießen Kadmos, Phoinix, Kilix, seine Tochter Europa. Nach älteren Erzählern war diese vielmehr die Tochter des Phoinix[14] und Kadmos vielleicht auch in diesem Fall ihr Bruder. Nach dem Raub der Europa schickte der Vater seine Söhne aus, um die Entführte zu suchen. Sie durften nicht heimkehren, ehe sie die Schwester wiedergefunden. So begannen die Wanderungen des Kadmos. Er war der Einzige und der Eigentliche, dem die Suche des Mädchens ernst war. Von Kilix heißt es, er sei zurückgekehrt, um in Kilikien zu herrschen, in einem Nachbarland von Phönizien, dem Phoinix den Namen gab.

Kadmos wanderte weiter und erreichte das Land der Thraker. Von diesem Teil seiner Wanderungen wurde hauptsächlich auf der Insel Samothrake erzählt, wo die gleiche Sprache gesprochen wurde wie in Thrakien. Nach einigen gab er hier die Suche nach Europa auf, nach anderen fand er hier eine andere Europa[15]. Wie dies zu verstehen ist, wird nicht gesagt. Man kannte aber Kadmos in den thrakischen Geschichten keineswegs als einen einsamen Wanderer. Seine Mutter soll er auf die Suche mitgenommen haben. Sie hieß mit dem Mondnamen Telephassa oder Telephae, die »weithin Leuchtende«, oder Argiope, »die mit dem weißen Gesicht«. Hier taucht ein weiterer Bruder des Kadmos auf: Thasos, der Namengeber der Nachbarinsel von Samothrake[16]. Es ist das Bild einer Mutter mit zwei Söhnen, welches in diesen Geschichten so erscheint, als schwebte es über der Küsten- und Insellandschaft des Thrakischen Meeres.

Auf Samothrake hatten die drei auch andere Namen[17]. Die Mutter hieß da Elektra oder Elektryone, ihre Söhne trugen die Namen Dardanos und Eetion oder Iasion. Zwischen diesen Brüdern stand aber als dritte Gestalt nicht nur die Mutter. Sie hatten eine Schwester. Denn wie Telephassa die Europa, ebenso besaß auch Elektra eine Tochter. Diese Tochter war Harmonia, die für Kadmos bestimmte Braut. Sie wurde nach den Samothrakiern von Zeus gezeugt. Und wie Zeus die Europa, so raubte nun Kadmos die Harmonia. Vielleicht wurde darum gesagt, daß er auf Samothrake eine zweite Europa fand. Elektra suchte die Tochter, wie Demeter die Persephone und wie Telephassa in der Begleitung von Kadmos die Europa gesucht hat. Kadmos indessen, der auf Suche nach der Schwester ausging, fand auf Samothrake die Braut.

Es wurde auch behauptet, die erste Hochzeit auf Erden, an der die Götter teilgenommen und zu der sie ihre Geschenke gebracht hätten, sei hier, auf der Mysterieninsel gefeiert worden[18]. Man wußte auch zu erzählen, wie die Liebe begann[19]. Kadmos hätte sich in die Mysterien einweihen lassen und erblickte bei der Feier unter den Mädchen Harmonia. Eine schöne, aber sicher keine sehr alte Erzählung, das Vorbild, wenn nicht die Nachbildung einer noch bekannteren Geschichte: so sah Philipp von Makedonien bei den samothrakischen Mysterien zum ersten Mal die junge Olympias, die die Mutter Alexanders des Großen werden sollte. Erst nach seiner Hochzeit mit Harmonia, auf Samothrake, hätte Kadmos das Orakel von Delphi erhalten, das ihn weiterschickte, um seine Gründertat in Böotien auszuführen[20].

Es wurde aber auch erzählt[21] – und damit lenken wir in den Lauf jener Geschichten ein, in denen Thrakien keine oder keine große Rolle spielte –, Kadmos wäre auf der Suche nicht von seiner Mutter begleitet worden[22], sondern von einer bewaffneten Schar[23]. Mit seinen Gefährten zog er durch die Länder und befragte auf der Reise das Orakel von Delphi. Die Antwort wird uns sogar in Versen überliefert. So soll sie ungefähr gelautet haben[24]: »Bedenke mein Wort, Sohn des Agenor, Kadmos! – Früh morgens aufstehend, verlasse du die Orakelstätte, – wie gewöhnlich gekleidet und nur mit einem Jagdspeer bewaffnet – nimm du den Weg durch das Volk der Phlegyer und das Land Phokis, bis du ankommst – zum Hirt und zur Kuhherde des zum Sterben geborenen Pelagon. – Bist du da, so nimm du von den brüllenden Kühen – jene, die auf beiden Flanken trägt – das weiße Zeichen des voll gerundeten Mondes – Die wähle du zur Führerin auf ausgetretenem Pfade. – Noch ein Zeichen sage ich dir, das du nicht solltest vergessen: – wo die Kuh den gehörnten Kopf zum ersten Mal – läßt ruhen auf der Wiese, in die Knie brechend, – an der Stelle sollst du sie opfern der dunkelbekleideten Erde – richtig und reinlich, und nachdem der Erde geopfert, – auf dem Hügel, dem höchsten, gründen die Stadt mit breiten Straßen, – nachdem du schon den schrecklichen Hüter des Kriegsgotts in die

Unterwelt befördert. – So wirst du berühmt sein unter den Menschen der Zukunft – unsterbliche Gattin erlangend, glücklicher Kadmos!«

Von diesem Orakel soll auch nicht behauptet werden, daß es sehr alt sei, doch wurden die Verse sicher auf Grund einer alten Geschichte gedichtet. Kadmos fand die Kuh mit dem Mondzeichen, die er suchte, bei dem aus Lehm geborenen Hirt – denn der Name Pelagon wurde wohl als *pelogonos* verstanden[24a] – und kaufte sie ihm ab. Das Land, wo ihn die Kuh hinführte[25], hieß dann das »Kuhland«, Boiotia, Böotien[26]. Durch das ganze Land ließ sich das Tier treiben, und wo es vor Müdigkeit hinsank, legte es sich auf die rechte Seite. Auch dies war ein vorausgesagtes Zeichen. Da bereitete Kadmos das Opfer vor. Er schickte einige seiner Gefährten aus, eine Quelle zu suchen, da zum Opfern auch Wasser notwendig war[27]. Die Ausgesandten aber kehrten nicht zurück. Sie wurden vom Drachen getötet, der die Quelle bewachte. Denn es befand sich eine in der Nähe, mit Namen Areia, die »Aresquelle«. Die schreckliche Schlange hauste darüber, in einer Höhle. Sie war ein Sprößling des Kriegsgottes[28], dem der Hügel gehörte, wo sich bald die Kadmeia, die Akropolis des zukünftigen Thebens erheben sollte.

Da stand nun Kadmos, vor der Tat, die nur er ausführen konnte, ob er wirklich aus der Fremde kam oder – wie einige wissen wollten[29] – doch der Sohn eines einheimischen Urmenschen, des erdentsprossenen Ogygos war[30], dem dann die Genealogen den Landesheros Boiotos zum Vater gaben[31]. Er stand da auf einem Boden, dem kein Volk noch entsprossen war vor seiner Gründertat, als stünde er am Weltanfang, in der Ureinsamkeit. Denn die Tat hatte er ganz allein zu vollbringen. Wie ein Gott auf der unbevölkerten, nur von einigen Urmenschen bewohnten Erde trat er dem Drachen entgegen. Ein Urmensch war auch der aus Lehm zum Sterben geborene Pelagon, bei dem er die Mondkuh gefunden hatte, einer der ersten Sterblichen, dessen Dasein die Einsamkeit des Urzustandes zwar gemildert, ihn aber nicht wesentlich verändert hatte. Wie einen einsamen Wanderer und nicht wie einen von einer Heldenschar begleiteten Heros stellt auch das Orakel Kadmos, nur mit einem einfachen Jagdspeer ausgerüstet, dar.

Die Tat führte er aber ganz dem Urzustand entsprechend aus, da es noch keine Waffen gab: mit einem Stein erlegte Kadmos die Schlange[32]. Es gab Erzähler[33] und Vasenmaler, die ihn nur mit dem Schwert in der Hand sich vorstellen konnten. Doch der derbe Assteas von Paestum malte ihn nackt, mit dem Reisemantel auf dem Rücken und mit einem kleinen spitzen Hut. Zwei Jagdspeere hält er in der Linken, aber er benützt sie nicht: den Stein schleudert er mit der Rechten gegen die Riesenschlange. Steine werden auch in der Fortsetzung der Geschichte eine Rolle spielen. Die meisten Maler und Dichter, die das Göttliche nicht in Kadmos selbst sahen, waren darin einig, daß ihm bei der Ausführung seiner Tat Göttinnen und Götter beigestanden sind. Athene hätte ihm geholfen[34] und den Rat

32

gegeben, die Zähne des Drachen als Saat zu benützen. Ja sie selbst hätte dies für ihn getan[35]. Es wäre da alles, so glaubten einige, nach dem Willen und dem Planen des Ares geschehen[36].

Und es widersprach keineswegs dem Sinn des Kriegsgottes, was durch die seltsame Handlung bewirkt wurde. Der Drachensaat entsprangen bewaffnete Krieger, fünf oder mehr, eine ganze bedrohliche Schar für den einsamen Kadmos, der sie ins Dasein gerufen. Sie merkten ihn aber nicht. Den eben erst aus der Erde Geborenen hat sich das Auge kaum noch aufgetan. Da warf der Heros Steine nach ihnen. Und die Krieger glaubten sich voneinander angegriffen. Der Kampf brach aus, sie töteten sich gegenseitig. Nur fünf blieben am Leben: Udaios, der »Grundmann«, Chthonios, der »Erdmann«, Pelor, der »Riese«, Hyperenor, der »Übermännliche«, und Echion, der »Schlangenmann«. Alle wurden sie Spartoi genannt, die »Ausgesäten«, und als die »goldbehelmte Saat« gerühmt[37]. Noch ihre Nachkommen, die herrschenden Geschlechter der Thebaner, bezeichneten sich als die Erdgeborenen und trugen eine Lanze am Leibe als Muttermal[38].

So erschuf sich der Waffenlose den Kern eines gepanzerten und bewaffneten Kriegsvolkes. Vollendet wurde seine Gründertat – die Gründung einer Welt auf den thebanischen Hügeln, in der nicht mehr der Drache herrschte – durch seine Hochzeit mit Harmonia, der Tochter des Ares und der Aphrodite. Nicht aus dem Namen Kadmos, als müßte man aus ihm das griechische Wort für Weltordnung, *kosmos*, heraushören, erhellt dies, sondern aus dem Namen der Braut Harmonia und aus der Hochzeit selbst, die sogleich erfolgte. Nur diejenigen, die die Gründungsgeschichte ganz im Geist des delphischen Gottes erzählen wollten, ließen Kadmos zuerst noch ein Großes Jahr – acht gewöhnliche Jahre – dem Ares zur Buße dienen, wie auch Apollon nach seiner Drachentötung büßen mußte[39]. Harmonia war ihrem Namen nach die Harmonie selbst, die »Vereinigende«, eine zweite Aphrodite und zugleich die Tochter des Kriegsgottes. Und sie verband sich mit Kadmos, wie keine andere Göttin, geschweige denn die große Göttin der Liebe, mit einem Helden sich je verband. Nur die Verbindung des Dionysos, des Heros unter den Göttern, mit Ariadne, als sie schon Aphrodite Ariadne hieß, könnte mit dieser Vereinigung verglichen werden. Die Samothrakier nannten zwar Zeus und Elektra als Eltern der Harmonia, und vielleicht war dies sogar die eigentliche Meinung auch der Thebaner, bei denen eines der sieben Tore der Stadt nach Elektra hieß[40]. Wer weiß aber, ob mit der Atlastochter Elektra nicht auch Aphrodite gemeint war und mit Harmonia dann gleichfalls eine jüngere Aphrodite? Die zwei Namen und die zwei Überlieferungen wurden auch so vereinigt, daß man erzählte[41], aus Samothrake hätte Kadmos Harmonia mit sich gebracht, aus dem Haus der Elektra, denn Elektra hätte übernommen, die Tochter der Aphrodite aus ihrer berühmten Liebschaft mit Ares[42], zu erziehen. Die Thebaner kannten auch eine Ge-

schichte, nach welcher Harmonia viel von Dingen wußte, welche
sich bei den Barbaren zugetragen haben[43], als wäre sie eine der von
fernher gekommenen Prinzessinnen gewesen in Griechenland wie
Medeia in Korinth.

Zu ihrer Hochzeit kamen alle Götter[44], sie verließen ihretwillen
die himmlischen Gemächer, und die Musen ehrten das Brautpaar
mit ihrem Gesang[45]: ein Fest, wie es sich in der Heroengeschichte
selten ereignete. Zum zweiten Mal wurde eine Hochzeit auf Erden
so gefeiert, als Thetis sich mit Peleus, gleichfalls eine Göttin mit
einem Helden, vermählte. Zeus selbst soll an einem Tisch geschmaust
haben mit dem glücklichen Kadmos[46]. Im Hochzeitszug war das
Paar mit einem wundersamen Gespann einhergezogen. Man sieht es
auf einem alten Vasenbild: Eber und Löwe waren dem Wagen vorgespannt. So wünschte es später auch König Pelias für seine Tochter
Alkestis. Apollon half da dem Admetos die sich nicht leicht vertra-
genden Tiere zusammenzuspannen[47]. Zum Hochzeitszug der Harmonia, der »vereinigenden«, paßte solche Vereinigung. Der sie
bewirkte, Apollon, schritt neben dem Wagen einher. Und die Musen
sangen. Öfters wird uns gesagt, was sie damals sangen[48]: »Was schön
ist, bleibt lieb für immer.« Schön war der Sieg des Kadmos, noch
schöner aber die Braut, die kuhäugige, blonde Harmonia[49].

Man wußte auch um die Hochzeitsgaben, die ihr die Götter brachten[50], wie um die Brautgeschenke des Kadmos[51], die den Nachkommen zum Verhängnis gereichen sollten. Ein mantelartiges Gewand,
ein Peplos, war das eine Brautgeschenk, das andere ein Halsband,
Gabe der Aphrodite an Kadmos, ein Werk des Hephaistos[52], das
entsprechende Stück zu jenem Brautgeschenk, das Europa von Zeus
erhalten hatte[53]: ein Zeichen auch dies des höchsten Ranges der
Hochzeit, aus der dennoch kein reines Glück entsprang. Wo Dionysos nah ist, ist auch die Tragödie nah. Vier Töchter und ein Sohn
wurden Kadmos und Harmonia geboren: Semele sollte vom Blitz
des Zeus getroffen werden[54], Agaue in schlimmer Raserei den eigenen
Sohn zerreißen[55], Autonoe dereinst die Knochen ihres Sohnes Aktaion zusammensuchen[56], Ino den Sprung ins Meer mit dem Sohn
Palaimon wagen[57]. Mit Semele verbrannte der Palast des Kadmos, ehe
er mit Harmonia verschwand. Seinem einzigen Sohn Polydoros –
dem »von vielen Geschenken« – blieb die Herrschaft in Theben[58]
und die Fortsetzung des Geschlechtes durch die verhängnisvolle
Linie Labdakos, Laios, Oidipus.

Man erzählte[59], daß Kadmos und Harmonia Theben auf einem
von Kühen gezogenen Wagen verließen: ein göttliches Paar, von
dem nicht zu wissen ist, wann sie sich eigentlich in Schlangen verwandelt haben. Geschah diese wahrer Gottheiten der Unterwelt
würdige Verwandlung schon in Theben, ehe die Reise nach dem
Nordwesten antraten[60]? Oder erst bei den Illyriern, über die sie
herrschen und die sie gegen die Hellenen bis nach Delphi führen
sollten? Der illyrische Stamm der Encheleis trug als Standarten lange

34

noch Schlangen, und dieser Brauch stand vielleicht in Verbindung mit der Erzählung von der Herrschaft des Kadmos und der Harmonia über jene Stämme der nördlichen Balkanhalbinsel. Mit dem Kuhgespann erreichten sie das Adriatische Meer angeblich da, wo heute die kleine Hafenstadt Budva liegt, einst Buthoe genannt[61], nach den schnellen Kühen des thebanischen Herrscherpaares. Auch einen Sohn zeugten sie da, den Namengeber der Illyrier, Illyrios, von dem erzählt wurde[62], eine Schlange habe ihn in ihrer Umfassung gehegt und stark gemacht.

Bei den Illyriern zeigte man auch die Gräber von Kadmos und Harmonia und zwei schlangenförmige Steine[63], die an sie erinnern sollten. Es wurde aber auch erzählt, daß sie die Erde verließen. Zeus – oder nach denjenigen, die den Kriegsgott als Gatten der Aphrodite in den Vordergrund stellten, Ares[64] – versetzte sie auf die Insel der Seligen[65]: nicht etwa nur Kadmos, sondern auch Harmonia, beide in der Gestalt von Schlangen[66]. Wie das bekannte göttliche Paar auf den spartanischen Grabsteinen oder auf ionischen Tontäfelchen aus dem italischen Lokri – ein Paar, welches aus Dionysos als Heros und Unterweltskönig und aus seiner Königin besteht –, thronen sie wohl unter den Toten. Den Lebenden erscheint ein Schlangenpaar.

II. Die thebanischen Dioskuren

Hochzeiten des Zeus ließen Schönheit, Ordnung, Gedächtnis in dieser Welt herrschen. Die Hochzeit mit Eurynome, einer Tochter des Okeanos und der Tethys, bestätigte die Herrschaft der Schönheit. Denn die Chariten wurden aus dieser Hochzeit geboren. Die Vermählung mit Themis, der Regel der Natur, mit einer großen Göttin, die Zeus die drei Horen, die Herrinnen der Reife und der richtigen Zeiten, gebar, bekräftigte die Regelmäßigkeiten, welche die natürliche Ordnung der Welt bilden. Die Vereinigung mit Mnemosyne, die ihm die neun Musen schenkte, vermehrte das Gedächtnis um die Künste der neun Töchter. Seit der Ehe des Zeus mit Hera gibt es die Herrschaft des Himmels über uns Menschen, in die sich ein Gott und eine Göttin wie Mann und Frau teilen. Die erste vorbildliche Hochzeit auf Erden war die des Kadmos und der Harmonia. Zu Harmonias Hochzeit kamen die Söhne des Himmels. Lautenspiel ließ erst die Mauern von Theben, Amphions Leier die Stadt zwischen zwei Flüssen erstehen[67].

Viel wußten die Thebaner – und nicht sie allein unter den Hellenen – von göttlichen Zwillingen[68], von ungleichen oder gar feindlichen Brüdern, zu erzählen. Die thebanische Geschichte von Melia und ihren zwei Brüdern sei nur berührt, ehe die von den Zwillingen Amphion und Zethos erzählt wird. Melia war – das sagt ihr Name – eine Eschennymphe, wie die Mütter und Frauen der ersten Menschen[69], ein aus der Erde geborenes Wesen[70], doch auch die Göttin einer Quelle und galt als Okeanostochter[71]. Sie hatte zwei Brüder: Ismenos, wie der eine der beiden Flüsse der Thebaner hieß, und Kaaithos oder Kaanthos – ein sehr altertümlicher Name, dessen richtige Form die Erzähler nicht mehr wußten –, zwei Söhne des Okeanos. Durch diese kam der Brudermord in die Welt. Denn sie stritten um ihre Schwester[72]. Ismenos scheint der Bevorzugte gewesen zu sein[73]. Deswegen tötete ihn der Bruder. Die Geschichte wurde auch so erzählt[74], daß Apollon, der mit Beinamen Ismenios hieß, es gewesen ist, der Melia entführte. Kaanthos wäre, wie Kadmos, vom Vater ausgesandt, um die Schwester zu suchen. Als er sie dann im Besitz des Gottes fand, zündete er Apollons Heiligtum, das Ismenion, an. Melia gebar Teneros, den Wahrsager, nach dem die Ebene genannt wurde, auf der das Kabirenheiligtum der Thebaner stand.

Eine ähnliche Dreiheit war diese wie die auf der Kabireninsel Samothrake: zwei Brüder um eine Schwester, um die Eschennymphe und Urfrau, um welche die beiden stritten, die entführt und gesucht wurde, Brudermord verursachte oder – in der späteren Form der Geschichte – Tempelbrand. Es war aber in der Heroenmythologie der Thebaner noch ein Bruderpaar da, zwei junge Helden um ihre Mutter. Antiope, die Tochter des Asopos, eines der Flußgötter

36

Böotiens, durfte sich rühmen, in den Armen des Zeus geruht zu haben. Sie gebar die Zwillinge, die die Stadt mit den sieben Toren gründen sollten: Amphion und Zethos. Denn ohne Mauern hätten nicht einmal sie, so stark sie auch waren[75], im weiträumigen Theben wohnen können. Nach der Geschichte, auf die mit diesen Worten in der Odyssee Bezug genommen wird, muß die Stadt ein unbefestigter Ort um die Kadmeia, den einstigen Palast des Kadmos, gewesen sein, wie die Wohnstätten auf Kreta um die Paläste von Knossos oder Phaistos zur Zeit des Königs Minos waren.

Berühmt wurde die Schönheit der Antiope[76]. Es war die Schönheit des Mondes, wenn er uns mit seinem vollen Antlitz entgegenschaut: das ist die Bedeutung des Namens. Ebenso hieß die Gattin des Sonnengottes bei den Korinthern[77]. Erzählte man von einem irdischen Vater der Antiope, so gab man ihm wenigstens den Namen Nykteus, »der Nächtliche«. In einer späten, rein menschlichen Geschichte soll nicht Zeus ihr Geliebter gewesen sein, der sie in Satyrgestalt verführte, wie es hieß[78], sondern ein König mit dem Namen Epopeus[79], welcher den auf uns herunterblickenden Himmelsgott andeutet: für die Korinther, die ihre hochgelegene Burg Epope nannten[80], den Helios, sonst den Zeus. Keine sterbliche Frau war sie ursprünglich, sondern die Göttin Antiope, die dem Himmelskönig Zwillinge schenkte, die thebanischen »Söhne des Zeus«, wie Leda den Kastor und den Polydeukes in Sparta[81]: zwei Reiter auf weißen Füllen[82]. In einer Höhle des Kithairon, auf der attischen Seite des Gebirges, zwischen den Ortschaften Oinoe und Eleutherai, wurden Amphion und Zethos geboren. Ihre Mutter verließ sie da[83]. Eine Quelle entsprang vor der Höhle. Darin badete ein Hirt die göttlichen Zwillinge. Erst als Jünglinge fanden sie die Mutter wieder. So wurde die Geschichte von Euripides in einer berühmten Tragödie mit dem Titel »Antiope«[84] auf die Bühne gebracht.

Ganz ist sie nicht auf uns gekommen, doch der Inhalt kann noch wiedergegeben werden. Sie begann mit der Erzählung jenes Hirten, dem Antiope die Zwillinge am Kithairon anvertraut hatte. In der Tragödie war sie die Tochter des Königs Nykteus, der nach dem Tode des Pentheus, des zerrissenen Enkels des Kadmos, in Theben herrschte. Von Zeus schwanger geworden, mußte Antiope vor ihrem Vater flüchten. Sie wanderte über den Kithairon, bis sie Sikyon erreichte, am anderen Ufer des Korinthischen Meerbusens. Da herrschte König Epopeus, in dem Antiope einen schützenden Gatten fand. Nykteus nahm sich in seiner Wut das Leben. Seinem Bruder und Nachfolger Lykos, dem »Wolf«, hatte er den Auftrag gegeben, Antiope zurückzuholen. Lykos eroberte Sikyon, tötete Epopeus und nahm die Nichte gefangen. Über den Kithairon, den Berg der kadmeischen Mänaden, wo vielleicht auch Zeus in Satyrgestalt ihr begegnet war, mußte Antiope heimkehren als Sklavin ins Land, das Lykos beherrschte. Unterwegs gebar sie ihre Söhne, nächtlich in jener Höhle, und übergab sie dem Hirten.

Davon erzählte der Hirt in der Tragödie, vor der Höhle selbst, in der die Zwillinge zu Jünglingen herangewachsen waren. Ihnen hatte er noch nicht gewagt, alles zu sagen, hütete er doch die Herden des Königs, bei dessen Frau, der herrischen Dirke, Antiope jetzt ihr Sklavinnendasein fristete. Amphion trat nun auf, in der Hand die Laute, die Hermes, der Sohn der Maia, ein Halbbruder der göttlichen Zwillinge, erfunden und ihm geschenkt hat. Er besang jetzt den Himmel und die Allmutter Erde[85]. Denn nur dem Gesang lebte der helle Jüngling. Anders geartet war Zethos. Von der Jagd kehrte er heim und schalt den Bruder ob seines Müßigganges. Ein jeder pries die eigene Lebensweise: Zethos die kriegerische und tätige, Amphion die musische und beschauliche. Es waren ungleiche Brüder, diese göttlichen Zwillinge, wenngleich nicht feindliche wie jene, die um die Schwester stritten. Der weise und milde Amphion war auch jetzt der Nachgiebige und folgte dem Bruder auf die Jagd[76]. An diesem Tag war aber Antiope der Knechtschaft entflohen, während ihre Herrin Dirke mit den kadmeischen Frauen mänadisch ins Gebirge zog, um Dionysos zu feiern.

Vor der Höhle traf die Entflohene die herrlichen Jünglinge. Sie erkannte in ihnen die Söhne, die sie dem Zeus geboren hatte, und sprach sie als ihre Mutter an[87]. Umsonst tat sie das. Die Zwillinge vermochten in der gequälten Frau die Zeusgattin nicht zu erkennen. Zethos wies sie zurück, als sie in der bergenden Höhle Zuflucht nehmen wollte. Denn Dirke kam an, mit den schwärmenden Mänaden[88], wahrscheinlich um einen Stier von den Hirten zu holen, zum Opfer an Dionysos. Da traf sie die entflohene Sklavin. Rasend befahl sie den Jünglingen, Antiope an den Stier zu binden, und schleppte sie schon eigenhändig dorthin, wo sie das Tier zu finden hoffte. In diesem Augenblick kam der alte Hirt herangelaufen. Er hielt die unschlüssig zögernden Zwillinge auf, von denen wohl nur Zethos an der vorhergehenden Szene teilgenommen hatte, und legte Zeugnis ab: Antiope sei wirklich ihre Mutter. Die Brüder rannten den Frauen nach, befreiten Antiope, ergriffen Dirke und banden *sie* an den Stier. So wurde die Königin zu Tode geschleift. Auch Lykos wurde gestürzt. Mit Hilfe des Hirten lockten sie ihn in die Höhle und hätten ihn da auch getötet, hätte ihnen Hermes nicht Halt geboten. Er brachte die Weisung des Vaters: die Herrschaft gehörte den Söhnen des Zeus, Lykos sollte sie ihnen freiwillig übergeben, Dirke verbrennen und ihre Asche in die Aresquelle streuen. Von da an heißen Quelle und Bach, die Theben vor allen anderen mit reinem Wasser speisten, Dirke.

Zum Beschützer der Stadt sollte Zethos werden, Amphion die Götter besingen. Sein Leierspiel und sein Gesang brachten die Steine in Bewegung und die Bäume, die ihren Boden verließen und sich den Zimmerleuten anboten. Hermes sagte es voraus, und es hieß, daß Theben als feste Stadt auf solche Weise entstanden ist: die bewegten Steine ordneten sich bei den Tönen der Leier zu Mauern mit

38

sieben Toren – sieben wohl, weil Amphions Leier schon sieben Saiten hatte[89]. Das war die Harmonie in dieser Gründung, die zur Stiftung eines kleinen Kosmos führte. Weniger entsprach ihr Amphions weiteres Schicksal.

Denn zur Frau bekam er Niobe, die schönste Braut, eine Tochter des lydischen Königs Tantalos, nach Hermes Voraussage. Und man weiß[90], welches Unglück durch sie Amphion befiel. Die Töchter, die ihm Niobe gebar, tötete Artemis, die Söhne Apollon. Unter ihren Töchtern wird auch eine Melia genannt[91]. Und wie wegen der Melia, von der am Anfang die Rede war, Kaanthos zum Feind des Apollon wurde, so erging es auch Amphion. Aus Zorn und Rache der erschossenen Kinder wegen versuchte er den Tempel des Gottes zu erstürmen und wurde von Apollon getötet[92]. Er hatte mit Zethos ein gemeinsames Grabmal erhalten[93], obwohl beide Brüder als unsterbliche göttliche Reiter galten. Heroenkult, nicht Götterkult genossen sie bei den Thebanern.

Antiope blieb nicht auf thebanischem Boden. Als Göttin beherrschte sie einen weiteren Bereich. Vielleicht war sie seit jeher eine umherirrende göttliche Frau, wie Io oder Europa. Man meinte indessen, Dionysos hätte sie zu einer Rasenden gemacht und mit dem Umherirren bestraft, da Dirke ihn feiern wollte, als sie wegen Antiope den Tod fand. Es wurde ferner erzählt[94], daß in Phokis der Heros Phokos, der Namengeber jener Landschaft, die Umherirrende einholte, von der Raserei heilte und zur Gattin nahm. Das gemeinsame Grab von Antiope und Phokos wurde bei der Stadt Tithoreia in Phokis gezeigt[95]. Immer, wenn die Sonne in das Zeichen des Stieres trat, stahlen die Tithoreer Erde vom Grab der Söhne der Antiope und streuten sie auf das Grab der Mutter: ein Brauch, der die Verbindung der Antiope mit einem göttlichen Stier, sei es Zeus, sei es Dionysos, noch nach ihrem Tode zeigt. Gelang den Tithoreern der Diebstahl, so glaubten sie, in jenem Jahr würde ihr Land mit Fruchtbarkeit gesegnet sein, mehr als das Land der Thebaner.

III. Danaos und seine Töchter

Die Helden- und Leidensgeschichten, die sich in und um Theben abgespielt haben, sind noch bei weitem nicht beendet. Aber es muß jetzt der Anfang auch mit Erzählungen gemacht werden, die ihren Schauplatz in anderen Städten und Landschaften, vor allem in Argos hatten. Auch diese beginnen mit Io und ebenfalls mit Namen wie Melia und Niobe. Die Eschennymphe Melia erscheint in Argos mit dem Flußgott Inachos, dem Vater der Io verbunden. Von diesem Paar entsprang der Urmensch Phoroneus[96], zu dem – in welcher Beziehung immer – als Ur-frau eben Niobe gehörte. Von Io ist es nicht überliefert, daß sie auch die Tochter der Melia und nicht nur des Inachos war. Sie galt dann als Urgroßmutter des Agenor und des Belos, der beiden Söhne des Poseidon und der Libye, nach der ein gleichnamiges Land in Afrika hieß. Am Anfang dieser Geschichten steht der Erzähler mit einem Fuß in der Ebene unter der Larissa, der ragenden Hochburg der Stadt und der Landschaft Argos, wo der Inachos fließt, mit dem anderen da drüben, wo der Nil – früher auch Aigyptos genannt – von Süden her kommend, in das Mittelmeer mündet.

Es sind wiederum Zwillinge und ungleiche Brüder, von denen da erzählt wird[97]: Danaos und Aigyptos, die Söhne des Belos, dessen Name den phönizischen Baal, den »Herrn«, wiedergibt. Die Griechen, oder wenigstens ein Teil von ihnen, hießen in alter Zeit Danaoi, was die Mehrzahl von Danaos ist. Melia wird unter anderem auch als Frau dieses Danaos genannt und zur Tochter des Agenor gemacht[98]. Eine Überlieferung ließ die Zwillinge Danaos und Aigyptos unmittelbar von Io abstammen[99]. Der Flußgott Inachos von Argos, die wandernde Io, die Eschennymphe Melia, die Urfrau Niobe und die Vertreter von Völkern und Ländern als ungleiche Brüder wurden zu einer Genealogie zusammengefügt. Die Ungleichheit von Danaos und Aigyptos bestand darin, daß der eine nur Töchter hatte, der andere lauter Söhne: fünfzig Söhne Aigyptos, fünfzig Töchter Danaos. Belos hatte sein Reich so verteilt, daß Danaos die westliche Hälfte, Libyen, bekam, Aigyptos ursprünglich die östliche, Arabien[100]. Dennoch lagen die Brüder in Kampf gegeneinander, und es hieß, Danaos fürchtete sich mit seinen Töchtern vor den Söhnen des Aigyptos. Er baute daher das erste Schiff für fünfzig Ruderer[101] und floh mit der Töchterschar nach dem gemeinsamen Ursprungsland an den Ufern des Inachos.

Es waren keine gewöhnlichen Mädchen, jene fünfzig. Geschildert werden sie einmal[102] als Wesen, die keine weibliche Stimme hatten, sich in Kampfwagenspielen übten und bald in den durchsonnten Wäldern jagten, bald Datteln und Zimt und Weihrauch sammelten. Sie hatten sich schon zum Kampf gerüstet, gegen die Vettern, die sie zu ihren Frauen begehrten, die Söhne des Aigyptos[103]. Oder rüsteten sie nur das Schiff, das sie allein zu rudern hatten? Es ist das Bild von fünfzig Amazonen, obgleich sie nie so genannt werden, von fünfzig kriegerischen, männerfeindlichen Frauen, wie jene waren, die den Amazonennamen trugen und gegen die dereinst Herakles und Theseus kämpfen sollten. Die Zahl gibt die der fünfzig Monde eines vierjährigen Festzyklus wieder, der Hälfte eines »großen Jahres«. Die zweite Hälfte davon hatte nur neunundvierzig Monde, wie auch nur neunundvierzig von den Töchtern des Danaos treue Danaiden blieben. Der Sieg über ihre Freier und Verfolger bildete nur hier unten auf Erden ein schreckliches Geschehen, am Himmel siegten die nacheinander folgenden Monde ohne Blutvergießen über die Dunkelheit der Nächte.

In Argos, dem Namen nach »das helle Land«, kamen die vor den dunklen Söhnen des Aigyptos fliehenden Mädchen mit ihrem Schiff schließlich an. Ihre Ankunft und was unmittelbar darauf folgte, brachte Aischylos in seiner Tragödie ›Die Schutzsuchenden‹ auf die Bühne. Nach ihm[104] herrschte damals Pelasgos, ein Sohn des erdgeborenen Palaichthon – des Heros »Alt-Erde« – über die Ebene des Inachos. Er und die Bewohner von Argos waren bereit, die Danaiden und ihren Vater vor den verfolgenden Aigyptiaden zu schützen. Nach anderen[105] forderte Danaos von König Gelanor die Herrschaft über Argos für sich zurück, da er doch ein Nachkomme des Flusses und Urkönigs Inachos war. Am Tage, an dem das Volk über seine Forderung entscheiden sollte, fiel ein Wolf den Leitstier der Kuhherden von Argos an, kämpfte mit ihm und siegte. Im Stier sah nun das Volk den eigenen König, im Wolf den Fremden und nahm die Entscheidung der Götter an. Danaos bekam die Herrschaft und gründete aus Dankbarkeit einen Tempel dem Apollon Lykios, dem Wolfsapollon. Den verfolgenden Söhnen des Aigyptos verweigerte er dem Scheine nach die Töchter nicht. Er loste die fünfzig unter den fünfzig Vettern aus. Dazu kam es zuletzt auch bei Aischylos, obgleich am Schluß der ›Schutzsuchenden‹ die Ägypter noch zurückgewiesen werden. Doch ersinnen dann die Danaiden mit ihrem Vater eine grausame List. Danaos gibt jedem der Mädchen einen Dolch[106]. Die Brautnacht kommt, und neunundvierzig Bräute ermorden den Bräutigam. Die Köpfe der Ermordeten wurden abgeschnitten und in das tiefe Wasser von Lerna geworfen, welches seitdem aus so vielen Köpfen hervorsprudelt.

Hypermestra, die einzige, die sich durch das Nahen eines Jünglings erweichen ließ, ihn liebgewann und nicht ermordete, wurde durch ihren Gatten Lynkeus die Ahnin großer Heroen, des Perseus und des Herakles. Aber sie erwies sich durch ihre Hingabe treulos dem Vater und den Schwestern gegenüber. Danaos ließ sie am Morgen ins Gefängnis führen und Gericht über sie halten[107]. Dem Gericht waren ›Die Danaiden‹ des Aischylos gewidmet. Nur wenig mehr blieb von dieser Tragödie erhalten als von den ›Ägyptern‹, dem düsteren zweiten Stück der Trilogie, in dem das Schreckliche geschah. In den ›Danaiden‹ stand nun Hypermestra als Sündige gegen die Schwestern und den Vater da. Aphrodite selbst trat zur Verteidigung des Mädchens vor das Gericht und belehrte alle, die da richten wollten, über ihre Allmacht. Es verlange den reinen Himmel die Erde mit Liebe zu durchdringen, so lauteten ungefähr ihre Worte[108], Verlangen nach Liebe ergreife die Erde, der Regen des Himmels befruchte sie, und sie gebäre dann die Pflanzen und die Tiere, von denen sich die Menschen nähren. Das ist das ewige große Beispiel, das die Liebesgöttin für Hypermestra angeführt hat. Der gerettete Jüngling war schon vor dem Anbruch des Morgens nach dem benachbarten Lyrkeia geflüchtet. Lyrkeus hieß er eigentlich und nicht Lynkeus, wie der scharfsichtige Sohn des Aphareus, von dem man später hören wird. Von Lyrkeia aus gab er Feuerzeichen[109]. Aus der hohen Burg Larissa erwiderte sie die befreite, liebende Hypermestra. So wurde Lyrkeus nach Danaos der König von Argos.

Es wurde auch erzählt[110], Athene und Hermes hätten auf Zeus' Befehl die übrigen Danaiden vom Mord gereinigt und daß darauf Vater Danaos selbst sie – genauer nur achtundvierzig von ihnen – am Ziel einer Rennbahn aufstellte[111], als Siegespreis für die Rennenden. Es war noch nicht Mittag geworden und er hatte schon für jede einen Eidam. Oder wurden sie doch alle – Hypermestra und jene ausgenommen, von der sogleich die Rede sein wird – von dem einzigen Überlebenden der Brüder getötet[112]? Dies wurde ebenfalls behauptet, und ihre Gestalten sind in die jenseitige Welt der Abbilder, in das Haus des Hades eingegangen als Beispiele der ewig Unerfüllten – derjenigen, die das *telos*, die Vollendung, sei es als Erfüllung in der Hochzeit, sei es als Einweihung, nie erreichten. Sie trugen in der Unterwelt unaufhörlich in zerbrochenen Krügen Wasser, oder sie schütteten es in ein bodenloses Gefäß. Die Danaidenkrüge, die nie voll wurden, sind zum Sprichwort geworden[113].

Nur die Geschichte vom Schicksal jener Danaide fehlt noch, mit Namen »Amymone«, »die Tadellose«, die Aischylos zur Heldin eines Satyrspiels gemacht hat, zum Abschluß der Tetralogie, die mit den ›Schutzsuchenden‹ begann. Wie es uns im heiteren Stück erzählt wird, erscheint es so, als wäre die blutige Tat der Danaiden nie erfolgt oder als hätte wenigstens Amymone daran nicht teilnehmen können. Danaos sei mit seinen Töchtern bei Lerna, im Golf von Argos, an der Stelle, die heute nach den Wassermühlen Myli genannt wird, eben angekommen[114]. Und der Vater schickte Amymone aus, um Wasser zu holen für das Opfer, das er darbringen wollte. Zu jener Zeit zürnte noch Poseidon, weil Inachos als Richter im Streit zwischen ihm und Hera das Land mit seinem Urteilsspruch der Götterkönigin gegeben hatte[115]. Sie ist doch die Herrscherin über diese Landschaft seit den Zeiten des Urmenschen Phoroneus gewesen, der sie als erster verehrte, und sie blieb es, von ihrem berühmten Heiligtum aus, in der Nähe der Stadt Argos, zwischen

Tiryns und Mykenai. Poseidon mußte da unterliegen, wie auch in Attika, im Streit mit Pallas Athene. Und weil er deswegen zürnte, war eine Quelle schwer zu finden. Amymone schlief ein vor Müdigkeit, so lautete die Erzählung[116] im Stil der pompejanischen Malereien weiter, und wurde von einem lüsternen Satyr erblickt. Oder, wenn man sie doch mehr amazonenhaft darstellen wollte, sie warf den Jagdspeer nach einem Hirsch und traf einen schlafenden Satyr.

Verwundet, griff er sie an. Ob sie nun die Verwundende war oder nur eine Überraschte, schrie die Jungfrau nach Hilfe, und Poseidon eilte herbei. Den Dreizack warf er nach dem Satyr und wurde der wahre und siegreiche Bräutigam der Danaide. Sie gebar ihm Nauplios, den Begründer der Hafenstadt Nauplia, die auch heute noch da gegenüber liegt[117]. Eine schöne Morgengabe gewährte der Gott der jungen Frau, der künftigen Wassernymphe: sie selbst durfte den Dreizack aus dem Felsen ziehen, und an jener Stelle entsprang die dreifache Quelle Amymone, die schönste unter den zahllosen Brunnen von Lerna. Eine alte Dichtung sagte[118]: »Argos war wasserlos, die Töchter des Danaos machten wasserreich Argos.«

IV. Perseus

Es war eine sehr alte Geschichte, die von einem Danaermädchen erzählte und es schlichterweise auch so nannte: Danae. Ursprünglich hießen auch die Töchter des Danaos Danaai, »Danaermädchen« oder »Danaerfrauen«, wie die Mehrzahl von »Danae« lautet. Sie war aber *das* Danaermädchen, die Auserwählte unter allen Danaerinnen, ihre vollkommenste Vertreterin, so vollkommen, daß sie zur irdischen Braut des Zeus und zur Mutter des Gründerheros von Mykenai werden konnte. Die Geschichte beginnt mit der Erzählung von ihrem Vater und seinem Bruder, den Enkeln der Danaide Hypermestra und des Lyrkeus.

Es ist die Erzählung von zwei feindlichen Zwillingsbrüdern[119]. Akrisios und Proitos sollten gemeinsam über Argos herrschen. Sie rauften miteinander bereits im Mutterleib. Kaum waren sie erwachsen, kämpften sie um die Herrschaft. Auf dem Wege von Argos nach Epidauros stand eine mit Schildern geschmückte Pyramide, ein Riesengrab[120], das Denkmal des berühmten Bruderkrieges, in dem, so hieß es, die runden Schilde erst erfunden wurden. Die Schlacht, die da stattfand, blieb nach einer Überlieferung[121] unentschieden. Das Königreich wurde danach zwischen den beiden Brüdern aufgeteilt. Akrisios herrschte in Argos, Proitos in Tiryns, in der von den Kyklopen befestigten Nachbarburg. Nach einer anderen Überlieferung[122] wurde Proitos besiegt. Er wanderte nach Kleinasien aus, nahm die Tochter des Königs von Lykien zur Frau, jene Anteia oder Stheneboia, die durch ihre Liebe zum Heros Bellerophontes bekannt werden sollte, und kehrte mit Hilfe des Schwiegervaters zurück. Von dort her kamen angeblich auch die sieben Kyklopen, die die unzerstörbaren Mauern erbauten[123]. Von den drei Töchtern des Proitos, die Dionysos nicht verehren wollten und daher durch den Gott rasend gemacht wurden, war unter den Göttergeschichten die Rede[124]. Sein Sohn Megapenthes scheint dabei eine ähnliche Rolle gespielt zu haben wie der thebanische Verfolger des Dionysos, Pentheus. Die Behauptung, daß eigentlich Proitos der Vater des Sohnes der Danae war, der Oheim der Verführer seiner Nichte[125], mag beiseite bleiben. Dem gegenüber steht die Erzählung[126] von der Liebe des Zeus und der einzigen Tochter des Akrisios, Danae.

Akrisios, dem König von Argos, wurde nur dieses eine Kind geboren. Daher befragte er das Orakel von Delphi nach einem Sohn. Der Gott antwortete ihm, daß er keinen Sohn haben werde, wohl aber eine Tochter, und daß der Tochtersohn ihm zum Verhängnis gereichen solle. Aus Delphi heimgekehrt, ließ Akrisios im Hof seines Palastes ein ehernes Gemach anlegen, unterirdisch wie ein Grab. Da schloß er die Tochter mit ihrer Amme ein. Vom himmlischen Licht mußte Danae Abschied nehmen[127]. In Dunkelheit war sie für immer

begraben, damit sie keinen Sohn gebäre. Es war indessen der Götterkönig selbst, den es nach dem Danaermädchen verlangte. In goldenen Regen verwandelt, floß Zeus durch das Dach des unterirdischen Gemachs. Die Jungfrau fing ihn auf in ihrem Gewand. Aus
dem Regen trat der Herr des Himmels. Das Grab wurde zur Hochzeitskammer. Ein Sohn des Zeus wurde geboren.

Das ist die Geschichte von der Empfängnis des Perseus. Danae
gebar ihr Kind und nährte es mit Hilfe der Amme im geheimen. Was
nach der Geburt folgte, darüber waren sich die Erzähler, Bühnendichter, Vasenmaler, die die Geschichte weiter ausführten, nicht
einig. Nach den einen mag Perseus schon drei oder vier Jahre alt
gewesen sein, als König Akrisios oben, im Hofe seines Palastes, die
Stimme eines spielenden Kindes vernahm, die aus der Tiefe zu ihm
drang. Es spielte mit seinem Ball, so deutete es ein Vasenbild an, das
den kleinen Perseus mit dem Spielzeug in der Hand zeigt. Er schrie
auf, da der Ball ihm entrollte. Der König ließ Danae aus dem ehernen
Grab holen. Die Amme mußte sterben, denn sie war es doch, die mit
der Oberwelt verkehrte, um das Mädchen ernähren zu können. Im
Palasthof, wie es sich ziemte, stand ein Altar des Zeus. Bei diesem
Altar zwang Akrisios die Tochter, zu bekennen, wer der Vater des
Kindes ist. »Zeus« – so lautete die Antwort und wurde nicht geglaubt. Akrisios ließ das Kind und die Mutter in eine Truhe sperren,
in eine geschlossene Arche, und auf das Meer aussetzen. So schwam-
men sie beide, dem Tode geweiht, auf den Fluten.

Nach anderen Erzählern geschah dies früher, sogleich nach der
Geburt des Heros. In der Dunkelheit des ehernen Grabes wurde er
geboren und sogleich in die finstere Arche eingeschlossen. Und als[128]
in der kunstreichen Truhe der wehende Wind und das bewegte
Meer sie mit Furcht bestürzten, umschlang die Mutter – und ihre
Wangen blieben nicht unbenetzt! – mit den lieben Armen den Sohn
und sprach: »Mein Kind, in welche Bedrängnis bist du geraten und
weißt nichts davon! Deinen tiefen Säuglingsschlaf schläfst du und
leuchtest im Dunkel des harten, erzbeschlagenen Holzes, unbeküm-
mert um die Salzflut und das Sausen des Windes über deinem weichen Haar. An mich rückst du in den purpurnen Windeln dein schönes Gesicht. Wäre dies Schreckliche schmerzlich dir, öffnen würdest
du dein feines Ohr meinen Worten. Schlafe nur, schlafe Kind,
schlafe das Meer, schlafe das maßlose Unglück ein! Und von dir
komme die Wendung, Zeus! Sprach ich ein kühnes Gebet, so ver-
zeih mir!«

So läßt uns der Dichter Simonides die Worte des demütigen Be-
tens der Gottesgeliebten aus der finsteren Arche hören, den Glanz
um das göttliche Kind leuchten. Ein anderer Dichter, Aischylos,
führt es uns auf der Bühne vor, in seinem Satyrspiel ›Die Netz-
Zieher‹, wie die Truhe von der Insel Seriphos aus gesichtet wurde[129].
Ein Fischer namens Diktys, der »Netzmann«, erblickte da den
schwimmenden Gegenstand von der Küste: »Was ist es? Was soll

ich denken? Walfisch, Haifisch – oder eine Kiste? Mein Herr Poseidon und du Zeus des Meeres, was für ein Geschenk schickt ihr mir da? ... Das Ding kommt nicht näher! Schreien muß ich!« So rief Diktys Hilfe herbei. Ein großes Netz wurde ausgeworfen und die Truhe an das Land gezogen. Im Satyrspiel sind auf den Hilferuf des Diktys statt Bauern, Hirten und Fischer Silene erschienen, sie sind bei der Öffnung der Lade dabei: eine Schar der nichtsnutzigen, halb göttlichen, halb tierischen Bewohner der Berge und der Felder, kahlköpfig, stumpfnasig, mit rot bemalten Gesichtern. Der kleine Perseus in der Truhe lachte sie an[130]. Ein Beweis seiner göttlichen Abstammung war auch dieses Lachen. Danae ist zuerst erschrocken über den Wechsel in der Bedrängnis und deckt klagend das Geheimnis auf, wer sie und wessen Sohn das Kind sei. Der Fischer verehrt die beiden, nimmt sie in seiner Hütte auf als seine Verwandten[131], die sie tatsächlich waren, von den Danaiden her. Diktys stammte von Nauplios ab, dem Sohn des Poseidon und der Danaostochter Amymone.

Auf Seriphos herrschte aber nicht Diktys, sondern sein Bruder Polydektes. Ungleiche Brüder waren auch diese, der Fischer und der König, und obwohl nicht Zwillinge – es heißt einmal[132], nur ihre Mutter sei dieselbe gewesen –, doch ein Paar. Zum »Netzmann« gehörte der »Viel-Empfänger«: das ist »Polydektes«, das gleiche wie »Polydegmon«, einer der vielen Namen des Unterweltkönigs[133]. Was der eine fing, mußte zur Beute des anderen werden. So wurde Danae die Gefangene des Polydektes, zum dritten Mal mit ihrem Kinde gleichsam in die Unterwelt gelangt. Als Sklavin des Königs lebte sie fortan in dessen Haus[134]. Man behauptete auch[135], sie wäre mit Polydektes vermählt gewesen, während Perseus im Tempel der Athene erzogen wurde als Schützling der Göttin, bei deren Geburt sich etwas Ähnliches ereignet hatte wie bei der Empfängnis des Perseus: goldener Regen fiel vom Himmel herab[136].

Als der Heros schon herangewachsen war und seine Mutter hätte befreien können, veranstaltete Polydektes einen *eranos*, ein Gastmahl, zu dem ein jeder der Eingeladenen eine bestimmte Gabe mitzubringen hatte. Ein Hochzeitsgeschenk für Hippodameia, die Tochter des Oinomaos, sollte angeblich gesammelt werden[137]. Offenbar gab der König vor, um die schöne Braut werben zu wollen, von der damals die ganze Welt sprach: man wird von ihr bald mehr hören. Zum Eranos des Polydektes hatte jeder Teilnehmer ein Roß zu stiften. Perseus, der Sohn der Sklavin, besaß sicher keines. Lebte Danae noch in der Hütte des Diktys, wie andere Erzähler es wissen wollten[138], so war der Heros in den kargen Verhältnissen des armen Fischers erzogen worden, und welche andere Absicht hätte auch dann der König, als Perseus tief zu erniedrigen? Er nahm wohl an, daß der Heldenjüngling in der Fischerhütte dieses Geschenk nicht aufbringen könne, sondern beschämt die Insel verlassen und die bis dahin beschützte Mutter preisgeben würde.

Fischer züchten bekanntlich keine Pferde, wie hätte Perseus eins mitbringen können? Daher sagte er trotzig zum König: »Ich bringe dir das Haupt der Gorgo!« Polydektes erwiderte: »Bring es!« Die Gorgo Medusa hat auf einer sehr alten Darstellung den Leib eines Pferdes. Nach den ältesten Erzählungen war sie eine Stute, Braut des Poseidon bei einer der Hochzeiten, die er in Hengstgestalt beging[139]. So versprach Perseus doch nichts anderes als die gewünschte Gabe: ein Roß, aber ein viel selteneres, schwierigeres, scheinbar unmögliches Tier. Die Stute, die er anbot, trug das Gorgogesicht, dessen Anblick einen jeden zu Tode erstarren ließ. Eben daran mochte auch Polydektes gedacht haben, als er das Anerbieten des Helden annahm.

Perseus bedauerte auch schon, was er versprochen hatte. Er zog sich auf die äußerste Spitze der Insel zurück und klagte. Mit Recht beklagte er sich. Befand sich Danae noch nicht im Besitz des Königs, so war jetzt die Gefahr da, daß dies erfolgen werde, wenn ihr Sohn sein Versprechen nicht hielte. Es ging um die Befreiung der Mutter aus der Macht des »Viel-Empfängers«. Da erschien dem Heros Hermes[140]. Oder war es Athene, die als erste ihm zu Hilfe kam? Auf den Darstellungen alter Künstler steht sie ihm vor Hermes bei. Wer konnte aber ihm die Flügelschuhe leihen – wenigstens *einen*, wie man es bei Artemidor, dem Traumdeuter liest[141]! –, damit er die Insel verlasse und in die Nähe der Gorgonen gelange, wenn nicht Hermes? So geschah es wohl nach Aischylos[142], in der Tragödie mit dem Titel ›Die Phorkystöchter‹. Der Bühnendichter vereinfachte den Gang des Perseus durch die Bereiche von dreimal drei Göttinnen und ließ wohl die ersten drei, die Quellennymphen, fort.

Diese, die Najaden, waren wohl diejenigen, die dem Heros in seiner verzweifelten Lage zuerst halfen. Sie wohnten in einer Höhle der Insel Seriphos, wie sie auch anderswo in den Tropfsteinhöhlen der griechischen Berge ihre Wohnungen hatten. Und sie waren im Besitz der Mittel, deren Perseus bedurfte, um seine Aufgabe auszuführen. Später konnte er ihnen die drei unschätzbaren Gegenstände auch zurückerstatten. Ob sie jetzt zum Helden kamen oder Perseus sie in der Begleitung der Athene besuchte: sie waren seine Retterinnen. Man sieht es auf einem alten Vasenbild, wie die Nymphen den Heros empfingen: die eine brachte ihm die geflügelten Schuhe, die zweite den unsichtbar machenden Hut, die dritte die Tasche, die *kibisis*, für das Gorgohaupt.

So ausgerüstet, eilte Perseus davon, wie ein schneller Fußgänger durch die Luft[143] – über das Meer und den Okeanos, wie die Sonne. Es ist uns überliefert[144], die Sonne selbst habe den Namen Perseus gehabt. Jenseits des Okeanos, bei den Gärten der Hesperiden, wo der Bereich der Nacht beginnt, wohnten die Gorgonen[145]. Drei greise Göttinnen, oder nur zwei, Töchter des Meergreises Phorkys, die Graiai, hielten vor ihnen Wacht[146]. Weder Sonne noch Mond beschien sie jemals[147]. Weglose Wald- und Felsenlandschaft nahm dort

47

ihren Anfang[148]. Kisthene, das Land der »Felsenrosen« wurde sie auch genannt und war vom Osten her gleichfalls erreichbar[149]: Das Land der Finsternis war es, in dem alle Himmelslichter verschwinden und von dem aus sie wiedererscheinen, an Ost und West gleicherweise angrenzend. Es ist denkbar, daß nicht einmal Pallas Athene den Weg durch jenen Bereich zu den Gorgonen kannte. Denn nicht alles wußten die jüngeren Gottheiten, wovon die älteren, wie die Moiren und Graien, Kenntnis hatten. An die greisen Göttinnen mußte Perseus zuerst herantreten, wenn er den Weg zu den Gorgonen finden wollte.

Abwechselnd hielten die Graien Wacht[150], da sie doch nur ein einziges Auge wie auch nur einen einzigen Zahn gemeinsam besaßen. Hätten sie mit diesem Auge den Herannahenden auch durch die Finsternis erblickt, wenn er nicht den unsichtbar machenden Hut, die »Hadeskappe«, aufgehabt hätte? Er war nun da und erwartete die Wachtablösung der Phorkystöchter in der Nähe, vor dem Eingang der Höhle, vielleicht der gleichen, die die Gorgonen in sich barg[151]. Bei der Ablösung reichte die eine Graia der anderen das einzige Auge, und sie waren so lange beide blind. Auf diesen Zeitpunkt wartete Perseus und riß das Auge den beiden aus der Hand. Nicht eher wollte er es ihnen wiedergeben, als sie ihm den Weg zu den Gorgonen wiesen. Unter dem mächtigen Zwang taten es die Schwestern. Wann gab der Heros das Auge dann zurück? Als er erfahren hatte, daß der Eingang der Höhle zu den Gorgonen führte? Oder erst auf der Flucht warf er den Graien das Auge zu? Oder warf er es, wie man erzählte[152], während er floh, in den See Tritonis? Welch ein Wehgeschrei mögen die uralten Göttinnen erhoben haben! Aber dies nur nachher: die ›Phorkyaden‹ des Aischylos waren ihrer Klagen sicherlich voll. Uns ist aus dem Stück eine einzige Zeile erhalten geblieben[153]: »In die Höhle wie ein Eber drang er . . .«

In dieser Höhle schliefen die drei Gorgonen. Sterblich war unter ihnen nur die eine, Medusa[154], die »Herrscherin«, wie man den Namen auch übersetzen könnte. Sein Glück mußte die Hand des Perseus führen – oder Athene. Tasten mußte der Heros nach dem Hals der Medusa und den Kopf abgewandt halten[155], damit er ihr maskenhaftes Antlitz nicht erblickte. Es wurde auch erzählt[156], daß die Göttin ihm das Haupt der Gorgo in einem blanken Schild zeigte, den sie dem Perseus gegeben oder für ihn selber hingehalten hatte[157]. Er kam mit einem Sichelschwert – ein Göttergeschenk war auch dieses –, einer *harpe*. Mit dieser alten Titanenwaffe schnitt er den Kopf der Medusa ab.

Sie war schwanger von Poseidon und trug den Helden Chrysaor und das Roß Pegasos im Leibe. Aus dem Hals der Geköpften sprangen die beiden hervor. Das Haupt verbarg der Heros in der Kibisis[158]. Und fliehen mußte er schon, weil die zwei unsterblichen Schwestern der Medusa erwachten und ihm nachsetzten. Die Luft wurde zum Schauplatz des Kampfes zwischen Perseus und den Gorgonen. Auf alten Vasenbildern sieht man zwei Gorgonen hinter dem Heros herfliegen und auf einem gar, daß er den Pegasos bestiegen hatte als erster Pegasosreiter, vor Bellerophon[159]. Es war unmöglich ihn einzuholen. An den Füßen hatte er die Flügelschuhe, von der Schulter hing ihm das Schwert – so war es nach einem Fortsetzer Hesiods auf dem Schild des Herakles zu sehen[160] – und wie der Gedanke floh er. Den Rücken bedeckte ihm das schreckliche Haupt der Medusa. Um sich geworfen trug er die Kibisis. In die Stirne hatte er die Hadeskappe gezogen. Nächtliche Finsternis verbreitete sie um den Heros.

Bald war Perseus jenseits des Bereiches, in dem die Gorgonen hausten und der an die Länder all der Völker grenzte, die selbst schon angeblich jenseits der Länder der gewöhnlichen Sterblichen wohnten. Bei den Hyperboreern schmauste er im Norden[161]. Im Süden flog er über das Land der Aithiopen und erblickte an einer felsigen Küste – man sagt[162], es sei in Palästina bei Jaffa gewesen – eine schöne Jungfrau. Sie war dort ausgesetzt und angebunden. Ein Höhepunkt ist dieser Anblick, nicht nur in der Geschichte des Perseus, sondern auch in der Geschichte der griechischen Bühnendichtung. Euripides gestaltete die Szene in seiner ›Andromeda‹. Damit ist der Name der Jungfrau schon ausgesprochen. In das Stück sei sogar der Gott, zu dessen Ehren Theater gespielt wurde, Dionysos, so verliebt gewesen, daß er sich von ihm nicht trennen konnte – wie der Komödiendichter Aristophanes seine Scherze darüber treibt[163]. Mit einem großen Monolog des Heros begann es, der glaubte, das Bildnis einer Jungfrau, ein Werk von Künstlerhand, nicht ein lebendiges Mädchen aus der Luft erblickt zu haben[164]. Der Monolog ging bald in den rührendsten Dialog über, zwischen Heros und Heroine, in die Worte der Andromeda[165]:

Nimm, Fremder, nimm mich mit, wie du es wünschest dir,
Als deine Sklavin, Gattin oder Dienerin . . .

Über das Aithiopenland herrschte Kepheus[166]. Seine Frau, die stolze Kassiopeia, hatte die Götter des Meeres gereizt. Einen Schönheitsstreit mit den Nereiden fing sie an und rühmte sich, den Sieg davongetragen zu haben. Sie wurde damit bestraft, daß Poseidon Überschwemmungen über das Land schickte und zudem ein Ungeheuer, dem ihre Tochter Andromeda ausgesetzt werden mußte. So riet es ein Orakel und so wurde es ausgeführt. Perseus kam herangeflogen und tötete das Ungeheuer. Ein altes Vasenbild zeigt es, wie er das eberköpfige Ungetüm, das aus dem Meer auftaucht, mit Steinwürfen aus beiden Händen bekämpft. Andromeda reicht ihm die Steine. Der Held hat sie aus ihren Fesseln gelöst. Er entriß sie auch den Eltern, die sie nicht gern ziehen ließen, und ihrem düsteren Bräutigam, mit Namen Phineus: ein Name, dem man in der Geschichte der Argonauten begegnen wird. Von diesem Phineus hieß es, er wäre ein Bruder des Kepheus gewesen, der die Nichte zur Braut haben wollte. Perseus stand wieder einem Feinde gegenüber,

49

der nach seiner Gestalt, wie die Erzählungen von den Argonauten sie beschrieben, den Graien ähnlich war. Da half das Gorgohaupt. Der Heros nahm es aus der Kibisis[167]. Phineus und seine Mannen wurden versteinert. Perseus trug Andromeda durch die Luft nach Seriphos. Alle vier aber, die in dieser aithiopischen Geschichte zusammengehören: Kassiopeia und Kepheus, Andromeda und Perseus, kamen schließlich als Sternbilder an den Himmel[168]. Athene versprach es am Schluß der Tragödie. Doch der Dichter hätte solche Prophezeiung sicher nicht in den Mund der Göttin gegeben, wenn man den dahineilenden Perseus am Himmel nicht schon früher zu sehen geglaubt hätte.

Nachdem er der Medusa das Haupt abgeschnitten und in die Kibisis gesteckt, nachdem er auch Andromeda befreit und gewonnen hatte, kehrte Perseus nach Seriphos zurück. Es stand wieder wohl in einer Tragödie des Euripides, im ›Diktys‹, daß der Heros seine Mutter und ihren Beschützer, den Fischer, als Schutzsuchende am Altar fand[169]. Vor den Gewaltsamkeiten des Polydektes mußten sie sich dorthin flüchten. Nun erschien der junge Heros wieder, schneller, als man hätte glauben können. Der Eranos, für den Perseus das Haupt der Gorgo anstatt eines Rosses versprochen hatte, war noch nicht einmal zu Ende[170]. Die Teilnehmer, welche alle nur gewöhnliche Pferde mitbringen konnten, waren noch beisammen, als Perseus mit seinem Geschenk erschien, durch die Luft fliegend mit seinen Flügelschuhen, das Haupt der Medusa im Sack von seiner Schulter hängend. Niemand wollte da wahrhaben, daß der Heros sein Versprechen gehalten hatte. Am wenigsten Polydektes, der König. Er ließ das Volk zusammenrufen[171], wohl um Perseus des Betrugs zu überführen. Man scheint dem Jüngling in Seriphos nicht geneigt gewesen zu sein. Perseus trat vor die Versammlung der Seriphier, holte den Kopf aus der Kibisis und zeigte ihn zum Beweis der Volksversammlung. Seitdem gehörte Seriphos zu den felsigsten Felseninseln des Archipelagus: alle wurden versteinert. Das Gorgohaupt weihte der Heros der Göttin Athene. Seitdem trägt sie es an der Brust. Kibisis, Flügelschuhe und Hadeskappe gab er den Nymphen zurück. Diktys wurde zum König von Seriphos. Perseus aber verließ die Insel und zog mit Danae und Andromeda heim, nach Argos.

Dort herrschte nicht mehr Akrisios[172]. Er fürchtete den Tod durch den Enkel und zog aus der heimatlichen Burg nach Thessalien, in eine andere Feste, gleichfalls Larissa genannt. Perseus zog ihm nach, suchte ihn auf und wollte sich mit dem Großvater versöhnen. Es gab darüber eine Tragödie von Sophokles: ›Die Larissäer‹. Das Fest der Versöhnung wurde gefeiert und Akrisios war schon bereit, nach Argos zurückzukehren[173]. Bei der Friedensfeier spielten die Jünglinge der Larissäer mit dem Diskos. Perseus konnte nicht widerstehen. Die sonnengleiche Scheibe nahm er in die Hand, wie es Apollon mit ähnlichem tragischem Ausgang tat, und ließ sie fliegen. Der Diskos flog durch die Luft und er traf Akrisios. Er traf ihn nur am Fuße, es war aber eine tödliche Verwundung. Der Großvater starb durch den Enkel. Der Glanz um den Heros ging in tödliche Dunkelheit über. Finsternis folgt auch nach den Strahlen der himmlischen Sonne, wie viel mehr noch nach den Taten eines göttlichen Kindes auf der Erde, und sei es ein wahres Sonnenkind gewesen!

In der aus riesigen Steinen erbauten Burg Tiryns herrschte damals der einzige Sohn des Proitos, Megapenthes. Nach einer Erzählung nahm er Rache für den Tod seines Onkels Akrisios und tötete den heimgekehrten Perseus[174]. Diese Geschichte ist uns nicht erhalten geblieben und nur der Name des Megapenthes besagt, daß er ein Mann »von großen Leiden« war und vielleicht ebenso wie seine drei Schwestern gegen Dionysos ankämpfte und schließlich wie Pentheus, der »Leidensmann« in Theben, vom Gott bestraft wurde. Man behauptete auch[174a], er hätte mit Perseus die Herrschaft getauscht, weil dieser sich wegen der Tötung seines Großvaters schämte und nicht mehr nach Argos zurückkehren wollte. So herrschte fortan an seiner Stelle Megapenthes in der Larissa von Argos und Perseus in Tiryns. Von dort aus befestigte er die Felsenburgen von Midea und Mykenai. Die Mykenäer verehrten ihn später als ihren Gründerheros und vergaßen die Heroine Mykene, eine Tochter des Inachos[175], die einmal ebenso berühmt war wie Tyro oder Alkmene[176] und die ihren Namen der mächtigsten Burg und Stadt in dieser Landschaft gab. Sie konnten aber keine bedeutenden Geschichten darüber erzählen, wie die Gründung durch Perseus geschah. Einmal soll er[177] nach seiner Schwertscheide gegriffen haben und gesehen, daß deren Spitze, die *mykes* heißt, verloren war. An jenem Ort gründete er Mykenai. Andere erinnerten sich an den berühmten Brunnen unter den kyklopischen Mauern der Burg und behaupteten, von Durst gequält, hätte Perseus nach einem Pilz gegriffen, der gleichfalls *mykes* hieß. So sei die Quelle entsprungen, an der sich der Heros gelabt und aus lauter Freude die feste Stadt gegründet hätte[178]. Das Wasser führte er wohl dann von außen unter die Mauer in den tiefen Brunnen Perseia.

Er galt auch als der Gründer einer großen Familie von lauter Königen. Andromeda gebar ihm angeblich schon früher einen Sohn mit Namen Perses, den Stammvater der Perserkönige. Diese beriefen sich später, wenn sie auf das Land der Hellenen Anspruch erhoben, auf Perseus als ihren Ahnherrn[179]. In Mykenai hatte er mehrere Söhne und eine Tochter: unter den Söhnen Alkaios und Elektryon, die Großväter des Herakles, als Tochter Gorgophone, die Großmutter der spartanischen Dioskuren. Einen so großen Ruhm, wie sein Großenkel Herakles erlangte Perseus dennoch nicht, weil er – so hieß es[180] – zu den Verfolgern des Dionysos gehörte und eine gewaltsame Tat gegen ihn beging. Ob er in den Erzählungen mit seiner Gegnerschaft an die Stelle des Megapenthes trat oder Megapenthes erst an seine Stelle?

Man erzählte in Argos, Dionysos sei dorthin aus Kreta gekommen mit Ariadne, über die See, in Begleitung von Meerfrauen. Perseus kämpfte gegen sie und tötete viele von den Begleiterinnen. Man zeigte in Argos das Grabdenkmal der Choreia[181], einer Mänade mit dem Namen »Reigen«, und das Grab der Haliai[182], der »Meerfrauen«, die mit dem Gott kamen. Vasenbilder zeigen Perseus im Kampf gegen den dionysischen Zug. Er hielt den Schwärmenden das Gorgohaupt entgegen, und es wurde auch erzählt[183], er hätte Ariadne versteinert, ehe sie und ihre Krone den Himmel erreichten. Nach dieser Erzählung schlossen die beiden Heroen, Dionysos und Perseus, beide Söhne des Zeus, zuletzt Frieden[184]. Ein Tempel mit heiligem Bezirk war in Argos dem kretischen Dionysos geweiht, und darin lag angeblich Ariadne begraben[185]. Eine alte Erzählung hielt sogar daran fest[186], daß Dionysos von Perseus getötet und in die Gewässer von Lerna geworfen wurde, die ein Tor zur Unterwelt bildeten. Aus jenen Tiefen erschien der Gott wieder, mit Trompetenschall zurückgerufen[187]. Betrat aber der Gott nicht selber in Lerna den Weg in die Unterwelt, um Semele zu befreien[187a]? Verfolger und Verfolgter waren in dieser einen Tat wenigstens – der Befreiung der Mutter – einander nicht unähnlich. Perseus erhielt ein Heroengrab vor der Stadt der Mykenäer, an der Straße nach Argos[188], und nahm dort ihre Verehrung entgegen.

V. Tantalos

Mehr als einmal tauchte der Name der Niobe am Anfang der Menschheitsgeschichten auf[189]: in Argos mit dem Urmenschen Phoroneus verbunden, in Böotien mit Alalkomeneus, dem Erzieher der Pallas Athene. In Theben galt sie als Gattin des Amphion. Dort hieß es, die überhebliche und schrecklich bestrafte Frau sei die Tochter des Tantalos gewesen, des Königs von Lydien, einem Land in Kleinasien. Dorthin führt seine Geschichte uns hinüber.

Am Anbeginn stand auch Tantalos, nicht weniger als Alalkomeneus oder Phoroneus und gewissermaßen auch die thebanischen Dioskuren. Er war der Vater des Broteas, dem Namen nach eines Ur-Ahns der Sterblichen, der *brotoi*, der als erster ein Felsenbildnis der Göttermutter schuf[190]. Und er war der Vater auch des Pelops, nach dem ein großer Teil Griechenlands Peloponnesos, »Insel des Pelops«, hieß. Zwei Söhne des Pelops, Atreus und Thyestes, gründeten die zweite Dynastie von Mykenai, die als Herrscherfamilie noch berühmter wurde als die erste, die Familie des Perseus. Ein wichtiger Faden nimmt somit seinen Anfang in Lydien, dem kleinasiatischen Reich des Tantalos: am Sipylosgebirge, dessen Höhen Smyrna beherrschen und in dem man später die zum Stein gewordene Niobe zeigte. Ein Teich trug da den Namen des Tantalos[191]. Von einem anderen wurde erzählt[192], darin sei seine Stadt versunken. Am Sipylos stand sein vielbewundertes Grab[193], obwohl dies nicht der einzige Ort war, wo ihm Heroenkult erwiesen wurde. In Argos glaubte man seine Gebeine zu besitzen[194], und das Städtchen Polion auf Lesbos[195] hatte für ihn ein Heroon erbaut. Im Sipylosgebirge soll er mit seinem Sohn Pelops die erste Stadt dieser Landschaft, wenn nicht der ganzen Welt, gegründet haben[196].

Er wurde für einen Sohn des Zeus gehalten[197], man nannte aber auch den Berg Tmolos in Lydien als seinen Vater[198]. Seine Mutter war Pluto, die »Reiche«, eine Tochter des Kronos[199] und als berekyntische Nymphe[200] Tochter sicherlich auch der berekyntischen Großen Mutter, wenn nicht gar diese selbst unter einem Namen, der der Spenderin von großen Reichtümern eignete. Seit jeher war Lydien durch sein Gold berühmt: Gold bargen die Berge, Tmolos vor allen anderen, Gold trugen die Flüsse in ihrem Sand. Kein Name ziemte mehr der größten Göttin dieses Landes als Pluto. Der Gattin des Tantalos wurden verschiedene Namen gegeben, unter ihnen Dione. Eine Pleiade, Tochter des Atlas, sollte sie sein, und sie war gleichnamig mit einer der großen Gattinnen des Zeus[201]. Durch sie verbanden die Genealogen den Atlas, einen alten Gott aus dem Geschlecht der Titanen, mit dem König von Lydien.

Das Reich des Tantalos soll sich weiter erstreckt haben als dieses eine Land: es umfaßte auch Phrygien, das Idagebirge und die Ebene von Troja[202]. Auf der Insel Lesbos, wo er ein Heroon besitzen sollte, trug auch ein Berg seinen Namen[203]. Dieser Name war griechisch und bedeutete den Wagemutigen[204], der das allergrößte Wagnis zu wagen vermochte. Der Reichtum des Sohnes der Pluto ist zum Sprichwort geworden[205], und die Dichter spielten mit dem Gleichklang seines Namens und dem der größten Geldgewichte, der *talanta*, indem sie sie – die »Talente des Tantalos« – miteinander verbanden[206]. Wie Ixion, der Frevler[207], saß er am Tisch der Götter[208] und war – obgleich zu den Menschen gerechnet[209] – kein Sterblicher: die ewige Dauer seiner Strafe wird dies zeigen. Zum Mahl der Götter stieg er in den Himmel[210], und zu sich lud er sie nach Sipylos, seiner lieben Stadt[211]. Das Mahl aber, das er da den Göttern bereitet hatte, war solcher Art, daß die Dichter es weder glauben[212] noch gern erzählen mochten: wenigstens die griechischen Dichter nicht. Spätere Römer fanden mehr Geschmack daran[213]. Es muß aber dennoch erzählt werden, da es das Wagnis des Tantalos war und gewissermaßen aus den Göttergeschichten stammte, die behaupteten[214], mit dem Dionysoskind sei es ursprünglich geschehen, was mit dem stellvertretenden Opfertier, dem Zicklein oder Kälblein auch geschah: es wurde zerstückelt und gekocht.

Zu solch einem Opfermahl hatte Tantalos die Götter eingeladen. Er wagte ihnen etwas vorzusetzen, das zu einer viel größeren Sünde wurde als der Betrug des Prometheus, mit dem jener den großen Opferritus der Griechen gründete. Tantalos sündigte, indem er kein stellvertretendes Tier, sondern das Beste, was er zu geben hatte[215], seinen eigenen Sohn, den Göttern zur Mahlzeit bereitete und sie mit solcher Opferspeise erwartete. Er schlachtete den kleinen Pelops[216], zerstückelte ihn, ließ das Fleisch in einem Kessel kochen[217], und wollte, wie Spätere glaubten[218], die Allwissenheit seiner Gäste auf die Probe stellen. Die Götter wußten darum und hielten sich zurück. Die alten Erzähler fanden es schrecklich genug, wenn jemand solches Opfer im Ernst und nicht etwa nur wie im Spiel, durch die Darbringung eines Tieres, den Himmlischen zudachte. Rhea, die große Göttin, die auch die Glieder des Dionysoskindes zusammengelesen hatte[219], stellte die Stücke wieder zusammen und ließ den Knaben aus dem Kessel auferstehen[220], Hermes konnte ihn freilich auch ins Leben zurückgerufen haben[221] oder Klotho[222], die Moira, die seinen Tod noch nicht beschlossen hatte.

Es war wie eine Wiedergeburt. Rein blieb der Kessel, vom Greuel nicht befleckt, und der Knabe erhob sich aus ihm schöner, als er gewesen[223]: seine Schulter glänzte wie Elfenbein[224]. Man erzählte, eine Gottheit hätte sein Fleisch doch gekostet, an der Stelle, die jetzt glänzte. Die meisten behaupteten, es wäre Demeter gewesen, geistesabwesend ob des Verlustes ihrer Tochter[225]. Dies war zugleich eine Anspielung darauf, daß Demeter in ihrer Eigenschaft als Göttin der Erde ein Anrecht auf den Leib hatte. Daher besaß Pelops von da an eine elfenbeinerne Schulter, die ihm die Götter für die verzehrte ein-

54

gesetzt hatten, und daher waren auch seine Nachkommen durch ein Muttermal ausgezeichnet: sei es durch eine besonders weiße Schulter[226], sei es durch einen Stern an der gleichen Stelle[227]. Poseidon verliebte sich sogleich in Pelops und raubte den schönen Knaben. Er hob ihn auf seinen Wagen und brachte ihn mit seinem goldenen Gespann in den Palast des Zeus. Dies soll sich früher ereignet haben, als Ganymedes ebendorthin gelangte[228]. Nur böse Zungen haben behaupten können, da das Kind der Mutter nicht wiedergegeben wurde, man hätte es verspeist[229]. Später aber schickten die Götter den Jüngling zu den kurzlebenden Menschen zurück[230]: er sollte nach dem sündigen Tantalos ein ruhmvoller Herrscher auf Erden werden.

Denn es wurden verschiedene Sünden dem Tantalos nachgesagt: Sünden wohl, aber vielleicht doch nur Verschleierungen des großen Wagnisses, der allzu genauen Ausführung einer heiligen Handlung – eine schreckliche Tat, die bei den Nachkommen des Pelops wiederkehren sollte. Man erzählte von solchen Sünden des Tantalos wie die folgenden: als Gast der Götter habe er die Zunge nicht gehütet[231], sondern den Sterblichen verraten, was er hätte verschweigen sollen[232] –, die Geheimnisse der Unsterblichen[233]. Er ließ seine Freunde, so hieß es weiter, sogar am Genuß des Nektar und der Ambrosia, des Göttergetränks und der Götterspeise teilhaben[234], und auch dies war ein Diebstahl, nicht unähnlich dem des Prometheus.

In die Verfehlungen anderer hat man ihn gleichfalls verwickelt. Es wurde unter den kretischen Geschichten[235] von einem goldenen Hund des Zeus erzählt. Pandareos, der Sohn des Merops, eines Urvaters der Menschheit[236], stahl das Wundertier, brachte es nach Sipylos und gab es dem Tantalos zur Bewahrung[237]. Der Hehler aber betrog den Dieb. Als der goldene Hund von Tantalos zurückgefordert wurde, leugnete er, ihn je gehabt zu haben, und schwur einen Meineid darauf. Zeus bestrafte beide: Pandareos verwandelte er in Stein, Tantalos stürzte er und auf seinen Kopf den Sipylos. Nach anderen soll nicht Zeus, sondern Tantalos der Räuber des Ganymedes gewesen sein[238] oder mindestens eine Rolle bei dem Verschwinden des Knaben gespielt haben[239]. Bestraft wurde er aber nicht deswegen. Ein altes Gedicht gab ihm auch keine größere Schuld denn diese[240]: als Zeus ihm, dem lieben Gast, jeden Wunsch gewähren wollte, bat er um das Leben, das die Götter führen. Darüber empört, erfüllte zwar der Olympier den Wunsch, doch er ließ über dem Kopf des Tantalos einen Stein hängen, so daß er nichts von all dem, was ihm zur Verfügung stand, genießen konnte.

Der Schauplatz seiner Bestrafung war anfänglich sicher der ganze Weltraum. Nicht nur daß auch von ihm das gleiche erzählt wurde wie von Prometheus: nämlich daß er, an den Händen angebunden, von einem Felsen hängen mußte[241] oder daß er, wie Atlas, den Himmel zu tragen hatte[242]! Es heißt ausdrücklich, daß er zwischen Himmel und Erde schwebte[243]. Es wird ihm das Beiwort »Luftwanderer« gegeben[244]. Wie einen feurigen Stein hatte er in diesem Zustand – so war die Auffassung des Euripides[245] – die Sonne über dem Haupt. Im Weltraum spielten sich doch auch andere, uralte Strafen ab, welche erst spätere Erzählungen in die Unterwelt verlegten: so die Bestrafung des Ixion[246] oder des Tityos[247], um nicht wieder Prometheus zu nennen, der als einziger von seinen Leiden erlöst wurde. Tantalos gehörte zu den ewigen Büßern.

Sein Los malten die Dichter und Künstler aus, die die Unterwelt schilderten. Da steht er, so liest man in unserem Homer[248], in einem Teich. Bis zum Kinn reicht ihm das Wasser. Von Durst wird er gequält und trinken kann er nicht. Beugt er sich, der Alte, um zu trinken, so verschwindet das Wasser wie aufgesogen, und zu seinen Füßen zeigt sich die schwarze Erde. Hohe Bäume lassen die Früchte auf seinen Kopf herabhängen. Will der Alte sie mit der Hand ergreifen, so wirft sie ein Windstoß bis zu den Wolken hinauf. Der Maler Polygnot setzte auch den drohenden Felsen hinzu[249]. Die Unterweltsdarstellung auf einer tarentinischen Vase zeigt uns, wie sich der König in langem Gewand vor dem Stein flüchtet: das Schattenbild des Allzu-Wagemutigen und Allzuviel-Wünschenden für alle Zeiten.

VI. Pelops und Hippodameia

Jener Teil unseres Festlandes – des europäischen und des griechischen –, der den Namen des Pelops, des Sohnes des Tantalos trägt, wird durch eine einzige Landenge mit dem übrigen Griechenland verbunden: durch den Isthmos. Da man ihn von Korinth aus so umschiffen konnte, daß man wieder in der gleichen Stadt, nur in einem anderen Hafen ankam, machte er immer den Eindruck einer großen Insel und eines besonderen Landes. Er ist aber von so vielen Gebirgszügen durchschnitten und war im Altertum unter so vielen Stämmen verteilt, daß man sich sagen muß: kein gewöhnlicher Held und Herrscher muß derjenige gewesen sein, unter dessen Namen so Vielfältiges als Einheit gelten konnte! Sein Ruhm ist erhalten geblieben, nicht aber das Gedächtnis eines einzigen Volkes, dessen Namengeber er hätte sein können. Das Zepter, das der Meister Hephaistos für Zeus kunstreich verfertigt hatte und das später Atreus, Thyestes und Agamemnon, die Könige der zweiten Dynastie von Mykenai, zum Zeichen ihrer Herrschaft über Argos und über viele Inseln trugen, schickte der Olympier durch Hermes dem Pelops[249a]. Er galt als erster Beherrscher dieses großen Reiches. Man glaubte sogar[250], Hermes wäre sein Vater gewesen und seine Mutter Kalyke, »die Knospe«, eine Nymphe der elischen Landschaft.

Was war aber seine Gründertat, die mit der Tötung des Drachen durch Kadmos oder dem Leierspiel des Amphion oder auch mit dem Erbauen der Mauern von Tiryns und Mykenai zu vergleichen wäre? Mauern, die nach seiner Tat erstanden, wurden nicht gezeigt. Erzählt wurde vielmehr von einer Gründung, die nach jedem Umlauf von vier Jahren mehr griechische Stämme zu einem gemeinschaftlichen, festlichen Dasein vereinigen sollte, als der Peloponnes in sich faßte. Die Erzählung von dieser Gründung beginnt mit Oinomaos, dem König von Pisa, der eine üppige Landschaft am westlichen Rand der Halbinsel, am unteren Lauf des Alpheiosflusses beherrschte. Dem Namen nach müßte man glauben, er sei ein milder König gewesen – als »Weinkönig«. Der König von Aitolien, Oineus mit ähnlichem Namen, besaß einen ungleichen Bruder namens Agrios, den »Wilden«, während Oinomaos die Wildheit in sich hatte. Auch jener Oineus oder Oinopion, von dem in den Göttergeschichten die Rede war[251], erwies sich Orion gegenüber eher grausam als mild. Oinomaos galt als Sohn des Ares[252], des Kriegsgottes. In seiner Zeit fiel sogar Schnee reichlich auf den Hügel, den die Besucher von Olympia als den Hügel des Kronos kennen. Herakles gab ihm den Namen, unter der Herrschaft des Oinomaos war er noch namenlos[253].

Es wurde erzählt[254], daß König Oinomaos, der Sohn des Ares, eine Tochter besaß mit Namen Hippodameia, die »Roßbezwingerin«, die niemand zur Gattin bekommen konnte. Für die unter menschlichen Verhältnissen unnatürliche Verbindung von Vater und Tochter gab es zwei Begründungen. Nach der einen liebte Oinomaos selbst die Hippodameia. Nach der andern sagte ein Orakel voraus, er werde durch seinen Eidam sterben. Ob nun Oinomaos keinen Erfolg seiner Sehnsüchte hatte oder, wie andere wollten[255], er mit der Tochter schon als Gatte vereinigt war, die Freier tötete er. Die Waffen und Pferde hatte er von Ares bekommen: zwei Stuten namens Psylla, »der Floh«, und Harpinna, »die Raffende«, diese gleichnamig mit der Mutter des Oinomaos[256], beide schnell wie die Harpyien[257], schneller als der Wind[258]. Er tat so, als wollte er die Tochter dem geben, der ihn im Wagenrennen besiegte[259]. Das Ziel des Wagenrennens bildete der Poseidonaltar am Isthmos[260], die Bahn das ganze Land, um dessen Beherrschung es nicht weniger ging als um die Gewinnung der Hippodameia. Es war gleichsam ein Brautraub wie der der Persephone, nur in umgekehrtem Sinn. Denn Hippodameia sollte von ihrem hadesgleichen Vater und Gatten befreit werden. Der Freier hatte sie in seinem Wagen mitzunehmen, während Oinomaos das fliehende Paar verfolgte. Wurde der Freier nicht eingeholt, so erhielt er die Braut zur Gattin, sonst wurde er vom verfolgenden Vater getötet. Auf diese Weise hatte Oinomaos schon viele Freier ermordet. Ihre Köpfe schnitt er ab und heftete sie an seinen Palast. Die Zahl der Getöteten war schon zwölf. Die nicht weniger bedeutsame Zahl Dreizehn – zwölf Monate hatte ein Jahr, mit dem Schaltmonat dreizehn – wird auch genannt[261], und es scheint, daß die Zeit des Oinomaos damit abgelaufen war. Manche Erzähler hielten sich nicht an diese Grenze, sondern zählten noch mehr Unglückliche mit Namen auf[262].

Die Grenze wurde durch den Sohn des Tantalos gesetzt, den Prinzen »mit dem dunklen Gesicht«, wie der Name verstanden werden konnte. Kaum war Pelops von den Göttern zurückerstattet, kaum sproß an seinem Kinn der schwarze Flaum[263], da wünschte er sich Hippodameia zur Gattin. In der Dunkelheit ging er hinaus, so wird es uns erzählt[264], an die Küste des grauen Meeres und rief seinen göttlichen Liebhaber. Poseidon erschien sogleich und nahm sein Gebet entgegen: »Wenn die Gaben der Liebe Dank verdienen, so hemme du die eherne Lanze des Oinomaos, bringe mich auf dem schnellsten Gefährt nach Elis und gib mir die Herrschaft. Denn dreizehn Freier hat er schon ermordet und schiebt auf diese Weise die Hochzeit der Tochter immer weiter hinaus. Die große Gefahr empfängt da keinen feigen Mann! Wenn man schon zum Sterben bestimmt ist, warum sollte man namenlos seine Lebenszeit, im Dunkel kauernd verbrüten, ohne an allem Schönen seinen Teil zu haben? Mir sei der Wettkampf aufgegeben, du gib mir den lieben Erfolg!«

Der Gott schenkte ihm einen goldenen Wagen mit geflügelten Rossen. Damit flog er von seiner östlichen Heimat am Sipylos über das Meer[265] nach seinem künftigen Land im Westen. Von einem Helden, der den Sieg verdiente, zeugten seine Worte. Und er fiel ihm auch zu, weil, wie gesagt, die Zeit des Oinomaos schon abgelaufen war. Hippodameia selbst stand zur wahren Brautfahrt bereit und neben ihr der Helfer. Jugendlich zeigen ihn die Vasenmalereien, den Bewirker der Hochzeit, der seinem Namen nach eben dazu bestimmt war. Myrtilos hieß er, von *myrtos*, der Myrte, dem der Aphrodite lieben, jungfräulichen Göttinnen aber verhaßten Strauch. Pelops hatte der Liebesgöttin – so erzählte man in seinem kleinasiatischen Vaterland[266] – eine Statue aus Myrtenholz versprochen, wenn er die Hochzeit mit Hippodameia halten dürfte. Nun war Myrtilos da, ein Sohn des Hermes[267], der als Wagenlenker bei Oinomaos diente, und ließ den Bräutigam siegen.

Die Geschichte ist eines Sohnes des Hermes würdig, doch wird sie uns mit Zutaten erzählt, die zu einem gewöhnlichen ungetreuen Diener passen. So heißt es, daß Pelops dem Myrtilos, der in Hippodameia verliebt war, die Hochzeitsnacht für seine Hilfe versprochen hatte[268]. Nach anderen tat dieses Versprechen die Braut selbst[269], denn Hippodameia verliebte sich sogleich in Pelops, als sie ihn erblickte, und wollte seinen Sieg um jeden Preis sichern. Auch die Hälfte des Reiches wurde angeblich dem Myrtilos versprochen[270]. Doch er scheint viel eher ein Daimon der Hochzeit gewesen zu sein, dem die erste Nacht auf eine besondere Weise zukam. Und er mußte sterben – wie auch sein Doppelgänger Hymenaios[271] die Hochzeit jeweils nicht überlebte – während der Siegesfahrt des Paares angeblich von Pelops aus dem Wagen gestürzt[272].

Damit haben wir indessen zu weit vorausgegriffen. Aus einer Tragödie des Sophokles, ›Oinomaos‹ betitelt, sind uns die Worte der Hippodameia erhalten, die den Liebreiz des Pelops, den Zauber, den seine Person ausstrahlte, und den versengenden Blitz seiner Augen schildern[273]. Euripides stellte die Ankunft des Helden in seinem ›Oinomaos‹ so dar, als hätte Pelops beim Anblick der abgeschnittenen Köpfe über dem Tor des Königspalastes seine Absicht bereut[274]. Die besten Erzähler sind uns von diesem Punkt an die Vasenmaler, die den Faden hier aufnehmen und den weiteren Verlauf der Geschichte in Bildern zeigen.

Oinomaos schloß einen Vertrag mit dem neuen Anwärter, wie er es immer tat: durch eine Spende am Altar des Zeus Herkeios im Palasthof. Die Köpfe ermordeter Freier, des Pelargos und des Periphas, sehen auf den feierlichen Akt hinunter. Der Vertrag wurde auch mit Hippodameia geschlossen, die dem Bräutigam nur dann angehören sollte, wenn sie nicht eingeholt wurden. Darauf bestiegen die beiden den Wagen. Oinomaos blieb noch zurück, um ein Widderopfer darzubringen. Die Zeit des Opfers pflegte er dem Freier als Vorsprung zu gewähren[275]. Ein Vasenbild zeigt uns, daß der hellfarbige Widder nicht, wie einige glaubten, dem Zeus bestimmt war, sondern einer Göttin, der Menschenopfer lieb waren: das starre Idol

59

der Artemis wacht über die Handlung, welche die Opferung des Jünglings gleichsam vorwegnimmt. Nach der Vollführung des Ritus bestieg der König den Wagen, den ihm Myrtilos bereithielt. Die Rosse des Ares hätten vielleicht auch jene einholen können, die Pelops von Poseidon hatte. Die Verfolgung ging quer über das ganze Land, doch die List des Myrtilos hatte den Sieg im voraus entschieden. In die Räder des Wagens hatte er die Pflöcke nicht eingesetzt oder nur Pflöcke aus Wachs[276]. Als sich dann die Räder vom Wagen zu lösen begannen, sprang Myrtilos aus. Oinomaos wurde, verwickelt in die Zügel, zu Tode geschleift[277]. Es heißt aber auch[278], daß er von Pelops den Gnadenstoß bekam: eine überflüssige blutige Tat, zu der noch Schlimmeres kam, die Ermordung des Myrtilos, eine Sünde gegen Hermes, ein Verhängnis für das Haus des Pelops[279]. Als ein Grund für den Mord wurde angegeben, Myrtilos hätte den Preis seiner Hilfe gewaltsam gefordert[280]. Seinen Sturz aus dem Wagen, in dem Pelops und Hippodameia weiterfahren, sieht man auf einem Vasenbild. Und die Vasenmaler bezeugen auch dies, daß das siegreiche Paar, nachdem das Ziel auf dem Isthmos erreicht wurde, um das ganze Land des Pelops, über dem Meere schwebend, herumfuhr. Daher konnte behauptet werden[281], daß das Myrtoische Meer, welches die östliche Küste des Peloponnesos umspült, seinen Namen vom gestürzten Wagenlenker hatte.

Es wurde auch erzählt[282], daß Zeus mit seinem Blitz den abscheulichen Palast des Oinomaos zerstörte. Die einzige Säule, die nach dem Brand übrigblieb, stand, bezeichnet durch eine eherne Tafel, lange noch im heiligen Bezirk, der fortan die griechischen Stämme zu festlichen Wettkämpfen vereinigen sollte: im Hain des Götterkönigs, in der Altis von Olympia. Von älteren Wettkämpfen wurde da auch berichtet: vom Wettlauf der fünf idäischen Daktylen, deren ältester Herakles hieß und das Spiel veranstaltete[283], sodann vom Ringen des Zeus mit Kronos um die Herrschaft und von Siegen des Apollon über Hermes und Ares[284]. Nicht ohne Grund rühmen aber die Dichter die »Rennbahn des Pelops«[285] und *seine* Wettkämpfe[286]: seit dem Sieg seines Wagens über den des Oinomaos herrschte er in Olympia und wurde nachher als Heros verehrt, inmitten aller Heiligtümer, die sich da erheben sollten.

Das Heroengrab, das ihm nach seinem Tode in der Mitte der Altis errichtet wurde, war nur ein »dienendes Grab«[287]: ein leeres Grab für seine Verehrung. Die Gebeine des Pelops wurden in den Weingärten, auf dem Gebiete der verschwundenen Stadt Pisa, in der Nähe des Tempels der Artemis Kordaka gehütet[288]. An seinem »dienenden Grab« indessen, bei dem Tempel der Hera opferte man jährlich einen schwarzen Widder[289]. Wer von dem Fleisch dieses Tieres aß, durfte den Tempel des Zeus nicht betreten[290], doch vor jedem Opfer an Zeus wurde auch des Heros gedacht[291], mit einem Opfer, von dem man nicht aß. Als dann der Zeustempel, dessen darniederliegende Säulen man heute staunend betrachtet, erbaut wurde, trug sein östlicher Giebel Statuen, die die Szene vor dem Wagenrennen des Pelops und Oinomaos verewigen: den König und die Königin Sterope auf der einen Seite des in der Mitte stehenden Olympiers, Pelops und Hippodameia auf der anderen. Die beiden Wagen und die, die sie bedienten, darunter auch Myrtilos[292], ergänzten die Szene: die Vorbereitung zur Gründungstat.

Hippodameia gründete ihrerseits, aus Dankbarkeit für die Götterkönigin, ein Fest der Hera, das gleichfalls nach jedem vierten Jahr wiederkehrte, mit einem Wettlauf von Jungfrauen. Als die erste Siegerin wird Chloris genannt[293], die Tochter des Amphion und der Niobe, die einzige, die verschont geblieben war und zur Mutter des langlebigen Nestor wurde. Der Name Hippodameia aber verrät uns, daß sie selbst vielmehr mit Pferd und Wagen zu tun hatte. Und dieser Name wenigstens wurde auch im Westgiebel des Zeustempels festgehalten, mit einer Szene aus der Geschichte einer Hippodameia, die angeblich eine andere war: der Braut des thessalischen Heros Peirithoos, deren Hochzeit zum Anlaß des im Giebel dargestellten Kampfes der Lapithen mit den Kentauren wurde. Es gab freilich Kentauren auch hier, im nahen Pholoe-Gebirge, und vielleicht auch Lapithen, wenn die Bewohner des dem Pisa gegenüberliegenden Lapithos-Gebirges so hießen. Falls sich etwas Ähnliches bei der Hochzeit des Pelops und der Hippodameia ereignet hatte, war dies im späten Altertum schon vergessen.

Man erzählte von sechs Söhnen des Gründerpaares[294], unter ihnen von jenen Atreus und Thyestes, die das von Zeus herstammende Zepter erbten. Es wurden auch zwei Töchter genannt, Lysidike, die künftige Mutter des Amphitryon, und Nikippe, die des Eurystheus, und wiederum auch dreizehn Söhne[295], Gründer von Städten, Ländern und königlichen Geschlechtern auf dem Peloponnesos und dem Isthmos. Nur von einem ging keine weitere Nachkommenschaft aus: von Chrysippos, seinem Namen nach – »der mit den goldenen Pferden« – dem Doppelgänger des Pelops. Seine Geschichte wird uns wieder nach Theben führen. Es hieß, Hippodameia behandelte ihn als Stiefsohn[296], ließ ihn durch Atreus und Thyestes ermorden und mußte sich daher vor Pelops nach der Burg Midea flüchten[297]. Von dorther wurden ihre Gebeine nach Olympia geholt und in ihrem Heiligtum beigesetzt, das nur Frauen betreten durften, und auch diese jährlich nur einmal. Es war nicht leicht, ihr zu nahen und viel mehr über die lichte Gestalt zu erfahren.

VII. Salmoneus, Melanippe und Tyro

Nachdem schon von Oinomaos und zuletzt auch von seiner Gattin Sterope gesprochen wurde, deren Name »Blitz« bedeutet, soll jetzt von Salmoneus die Rede sein, dem Gründer der Stadt Salmona am Alpheiosfluß in der Nähe von Pisa, der den Blitz auf eine frevelhafte Weise handhaben wollte. Salmoneus gehörte in die gleiche Reihe der finsteren Könige der Heroengeschichten wie Oinomaos und ging sogar in die Zahl der beispielhaft Büßenden ein wie Tantalos und Sisyphos, sein Bruder, von dem bald erzählt werden soll. Seine Abstammungslinie ging auf Deukalion, den Sohn des Prometheus, zurück, und auf Pyrrha, die Tochter des Epimetheus, die beiden Überlebenden nach der bekanntesten Sintflut[298], es sei denn, daß sein Großvater Hellen, der Namengeber der Hellenen, doch kein Sohn des Deukalion, sondern des Zeus und der Pyrrha war[299]. In diesem Fall mußte auch Salmoneus von Zeus abstammen.

Sein Vater trug den Namen des Königs der Winde, mit dem Unterschied, daß jener Aiolos Hippotades hieß[300], während dieser bloß Aiolos. Er soll der Namengeber des Stammes der Äoler gewesen sein. Aiolos hieß auch sein Enkel, nach dem entweder Äolien an der Propontis oder die Äolischen Inseln im Westen benannt wurden. Dieser jüngste Aiolos war ein Neffe des Salmoneus. Die Schwester des Salmoneus, die ihn und seinen Zwillingsbruder Boiotos, den Namengeber der Bewohner von Böotien, dem Poseidon gebar, war Melanippe. Ihre Geschichte wurde durch zwei Tragödien des Euripides berühmt. Sie muß vor derjenigen des Salmoneus erzählt werden, um so mehr als sich mit dessen Tochter Tyro das gleiche ereignete wie mit Melanippe: die alte Erzählung von den ausgesetzten göttlichen Zwillingen, von Gründerheroen, wie es auch die thebanischen Dioskuren waren.

Der ältere König Aiolos in Thessalien wurde, ähnlich wie Boreas, der Nordwind, der Liebhaber der Stuten[301], zum Geliebten einer Tochter des Kentauren Chiron. Sie hieß Hippo oder Hippe, ein Wort, das Stute bedeutet. Es wurde indessen erzählt, sie hätte ursprünglich die Gestalt eines Mädchens gehabt und anders geheißen. Sie schämte sich ihrer Schwangerschaft, floh in die Wildnis, und damit ihr Vater sie nicht als gebärende Frau erblicke, verwandelten sie die Götter in eine Stute[302]. Diese Tochter des Chiron war durch die Gabe des Sehertums ausgezeichnet und sagte zuviel von dem, was sie voraussah[303]: den Tod des Asklepios[304], den Chiron erzog, ja das Schicksal ihres Vaters selbst[305]. Man behauptete[306], sie sei wegen ihrer freimütigen Sprache von Zeus in die Gestalt eines Tieres, und zwar in die einer Fuchsstute gebannt worden.

Verwandelt wurde sie im Augenblick – so wird es uns versichert[307] – nachdem sie eine Tochter geboren hatte. Das Mädchen erhielt den

Namen Melanippe, »die schwarze Stute«, und dies verrät doch, daß in ihrer Familie die Roßgestalt ursprünglicher war als die menschliche. Einen Geliebten fand sie in Poseidon, der so gerne Roßgestalt annahm und Hengstshochzeiten hielt[308]. Sie gebar ihm die Zwillinge Aiolos und Boiotos. Die eine der beiden Tragödien des Euripides, ›Die weise Melanippe‹ – einst ein berühmtes Stück, doch später zusammen mit dem anderen, ›Die gefangene Melanippe‹, verloren – erzählte davon ausführlich[309]. Als Aiolos wegen Menschenmordes ein Jahr in freiwilligem Exil verbringen mußte, ereignete dies sich mit seiner Tochter. Melanippe verbarg die Zwillinge vor dem heimkehrenden Vater. Der Stier wachte über die Säuglinge im Stall, und eine Kuh säugte sie. Die Hirten sahen das Wunder und meldeten es dem König. Sie glaubten, ein Rind habe menschliche Kinder geboren. Aiolos erschrak und befragte seinen alten Vater Hellen, was er tun sollte.

Der riet, die unnatürliche Brut zu verbrennen. Aiolos befahl darauf seiner Tochter, die Säuglinge zur Opferung zu schmücken: denn sie stand im Ruf der Weisheit und wußte um alle heiligen Handlungen. Da erhob sich die weise Melanippe mit schlauer Rede gegen die Männer und erzählte vom Anfang der Dinge, wie sie darüber von ihrer Mutter, der Kentaurentochter, belehrt worden war. Sie verkündete den gemeinsamen Ursprung von Pflanzen, Tieren und Menschen, eine Lehre, welche die Anhänger und Verehrer des Sängers Orpheus bewahrt haben[310] und welche hier durch die Berufung auf die Tochter des weisen Kentauren auf diesen selbst zurückgeführt wurde. Keine unnatürliche Brut konnte es danach geben. Und sollte vielleicht doch – auch diese Möglichkeit verschwieg Melanippe nicht – ein verführtes Mädchen die Kinder ausgesetzt haben, auch dann beginge man mit der Verbrennung statt eines Opfers einen Mord[311]. So oder ähnlich sprach die verkörperte Frauenklugheit auf der Bühne. Die Zwillinge rettete aber wohl nicht sie, sondern ihre prophetische Mutter, die in der Gestalt einer Kentaurin auftrat und die Zukunft der Kinder als Gründerheroen voraussagte.

In der anderen Tragödie gelangte Melanippe als Gefangene nach der süditalischen Stadt Metapont. Dort wurden ihre Söhne zu Helden erzogen. Die Einzelheiten sind da nicht mehr zu erzählen und sie würden uns auch weit weg von Salmoneus führen, in dessen Haus sich die gleiche Geschichte zutragen sollte. Diese wurde von Sophokles auf die Bühne gebracht. Doch sie blieb der alten Erzählung von den ausgesetzten göttlichen Zwillingen so treu, daß die Römer, wenn sie die Tragödie lasen, darin die Kindheit ihrer Gründerheroen, Romulus und Remus, wiedererkennen konnten. Und vielleicht gab es auch Schriftsteller, die das Gemeinsame tatsächlich wiedererkannt und in ihrer Nacherzählung der römischen Gründungsgeschichte noch mehr zum Ausdruck gebracht haben, als es schon von sich selbst aus hervortrat. Der heutige Wiedererzähler der Geschichte von Tyro, der milchweißen Tochter des Salmoneus, muß hingegen der

Versuchung widerstehen, damit er nicht beim Tiber, nach kundiger Überlieferung[312] dem liebenden Gatten der römischen Stammesmutter, landet! Er muß bei dem Enipeus bleiben.

So wurde der Fluß genannt, an dem Salmoneus herrschte, zuerst in Thessalien, im Lande seines Vaters Aiolos, dann auf dem Peloponnesos, in der Landschaft Elis, wo er seine eigene Stadt gründete. Enipeus bedeutet den »Anbrüllenden«. Mit solchem Namen konnte jeder brausende Fluß und auch das Meer selbst bezeichnet werden. Poseidon trug ihn als Beinamen[313]. In den Fluß Enipeus, den schönsten Strom auf Erden, war Tyro verliebt[314]. Oft ging sie ans Ufer des herrlichen Wassers, das Poseidon zur Form seiner Erscheinung, um das Mädchen zu lieben, gewählt hatte. Eine purpurne Woge erhob sich wie ein Berg aus dem Fluß und verbarg den Gott und die Jungfrau. Er löste ihren Gürtel im Schlaf. Nachdem er aber das Liebeswerk vollbracht, ergriff er ihre Hand und sagte: »Freue dich, junge Frau, daß du geliebt warst! In diesem Jahr noch gebierst du herrliche Kinder. Denn kein eitles Spiel ist die Liebe der Unsterblichen. Ernähre und erziehe du sie! Jetzt aber kehre heim und schweige! Ich bin dir Poseidon, der Erderschütterer.« So sprach er und verschwand im wogenden Meer.

Tyro gebar Zwillinge und wagte sie nicht zu behalten. Sie legte sie in einen hölzernen Trog, der zugleich zur Wiege dienen und auf dem Wasser schwimmen konnte: ein berühmt gewordenes ausgehöhltes Brett[315], in dem die Kinder dem väterlichen Wasser anvertraut wurden. Denn die Mutter ernährte sie nicht, sondern überließ sie dem Enipeus. Sie schwebten auf dem Wasser, das sie zu einer Stelle am Ufer trug, wo eine Herde von Pferden weidend vorbeizog. Die Tiere retteten die Kinder: das eine, das den Namen Neleus erhielt, wurde von einer Hündin der Hirten gesäugt[316], das andere von einer Stute[317]. Da ihm das Tier ins Gesicht trat und er nachher ein dunkles Mal trug, hieß dieser Knabe Pelias[318]. Schließlich fand einer der Hirten die beiden, erzog sie und bewahrte auch das hohle Brett mit allem, was die Mutter den Ausgesetzten mitgab.

Tyros Gesicht war weiß, als lebte sie nur von Milch[319]. Ihr Name selbst sprach davon: das gleiche Wort, wie der Käse auch heute noch auf Griechisch heißt, das weiße, weiche Geschenk der Schafe. Weich war der Leib der Königstochter[320] und ihr schönes Haar voller Liebreiz[321]. Eine harte Stiefmutter erhielt sie in der zweiten Frau des Salmoneus, die Sidero, »die Eiserne«, hieß. Unter ihrer Härte leidend, erschien sie in der Tragödie ›Tyro‹ des Sophokles. Zwanzig Jahre waren nach der Aussetzung der Zwillinge vergangen. Schwarz bestreift war das milchweiße Antlitz von den Schlägen der Stiefmutter[322]. Abgeschoren war das schöne Haar, damit die unglückliche Königstochter wie ein Fohlen, dem die Mähne abgeschnitten wurde[323], sich noch mehr erniedrigt fühlte. Und sie mußte früh morgens das Wasser vom Brunnen holen. Dort begegnete sie zwei Jünglingen. Auch der Hirt war nicht fern, der ihr kleines Hab und Gut in

64

einem Sack trug – und ein ausgehöhltes Brett. Doch der Begleiter trat nur zuletzt auf, um das Wiedererkennen zu ermöglichen[324]. Früher war Sidero da, die Verfolgerin der Stieftochter, mußte sich aber in das Heiligtum der Hera flüchten vor den Jünglingen, die die gequälte Tyro in ihre Obhut nahmen. Neleus trieb den zu Hilfe eilenden Salmoneus zurück, Pelias tötete am Altar der Hera die böse Königin[325].

Daß er dafür von der Götterkönigin nicht sogleich bestraft wurde, war wohl Vater Poseidon zu verdanken, der im letzten Augenblick seine Hand schützend über Tyro und ihre Söhne hielt. Später erst erreichte die Strafe Pelias, im Verlauf der Geschichte der Argonauten. Doch war Sidero schwerlich ein Liebling der Hera, wenn sie sich zur Göttin ähnlich verhielt wie Salmoneus zu Zeus. Wie die guten Könige in der Zeit der Heroengeschichten waren und was sie bewirkten, schildern uns Worte des Odysseus, der den Ruhm der Penelope mit dem Ruhm eines solchen Königs vergleicht[326]:

Welcher ein großes Volk von starken Männern beherrschet
Und die Gerechtigkeit schützt. Die fetten Hügel und Täler
Wallen von Weizen und Gerste, die Bäume hängen voll Obstes,
Häufig gebiert das Vieh, und die Wasser wimmeln von Fischen
Unter dem weisen König, der seine Völker beseligt.

Solche Könige wußten um ihre von den Göttern bevorzugte Stellung, sie wußten aber auch um das Höhere, das über ihnen stand. Es gab indessen auch andere, die »Zeus zu sein trachteten«[327], und zu diesen gehörte Salmoneus.

Die Opfer, die dem Götterkönig zukamen, forderte er für sich[328]. Und er versuchte sogar, in seinem Wagen herumfahrend an den Ufern des Alpheios, zu blitzen und zu donnern[329]. Fackeln warf er unter das Volk, das ihn haßte[330], und die Fackeln fielen auch auf die Felder[331]. Über eherne Brücken jagte er sein Gespann, um die Stimme des Donnerers nachzuahmen[332]. Oder er ließ eherne Kessel an seinem Wagen anbinden und schleppte diese herum[333]. Das paßte wenigstens zum Satyrspiel, in dem Sophokles den rasenden König auf die Bühne führte. Auf einem Vasenbild sieht man, daß er gefesselt wurde und sich von seinen Fesseln wieder freimachte. Zeus erschlug ihn endlich mit seinem Blitz, und Salmoneus wurde zu einem der ewigen Büßer im Hades. Nach seiner berühmtesten Erwähnung, in Vergils Unterweltsschilderung, erscheint es so, daß er auch dort unten mit seinem Wagen und mit Fackeln weiterraste, ohne je aufhören zu können, wie auch Herakles im Hades mit seinem Bogen ewig zielen mußte[334]. Doch Herakles war es nicht selbst, sondern bloß sein Abbild – er selbst kam ja auf den Olymp – wärend von Salmoneus nichts anderes als das Bild des rasend Herumjagenden für die Zukunft erhalten blieb.

Tyro wurde nach ihrer Befreiung die Frau ihres Oheims Kretheus, eines der Aiolossöhne, und gebar ihm drei Söhne: Pheres, Aison und

Amythaon. Sie wurde so die Mutter von fünf Gründern und Stamm-
vätern und die Ahnin von großen Geschlechtern. Ihre Zwillings-
söhne vertrugen sich freilich nicht gut[335]. Pelias herrschte über Iolkos
in Thessalien. Neleus gründete sich die Stadt Pylos im äußersten
Südwesten des Peloponnesos und nahm Chloris, die Tochter der
Niobe, die erste Siegerin bei den Herafesten von Olympia, zur
Gattin[336]. So wurde er der Vater des Nestor, des ältesten Helden der
Kämpfe um Troja. Ein Sohn des Pheres war Admetos, bei dem
Apollon als Hirt diente[337]. Aison war der Vater des Iason, der die
Argonauten von Iolkos, der Stadt des Pelias, nach Kolchis führte.
Amythaon hatte Melampus, den »Schwarzfuß«, unter seinen Söh-
nen, der die Töchter des Proitos, des Oheims der Danae, von ihrem
Wahnsinn reinigte[338]. Zu Proitos, in die feste Burg Tiryns, wird uns
aber auch die Geschichte des Bellerophontes zurückführen.

VIII. Sisyphos und Bellerophontes

Gleich wie Blätter im Walde, so sind die Geschlechter der Menschen;
Einige streuet der Wind auf die Erde hin, andere wieder
Treibt der knospende Wald, erzeugt in des Frühlings Wärme:
So der Menschen Geschlecht, dies wächst, und jenes verschwindet.

Es ist Homer[339], bei dem der jüngere Glaukos die Erzählung seiner
Abstammung mit diesen Worten beginnt. Von Sisyphos kam er her,
dem Aiolossohn, dem Großvater des Bellerophontes, dessen Enkel
er selbst war. Es ziemt sich, auch die Geschichte von Sisyphos so zu
beginnen, welche dann gleich, da vom älteren Glaukos, dem Sohn
des Sisyphos, nicht viel zu erzählen ist, zur Geschichte des Bellerophontes, des größten Helden und Ungeheuertöters neben Kadmos
und Perseus vor den Zeiten des Herakles, hinüberleiten soll. Es gab
sogar eine Tragödie[340], die Sisyphos zum gewalttätigen Mann der
Tyro machte. Er war indessen eher schlau als gewalttätig: der
schlaueste aller Menschen[341].

Zu jenen Urbewohnern der Erde gehörte er, die die anfänglichen
Taten der Götter noch belauschen konnten, wie der seltsame Alte es
tat, der in Böotien bei Onchestos einen Weinberg bebaute und den
kleinen Hermes mit seinen gestohlenen Rindern erspähte. Er verriet
ihn seinem Bruder Apollon, wie man aus den Göttergeschichten
weiß[342]. Sisyphos wohnte in Ephyra, in jenem Winkel am Isthmos,
wo sich Korinth erheben sollte, als dessen Gründer er galt[343]. Wollte
jemand aus Phlius, einem weiter innen im Land, hinter großen Bergen verborgenen Ort, zum Saronischen Meerbusen gelangen, so
konnte er von dem ragenden Felsen aus, der nachher den Namen
Akrokorinthos trug, leicht erspäht werden. So erging es Zeus. In
Phlius raubte er sich Aigina[344], die Tochter des Flußgottes Asopos,
die künftige Mutter des Aiakos, für den der Götterkönig die Ameisen der Insel, deren Namengeberin sie wurde, in Menschen verwandeln sollte[345]. Die Insel lag im Saronischen Meerbusen und ließ noch
Oinone, die »Weininsel«. Asopos suchte seine Tochter und gelangte
zum Nest des Sisyphos. Dieser wußte Bescheid, er sagte aber nichts,
bis der Flußgott für ihn, oben auf dem ragenden Felsen, eine Quelle
entspringen ließ[346]. Der tiefe Brunnen in seiner alten Einfassung ist
heute das einzige, was da oben aus dem Altertum erhalten blieb. Für
diesen Preis verriet Sisyphos den Räuber.

Auf solche Weise zog der unangenehme Späher den Götterzorn
auf sich[347]. Zeus schickte Thanatos, den Tod, gegen ihn aus. Auch
dieser wurde rechtzeitig erspäht. Es wäre gut zu wissen, wie Sisyphos
den Tod überlistet hat. Die Erzählung ist uns verlorengegangen. Es
gelang ihm aber, und er warf den Tod in starke Fesseln. Niemand
starb von jenem Augenblick an auf der Erde, bis Ares, der Kriegs-

67

gott, Thanatos befreite und Sisyphos ihm übergab. Dem Schlauen gelang es, vor seiner Abfahrt in die Unterwelt eines auszubedingen: einmal noch mit seiner Frau, der Königin Merope, zu sprechen. Er trug ihr heimlich auf, kein Opfer mehr dem Herrscherpaar des Totenreiches hinunterzusenden. Diese haben sich in der Unterwelt dann gewundert, als sie lange von oben her keine Spenden mehr bekamen. Sisyphos scheint, nach dieser Geschichte, nicht nur ein Urmensch, sondern ein Urkönig und Beherrscher fast der ganzen Erde gewesen zu sein. Er verstand nun, die Unterweltskönigin Persephone mit schlauen Worten dermaßen zu betören[348], daß sie ihn entließ, damit er die Opfergaben – das Fleisch und das Blut der Opfertiere – wieder reichlich fließen lasse. So nahm Sisyphos Abschied vom Haus des Hades und von Zagreus, dem Sohn des unterirdischen Zeus und der Persephone[349], von allen Geheimnissen der Unterwelt. Er rief ihnen das Nimmerwiedersehen zu: Worte, die in einem Satyrspiel des Aischylos zu hören waren[350], in dem ›Entlaufenen Sisyphos‹.

Nachdem er auf diese Weise dem Tode zum zweitenmal entkam, darf hier die berühmte Geschichte stehen, wie es dem Erzschelm und dem Meisterdieb, Sisyphos und Autolykos, erging, als sie sich begegneten. Ein Sohn des Hermes war Autolykos. Der Gott der Diebe zeugte ihn mit einer Geliebten des Apollon. Neben Chione, dem »Schneemädchen«, hatte er die Stelle seines älteren Bruders nächtlich eingenommen, in einem Schlupfwinkel des oft beschneiten Parnaßgebirges[351]. So wurde der »Selbstwolf« geboren, denn das ist die Bedeutung von Auto-lykos, der seinen Vater Hermes vor allen Göttern verehrte. Von ihm erhielt er die Begabung zum Stehlen und zum geschickten Meineid[352]. Unsichtbar machte er alles, was er mit der Hand berührte[353]. Er verstand die weißen Tiere in schwarze zu verwandeln und die schwarzen in weiße. Den Gehörnten nahm er die Hörner ab und setzte sie den Ungehörnten auf[354].

In jener Zeit – es muß noch die Zeit der spärlichen Urmenschen gewesen sein – weideten die Herden der beiden Schlauen auf dem großen Gebiet zwischen dem Parnaß und dem Isthmos. Nie konnte Autolykos ertappt werden, wenn er einen Diebstahl beging. Sisyphos sah nur, daß seine Herden immer kleiner wurden und die des anderen immer größer. Da erfand er eine List. Er gehörte zu den ersten, die die Kunst der Buchstaben beherrschten. So ritzte er in die Hufe der Rinder den Anfangsbuchstaben seines Namens ein. Autolykos verstand es aber, auch dies zu verändern[355], weil er alles an den Tieren verändern konnte. Da goß Sisyphos Blei in die Vertiefung der Hufe, in der Form von Buchstaben, die in den Spuren der Rinder den Satz ergaben: »Autolykos stahl mich[356]«.

Erst nach diesem Zeugnis erklärte sich der Meisterdieb für besiegt. Es war ein Wettkampf an Schlauheit, und Autolykos schätzte so sehr den Sieger, daß er mit ihm gleich Gastfreundschaft schloß. Es ist nun nicht ganz klar, von wem es ausging, was in seinem gastlichen Haus geschah. Ein sogenannter »homerischer Becher« zeigt

ziemlich unvermittelt Sisyphos in der Kammer der Tochter des Gastfreundes: den Erzschelm auf dem Lager sitzend und das Mädchen
mit der Spindel. Schlich er heimlich zur schönen Antikleia ein? Das
wäre seiner würdig gewesen. Aber auch des Autolykos würdig ist
der Gedanke, daß er in seiner Schlauheit dem Sieger die Tochter anbot, damit sie den Allerschlauesten zeugen[357]. So wurde Antikleia die
Mutter des Odysseus. Nicht von Laertes, den man als Vater aus der
Odyssee kennt, sondern von Sisyphos empfing sie nach dieser Geschichte den Verschlagenen: Laertes hielt um sie an, als sie schon
schwanger war[358]. Ein Vasenmaler Großgriechenlands hat uns die
Szene festgehalten, wie der verliebte junge Mann die Braut in ge-
segnetem Zustand seinen verwunderten Gefährten vorstellt. Denn
er wurde nicht einmal betrogen: Autolykos weist ihm auf dem Bilde
den Namen Sisyphos auf einem Blatt – auf einem etwas größeren als
ein Lorbeerblatt – vor. Es war das Zeugnis, das der buchstaben-
freudige Gast, der Urheber der Schwangerschaft, hinterlassen. Den
letzten Sieg trug Aphrodite davon, die da gleichfalls dargestellt ist
und die dem Odysseus den sorgenden Pflegevater verlieh: den damals noch jungen, verliebten Laertes.

Einen Sohn hatte Sisyphos auch von der Königin Merope: Glaukos, den älteren dieses Namens, der den »Meergrünen« bedeutet und
einer Gottheit des Meeres ziemte, ebenso wie seine poseidonische
Liebhaberei – hatte doch der Meerbeherrscher eine Vorliebe für
Rosse und Roßgestalt. Etwa auf halbem Wege zwischen dem Isthmos und dem Parnaßgebiet, in Potniai, besaß Glaukos ein Gestüt mit
Pferden, deren Rasse die Verwandtschaft mit den Harpyien und
Gorgonen klar zutage treten ließ: sie mußten mit Menschenfleisch
gefüttert werden und zerrissen schließlich ihren eigenen Herrn bei
den Leichenspielen des Pelias, des Königs von Iolkos[359]. In einer
Tragödie des Aischylos, dem ›Glaukos Potnieus‹, wurde darüber
berichtet[360].

Sisyphos starb zuletzt auch – vom hohen Alter geschwächt[361]. Dieser Todesart konnte er nicht entfliehen. Von seinem Grab heißt es[361a],
es liege auf dem Isthmos, doch nur wenige Korinther wüßten wo. Er
gehört zu den Heroen, die auf dem Isthmos verehrt wurden, und
soll[362] die Isthmischen Spiele zum Gedächtnis des toten Melikertes[363]
gegründet haben. Dem Heros Sisyphos wurde da ein Standbild errichtet, wir lesen den Namen auf dem Sockel. Seine berühmte Bestrafung hingegen stellt das Bild des ewig vergeblichen Bemühens,
das Los aller Sterblichen von sich abzuwälzen, dar. Ewig wälzt er den
Stein in der Unterwelt, mit Händen und Füßen sich stemmend, einen
Gipfel hinauf. Aber als er im Begriff ist, den Gipfel zu überwinden,
da fällt der plötzlich mit großer Wucht zurück, der unverschämte
Stein[364]. Vasenbilder zeigen den Gipfel, als wäre er der Felsen von
Akrokorinth. Immer wieder beginnt Sisyphos die unnütze Arbeit.
Der Schweiß fließt von seinen Gliedern, seinen Kopf bedeckt der
Staub.

Aus seinem Geschlecht blieb nur der Sohn des älteren Glaukos und Großvater des Jüngeren, der in der Ilias von ihm erzählt, Bellerophontes, am Leben. Hätte jene Genealogie, nach der sein Großvater Sisyphos war, sich nicht durch schöne homerische Verse so tief ins Gedächtnis eingeprägt, so hätte er *nur* als Sohn des Meergottes gegolten, ob dieser Glaukos hieß oder Poseidon. Seine Mutter trug den Namen der Göttin Eurynome[365], einer Meerbeherrscherin[366] und großen Zeusgattin in den Urzeiten[367], oder geradezu Eurymeda[368], wie eine weibliche Form zu »Eurymedon«, dem »Weithin Herrschenden« – gleichfalls dem Meerbeherrscher[369] –, lautet. Ein dem Meer entsprungener Heldenknabe scheint er auch als Sohn des Glaukos, des »Meergrünen[370]« gewesen zu sein und wurde bald der Töter eines anfänglichen Feindes, mit Namen Belleros: Bellerophontes oder Bellerophon.

Nichts mehr ist von diesem Feind zu sagen, als daß er schon am Anfang da war und so geheißen haben muß, wenn Bellerophontes seinen allbekannten Namen durch den Sieg über ihn gewann wie Hermes den Beinamen Argeiphontes nach der Tötung des vieläugigen Argos. Vor diesem Sieg soll er anders geheißen haben, der junge Held: Hipponoos zum Beispiel[371] – ein Name, der ihn mit einem edlen Roß – *hippos* – verbindet. Oder er trug eben doch jenen Namen, den der Bruder seines berühmten Pferdes, des Pegasos, trug, ein Sohn des Poseidon, mit dem überhaupt keine Geschichte verbunden wird außer Genealogien und der Geburtsgeschichte. Kein Wunder, daß dem so war, wenn der ursprüngliche Name bald dem Namen Bellerophontes weichen mußte und der Held nur im Knaben- und frühen Jünglingsalter noch Chrysaor hieß! Dieser Name – »der mit dem goldenen Schwert« – wird in einer Genealogie an jener Stelle überliefert[372], die sonst dem Bellerophontes gehört: einen Sohn des Glaukos, des Sisyphossohnes, rief man Chrysaor.

Man kennt die Geburtsgeschichte. Als Perseus den Kopf der Medusa abschlug, ging sie von Poseidon mit einem Helden und einem geflügelten Hengst schwanger: mit Chrysaor und Pegasos. Sie sprangen durch den Hals aus dem Leibe der geköpften Mutter. Von diesem Augenblick an hört man nichts mehr von Chrysaor, nur von dem Hengst wird weitererzählt. Pegasos trank aus der Quelle Peirene[373]. So hieß die Doppelquelle in Korinth, die oben entsprang, auf dem Felsen von Akrokorinth, und auch unten, am Anfang der Straße, die nach Lechaion, dem Hafen am korinthischen Meerbusen, und dem Heiligtum des Poseidon führte. Im Namen Pegasos selbst ist der Bezug auf eine hervorsprudelnde Quelle, *pege*, ausgesprochen. Die Hippukrene, »des Pferdes Quelle«, auf dem Helikon, soll unter seinem Hufschlag entsprungen sein[374] und das gleiche wurde auch von der Peirene selbst erzählt[375]. Leicht wurde ihm, dessen Vater Poseidon war, solches zugedichtet. Die Peirene scheint er wegen der Nähe des väterlichen Heiligtums so gerne besucht zu haben, und vielleicht auch gerade des Bruders wegen, von dem er sich schließlich einfangen ließ: das unsterbliche Roß vom sterblichen Bruder.

Bellerophontes war der sterbliche Bruder, ob nun der gleiche wie Chrysaor, ein Poseidonsohn auch er, unter den vielen, die dem Gott auf der Erde geboren wurden. Und er wünschte sich von seinem Vater ein geflügeltes Pferd. Poseidon schenkte es seinem Sohn[376]. Es war aber nicht leicht, das trinkende Tier festzuhalten. Denn der Zaum war damals noch nicht erfunden. Viel hatte daher der Heros sich darum zu bemühen, bis ihm die Göttin Athene selbst den goldenen Zaum brachte[377]. Im Traum geschah es, aber der Traum war zugleich auch Wirklichkeit, als sie ihn ansprach: »Schläfst du, königlicher Nachkomme des Aiolos? Nimm lieber diesen Pferde bezwingenden Zauber und zeig ihn dem Vater Poseidon, indem du aber ihm einen weißen Stier zu opfern nicht versäumst!« Auf sprang der Jüngling. Bei dem Altar der Göttin hatte er geschlafen, um Rat von ihr in seinem Kummer zu holen. Seine Hand ergriff das goldene Wunderding: es lag da. Zum Polyidos, dem Seher, lief er damit – zu demselben, der das Gleichnis vom Wunderkalb der Herde des Minos fand und das kleine Kind im Honigfaß, den kretischen Glaukos, wiedererweckte[378]. Auf seinen Befehl errichtete jetzt Bellerophontes, nachdem er dem Poseidon geopfert, einen Altar der Athena Hippia. So ist der Pegasos sein Eigentum geworden: von Poseidon geschenkt, von Athene ihm zugeführt und gezäumt[379]. Der Heros bestieg das göttliche Roß und tanzte mit ihm, der Göttin zu Ehren, gepanzert, den Waffentanz[380].

Sicherlich wurde er sehr bald danach »Bellerophontes«, »Belleros-Töter«, und dieser Name ließ den früheren in Vergessenheit geraten. Doch wie Apollon nach der Tötung des Drachen Delphyne[381], hatte auch er zu büßen und mußte sich reinigen lassen. Die Erzählung, wie er getötet und sich befleckt hatte, ist nicht erhalten geblieben, wohl aber[382], daß der Held zur Buße Korinth verließ und sich nach Tiryns begab. Da herrschte König Proitos, und er reinigte ihn. Ein alter König muß Proitos damals schon gewesen sein, der Großoheim des Perseus, der die Medusa getötet hatte. Darum glaubten wohl einige[383], es hätte auch einen anderen Proitos gegeben, und dessen Frau sei jene Anteia gewesen, von der sogleich mehr erzählt werden soll. Aber es kümmerten sich die Heroengeschichten selten um das Alter der Helden, und den Heroinen war fast ewige Jugend eigen. Dieser Proitos war sicherlich jener von Argos, der schon im Mutterleib mit seinem Bruder Akrisios gehadert hatte, nachher das umstrittene Königreich verließ und nach Kleinasien auswanderte. Von dorther, aus dem Land Lykien, kehrte er mit einer Königstochter und sieben Kyklopen heim, um die feste Burg Tiryns zu bauen. Und da sich Akrisios nach Larissa in Thessalien zurückgezogen hatte, beherrschte Proitos als oberster König das ganze Land Argos, von dem seine drei Töchter und sein Sohn Megapenthes später versuchten Dionysos fern zu halten. In dieser Geschichte ist es

71

indessen noch nicht so weit: Proitos herrscht noch in voller Kraft und Macht.

In seiner Eigenschaft als Großkönig reinigte er Bellerophontes vom Morde und behielt den königlichen Sproß aus Korinth bei sich in Tiryns. Doch nicht für lange Zeit. Denn[384] seine Frau Anteia, die kleinasiatische Königstochter – die Tragödiendichter nannten sie Stheneboia –, verliebte sich in den schönen Reiter des Pegasos. Es ist die Geschichte, die sich auch in der Familie des Theseus, zwischen Phaidra und Hippolytos, zutragen sollte, und nicht nur dort – zu großer Freude und unsterblichem Ruhm eines Erzählers noch in den allerspätesten Zeiten, der den allbekannten Faden nach fast dreitausend Jahren wieder aufnahm. Die Königin versuchte, den Jüngling zu verführen. Und als ihr dies nicht gelang, sprach sie zu ihrem Mann: »Sterben sollst du, Proitos, oder töte Bellerophontes, der mich gegen meinen Willen zu Liebe verführen wollte.« Der König war erzürnt, wagte aber den Gast nicht selber zu töten. Er schickte ihn nach Lykien, zu seinem Schwiegervater, der nach den Tragödiendichtern Iobates hieß, nach anderen, wohl nach den älteren Erzählern, eben jener Amisodaros war[385], der die Chimaira aufgezogen hatte[386]. Zu diesem schickte Proitos den Bellerophontes mit verhängnisvollen Schriftzeichen auf versiegelten Tafeln.

Neun Tage lang bewirtete ihn der König von Lykien, neun Stiere wurden bei dem Fest geopfert. Am zehnten Tage las der König den Brief seines Eidams und sah, daß er Bellerophontes dem Tode überliefern sollte. So gab er ihm den Auftrag, das Wundertier zu töten, das er unter dem Vieh besaß. Es wurde wohl, wie jenes farbige Wunderkalb in den Herden des Minos[387], mit dem Polyidos, der Seher, zu tun hatte, in seinen eigenen Herden geworfen[388]. Das Tier war eine Ziege. Eine junge Ziege, die nur einmal überwintert hat, hieß *chimaira*. Unter diesem Namen blieb denn auch das lykische Wundertier in der Erinnerung, obwohl es nur in der Mitte Ziegenleib und Ziegenkopf besaß. Vorne war es Löwe, hinten war es Schlange, ein dreiköpfiges Wesen war es, das Feuer schnaubte[389]. Bellerophontes saß auf seinem eigenen Wundertier, dem Pegasos, erhob sich mit ihm in die Höhe und erschoß aus der Luft mit seinen Pfeilen die Chimaira[390]. Vasenbilder zeigen ihn vielmehr mit dem Speer oder gar dem Dreizack des Poseidon in der Hand.

Der König schickte ihn darauf zum zweiten Mal in den Tod: gegen ein von den Göttern geliebtes Volk, die Solymer[391]. Bellerophontes aber besiegte sie. Zum dritten Mal wurde er gegen die Amazonen gesandt, und als er auch aus diesem Kampf siegreich zurückkam, erwarteten ihn die besten lykischen Helden im Hinterhalt. Keiner kehrte von jenen heim: alle wurden von Bellerophontes getötet. Da erkannte der König den Sproß der Götter in ihm, hielt ihn bei sich zurück, gab ihm seine Tochter zur Frau und überließ ihm die Hälfte seines Reiches. Zwei Söhne und eine Tochter zeugte mit dieser jüngeren Schwester der Anteia Bellerophontes. Seine Tochter war Laodameia, die dem Zeus jenen Sarpedon gebären sollte, von dem sonst behauptet wurde, er wäre, wie die Kreter Minos und Rhadamanthys, ein Sohn des Zeus und der Europa[392]. Wie auf solche Weise Lykien mit Kreta verbunden wurde und wie die Person des Pelops, des Heros von Olympia, Lydien mit dem Peloponnesos verband, so verband Bellerophontes ein anderes kleinasiatisches Land oder vielmehr zwei Länder: Lykien und Karien, mit dem Reich Argos, das auch Korinthos umfaßte.

Der Flügelroßreiter hatte seine Heimat hier und da drüben. In der Tragödie ›Stheneboia‹ des Euripides war es dargestellt, wie der Heros nach der Tötung der Chimaira fliegend in Tiryns ankam, um Rache zu nehmen an der Frau des Proitos. Sie war gerade dabei, dem Bellerophontes, den sie immer noch liebte, als einem Toten zu opfern[393]. Der Held ergab sich scheinbar der Liebe der Königin, nahm sie auf den Rücken des Pegasos, als wollte er mit ihr nach seiner Reichshälfte Karien fliegen, und ließ sie dann, bei der Insel Melos, in das Meer stürzen[394]. Oder hatte er sich mit ihr wirklich versöhnt und zürnte nur noch dem falschen Proitos? Auf einem Vasenbild, welches den Sturz der Stheneboia zeigt, verdeckt Bellerophontes das Gesicht mit der Hand. Ein ähnlicher Sturz, wie der des Phaethon: der Sturz vom Pegasos – ob er am Sturz der verliebten Frau schuld war oder nicht – sollte bald auch sein Los werden.

Er wollte sich, so wurde erzählt[395], mit seinem Roß bis zum Himmel erheben und eindringen in den Rat der Götter. Wie er zu diesem Vorhaben kam, war in einer anderen Tragödie des Euripides ausgeführt, dem ›Bellerophontes‹. Seine Erfahrungen hätten den Heros überzeugt, nur das alte Wort wäre wahr: nicht geboren werden ist das Allerbeste![396] Ob es Götter überhaupt gibt[397]? Da er im Besitz des Wunderrosses war, wollte er selbst es auskundschaften. Man sah den Enttäuschten und Zweifelnden auf dem Rücken des himmelwärts fliegenden Pegasos über die Bühne gehoben[398]. Brauchte Bellerophontes die Enttäuschung und Zweifel, um das Abenteuer des Himmelsfluges zu wagen? Wurde er aus Bitterkeit oder aus Ungestüm zum Himmelsstürmer? Der göttliche Hengst warf den verwegenen Reiter ab[399]. Und er fiel, so wußten es bereits die älteren Erzähler, auf die Ebene Aleion, die »Ebene des Umherirrens«, wo er, fern in Kleinasien, die Menschen mied[400]. Hinkend trauerte er da über das Los der Sterblichen, während Pegasos, der Unsterbliche, dem Götterkönig die Blitze trägt[401] oder der Göttin Eos dient[402], die den Morgen bringt und die Jünglinge raubt. Er wurde aufgenommen auf den Olympos, zu den uralten Krippen der Götterrosse[403].

IX. Phrixos und Helle

Ein Sohn des großen Stammvaters mit dem Namen des Windgottes Aiolos war auch Athamas. Die Geschichte dieses Bruders des Salmoneus und Sisyphos gehörte zum Teil zu den Erzählungen um Dionysos. Zur zweiten Frau hatte er die Kadmostochter Ino, eine Amme des Gottes, von dem es hieß[404], daß er im Hause des Athamas als Mädchen erzogen wurde. Wie die Geschichte dann mit der Raserei des Athamas und der Königin endete und wie diese sich mit ihrem kleinen Sohn Melikertes oder Palaimon in das Meer stürzte und zur Göttin Leukothea wurde, weiß man aus jenen Erzählungen. Man weiß auch, daß Ino als zweite Frau des Athamas zur bösen Stiefmutter des Phrixos und der Helle, der Kinder des Königs aus seiner früheren Ehe, wurde. Das soll nun ausführlicher erzählt werden, um so mehr, als das Bild des auf dem Widder durch die Luft fahrenden Geschwisterpaares, von dem der eine sein Leben rettet und die andere hinabstürzt, sich an die Geschichte von der Pegasosfahrt am besten anschließt.

Athamas, der Namengeber der Athamanen, gründete die Stadt Halos in Thessalien[405], er galt aber auch als König von Böotien[406]. Gleicherweise war Salmoneus in zwei Landschaften heimisch: in Thessalien und auf dem Peloponnesos. In Thessalien wurde erzählt[407], daß zu König Athamas eine Göttin mit Namen Nephele, die »Wolke«, kam und ihn zum Gatten wählte. Es war nicht jene Wolke, von der behauptet wurde[408], daß Zeus sie in der Gestalt der Hera zu Ixion schickte, der mit ihr den Kentauros, den Vater der Kentauren, zeugte. Nach dieser Geschichte gebar Nephele dem Athamas zwei Kinder: Phrixos, den »Krausen«, und Helle, wie eine junge Hindin oder ein junges Reh auch heißen könnte. Der König wandte sich aber von der Göttin ab und nahm eine irdische Frau. Da kehrte Nephele zum Himmel zurück und bestrafte das ganze Land mit Dürre. Athamas schickte Gesandte zum Orakel des Apollon, um zu erfahren, was dagegen zu tun wäre. Die Geschichte wurde indessen auch so erzählt[409], daß es die Königin Ino war, die die Frauen des Landes bewog, im geheimen das Saatkorn zu dörren, und dadurch die Unfruchtbarkeit der Felder verursachte. Und sie bestach nach dieser Erzählung auch die Gesandten, die nach Delphi geschickt wurden, damit sie sagten: das Orakel befehle, die Kinder der Nephele zu opfern.

Es war namentlich Euripides, der die Geschichte in dieser Form in seiner Tragödie ›Phrixos‹ auf die Bühne brachte[410]. Die ursprüngliche Erzählung ging wohl so weiter, daß der junge Phrixos sich selbst zum Opfer darbot, um eine Trockenheit vom Lande abzuwehren[411]. In der Stadt Halos blieb es lange noch Brauch, den ältesten Sohn aus dem Geschlechte des Athamas dem Zeus Laphystios zu

opfern, falls er ein bestimmtes heiliges Gebäude, den Versammlungs-
ort der führenden Männer, betrat[412]. Man weiß indessen aus der Ge-
schichte des Pelops, daß durch die Opferung eines Widders das
Menschenopfer gleichsam schon vollbracht war. Es half nun ein
Widder, nicht nur hellfarbig, wie im Fall des Pelops, sondern ein
Widder mit goldenem Vlies. Wie der Pegasos die Frucht einer
Hengsthochzeit des Poseidon, so war dieses Wundertier der Sprößling des Gottes aus einer Widderhochzeit[413]. Zeus schickte es zur
Rettung des Geschwisterpaares[414]. Denn Helle sollte mit dem Bruder
geopfert werden. Vielleicht aus freiem Entschluß, da sich Phrixos
auch freiwillig darbot? Oder geschah es so, daß beide ahnungslos
waren, als Athamas, der sie opfern wollte, nach ihnen schickte? Sie
weilten bei den Herden des Königs, der ihnen befahl, den ersten
besten Widder als Opfertier mitzubringen[415]. Dieser Widder war das
Wundertier, das die Geschwister über die Absicht des Athamas auf-
klärte und sie rettete.

Man erzählte auch[416], ihre himmlische Mutter Nephele hätte den
Widder mit dem Goldenen Vlies von Hera zum Geschenk bekom-
men und ihren Kindern zur Hilfe geschickt. Sie setzten sich auf den
Rücken des klugen Tieres, und es flog mit ihnen durch die Luft in der
Richtung des fernen östlichen Landes Kolchis. Das Schicksal des
Mädchens war es, nur bis zur Meerenge zu gelangen, die unser Festland von Kleinasien trennt und heute nach der antiken Stadt Dardanos als die Dardanellen-Straße bekannt ist. Im Altertum hieß sie
Hellespontos, »das Meer der Helle«, weil die Schwester des Phrixos
in diese Gewässer fiel. Es war ihre Vermählung mit Poseidon, so
deuteten es Malereien an.

Ihrem erschrockenen Bruder sprach der Widder zu und flößte
ihm Mut ein[417]. Phrixos erreichte Kolchis, das Land des Aietes, des
Sohnes des Helios, der ihn gastfreundlich aufnahm und seine Tochter Chalkiope – »die mit dem ehernen Gesicht« – ihm zur Gattin gab.
Der Widder aber war vom Anfang an zum Opfer bestimmt. Phrixos
brachte ihn Zeus Phyxios, dem Retter der Flüchtlinge, dar. Das Goldene Vlies schenkte er dem König Aietes, dem Bruder der Kirke
und der Pasiphae, den man in den Göttergeschichten mit der Sippe
des Sonnengottes kennengelernt hat. Seine Tochter war auch Medeia, deren Name berühmt und berüchtigt geworden ist: berühmt
durch das Goldene Vlies, berüchtigt durch ihre mörderischen Taten
und ihre Zauberkünste. Das Vlies wurde im Heiligtum des Ares an
einer Eiche aufgehängt: seinetwegen kam Iason mit den Argonauten
auf abenteuerlicher Fahrt nach Kolchis.

Dies geschah nach dem Tode des Phrixos, der hochbetagt im
Palast des Aietes starb[418]. Vier Söhne gebar ihm Chalkiope. Der eine
trat das Erbe seines Vaters zu Hause in Halos an, nachdem Athamas
und Ino mit Wahnsinn bestraft worden waren.

X. Oidipus

Was blieb nach Kadmos in Theben, nachdem er mit Harmonia lebenden Schlangen gleich in den jenseitigen Bereich hineingegangen? Es blieb die ausgebrannte Kammer der Semele in seinem einstigen Palast, der zum Demeterheiligtum werden sollte[419]. In jener Kammer hatte sich Zeus in der Macht seiner Blitze gezeigt[420], dort nahm er Dionysos aus dem versengten Mutterleib zu sich. An jener Stelle war ein Stück Holz vom Himmel gefallen[421] und ersetzte das Kind für die Sterblichen. Polydoros, Kadmos' Sohn und Nachfolger, versah es mit eherner Einfassung und nannte es Dionysos Kadmos. Ein Weinstock umgab den nicht zu betretenden Ort mit Rebenzweigen[422]. Der Efeu, die andere heilige Pflanze des Gottes, umwand das Dionysoskind[423] und was an seiner Statt dastand. Seinem Namen nach – »der von vielen Geschenken« – hätte auch Polydoros ein kleiner Dionysos sein können. Er hieß aber auch Pinakos[424], der »Schrifttafelmann«, da sein Vater Kadmos die griechischen Buchstaben aus Phönizien eingeführt hatte. Sein Sohn Labdakos[425] trug geradezu den Namen eines Buchstaben, des Lambda, das im Alphabet nach dem K folgt. Doch weder von ihm noch von diesem Sohn ist viel zu erzählen, zumal ihre Zeit durch die Geschichte der thebanischen Dioskuren ausgefüllt wurde.

Und was blieb nach diesen, nach Amphion und Zethos, den Söhnen des Zeus und der Antiope, außer dem Heroengrab, von dem die Tithoreer jährlich versuchten, Erde zu stehlen? Mit Amphion hatte sich Niobe verbunden, und die Geschichte der unseligen Mutter und ihrer Kinder ist allzu bekannt. Nicht weniger traurig war die Familiengeschichte des Zethos. Doch diese gehört zu einer anderen, besonderen Art der Erzählungen, die auf der Gemeinsamkeit einer Gabe der Musen bei Menschen und Vögeln gründen: darauf, daß sowohl diese als auch jene singen können. Die Vogelgestalt war selbst den Musen nicht fremd[426]. Es wurde von der Gattin des Zethos erzählt[427], sie wäre eine Tochter des Pandareos gewesen, wie jene zwei, die von den Harpyien entrafft wurden[428], sie indessen, mit Namen Aedon, die »Nachtigall«, hätte aus Versehen Itylos, den sie dem Zethos geboren hatte, getötet[429]. Ein attischer Vasenmaler stellt uns die Szene dar, wie sie den Knaben in seinem Bett ermordete. Sie tat es in einem Zustand der Geistesgestörtheit. Es hieß auch[430], die verblendete Frau wollte nicht den eigenen Sohn, sondern einen kleinen Neffen treffen, aus Neid auf die Schwägerin. In ihrem Schmerz wünschte sie darauf, aus der Welt der Menschen ausgeschieden zu sein, und wurde von den Göttern zur Nachtigall verwandelt. Sie ist es, die den Itylos beklagt, wenn dieser nicht doch Itys hieß und der Sohn der Prokne war, von der in der Geschichte des Tereus die Rede sein wird.

Zethos starb vor Kummer, und die Thebaner beriefen Laios, den Sohn des Labdakos, zum König[431]. Laios bedeutet in kürzerer Form dasselbe wie Laomedon, einen »König des Volkes«. Er war ein einjähriges Kind, als Labdakos starb und die beiden finsteren Brüder, die in der Geschichte der Antiope und ihrer Söhne eine Rolle gespielt haben, Nykteus und Lykos, sich der Herrschaft bemächtigten[432]. In der Zeit von Amphion und Zethos hielt sich Laios noch bei Pelops auf, und so verbanden sich durch ihn die thebanischen Geschichten mit denen, die sich in Pisa abgespielt haben. Als echtester Sohn des Pelops, geradezu sein Doppelgänger, erschien da Chrysippos, ein wahrer Sonnenknabe, mit dem Namen »der mit den goldenen Pferden«, der manches vom Schicksal seines Vaters teilte. Auch er wurde, wie Pelops, geraubt, und sein Räuber war Laios.

Durch mörderische Absichten wurden beide gefährdet: der lydische Prinz im Hause seines Vaters Tantalos, der ihn den Göttern zur Speise vorsetzte, Chrysippos durch die stiefmütterliche Hippodameia und seine eigenen Brüder Atreus und Thyestes, die ihn angeblich auch ermordeten[433]. Die Erzählungen kennen ihn nur als Knaben, der keine Hochzeit hielt, sondern früh entrafft wurde: wie eine Dichterin wollte[434], von Zeus selbst, gleichsam ein zweiter Ganymedes. Berühmt wurde aber durch die Tragödie sein Raub durch Laios. Der Sohn des Labdakos war, so trug Euripides die Geschichte in seinem ›Chrysippos‹ vor, der Erfinder der Knabenliebe[435]. Als Gastfreund des Pelops unterrichtete er den schönen Knaben im Wagenlenken[436]. Man erzählte auch, nicht von Olympia, sondern von Nemea aus hätte er ihn entrafft und in seinem Wagen nach Theben gebracht[437]. Dies wäre freilich nur möglich gewesen, wenn die Spiele von Nemea nicht erst zur Zeit der Enkel des Laios gegründet worden wären. Mit Krieg hätte dann Pelops, so hieß es weiter, seinen Sohn zurückgewonnen. Ein Vasenmaler zeigt ihn uns in der Raubszene: wie Chrysippos vom Viergespann des Laios aus die Arme nach dem Vater ausstreckt. Ein anderer stellte sogar die im Hintergrund verzweifelt nach Hilfe rufende Hippodameia dar, als wäre sie nicht die Stiefmutter des Knaben gewesen. Der Raub ereignete sich demnach im Haus des Pelops. Es wird uns auch überliefert[438], Laios sei fünf Tagereisen weit in die Fremde gekommen, um sich in Chrysippos zu verlieben und ihn zu entführen. So weit lagen Pisa und der Hain des Zeus von Theben.

Der Fluch des Pelops begleitete den Knabenräuber: nie dürfte er einen Sohn zeugen, oder, wenn er es dennoch tun sollte, durch den Sohn sollte er getötet werden[439]. Es hieß auch[440], Chrysippos hätte sich in seiner Schande umgebracht. Die Geschichte wurde noch anders ausgeführt[441]. Atreus und Thyestes, die älteren Brüder, haben den Räuber eingeholt und ihn mit dem Knaben zurückgebracht. Da erbarmte sich Pelops der Liebe des Laios zu Chrysippos. Nur Hippodameia wollte die älteren Söhne zum Morde am jüngsten, der nicht ihr Sohn war, überreden. Als diese ihr nicht folgten, drang sie nachts

77

in die Kammer des Laios, wo er mit Chrysippos schlief, zog das Schwert des Liebhabers, verwundete damit den Knaben und ließ die Waffe in der Wunde. Chrysippos lebte nur so lange noch, bis er mit seinem Zeugnis Laios retten und die Mörderin bezeichnen konnte. Pelops verstieß daraufhin Hippodameia und schickte sie in die Verbannung. Man kennt schon die andere Form der Geschichte, nach der Atreus und Thyestes den Mord ausführten. Der Fluch des Pelops begleitete auch sie[442] und ihr Geschlecht wurde nicht viel glücklicher als das Geschlecht des Laios.

Ein tragischer Dichter versetzte den Selbstmord des Chrysippos[443] nach Theben, in jene Zeit, als da der Sohn des Labdakos schon längst herrschte. Als König von Theben hatte Laios die Tochter eines Urenkels des Echion, des »Schlangenmannes« aus der Drachensaat und Enkels des »Leidensmannes« Pentheus, des Sohnes der Agaue, der »Hehren«, zur Gattin gewählt: Epikaste oder, wie sie viel häufiger genannt wird, Iokaste. Unter diesem Namen sollte sie Berühmtheit erlangen, bis in die spätesten Zeiten hinein, wie kaum eine andere der Königinnen, die Mütter und Gattinnen von Helden waren. Sie sollte beide Eigenschaften in bezug auf einen und denselben Heros in sich vereinigen. Durch sie erlangte auch ihr Bruder Kreon eine Zeitlang Herrschaft über Theben. Es gibt eine Nachricht auch darüber[444], daß Laios seinen Schwiegervater Menoikeus erschlagen hatte. Es war Iokaste beschieden, zur Quelle königlicher Macht in Theben zu werden.

Laios aber hätte keinen Sohn mit ihr zeugen sollen. Dreimal hatte ihn das Orakel in Delphi gewarnt[445]: nur wenn er kinderlos stirbt, bleibt Theben gerettet. Laios war nicht fähig, einen festen Entschluß zu fassen[446]. Es geschah wie im Wahnsinn, daß die Brautleute die Ehe vollzogen[447]: so steht es in der Tragödie des Aischylos, den ›Sieben gegen Theben‹, der zwei nicht mehr vorhandene Stücke vorausgingen, der ›Laios‹ und der ›Oidipus‹. Im ersten wurde wohl erzählt, wie Laios, der das Orakel nicht befolgt hatte, nachher aber das Kind, das er mit Iokaste gezeugt, aussetzen ließ[448], auch den Zorn der Hera und nachgerade den Haß des delphischen Gottes[449] auf sich zog. Apollon stellte es den Befragern seines Orakels immer anheim, ob sie das Bessere wählen wollten, das er ihnen riet, oder das Schlimmere, das zu wählen auch möglich war. Zum Haß des Gottes brauchte es mehr: der gewaltsame Tod des Chrysippos im Haus des Laios in Theben mag den Grund zum Abscheu des Gottes gegeben haben, der der Beschützer der Knaben und zarten Jünglinge war. Zum Zorn der Hera genügte, wenn der geraubte und mit Gewalt zurückgehaltene Knabe dem König die Ehefrau ersetzen sollte. Sie schickte die Sphinx, das Ungeheuer, von dem gleich die Rede sein soll, aus Aithiopien gegen die Thebaner. Chrysippos nahm sich das Leben deswegen, und daraufhin entschloß sich Laios, zum Gott nach Delphi zu fahren und ihn zum vierten Mal zu befragen: so wurde die Geschichte auch erzählt[450], und vielleicht ist diese Erzählung mit der

in den ›Sieben gegen Theben‹ zu verbinden und wenigstens zum
Teil dem Aischylos zuzuschreiben. Für ihn war Laios nicht der Erfinder der Knabenliebe, sondern der schlechte Liebhaber, in dessen
Besitz der geliebte Knabe zu Grunde ging. Teiresias, der weise
Wahrsager der Thebaner, der wußte, daß der König dem Gott verhaßt war, riet ihm von der Fahrt ab und ermahnte ihn, vielmehr der
Hera, der Ehegöttin, zu opfern. Laios hörte nicht auf den Wahrsager
und betrat den Weg, der ihn zuerst in südlicher Richtung[451] zu einer
engen Wegscheide zwischen dem Kithairon und Potniai[452] führen
sollte.

Die Geschichte des Orakels und der Ausfahrt des Laios wurde
auch anders erzählt, durch die Worte der Iokaste, am Anfang der
›Phönizierinnen‹ des Euripides, die er auf den ›Chrysippos‹ folgen
ließ. Lange Jahre hatte schon Laios in kinderloser Ehe mit Iokaste
gelebt[453], als er sich entschloß, das Orakel wegen Nachkommenschaft zu befragen. Der Gott antwortete ihm[454]: »Säe du keine Kinder gegen den Willen der Götter! Zeugst du einen Sohn, so wird dich
der Entsprossene töten, und dein ganzes Haus wird untergehen in
Blut.« Er hätte sich danach beruhigen sollen und keine Nachkommenschaft haben wollen. Von Brunst und Wein besiegt, zeugte er
dennoch einen Sohn[455] und ließ ihn sogleich aussetzen. Nach weiteren
langen Jahren zog er aus, von bösen Ahnungen getrieben, um vom
Orakel zu erfahren, ob das ausgesetzte Kind noch am Leben sei. Er
nahm den kürzesten Weg nach Delphi durch die Landschaft Phokis[456]
und gelangte dort zu einer engen Wegscheide.

Die dritte und einfachste Geschichte vom Orakel steht in der
Tragödie, deren Größe alle anderen, die vor ihr und nach ihr über
dieses Thema gedichtet worden sind, in den Schatten stellte und
fast völlig vergessen ließ: im ›König Oidipus‹ des Sophokles. Der
König und die Königin von Theben, Laios und Iokaste, erhielten
von Delphi aus die Warnung, ihr Sohn würde den Vater töten[457].
Und so kam es zur Aussetzung des Kindes. Man gab später vor, ein
Orakel in den Versen der Pythia überliefern zu können, das freilich
keineswegs so einfach und altertümlich lautet, sondern die ganze vor-
bereitende Geschichte zusammenfaßt[458]. Nur darum soll es hier stehen, ehe unsere Erzählung auf das Schicksal des ausgesetzten Kindes
eingeht: »Laios, des Labdakos Sohn, forderst du herrliche Nachkommenschaft? Zeugen wirst du den lieben Sohn, aber dies wird
dein Schicksal sein: durch die Hände des eigenen Kindes das Leben
zu verlieren. Denn so bejahte es Zeus, des Kronos Sohn, dem
schrecklichen Fluch des Pelops nachgebend, dessen Sohn du geraubt. Er hat das alles auf dich heruntergefleht.«

Die früheren Erzähler richteten den Blick wohl mehr auf die Gestalt des Oidipus und weniger auf die Vorgeschichte seiner Aussetzung. Dem Namen nach war er der Heros »Schwellfuß«. Und die
Erzähler bemühten sich genug, um diesen seltsamen Namen zu er-
klären und glaubhaft zu machen, daß er sich wirklich auf die Füße

des ausgesetzten Kindes bezieht. Sonst könnte man leicht an einen
der Daktylen, der aus der Erde geborenen Söhne der großen Mutter
der Götter, denken. In den ältesten Zeiten brauchte man Eigen-
namen auch ohne die Umschreibung »Schwellfuß«, wenn man die
Eigenschaft der Daktylen meinte: damals konnte einer noch einfach-
hin Oidyphallos heißen[459]. In den Zeiten, in denen uns von Oidipus
erzählt wird, scheint dies nicht mehr üblich gewesen zu sein.

Das Kind wurde zur Winterszeit in einem Topf ausgesetzt: so
stand es im ›Laios‹ des Aischylos[460]. Nackt sitzt das Knäblein auf
dem Arm seines Auffinders Euphorbos: so wird es auf einem Vasenbild dargestellt. Später erst erzählte man von seinen Windeln[461]. Und
um seine Hilflosigkeit zu steigern, hätte man ihm auch noch seine
Füße durchbohrt, mit einer goldenen Spange[462] oder einer eisernen
Spitze[463], so daß es für sein ganzes Leben zum »Schwellfuß« wurde!
Eine überflüssige Grausamkeit der Erzähler verdeckt da, was sie
nicht wahrhaben wollten und was vorhin schon angedeutet wurde:
die alte Daktylennatur des Rothaarigen[464], von dessen Wutanfällen
man bald mehr hören wird.

Seine Geschichte beginnt aber nicht anders als die von anderen
ausgesetzten Heroen und göttlichen Kindern. Es wurde sogar behauptet[465], er wäre ein Sohn des Helios gewesen. Man erzählte von
ihm etwas Ähnliches wie von Perseus oder einmal von Dionysos
selbst[466]: in einer Truhe wurde er auf das Wasser gesetzt[467], entweder
auf das Wasser des korinthischen Meerbusens oder des Euripos, der
Meerenge, die Euboia von Böotien trennt. Auf dem Meer irrte die
Truhe so weit herum, daß Hippodameia selbst sich des Findlings
annehmen und ihn erziehen konnte, als wäre er wie Chrysippos ein
Sohn des Pelops[468]. Den Laios hätte er getötet, um seinen angeblichen Bruder zu schützen oder zu rächen, und sich der Iokaste bemächtigt, als diese zum Begräbnis ihres Mannes nach Pisa kam. Ja er
soll ein Nebenbuhler des Laios gewesen sein und ihn deshalb ermordet haben: weite Verzweigungen der Erzählung, in denen sich Frühes und Spätes vermischt und der alte Faden sich verliert.

Nach einer alten Erzählung gelangte die Truhe mit dem Kinde
nicht weiter als in die Nähe der Stadt, in der Polybos, ein Sohn des
Hermes herrschte[469]. Ob diese Stadt Sikyon war oder Korinth oder
Anthedon[470]? Die Königin Periboia wusch am Strande die Gewänder, als die Truhe da landete[471]. Auf einem sogenannten homerischen
Becher sieht man, daß es Hermes ist, der das Kind der Königin
reicht, und daß Periboia es dem König auf den Schoß setzt. Und es
brachte dem Königspaar kein Unglück. Im Haus des Polybos wuchs
Oidipus auf, im Glauben, Periboia – Merope wird sie auch genannt[472] – und der König seien seine Eltern. Nur war es nach der bekannteren Erzählung so, daß er nicht auf dem Meer ausgesetzt wurde,
sondern auf dem Berg Kithairon, wo sich die Hirten von Theben von
der einen und die aus Korinth oder Sikyon von der anderen Seite
her treffen konnten. Setzten die Hirten des Laios den Säugling aus, so

80

konnten ihn die Hirten des Polybos finden. Auf den Wiesen der Hera geschah dies, nach der Darstellung des Euripides[473].

Ja das Kind wurde nicht einmal ausgesetzt, so hören wir im ›König Oidipus‹[474]: der thebanische Hirt übergab es einem aus Korinth, damit er es als eigenes aufziehe. Jener aber brachte es seinem kinderlosen König als Geschenk[475]. Oidipus selbst erzählt in dieser Tragödie[476], wie ihm, der zum vornehmsten Bürger von Korinth geworden war, ein betrunkener Gast beim Gelage vorwarf, er sei nicht der Sohn des Königs, wie dann seine Pflegeeltern, die er zur Rede stellte, den Vorwurf zurückwiesen und wie er heimlich auszog, den Gott in Delphi zu befragen. Und man hört von ihm, daß dieser nicht auf seine Frage antwortete, sondern ihn mit dem schrecklichen Schicksal bedrohte, er würde zum Gatten seiner Mutter und zum Mörder seines Vaters werden. Nach Korinth wagte er daher nicht mehr zurückzukehren, sondern nahm eine andere Richtung durch Phokis, durch eine enge Wegscheide, wo er an einem Unbekannten zum Mörder werden sollte.

So führt die Erzählung, ob wir sie mit Laios oder mit Oidipus beginnen, in eine enge Wegscheide, wo immer diese auch lag: zwischen Theben und Delphi in Phokis oder südlich von Theben, zwischen dem Kithairon und Potniai. Vater und Sohn sollten sich da treffen, ohne einander zu erkennen, ein unseliger Vater und ein ebenso unglücklicher Sohn, die sich gegenseitig meiden sollten und auch alles taten, um die Begegnung zu verhüten. Es war zur Geschichte nicht notwendig, daß sie um ihr bevorstehendes Schicksal wissen sollten: sie ist ohne das Mithineinspielen eines Orakels ebenfalls denkbar. Die orakelgläubigen Erzähler griffen da etwas auf, das seit jeher den Kern der Erzählung vom unbeabsichtigten und dennoch erfolgten Vatermord bildete. Oidipus ahnte nicht, in keiner Fassung der Geschichte, daß sein Weg in der engen Wegscheide in den Weg des Vaters mündete. Die Angst des Laios vor der Entthronung durch den Sohn brauchte auch kein Orakel: das Urbild war in den Göttergeschichten, in der Erzählung von Uranos und Kronos schon vorhanden, in einer sehr alten, Griechen und Kleinasiaten seit frühen Zeiten gemeinsamen Überlieferung. Durch die Weissagung verliehen die Erzähler einer uralten Befürchtung Gestalt, und die Aussetzung geschah aus Furcht, nicht auf die Weisung des Apollon hin: freilich nicht ohne sein Wissen, wenn er schon der Orakelgott von Delphi war. Aus Furcht vor dem Schrecklichen rennt der Mensch oft in das Schreckliche.

So ereignete sich auch dieses Menschliche: der Weg des Sohnes mündete in den des Vaters in einem Engpaß, wo das Ausweichen unmöglich war. »Wanderer, weiche dem König[477]!« – so rief dem Unbekannten der Herold des Laios zu, der auf seinem Wagen durch die Enge fuhr. In Oidipus kochte der Zorn. Stumm schritt er vorwärts auf seinem Weg[478]. Auf seinen Fuß trat ein Pferd des Königs[479]. Schlug der Alte aus seinem Wagen noch mit seinem gabelförmigen

Stachelstock, mit dem er die Rosse antrieb[480], ihm auf den Kopf, so wurde das Maß voll. Der Sohn im Zorn und nicht wissend, wen er da traf, wie es ausdrücklich überliefert wird[481], schlug mit dem Wanderstab[482] den Vater tot[483] und den Herold dazu[484]. Zum Bild des von Zorn Besessenen bewahrte Aischylos noch einen Zug[485]: er biß in den Leib des Getöteten und spuckte sein Blut aus.

Auf eine sehr alte Form der Geschichte nimmt jener späte Erzähler Bezug, der uns berichtet[486]: Oidipus war damals auf Pferderaub ausgegangen, und Laios wurde, als er ihm begegnete, von seiner Gattin Epikaste begleitet. Vor dem Höhepunkt der Erzählung biegt er aber ab und behauptet, Oidipus habe sich nach dem Mord in die Berge geflüchtet, wie es in Griechenland heute noch üblich ist, und Epikaste nicht berührt. Wie hätte sie indessen, im späteren Lauf der Erzählung, den Mörder freiwillig zum Mann nehmen können, nachdem sie Zeugin des Mordes gewesen, wenn sie nicht sogleich dem Räuber als Beute anheimgefallen war? Alles geschah wohl, nach jener alten Erzählung, im gleichen Wutausbruch: der Sohn erschlug den Vater und bemächtigte sich der Mutter, der unbekannten Königin, und durch sie auch der Herrschaft über Theben.

So wußte es wohl auch der Dichter der Odyssee, wenn er uns erzählt[487]: Epikaste wurde die Frau ihres Sohnes, und dieser nahm sie, nachdem er den Vater gefällt und ausgeplündert hatte. Schnell machten es die Götter der ganzen Welt offenbar. Oidipus blieb der König der Kadmeer in Theben, unter Qualen, nach dem vernichtenden Willen der Götter, sie aber verschwand durch die Pforten des Hades, indem sie sich vor Gram erhängte und dem Sohn das Leiden hinterließ, das die Rachegeister der Mutter vollziehen. Auch die Kinder des Oidipus mußten es spüren, die nach den alten Erzählern nicht die Kinder der Epikaste waren, sondern einer zweiten Frau, die den schönen Namen Euryganeia[488], »die vor Freude weithin Strahlende«, trug. Ja noch ein anderer Name wird überliefert, den eine Frau des Oidipus geführt haben soll: Astymedusa[489] – ein Name der jeder Königin ziemt. Es ist wohl möglich, daß die beiden Namen die gleiche zweite Frau meinten. Oidipus selbst sei gefallen – so steht es in der Ilias[490] –, mit mächtigem Sturz, auf dem Schlachtfeld.

Mit keinem Wort wird bei Homer die Weisheit angedeutet, mit der Oidipus die Herrschaft über Theben nach der Ermordung des Laios in der bekanntesten Erzählung erringen mußte: als wären die Kadmeer nie bedrängt gewesen vom Ungeheuer des nahen Phikion-Berges, von der Phix, oder, wie der Name deutlicher hieß, von der Sphinx, der »Würgerin«! War Oidipus mit den geraubten Pferden oder Maultieren des Laios zu seinem Pflegevater Polybos zurückgekehrt, wie der späte Erzähler der alten Geschichte von seinem Auszug nach Pferderaub wollte[491], hatte er mit der Königin nicht sogleich auch das Königreich in seinen Besitz genommen, so mußte er später nach Theben ziehen, um die Stadt von der Sphinx zu befreien. Nach dem Tode des Laios herrschte da Kreon, der Bruder der

Iokaste. Er und die Alten von Theben waren in großer Sorge, seitdem die geflügelte Löwin oder Hündin mit dem Kopf einer Jungfrau in die Geschicke der Stadt eingriff.

Es hieß auch, wie gesagt, daß diese Plage schon bei Lebzeiten des Laios Theben heimsuchte. Hera hätte die Sphinx aus Aithiopien gegen die Kadmeer geschickt, weil sie die Leidenschaft des Königs für Chrysippos duldeten. Auch Dionysos hätte die reißende Löwenjungfrau gegen seine Mutterstadt schicken können, die ihn nicht verehren wollte. Dies scheint sogar Euripides behauptet zu haben[492], der sonst ausspricht[493], was den Leidenden selbst erscheinen mußte: die Unterwelt hatte die Sphinx gegen die Thebaner heraufgesandt. Zu Thebens Verderben hatte die Mutter so mancher Ungeheuer, die Schlangengöttin Echidna, sie geboren[494], nachdem sie sich mit dem eigenen Sohne, dem Hunde Orthos, gepaart[495]. Auf dem Berg, der nach ihr Phikion hieß, hatte die Sphinx ihren Sitz, wenn sie sich nicht auf einer Säule auf dem Marktplatz der Kadmeer niederließ, um ihre Opfer auszuwählen. In solcher Haltung auf der Säule, doch auch auf dem Berge, zeigen sie uns die Vasenbilder. Man sieht sie Jünglinge rauben und erwürgen, und sah sie so dargestellt am Thron des Zeus, dem Werk des Pheidias[496]. Sie entraffte, nach einer alten Erzählung[497], Haimon, den schönsten und zartesten Jüngling von Theben, den Sohn des Kreon. Darauf ließ dieser verkünden: Iokaste und das Königreich gehöre dem, der die Sphinx besiegte.

Ursprünglich war es wohl so, daß der Held, der sie töten wollte, auf den Berg Phikion gegen sie ziehen mußte. So zeigt eine Vase den Oidipus: zum Schlag mit der Keule ausholend, nicht über ein Rätsel nachsinnend, der Löwenjungfrau gegenüber. Nach der bekannteren Erzählung[498] versammelten sich die Thebaner täglich, um über das Rätsel nachzusinnen, das die Sphinx ihnen aufgab. Und wenn sie es nicht lösen konnten, entraffte sie immer einen der ihrigen. Ihr Rätsel hatte sie von den Musen[499], doch wurde sie dadurch eher den Sirenen als den Musen selbst ähnlich: keineswegs von Anfang an die »weise Jungfrau«[500], vielmehr die Verschlagene, die ihre einzige List gelernt hat. Auf einem geschnittenen Stein aus der besten klassischen Zeit sieht man sie, wie sie ihre Weisheit aus einer Buchrolle entnimmt oder hersagt. Sie sang wie ein Orakel das Rätsel[501]: »Ein Zweifüßiges gibt es auf Erden und ein Vierfüßiges mit dem gleichen Wort gerufen, und auch dreifüßig. Die Gestalt ändert es allein von allen Lebewesen, die sich auf Erden, in der Luft und im Meere bewegen. Schreitet es, sich auf die meisten Füße stützend, so ist die Schnelle seiner Glieder am geringsten.«

Stolz mag die Sphinx auf das Rätsel gewesen sein, und es verwirrte auch die Menschen. Denn sie verstehen auch jenes Rätsel nicht, das als Mahnung mit den Worten eines Weisen in der Vorhalle des Apollontempels von Delphi eingemeißelt stand: »Erkenne dich!« – und dessen Lösung ist: »Daß du ein Mensch bist!« Wir sehen Oidipus vor der Sphinx sitzen (mehr als einmal haben die Vasenmaler ihn

so dargestellt) und sinnen. Was mag das sein: ». . . und auch dreifüßig«? »Den Menschen hast du gemeint!« – so rief er aus[502] – »der,
da er noch auf der Erde herumkriecht, kaum geboren, zuerst vier-
füßig ist, wenn er aber alt wird und mit gekrümmtem Nacken unter
der Last des Greisentums zum dritten Fuß den Stock gebraucht, auch
dreifüßig!« Als die Sphinx dies hörte, tat sie wie die Sirenen, wenn
jemand ihrem Gesang nicht erlag: sie stürzten sich, obwohl sie geflügelte Wesen waren, ins Meer und begingen Selbstmord. Das tat
also auch die geflügelte Löwenjungfrau und stürzte sich von ihrem
Felsen[503] oder von der Säule und der Akropolis von Theben[504]. Man
sieht es wiederum auf einem Vasenbild, wie Oidipus ihr mit seinem
leichten Speer den Gnadenstoß gibt.

So wurde Oidipus zum Weisen – und zugleich zum törichtesten
König der Welt. Als Preis seines Sieges erhielt er, so wollte es die
bekannte Fassung, welche Iokaste bei der Ermordung des Laios
nicht zugegen sein ließ, seine eigene Mutter zur Gattin und zeugte
mit ihr vier Kinder: die Söhne Eteokles und Polyneikes und die
Töchter Antigone und Ismene, die alle durch das Unglück des Hauses der Labdakiden berühmt werden sollten. Nichts ahnte er davon,
der nur scheinbar weise Oidipus. Sich selbst erkannte er wohl im
seltsamen Wesen, das die Sphinx mit ihrem Rätsel meinte, nicht aber
was der Mensch ist, nicht die Tücken seines Schicksals, denen er
im Gegensatz zu den schicksallosen Göttern ausgeliefert ist! Es war
das menschliche Schicksal, das sich an ihm erfüllte, und dieses
Schicksal wurde mit der Zeit offenbar. Denn nicht alle waren gestorben, die das Kind aussetzten oder aussetzen sollten und es nicht
taten.

Da war auch der einzige wahrhaft Weise in Theben, der Wahrsager Teiresias, der, wie früher die Verwirrung des Laios, so jetzt die
Verirrung des Oidipus mit seinen blinden Augen durchschaute. Als
er aber vom König selbst zur Rede gezwungen wurde, waren schon
viele Jahre unter der Herrschaft des törichten Paares, der Mutter und
des Sohnes, vergangen, und eine Seuche ließ die Thebaner fühlen, daß
ihr Staat krank war[505]. Etwas Gemeinsames hatte auch Teiresias –
dem Namen nach ein Deuter der Zeichen, der *teirea* – mit Oidipus.
Er war in der Jugend blind geworden, wie der Heros, der seine
Mutter zur Gattin genommen, auf der Höhe seines Mannesalters
werden sollte. Auch von ihm behauptete man[506], er wäre der Nachkomme eines der Sparten: des Udaios, des »Grundmanns«. Seine
Mutter hieß Chariklo, wie die Frau des weisen Kentauren Chiron,
und gehörte zu den Gefährtinnen der Pallas Athene. So erblickte
Teiresias in seiner Jugend, was er nie hätte erblicken sollen. Die
Göttin fuhr, über ihre Rosse sich freuend, in Böotien herum und
legte auch ihre Kleider ab, um sich im Bade zu erfrischen. Das tat sie
einmal[507] in der Hippukrene, der »Quelle des Pferdes«, auf dem
Helikon, in der Mittagsstille und der Einsamkeit. Teiresias, mit dem
ersten Bartflaum am Kinn, jagte da allein, am heiligen Ort mit seinen

Hunden. Von unsagbarem Durst getrieben, rannte er zur Quelle, der Schreckliche. Unwillkürlich sah er, was zu erblicken nicht erlaubt ist. Die Brust und den Schoß der Athene hatte er gesehen, die Sonne durfte er nicht wiedersehen. Die Göttin legte die Hände auf seine Augen und machte ihn blind[508]. Doch der klagenden Gefährtin Chariklo zu Liebe weihte sie ihn zum Wahrsager: reinigte ihm die Ohren, daß er die Stimme der Vögel verstehen konnte, und schickte ihm einen Stock aus Kornelkirschholz, mit dem er wie ein Sehender gehen konnte.

Eine andere Geschichte von der Erblindung des Teiresias hatte den gleichen Sinn: auch darin erblickte er etwas, das er nicht hätte erblicken dürfen. Es wurde erzählt, daß er als junger Hirt[509] an einer Wegscheide[510] am Kithairon [511] – oder am Berg Kyllene[512], in der Gegend, wo Hermes mit dem Schlangenpaar an seinem Stabe zu Hause war – zwei Schlangen bei der Paarung sah. Das Abenteuer, von dem man glauben würde, daß es im Leben der Hirten in Griechenland nichts Außergewöhnliches war, mußte für die alten Zeiten eine besondere Bedeutung haben, wenn es für die späteren zum Ausgangspunkt eines wahren Götterscherzes wurde. Teiresias hatte, so heißt es[513], das paarende Schlangenweibchen getötet und wurde im selben Augenblick selbst zum Weib verwandelt. Als Frau lebte er in den folgenden sieben Jahren und erfuhr die Liebe des Mannes[514]. Nach sieben Jahren erblickte er wieder ein liebendes Schlangenpaar. Jetzt traf er mit seinem Schlag das Männchen und wurde sogleich zum Mann zurückverwandelt. Damals stritten Zeus und Hera miteinander, ob das männliche oder das weibliche Geschlecht mehr von der Liebe hätte. Zum Schiedsrichter wählten sie Teiresias. »Nur den einen von zehn Teilen genießt der Mann« – so lautete seine Entscheidung[515] – »die zehn erfüllt die Frau, sich in der Seele freuend.«

Hera war erzürnt darüber, daß er dies ausgesprochen hatte, und bestrafte ihn mit Blindheit. Zeus verlieh ihm dafür die Gabe eines Sehers und ließ ihn durch sieben Menschenalter leben. Es ist uns aber überliefert, daß die Gabe den weisen Mann nicht glücklich machte. »Vater Zeus« – soll er geseufzt haben[516] – »entweder du solltest mir ein kürzeres Leben geben oder nur so viel Wissen, wie die gewöhnlichen Sterblichen haben. Wie es jetzt ist, ist es mir nicht die mindeste Ehre, daß ich sieben Menschenalter durchlebe!« Blind und mit göttlichem Wissen begabt, mußte er die Schicksale des Kadmos und seiner Nachkommen – es waren sechs Generationen – überleben und durfte als einziger von allen Menschen sein Bewußtsein sogar in der Unterwelt bewahren. Dieses Geschenk gewährte ihm Persephone[517]. Im Totenreich besuchte ihn später Odysseus und ließ ihn, der auch da noch den goldenen Stab des Wahrsagers trug, als ersten an die mit Blut gefüllte Opfergrube treten. Teiresias erkannte ihn und sprach ihn an[518], ohne getrunken zu haben, und nachdem er vom Blute trank, sagte er ihm sein ganzes zukünftiges Schicksal voraus.

Er sah auch das Schicksal des Oidipus, und es erfüllte sich, wie

Teiresias es prophezeite[519]. Als der Unglückliche einsehen mußte, daß er zum Gatten seiner Mutter, zum Bruder seiner Kinder geworden ist, beraubte er sich selbst des Augenlichtes[520]. Das war die Strafe dessen, der geschaut hatte, was zu erblicken unerlaubt war: wie Teiresias die Göttin oder die liebenden Schlangen, so hatte er die Mutter gesehen. Es wurde auch behauptet[521], daß nicht er sich geblendet hatte, sondern daß dies die alten Waffengefährten des Laios taten, die nur den Mörder ihres Herrn bestrafen wollten und nicht einmal wußten, daß er auch sein Sohn war. Man versuchte der alten Geschichte immer neue Wendungen zu geben. In den ›Phönizierinnen‹ des Euripides erscheint Iokaste selbst noch als greise Mutterkönigin, viele Jahre später nach der Entdeckung ihrer Schande, mit zitternden Füßen[522] und tötet sich über den Leichen der zwei Söhne, die sich gegenseitig umgebracht haben[523], die Leiden ihres schmerzenreichen Muttertums bis in die tiefste Tiefe auskostend. Nach allen früheren Fassungen der Geschichte erhängte sie sich sogleich, nachdem die Schande offenbar wurde.

Der blinde Oidipus verschwand vor den Augen der Thebaner. Damit das reine Sonnenlicht durch seine leibliche Gegenwart nicht befleckt werde[524], wurde er verborgen gehalten, wie eingekerkert, von den Seinigen: von Kreon[525] oder von seinen Söhnen[526]. Nicht mehr heil im Geiste[527], zu Wutausbrüchen mehr als je geneigt, ließ er das über sich ergehen. Den Söhnen verbot er, das königliche Geschirr ihm je wieder vorzusetzen, so wurde die Geschichte weitererzählt[528]. Und als der blonde Polyneikes dies dennoch tat und den silbernen Tisch des frommen Kadmos vor Oidipus stellte, mit süßem Wein den goldenen Becher füllend, merkte es der Blinde, empfand es als Hohn, ein großes Übel befiel seine Seele, und er verfluchte beide Söhne, sie sollten das väterliche Erbe zwischen sich mit dem Eisen teilen[529]. Als sie hingegen einmal vergaßen[530], vom Opfer den königlichen Teil, das Schulterstück, dem Vater zu schicken, und statt dessen einen Hüftknochen sandten, merkte er auch dies, warf das Stück zu Boden und verfluchte abermals seine Söhne: er richtete das Gebet an Zeus und die übrigen Götter, daß die beiden miteinander, der eine durch die Hand des anderen getötet, in die Unterwelt eingehen möchten.

Aus seinem Palastgefängnis taucht Oidipus in den ›Phönizierinnen‹ auf, wie ein Gespenst[531], um die Erfüllung seiner Flüche zu sehen. Die Einkerkerung im eigenen Palast – in einem unterirdischen Raum, wo er nach einer späten Erzählung starb[532] – war nur die eine Form seiner Leiden. Antigone, die ältere und stärkere seiner Töchter, führt ihn in dieser Tragödie des Euripides vom Schlachtfeld weg, wo er die drei lieben Körper – die Leichen der Iokaste, des Eteokles und des Polyneikes – zum letzten Mal liebkoste[533]. Sie leitete ihn, dem bestimmt war, auch zum Herumirrenden zu werden[534], auf dem Wege zum Kolonos, dem Felsenhügel des Poseidon und der Schwelle Athens und der Unterwelt, dem heiligen Ort, wo er nach einem Spruch des delphischen Orakels das Leben zu beenden hatte[535].

In der letzten Tragödie des Sophokles, die er im späten Alter gedichtet, dem ›Oidipus auf dem Kolonos‹, begegnet man diesem Paar. Die jüngere Tochter Ismene wird sich ihnen bald anschließen auf dem Wege, den sie längst schon vor dem Bruderkampf angetreten haben. Bettelnd wanderten sie durch das Land. Der greise Oidipus war auch nicht mehr der Jähzornige. Um weniges bat er, und mit dem noch wenigeren, das man ihm gab, war er zufrieden[536]. Er ist zum leidenden Heros geworden, der nach seinem Tode ein Schatz und Schutz gegen die Feinde für diejenigen war, in deren Erde er zur Ruhe kam. Dies sollte sich dort ereignen, in der engeren Heimat des Sophokles, auf dem Boden des Demos Kolonos, am Felsenhügel. Da besaßen die Rachegöttinnen der Mütter, die Erinyen, die bei dem Volke auch Eumeniden, die »Wohlwollenden«, hießen, ihren nicht zu betretenden Hain. Das war das Ziel des Leidensweges des Oidipus, da wurde er in Gnaden aufgenommen[537].

Getrost betrat er den nicht zu betretenden Hain. Er wußte, daß er die Ankündigung seines bevorstehenden Verschwindens durch Erdbeben, Donner und Blitz[538] hier zu erwarten hatte. Sich selbst und das Geheimnis seines Grabes, das kein gewöhnliches Grab sein würde, aber die Athener dennoch beschützen sollte, vertraute er dem Herrn des Landes, Theseus, an. Ihn ließ er schleunigst rufen, als Zeus mit seinem Donner das erste Zeichen gab[539]. Es dröhnte wie ein nicht aufhören-wollendes Gewitter: Donner auf Donner, Blitz auf Blitz. Und da wurde der Blinde zum Führer, für Theseus und die beiden Töchter, die Oidipus hierher geleitet hatten. Sicheren Schrittes folgte er dem Seelengeleiter, den er zu sehen schien, als er den Namen Hermes nannte, folgte der Göttin des Totenreiches, die mit Namen zu nennen er sich scheute[540]. Am jähen Abgrund hielt er[541]. Durch diesen bildeten eherne Treppen den Zugang zu den Wurzeln des Felsens. Die zahllosen Pfade, die in die Unterwelt führen, trafen hier zusammen. Hier, zwischen einem hohlen Birnbaum und einem steinernen Grab, setzte sich Oidipus. Seine schmutzigen Kleider warf er ab, ließ sich von den Töchtern waschen und bekleiden, wie es einem Toten ziemt. Und mit ihnen stimmte er die Abschiedsklage an, als der Donner des unterirdischen Zeus ertönte. Auch dies war vorbei, und alle schwiegen. Mit Schaudern hörte man die Stimme eines Gottes[542]: »Höre, höre, Oidipus! Warum läßt du uns auf dich warten?« Nur Theseus durfte sehen, was sich danach vollzog[543]. Er stand noch lange da und verdeckte sein Gesicht. Oidipus war verschwunden.

Ähnliches beschrieb wohl Aischylos, von dem es hieß[544], er hätte etwas in seinem ›Oidipus‹ verraten, was zu den Mysterien der Demeter gehörte: jene Mysterien waren auch die ihrer Tochter, der Göttin des Totenreiches. Nach den älteren Erzählern gelangte Oidipus nicht bis zum Kolonos. Der Leidende irrte, nachdem er sich

87

selbst des Augenlichts beraubt, lange in der wilden Berglandschaft um den Kithairon herum[545], wo er einst ausgesetzt wurde und wo er im Zorn, unwissend, den Vater erschlug. In jener Gegend zeigte man auch sein Grab. Seine Angehörigen, so wurde erzählt[546], wollten ihn in Theben bestatten. Doch die Thebaner duldeten es nicht. Durch sein Unglück war er wie gezeichnet. So nahm man die Bestattung in einer anderen Ortschaft Böotiens, mit Namen Keos, vor. Es ereigneten sich aber Unglücksfälle in jenem Dorf, und die Bewohner glaubten, deren Ursache sei das Grab des Oidipus. Schließlich begrub man ihn in Eteonos. Auch dieses Dorf lag in Böotien und hieß später Skarphe. Nachts begrub man ihn da im geheimen, nicht wissend, daß die Stelle sich im heiligen Bezirk der Demeter befand. Als dies offenbar wurde, befragten die Eteonier den Gott in Delphi, was sie zu tun hätten. Apollon antwortete: »Nicht bewegen den Schutzsuchenden der Göttin!« So blieb er dort bestattet und daher heißt der Ort »Heiligtum des Oidipus«.

Auf Vasenbildern sieht man Jünglinge und junge Frauen, die dem Grabmal nahen. Meinten die Maler die Söhne und Töchter des Oidipus? Oder waren es andere junge Leute, vielleicht sogar Brautleute, die da ein Opfer darbrachten dem Heros, dessen Leiden, nicht zwar seinen eigenen Angehörigen, aber verehrenden Fremden, zum Segen gereichen sollten? Das Grab, durch eine Säule bezeichnet, trug die Inschrift[547]: »Auf meinem Rücken trage ich Malve und Asphodelos von tausend Wurzeln, an meinem Busen den Sohn des Laios, Oidipus.«

XI. Die spartanischen Dioskuren und ihre Vettern

Kastor und Polydeukes wurden zu Namen – noch bekannter vielleicht in der lateinischen Form Castor und Pollux –, die uns heute noch die Untrennbarkeit in brüderlicher Freundschaft bedeuten. Nicht die einzigen waren sie, die als *Dios kuroi*, »Söhne des Zeus«, gelten durften. Theben kannte und verehrte unter seinen Gründerheroen auch Dioskuren, Zwillinge, die den Götterkönig zum Vater hatten, die Söhne der Antiope. Wenn man indessen von den Dioskuren hört, so sind vornehmlich diese Zwillingsbrüder, die Söhne der Leda, gemeint, die man ebenso, wie ihre Mutter[548], aus den Göttergeschichten kennt. Sie wurden auch Tyndaridai oder noch früher Tindaridai genannt, angeblich nach einem irdischen Vater mit Namen Tyndareos. Die Bezeichnung »Söhne des Zeus« kann auch in diesem Vaternamen liegen, in einer Sprache ausgedrückt, die man in Griechenland früher sprach.

Die Erzählung von Kastor und Polydeukes, sofern sie in die Heroengeschichten gehört, muß dennoch mit König Tyndareos beginnen. Denn diese Geschichten lieben den Stammbaum, der die Heroen untereinander durch irdische Väter und Mütter und durch vielfache Verwandtschaften verbindet. Es hieß also[549], daß die Tochter des Perseus, Gorgophone, die »Gorgotöterin«, zum Andenken an den väterlichen Sieg so benannt, zuerst mit Perieres vermählt war, einem der Söhne des Aiolos, dem Herrscher über Messenien in Oichalia, wie damals der spätere Mysterienort Andania hieß. Dem Perieres gebar sie den Aphareus und den Leukippos mit dem durchsichtigen Namen, der einen mit weißem Roß bedeutet. Sie soll aber die erste Frau gewesen sein[550], die sich nach dem Tode ihres ersten Mannes wiederum verheiratet hatte. In zweiter Ehe wurde sie die Gattin des Oibalos, seinem Namen nach eines daktylischen Urmenschen von Lakonien, des »Begatters«, dem einige den Kynortas, den »Hundeerwecker«, einen Bruder des Hyakinthos, zum Vater gaben[551]. Tyndareos war ein Sohn des Oibalos und der Gorgophone oder – nach einer anderen Überlieferung[552], die von diesem ganzen Stammbaum nichts wissen wollte – einer Quellennymphe, namens Bateia, »Dickicht«.

Danach wurzelte der Stammbaum der Dioskuren durch Tyndareos in lakonischem Boden. So ziemte es sich für einen König von Sparta, der Tyndareos werden sollte, und für die spartanischen Dioskuren, die seine Frau gebar. Nicht ungestört soll er freilich[553] über Lakonien geherrscht haben. Zeitweilig war er von seinem Halbbruder Hippokoon vertrieben. Herakles setzte ihn später wieder ein. Er flüchtete sich nach dem Westen des griechischen Festlandes. Nach den meisten Erzählungen herrschte dort Thestios, ein Abkömmling von Pleuron, dem Gründer der gleichnamigen Stadt der

89

aitolischen Kureten. Es ist aber wohl möglich, daß nach anderen
Erzählungen Thestios gleichfalls Städte gegründet hat: Thestia in
Aitolien und früher schon ein anderes Thestia in Lakonien[554]. Nach
den Spartanern war Tyndareos überhaupt nicht nach Aitolien, zu
Thestios übersiedelt, sondern nach der lakonischen Stadt Pellana[555].
Thestios war in Aitolien schon der Vater einer berühmten Tochter:
der Althaia, von der in der Geschichte des Meleagros die Rede sein
wird. Seine andere berühmte Tochter soll Leda gewesen sein. Man
erzählte freilich[556], daß die Frau des Thestios, Panteidyia, die »All-
wissende«, sie nicht von ihm, sondern von Glaukos, dem Sohn des
Sisyphos, empfangen hatte. Es war nicht leicht, für die Urfrau, die ja
Leda ihrem Namen nach war, einen Vater und einen Stammbaum zu
finden.

Man kennt die berühmte Geschichte[557], nach der Leda die Tindariden in Lakonien empfing: in der Gestalt eines Schwanes hatte
Zeus sie geliebt, unter dem Gipfel des Taygetos. Darüber zogen
wohl gewöhnlich die großen weißen Vögel hin. Im messenischen
Meerbusen, der lakonischen Küste gegenüber, erhebt sich die kleine
Felseninsel Pephnos: dort kamen Kastor und Polydeukes als Zwillinge auf die Welt. Als Geburtsort ihrer Schwestern, Helena und
Klytaimnestra, galt die Insel nicht. Man erinnert sich des Vasen-
bildes[558], das die Söhne der Leda als Jünglinge darstellt, während das
Ei, aus dem Helena geboren werden sollte, in ihrer Mitte auf dem
Altar liegt: eine Szene, deren Ort der königliche Sitz des Tyndareos,
sei es in Pellana, sei es in Sparta, war. Pephnos hingegen ist kaum
mehr als eine Klippe, eine Geburtsstätte konnten da nur himmlische Kinder finden: eine Frau besuchte die Insel sicher nie, um
dort zu gebären. Flügel mußte jene Mutter haben und Eier legen
wie die Vögel des Meeres und die himmlische Doppelgängerin
der Leda, die Göttin Nemesis. In solcher Gestalt hatte sie wohl,
die Tochter der Nacht, ob man sie mit dem einen oder dem
anderen Namen nennen will, ihre Söhne auf die Welt gebracht, und
man wird noch hören, daß auch deren Flügel nicht ganz vergessen
wurden.

Im Altertum legte man[559] auch die runde Kappe, den Pilos, den
die Dioskuren trugen, beritten oder das Roß am Kandarenzügel
haltend, so aus, daß sie ihnen vom Ei anhaftete, aus dessen Schale
sie hervorgekrochen waren. Hermes soll nach den späteren Erzählern[560] die göttlichen Kinder von Pephnos nach Pellana gebracht
haben. Auf dem kleinen Eiland zeigte man ihre ehernen Statuen,
nicht größer als einen Fuß hoch, obwohl sie wie die Kabiren auch
die »Großen Götter« hießen, und erzählte[561], daß die Flut, die in der
Winterzeit über die Klippe geht, diese Standbilder nicht fortbewegte.
Den Spartanern genügten zwei Balken, H-förmig miteinander verbunden, oder zwei schlanke Amphoren, um die sich auf den Darstellungen oft je eine Schlange windet, wenn sie an ihre lieben
Tindariden erinnert werden wollten.

Messenien, das Nachbarland Lakoniens, hatte auch seine göttlichen Zwillinge. Sie waren die Vettern der spartanischen Dioskuren.
Gorgophone gebar in ihrer ersten Ehe den Aphareus. Dieser nahm
Arene, die Schwester seines Halbbruders Tyndareos, zur Frau[562].
Er war aber nicht mehr oder nicht weniger der Vater seiner Söhne,
als Tyndareos der Erzeuger der Dioskuren war. Der wirkliche Vater
der Zwillinge, die Arene gebar, soll Poseidon gewesen sein[563]. Namentlich den riesenhaften Idas soll der Herrscher des Meeres gezeugt
haben. Ein außerordentliches Wesen war aber auch Lynkeus, der
»Luchsäugige«, dessen scharfe Sicht in die Tiefen der Erde drang[564].
Die Erzählung von den lakonischen Dioskuren muß auch ihre beiden
messenischen Vettern umfassen, da sie bald einander ins Gehege
kamen.

Von Idas hieß es[565], er wäre überhaupt der Stärkste auf der Erde
gewesen. Mit Apollon selbst focht er um ein schönes Mädchen: um
Marpessa, die Tochter des aitolischen Königs Euenos[566]. Diesem
aber, einem Sohn des Ares, wurde dasselbe nachgesagt, wie dem
Oinomaos: seine Tochter wollte er nur demjenigen geben, der ihn
im Wagenrennen besiegte. Er siegte aber immer, schlug dem Unterlegenen das Haupt ab und schmückte mit den Köpfen seinen Palast.
Idas indessen raubte sich Marpessa aus dem Reigen der Jungfrauen,
den sie zu Ehren der Artemis auf einer Wiese aufführten. Die Wiese
hieß Ortygia, »Wachtelfeld«, wie der Geburtsort der Göttin. Idas
hatte von seinem Vater Poseidon die schnellsten Rosse bekommen.
Umsonst verfolgte ihn Euenos. Als der König den Mädchenräuber
mit seiner Beute am Fluß Lykormos entkommen sah, schlachtete er
seine eigenen Pferde und stürzte sich in den Strom, der seitdem
Euenos, »der mit dem guten Zügel«, heißt.

Dennoch ist Marpessa dem starken Bräutigam fast verloren gegangen. Es erschien ein Mächtigerer und entriß die Braut dem Idas.
Wie das Weibchen des Eisvogels wehklagte das Mädchen in den
Armen Apollons[567]. Dies geschah, als Idas mit seiner Beute schon
in Messenien angelangt war[568]. Er ließ nicht nach, sondern spannte
seinen Bogen dem Gott entgegen[569]. Es wurde behauptet[570], daß die
Geschosse des Idas unentrinnbar waren. Doch Zeus ließ es nicht
bis zum Schuß kommen. Er schickte Hermes[571] oder – nach der Darstellung eines Vasenmalers – seine Botin Iris und befahl, die Wahl
dem Mädchen zu überlassen. Marpessa wählte den irdischen Bräutigam. Sie befürchtete, von Apollon verlassen zu werden, wenn sie
alt würde. So begründeten die Wahl späte Erzähler[572], die nicht
mehr daran dachten, wie vernichtend für ein sterbliches Mädchen
Apollons Umarmung erscheinen mußte. Nicht anders benahm sich
Marpessa, als wäre es der Tod selbst, der sich ihrer bemächtigte. Die
Tochter, die sie dem Idas gebar, trug den Beinamen Alkyone, »Eisvogel«[573], zur Erinnerung an das schmerzliche Klagen ihrer Mutter
in den Armen des Gottes. Sonst hieß sie Kleopatra, »die nach ihrem
Vater Berühmte«, und wurde die Gattin des Meleagros.

Der Mädchenraub war eine bestimmte Form der Hochzeit, durch den Raub der Persephone in uralten Zeiten geheiligt, doch besonders üblich in Lakonien. Die spartanischen Dioskuren gingen darin allen Sterblichen voran. Angeblich hatten sie nicht nur zu Vettern ein Zwillingspaar, sondern auch zu Basen: die Töchter des Leukippos, des anderen Halbbruders des Tyndareos. Vielleicht gehörte aber überhaupt kein sterblicher Vater zu den Mädchen, sondern sie hießen Leukippiden im Sinne himmlischer »weißer Füllen«. Man hielt Apollon für ihren Vater[574] und gab ihnen Namen, die zu zwei Erscheinungsformen des Mondes paßten: Phoibe, die »Reine«, zur neuen Mondsichel, Hilaeira, die »Heitere«, zum Vollmond. Phoibe soll auch die Priesterin der Athene, Hilaeira die der Artemis gewesen sein[575]. Sie besaßen später ihr Heiligtum in Sparta, neben dem Haus, das als heilige Wohnstätte der Dioskuren galt[576]. Geraubt wurden die Leukippiden im heiligen Bezirk der Aphrodite. Da spielten sie mit den Gefährtinnen, als Kastor und Polydeukes sie auf ihren Wagen hoben. Nach der Darstellung eines attischen Vasenmalers waren die Liebesgöttin und Zeus dabei zugegen: sie billigten den Raub, durch den zwei göttliche Paare nach der Sitte der Spartaner Ehe schlossen.

Damit nahm aber die Feindseligkeit zwischen den zwei göttlichen Brüderpaaren ihren Anfang. Die Leukippiden waren, so wurde es erzählt[577], ursprünglich ihren messenischen Vettern unter Eid versprochen worden. Doch die Dioskuren bestachen Leukippos mit größeren Geschenken und durften daher die Basen entführen. Idas und Lynkeus verfolgten die Räuber. Bei dem Grabmal des Aphareus holten sie sie ein, und so gelangte die Geschichte zu ihrem tragischen Ende. Nach den älteren Erzählern[578] begann die Feindseligkeit anders. Die vier Vettern brachen vereint in das nördlich angrenzende Land der Arkader ein: aus Lakonien kamen Kastor und Polydeukes, aus Messenien Idas und Lynkeus, um Rinder zu rauben. Sie kehrten mit großer Beute zurück und überließen die Teilung dem Idas. Er zerschnitt eine Kuh in vier Teile und machte den Vorschlag: derjenige, der als erster sein Viertel verzehrt hat, soll die eine Hälfte der Beute erhalten, der nach ihm fertig wird, die andere Hälfte. Darauf verschlang der Riese Idas zuerst sein Viertel, dann auch das Viertel des Lynkeus, und so trieben die messenischen Brüder die ganze erbeutete Herde heim. Einen groben Streich haben sie den Dioskuren gespielt.

An vielen Abenteuern nahmen die Söhne der Leda noch Teil, nie sich von einander trennend: Kastor als Rossebändiger, Polydeukes als Faustkämpfer[579]. Man wird ihnen auf der Fahrt der Argonauten auch begegnen. Vollkommen war aber das Bild der Tindariden nur, wenn sie in ihrer Mitte eine leuchtende Frauengestalt hatten: ihre schöne Schwester oder geradezu die größte Göttin, die Mutter aller Götter. Vom Dienst der Dioskuren bei der großen Mutter Rhea Kybele zeugen in Fels gehauene Bilder bei der Stadt Akrai in Sizilien. Ihrer Schwester Helena dienten sie, indem sie sie aus der Burg

Aphidna in Attika befreiten. Dies gehört in die Geschichten um Theseus, der die Tochter des Zeus entführt hatte. Das Ende der Geschichte der Feindseligkeiten unter den Vettern und damit auch des menschenmäßigen Erdenlebens der Tindariden[580] erfolgte viel später, nach der Hochzeit des Peleus und der Thetis.

Paris war schon unterwegs, von Aphrodite ermutigt und geschützt, von Aineias, dem Sohn der Göttin, begleitet, um Helena wieder zu entführen. In Sparta herrschte nicht mehr Tyndareos, sondern sein Eidam Menelaos. Er ließ aber seine schöne Frau – unvorsichtig genug – mit den asiatischen Gästen bald allein. Paris und Aineias besuchten, als sie in Lakonien angekommen waren, zuerst die Dioskuren, die immer bereiten Hüter ihrer Schwester. So wollte es Zeus, denn er selbst war es wohl, der bewirkte, daß die Brüder von all dem abgelenkt wurden, was in Sparta und Lakonien bevorstand. Beim Mahl, das zum Empfang der Gäste gegeben wurde, waren auch Idas und Lynkeus zugegen. Sie nahmen ihre groben Scherze auf und sprachen vom Brautraub der Dioskuren, als hätten sie ihn nur unternommen, um Leukippos kein Brautgeld für seine Töchter zahlen zu müssen.

Nun, antworteten die Tindariden, wir werden es jetzt nachholen und ihn reichlich mit schönen Rindern beschenken! Und fort waren sie schon, um die Herden des Idas und Lynkeus aus Messenien zu holen. Polydeukes ging voran, die Rinder wegzutreiben. Kastor versteckte sich in einer hohlen Eiche, um die Vettern, von denen sie ahnten, daß sie nachkommen würden, im Hinterhalt zu empfangen. Sie hatten die Schwester unbehütet gelassen, ausgeliefert den Verführungskünsten des trojanischen Prinzen, der in der Abwesenheit der Brüder sein Ziel erreichte.

Auch die messenischen Zwillinge blieben nicht lange beim Mahl. Schnell bestieg Lynkeus auf dem Heimweg den Taygetos, der Lakonien von Messenien trennt. Von der Spitze erspähte sein alles durchdringender Blick den lauernden Kastor im Baume. Er sagte es dem Bruder, und Idas traf mit seinem Speer den Überraschten. Nach der Ermordung des Kastor ergriffen die Vettern die Flucht. Doch Polydeukes war in der Nähe – nach einer Erzählung soll auch er in der Eiche versteckt gewesen sein – und verfolgte die beiden. Am Grab des Aphareus holte er sie ein: dort erfolgte das Ende. Die Messenier rissen das Grabmal ihres Vaters aus der Erde. Der Speer des Polydeukes verwundete den Lynkeus tödlich, ihn traf aber der geschleuderte Grabstein, und nach dem Stein stürzte auch Idas auf den Betäubten. Zeus warf seinen Blitz zwischen die beiden und erschlug den Riesen.

Es brannten da ohne Totenklage die Leichen der Söhne des Aphareus. Polydeukes lief zum Bruder und fand ihn in den letzten Zügen liegen. Die Stimme erhob er zu Zeus und erbat vom Vater gleichfalls den Tod. Zeus kam zu ihm und sprach[581]: »Du bist mein Sohn, diesen aber hatte ein Heros gezeugt, der Gatte deiner Mutter, mit sterb-

lichem Samen!« Und er bot Polydeukes die Wahl an: entweder fortan auf dem Olymp zu leben oder den einen Tag mit dem Bruder
unter der Erde zu wohnen, den anderen mit Kastor bei den Göttern
im himmlischen Palast. Was Polydeukes gewählt hat, war das Teilhaben an Licht *und* Dunkelheit für alle Zeiten. So weilen jetzt die
beiden einen Tag bei Zeus, den anderen im Heroengrab bei Therapne, Sparta gegenüber am anderen Ufer des Eurotas, wo ein Heiligtum auch für Helena errichtet wurde. Sie bewohnen ihre dunkle unterirdische Behausung[582], wenn sie nicht das himmlische Licht genießen.

Man erzählte [583] und glaubte auch, am Himmel seien sie als leuchtende Sterne heimisch, und erkannte sie[584] im Sternbild der »Zwillinge«. Ein Stern schmückt oft die Spitze ihres Pilos, manchmal sogar in der Umfassung des Mondes, als stellten die beiden Dioskuren
die zwei Halbkugeln des Himmels dar oder als täten dies wenigstens
ihre runden Kappen[585]. Sie sind für ihre Verehrer sicherlich zu jeder
Zeit etwas mehr gewesen als die übrigen Heroen: Gottheiten des
Himmels, untergehend, wie die Gestirne, doch an kein Grab gebunden, sondern schnelle Reiter, die, durch die Luft fahrend, von
oben her eintreffen, wo immer Menschen in der Gefahr sie anrufen:
Helfer und Retter in der Not der Schlachten, noch häufiger aber in
der Not des Meeres.

Bringen sie einem gefährdeten Schiff die Rettung in den Winter-
stürmen, so erscheinen sie nicht als Reiter, sondern so, wie sich die
Götter in früheren Zeiten häufiger zeigten: als geflügelte himmlische
Wesen. Es schlachten die Schiffer – so wird es uns geschildert[586] –
auf dem Heck, über das der Sturm schon die Wogen jagt, weiße
Lämmer, und sie rufen die Söhne des Zeus. Diese erscheinen im Nu,
von schnellen Flügeln getragen. Sie stürzen durch die Luft. Die
bösen Winde sind plötzlich stillgelegt, geglättet die schäumenden
Fluten: ein gutes Zeichen den Seeleuten in ihrer Mühsal. Sie schauen
nur zu, sie sind erfreut und gerettet.

XII. Meleagros und Atalante

Die Schwester der Leda oder vielmehr diejenige, die in Aitolien am würdigsten als eine Schwester der Urfrau gelten durfte[587], Althaia, hatte ihren Namen von der in den Sümpfen wachsenden Malve. Ihr Mann war Oineus, der König von Kalydon, der nach dem Wein, *oinos*, so hieß. Könige mit ähnlichen Namen trugen auch sehr unterweltliche Züge: besonders Oinomaos, der seinen Palast mit den abgeschlagenen Köpfen der Freier der Hippodameia schmückte. Von Oinopion, dem König von Chios, der den Jäger Orion sich betrinken ließ und ihn dann blendete, wurde erzählt[588], daß er sich unter der Erde in einer ehernen Kammer verbarg. Er galt zudem als Sohn des Dionysos[589] oder eines berühmten Zechers mit Namen Oinomaos[590]. Oineus hatte keinen dieser grausamen Züge, doch besaß er einen Bruder mit Namen Agrios, der »Wilde«, von dem behauptet wurde[591], er hätte später Oineus vertrieben. Und von Oineus selbst erzählte man, er hätte seinen Sohn Toxeus, den »Schützen«, erschlagen, weil er den Weingarten seines Vaters nicht achtete und über dessen Graben sprang.

Nach der einen der Genealogien[592] stammte Oineus von Aitolos ab, dem Namengeber der Aitoler. Dieser soll ein Sohn des Endymion und einer Quellennymphe gewesen sein[593], obwohl sonst immer nur von der Liebe der Selene und des Endymion erzählt wird. Die Liebschaft der Mondgöttin mit einem Urwesen scheint eine sehr alte Geschichte vom Ursprung des Menschengeschlechtes gewesen zu sein. Nach einer anderen Genealogie[594] stammte Oineus von Deukalion ab, dessen Sohn Orestheus der Großvater des Oineus war. Aitolos war danach erst der Sohn des Oineus. Orestheus, der »Bergmann«, besaß eine Hündin, von der erzählt wurde, daß sie einen Stock gebar. Orestheus begrub den Stock, und es stellte sich bald heraus, daß es der erste Weinstock war. So konnte auch die Hündin keine andere sein als der Hund am Himmel, der Sirius, der den Wein reifen läßt. Der Sohn dieses Orestheus, der nicht »Bergmann« genannt wurde, weil er im Innern der Berge hauste, sondern wahrscheinlich, weil er mit seiner Hündin das Leben eines Jägers führte, hieß schon Phytios, der »Pflanzer«, und dessen Sohn Oineus.

Nach anderen Erzählern[595] wurde der Wein erst unter König Oineus den Menschen bekannt. Oft verschwand ein Ziegenbock aus seinen Herden eine Weile und schien gesättigt, wenn er zurückkam. Der Ziegenhirt ging ihm nach und fand den Bock am Weinstock, dessen süße Trauben er verzehrte. Der Name des Hirten wird als Orista überliefert[596], eine verballhornte Form von Orestheus oder Orestes. Auch den Namen Staphylos gab man ihm[597], und die Traube sollte nach ihm *staphyle* heißen. Den Wein aus der Traube machte Oineus und benannte ihn nach seinem eigenen Namen. Das Wasser,

95

das zum ersten Mal dem Wein beigemischt wurde, war aus dem Fluß Acheloos geschöpft, und auch dies vergaßen die Dichter nicht[598].

Wer hatte aber Oineus über den richtigen Gebrauch des berauschenden Getränkes belehrt? Man erzählte[599], Dionysos sei im Haus des Königs eingekehrt. Nicht ihn wollte er besuchen, sondern die Königin Althaia. Oineus tat so, als ob er die Absicht des Gottes nicht merkte und ging aus der Stadt hinaus, um draußen zu opfern. Auch in Athen war es nicht anders: die Königin, die Gattin des Archon, der den Titel »König« trug, trennte sich von ihrem Mann, als sie auf den Besuch des Dionysos wartete. Der Weinstock und die Lehre, wie man mit ihm und dem Wein umgeht, war das Geschenk des dankbaren Gottes an Oineus. Daß der Bock, der den Weinstock abweidete, geopfert wurde, wird in diesen Geschichten nicht überliefert, doch man weiß es aus vielen Überlieferungen der Dionysos-Religion.

Aus der Liebe mit Dionysos sollte Althaia ein Mädchen geboren haben: Deianeira, dem Namen nach eine den Männern feindliche Jungfrau und verhängnisvolle Frau, von der in den Herakles-Geschichten die Rede sein wird. Dem Oineus gebar Althaia mehrere Söhne[600]. Vom Berühmtesten hieß es, er sei ein Sohn des Ares gewesen, den Althaia in der gleichen Nacht mit Oineus geliebt hat[601]. Denn es war nicht leicht zu glauben, Meleagros wäre nicht göttlichen Ursprungs. Von seiner Geburt an sollte wieder ein Stück Holz im Hause des Oineus eine Rolle spielen, doch ein anderes als der Stock, dessen Segen der Wein war.

Es wurde erzählt[602], daß bei der Geburt des Meleagros die drei Moiren erschienen sind. Sie betraten das Gemach, in dem Althaia eines Sohnes entbunden wurde. Klotho, die erste, sang: Ein edelmütiger Mensch soll er werden. Lachesis, die zweite, besang den Helden, der er werden sollte. Atropos, die dritte, starrte ins Herdfeuer, in dem ein Stück Holz brannte. Sie sang: So lange wird er leben, bis das Holzscheit völlig verbrannt ist. Da sprang Althaia auf von ihrem Lager, sie raffte das Scheit aus dem Feuer und verbarg es in einer Truhe[603], niemand wußte wo, im Palast. Der Knabe aber erhielt den Namen Meleagros, der einen bezeichnet, dessen Gedanken bei der Jagd sind, in der ältesten griechischen Sprache, die die Vokale noch nicht zusammenzog.

Eine große Gottheit war im Königreich des Oineus die göttliche Jägerin Artemis. Und dennoch hatte der Weinmann Oineus sie einmal vergessen[604]. Es wurde erzählt[605], daß er bei einem Erntefest alle Götter bewirtete, nur ihr hatte er beim großen Opfermahl kein Tier geschlachtet. Er hatte sich großes Leid angetan. Die Göttin war erzürnt und ließ einen wilden Eber auf die fruchtbaren Felder des Königs los. So groß war das Tier[606], daß kein einzelner Jäger, nicht einmal Meleagros, es erlegen konnte. Aus vielen Städten mußten die Männer gesammelt werden, und auch so schickte der Eber manche auf den Scheiterhaufen. Schließlich ließ Artemis die Jäger selbst gegeneinander kämpfen, und so wurde die kalydonische Jagd nur der Anfang der Strafe, die die Göttin über das Haus des Oineus verhängte.

Zur Eberjagd nach Kalydon kamen vor allen anderen die Oheime des Meleagros, die Brüder der Althaia aus Pleuron, der nahen Stadt der Kureten. Diese bildeten in Aitolien ein ganzes Volk, während in Kreta nur drei göttliche Jünglinge, die den Waffentanz um das Zeuskind aufführten, Kureten genannt wurden[607]. Es hieß sogar[608], daß die Helden aus ganz Griechenland zur kalydonischen Jagd eintrafen. Niemand ist zu Hause geblieben, der damals von den Heroen am Leben war, mit Ausnahme des einzigen Herakles, der seinen Arbeiten nachgehen mußte. Man behauptete später[609], er hätte damals bei der Omphale gedient. Es kamen die Dioskuren Kastor und Polydeukes und ihre messenischen Vettern Idas und Lynkeus, es kam Theseus aus Athen, Iphikles, der Halbbruder des Herakles, kam aus Theben, Iason, Admetos, Peirithoos, Peleus und dessen Schwiegervater Eurytion kamen aus Thessalien, Telamon aus Salamis, Amphiaraos aus Argos, Ankaios und Atalante aus Arkadien und andere mehr. Die zwei zuletzt genannten aber waren es, die das Verhängnis mitbrachten.

Ankaios brachte es für sich selbst mit. Dem Namen nach ein Ringer, der mit mächtiger Umarmung die Rippen des Gegners zerbricht, hatte er mit einem Namensvetter zusammen an der Fahrt der Argonauten teilgenommen. Vom anderen Ankaios wurde erzählt[610], er hätte die Weissagung erhalten, nie würde er vom Saft seines Weingartens trinken. Er war damals schon zu Hause auf Samos, hatte schon einen Weingarten gepflanzt, und die erste Weinlese wurde eben eingebracht. Er ließ den Wahrsager holen, preßte mit der Hand den Saft einer Traube in den Becher und hob ihn an die Lippen. Da sprach der Wahrsager das berühmte Wort aus: »Vieles steht noch zwischen dem Mund und des Bechers Rand!« Ankaios' Lippen waren noch nicht benetzt, als Rufe ertönten, ein Eber verwüste seinen Weingarten. Er ließ den Becher mit dem Most stehen, rannte hinaus, um das Tier zu erlegen, und wurde von ihm getötet. Eine schlimme Weissagung scheint auch der arkadische Ankaios erhalten zu haben, denn seine Waffen wurden ihm zu Hause versteckt[611]. In einem Bärenfell, nur mit dem Doppelbeil ausgerüstet, zog er aus und fand den Tod durch die Hauer des Ebers von Kalydon. Aus vielen Wunden blutend[612], blieb er da, unter den Füßen des Riesentieres, liegen. Das Doppelbeil trägt in der kalydonischen Jagd auf römischen Sarkophagen die Gottheit des Todes, in deren Zeichen dieses Abenteuer seit jeher stand.

Verhängnisvoll für Meleagros und das Haus des Oineus sollte die Teilnahme der schönen Jägerin Atalante am Abenteuer sein. In ihrer Person erschien gleichsam Artemis selbst bei der Jagd des Ebers, den wohl keiner, der nicht zu ihr gehörte, erlegen durfte. Sogar als Beute blieb er ihr Eigentum. Eine gewöhnliche Sterbliche war Atalante mitnichten. Niemand wußte später, wo sie begraben lag. Ein Epigrammendichter sagte nur: »abseits«[613]. Es gab vielmehr eine Erzählung davon, daß sie in Tiergestalt ewig am Leben blieb: als Löwe, wie auch Artemis ein Löwe war für die Frauen[614]. Man gab ihr entweder Iasios[615] – auch Iason genannt[616] – zum Vater, den kretischen Jäger [617] – denn an eine bestimmte Landschaft war Atalante nicht gebunden, höchstens an artemisische Landschaften – oder man nannte ihren Vater Schoineus[618], »Binsenmann«. Artemisische Landschaften waren, außer dem Hochgebirge, die Sümpfe. Ein Sumpf umgibt Kalydon, und Sümpfe gab es überall, wo Schoineus eine Stadt mit Namen Schoinus, die »Binsenstadt«, hatte[619].

Es hieß[620], daß der Vater der Atalante vor ihrer Geburt einen Sohn erwartet hatte. Als ihm ein Mädchen geboren wurde, merkte er nicht, daß seine Tochter so gut wie ein Sohn war, und ließ sie aussetzen, im Parthenion-Gebirge, wie es in der einen Erzählung lautet[621]. Eine Bärin nahm sich da des Kindes an. So ziemte es sich im Kreis der Artemis[622], wo die große Göttin und ihre kleinen Doppelgängerinnen als Bärinnen galten und Bärinnen hießen. Jäger fanden und erzogen das Mädchen. Nach einer anderen Erzählung[623] verließ sie selbst das Haus ihres Vaters, damit sie nicht zur Ehe gezwungen würde, und zog sich in die Wildnis zurück. Dort jagte sie allein. Einmal erging es ihr da ebenso wie Artemis, die von zwei Riesenknaben, den Söhnen des Aloeus, verfolgt wurde[624]: zwei Kentauren griffen sie an[625]. Atalante tötete beide mit ihren Pfeilen.

Von der Liebe sollte sie dennoch nicht verschont bleiben, wie auch Artemis nicht ganz verschont blieb[625a]. Die Schönheit der blonden Jägerin[626] lockte die Freier bis in die Wälder ihr nach[627], obwohl sie eine schwere Bedingung gestellt hatte. Atalante war die beste Läuferin der Welt. Sie bot ihren Verfolgern den Wettlauf an: auf Hochzeit oder Tod. Dem Freier gab sie einen Vorsprung und versprach, sich ihm zu ergeben, wenn er früher als sie das Ziel erreichte. Sonst hatte sie das Recht, den Überholten mit ihren Pfeilen zu töten[628]. Es wird nicht überliefert, wieviele Männer sie erschossen hat. Sie stellte sich wie die Jünglinge nackt zum Wettlauf: niemand konnte der Versuchung widerstehen[629]. Schön war auch Hippomenes, ein Nachkomme des Poseidon, wie Hippolytos, und mit ähnlichem Namen. »Das Ungestüm des Hengstes« wird im Namen Hippomenes ausgesprochen, wie »ein losgelassener Hengst« im Namen des Lieblings der Artemis. Er flog voran, der schlaue Hippomenes, doch hatte er drei goldene Äpfel in der Hand. Und das entschied den Wettlauf.

Aus dem Kranz des Dionysos stammten die Äpfel her, Aphrodite brachte sie dem Jüngling[630]: sie strahlten einen unwiderstehlichen Liebeszauber aus[631]. Wie Atalante sie erblickte, so war sie von Liebeswahnsinn ergriffen[632]. Die goldenen Äpfel warf Hippomenes ihr zu den Füßen. Wurde Atalante doch nur von ihrem Glanz, wie ein kleines Mädchen, bezaubert? Sie griff nach ihnen, hob sie auf, und der Bräutigam war schon am Ziel. Atalante folgte ihm in einen dunklen Hain[633]. Darin stand ein verborgenes Waldheiligtum, wie jenes im Lucus Nemorensis, am Lago di Nemi, wohin Artemis den geliebten Hippolytos entrückte und wo die Jäger ihr in späteren Zeiten einen Zweig zum Opfer brachten, an dem noch die Äpfel hingen[634]. Das Heiligtum, in dem sich Atalante mit Hippomenes vereinigte, gehörte der großen Göttermutter[635], von der man weiß[636], daß sie auch »Große Artemis« hieß. Sie bestrafte das Liebespaar angeblich damit, daß sie sie in ein Löwenpaar verwandelte und ihrem Wagen vorspannte: eine späte Erzählung, die den Liebenden doch die Ewigkeit schenkt. Ewig nehmen sie danach an den Triumphzügen der Mutter der Götter teil. Die Löwen leben bekanntlich, so wurde es damals behauptet[637], keusch miteinander, sie paaren sich nur mit Pardeln: durch die Verwandlung wären Hippomenes und Atalante zur ewigen Keuschheit verurteilt worden.

Man erzählte früher[638] auch von einer anderen Werbung um Atalante. Es war die Werbung ihres Vetters Melanion. Man hatte ihn sogar mit Hippomenes verwechselt[639] und vielleicht nicht ohne Grund. Es ist die gleiche Liebesgeschichte, nur zeigt das göttliche Mädchen in dieser Erzählung vom Anfang an ein freundlicheres Gesicht. Der Name des Jünglings scheint auch älter zu sein als Hippomenes oder Hippolytos: er wird bald Melanion, bald Meilanion geschrieben. Daher ist er nicht sicher zu übersetzen. Den Kindern wurde es, zur Zeit des Aristophanes, in Athen erzählt[640]: »So erging es dem Jüngling Melanion – er floh vor der Hochzeit und ging in die Wildnis – und wohnte in den Bergen. – Da jagte er auf Hasen – mit Netzen, die er flocht – und hatte einen Hund. – Und kam nie wieder nach Hause.« Die Fortsetzung der Geschichte lautete wohl so, daß er in den Bergen Atalante erblickte. Er warb um sie mit einem Hirschkalb[641]. Und er warb lange, berühmt wurde sein langes Werben. Es gab auch in dieser Geschichte[642] Nebenbuhler, doch siegreich blieb er, der sich durch Ertragen aller Härten des Jägerlebens am längsten um die Jungfrau bemühte[643]. Man wußte auch von der Vereinigung der beiden zu erzählen[643a] und nannte einen Sohn, den Atalante dem Melanion gebar, Parthenopalos[644], den »Jungfernsohn«. Er sollte mit den Sieben gegen Theben ziehen.

Als Atalante zur Jagd in Kalydon erschien, gab es eine große Aufregung unter den Männern. Neun Tage lang[645] bewirtete schon Oineus die Helden, die da versammelt waren. Sie wollten aber die gefährliche Jagd nicht mit einer Frau unternehmen. Es war wohl ein alter, heiliger Brauch, daß die Männer unter sich zur Jagd zogen. Zum ersten Mal wollte jetzt ein weibliches Wesen an ihrer Jagd teilnehmen. Meleagros aber – so hatte Euripides die alte Geschichte auf die Bühne gebracht – warb um Atalante, vom Augenblick an, in dem er sie erblickte[646]. Er zwang die Helden, am zehnten Tag die Jagd zu beginnen[647]. Ankaios gehörte zu denen, die sich am meisten widersetzten, und er fiel dem Eber zum Opfer. Es war nicht das einzige

99

Unglück, das sich bei dieser Jagd ereignete. Peleus traf seinen Schwiegervater Eurytion mit dem Speer aus Versehen. Außer Ankaios wurde auch ein zweiter Jäger vom Eber getötet. Zuletzt geschah das große Unglück.

Sechs Tage dauerte schon die Jagd[648]. Am sechsten Tag erlegten den Eber beide gemeinsam: Atalante und Meleagros. Sie traf das Tier als erste mit ihrem Pfeil. Er gab ihm den Todesstoß. Das Fleisch sollte jetzt verteilt werden und ein großes Mahl folgen, wie es bei den Männern, die auf Jagd ausgingen, üblich war. Kopf und Fell des Ebers gehörten dem, der ihn erlegte[649]. Meleagros gab diese Stücke der Atalante. Das wollten seine Oheime, die Brüder der Althaia, nicht dulden. Sie bestanden auf dem Recht der Sippe[650], die sie vertraten. Es entbrannte ein Zwist. Die Trophäen wurden Atalante entrissen. Aus dem Zwist wurde Kampf, und Meleagros tötete die Brüder seiner Mutter. Die Nachricht wurde Althaia gebracht: ihre Brüder wären durch ihren Sohn erschlagen worden, siegreich im Besitz der Trophäen wäre das fremde Mädchen!

Der Kampf zwischen Meleagros und den Mutterbrüdern wurde früh ausgemalt. Man erzählte von einem Krieg zwischen den Aitolern von Kalydon und den Kureten von Pleuron[651]. Und je mehr der Erzähler zugleich auch epischer Dichter war, um so mehr vergaß er Atalante als Ursache des Zwistes und verschwieg das noch nicht verbrannte Holzscheit, das sich im Besitz der Frau aus Pleuron, der Althaia, befand. Wie wir die Geschichte in der Ilias vom alten Phoinix hören[652], warf sich die zürnende Mutter des Meleagros auf den Knien zu Boden. Ihre Brust wurde naß von den fließenden Tränen. Mit den Händen schlug sie die Erde und rief die Herrscher der Unterwelt, Hades und Persephone, an: so wünschte sie den Tod des eigenen Sohnes.

Als Meleagros das erfuhr, so setzte der epische Dichter die Geschichte fort[653], zürnte er der Mutter, zog sich zurück vom Krieg und lag bei seiner Frau, der schönen Kleopatra, der Tochter des Idas und der Marpessa. Auch in dieser Erzählung, die von Atalante und dem Holzscheit nichts wissen wollte, war er dem weiblichen Reiz verfallen. Umsonst flehten ihn die Alten von Kalydon[654] an, gegen den Feind zu ziehen, umsonst taten es sein Vater, seine Mutter und seine Brüder. Er ließ es zu, daß die Kureten in die Burg einbrachen und bis zu seinem Haus vordrangen. Erst als ihre Steine auf das Dach des Schlafgemachs fielen, in dem Meleagros mit der schönen Kleopatra lag, und seine Frau ihn weinend bat, er möchte sie vor der Schmach der Sklaverei schützen, rüstete er sich und trieb die Feinde aus der Stadt.

Die Erinyen im Erebos hatten indessen die Flüche der Mutter erhört[655]. Apollon trat dem Heros im Kampf mit tödlichen Pfeilen entgegen[656]. Die Hand des Gottes machte die Zauberkraft des Holzstückes nichtig und überflüssig. Ursprünglich war es anders. So wurde es seit jeher erzählt, und so verkündete es ein alter Tragödiendichter von der Bühne[657]: »Nicht vermied er das grausame Schicksal, schnell verzehrte ihn die Flamme des brennenden Scheites, das Werk der schrecklichen, Böses anstiftenden Mutter.« *Das* hatte Althaia getan: sie hatte das ängstlich verwahrte Holz aus der Truhe geholt und warf es ins Herdfeuer. Als es in Asche zerfiel, brach auch Meleagros auf dem Schlachtfeld zusammen[658] – oder, laut der ältesten Erzählung[659], noch bei dem Zerlegen des Ebers, neben den Leichen der Mutterbrüder.

Die Frauen von Kalydon beweinten unablässig den Heros, der in der Blüte seines Lebens starb. Sie verwandelten sich bei ihrer ewigen Klage in die Vögel, die man die Meleagrides, sonst die Perlhühner, nennt[660]. Wo auf attischen Stelen ein junger Toter als verträumter Jäger dasteht, ist auf eine bestimmte Weise immer wieder Meleagros da, seine Geschichte wird in die Erinnerung gerufen, nicht mit den Einzelheiten, wohl aber als die Erzählung vom frühen, unverdienten Tod. In der Unterwelt war er der Einzige, vor dessen Schatten sogar Herakles Angst empfand[661]. Und als Meleagros ihm unter Tränen von der Jagd von Kalydon erzählte, war es zum ersten und einzigen Mal, daß die Augen auch ihm feucht wurden, dem Größten unter den Heroen, dem Sohn des Zeus und der Alkmene.

Zweites Buch: Herakles

Der Heros unter den Göttern war Dionysos. Seine Empfängnis und Geburt im Haus des Königs Kadmos in Theben als Sohn des Zeus und der Königstochter Semele waren echte Heroen-Empfängnis und Heroen-Geburt. Eine Heroenlaufbahn hätte von ihnen ausgehen können, wäre nicht Dionysos dennoch ein Gott gewesen: ein Gott, der auf diese Weise durch seine Mutter in eine innigere Verbindung mit den Sterblichen trat als alle anderen Götter, ausgenommen Asklepios. Diese Geburt galt außerdem für manche nur als die eine von drei Geburten, zwischen seiner ersten Geburt durch Persephone und der dritten aus dem Schenkel des Zeus: daher hieß er bei den Kundigen der »dreimal Geborene«[662]. Durch jene anderen Geburten war er viel größer als ein Heros. Als Gott ist er von Persephone geboren worden, und zu einem neuen Gott wurde er von Zeus selbst ausgetragen. Solches kam nur einmal in den Göttergeschichten vor.

Mit Herakles ereignete sich nur etwas halbwegs Ähnliches. Er trat, von Zeus mit einer sterblichen Mutter gezeugt, in die Sterblichkeit ein. Er mußte eine lange irdische Bahn durchlaufen, ehe er seinen Einzug auf dem Olymp feiern konnte. Düstere Schatten fielen auf ihn, bevor er endgültig aufleuchtete. Am besten taten wohl jene unter den Hellenen, die, wie die Bewohner der Insel Kos[663], ihm am Abend ein Schaf verbrannten als Heroenopfer und am nächsten Morgen wie einem Gott einen Stier darbrachten. Ähnlich verfuhren nach den Inschriften und Opferspuren, die in seinem ausgegrabenen Heiligtum auf Thasos gefunden wurden, die Bewohner dieser anderen großen Insel. Der Historiker Herodot glaubte da demselben Gott begegnet zu sein, den er in Phönizien, bei den Tyriern kennengelernt hat[664]. Darum billigte er sehr die zweierlei Opfergebräuche. Doch hatte er kaum recht, wenn er den Gott und den Heros, als wären sie zwei verschiedene Personen, von einander trennen wollte. Auf diese Weise müßte man auch Dionysos, den Sohn der Persephone, von Dionysos, dem Sohn der Semele, trennen. Den einen muß man auch da im anderen erkennen.

Die Sikyonier opferten angeblich[665] zuerst nur dem Heros. Aber sie wurden bald eines Besseren belehrt und brachten ihm beide Arten des Opfers dar. Die Belehrung, Herakles sei ein Gott, verdankten sie einem, der darüber Bescheid wissen konnte: jenem Phaistos, der als Fremder, wohl aus Kreta, zu ihnen kam und, nachdem er König in Sikyon wurde, nach der großen südlichen Insel fuhr und die Herrschaft dort übernahm[666]. Er galt als Sohn oder Enkel des Herakles und Herakles selbst als einer der idäischen Daktylen, gleichfalls kretischen Ursprungs. Man erzählte auch von einer anderen Nachkommenschaft des Herakles als Daktylos Idaios auf Kreta, einem Klymenos aus dem kretischen Kydonia[667]. Und als Daktylos, nicht als Sohn des Zeus und der Alkmene, so hieß es[668], hätte er aus Kreta kommend den ersten Wettlauf in Olympia, einem alten Kultort der Hera, mit seinen Brüdern veranstaltet.

In dieser Eigenschaft, als Daktylos, wurde er von den Tyriern, von Ioniern in Kleinasien[669], von den Koern und sicherlich auch von den Thasiern verehrt. Es ist überliefert[670], daß die erste Hälfte des koischen Opfers Herakles, den Daktylos, feierte. Gleichfalls eine zum Daktylen passende Würde war es, wenn er auf Kos auch als Hochzeitsgott amtete[671]. Die Eigenschaften eines Daktylen bezeichneten den Anfang der Bahn, die er betrat. Er galt als einer im Bruderkreis der erdentsprossenen, phallischen Urwesen, als ein Sohn der großen Göttermutter, doch als ein Besonderer: ein einzelner, unvergleichlicher dienender Gott bei einer Göttin. Es war aber nicht ganz richtig, wenn ihn der Dichter Onomakritos in einem daktylischen Diener der Demeter erkennen wollte[672]: jener bezeichnete vielmehr den Anfang der Laufbahn des Oidipus, eine Laufbahn, die, wie wir wissen, in einem heiligen Bezirk der Demeter und in der Unterwelt endete. Herakles erhob sich zum Sohn des Zeus, indem er Hera, der großen Ehegöttin, diente.

Von der Göttlichkeit dieses Göttinnendieners zeugen die Riten, die auf Kos und in Sikyon, jeweils in zwei Phasen, eine Einheit bildeten. Von seiner Verbundenheit mit Hera zeugt nicht bloß seine Würde als Hochzeitsgott auf Kos, sondern auch der Name Herakles, mit seiner klaren Bedeutung: »Dem Hera den Ruhm gab.« Auf welche Weise der Ruhm ihm zuteil ward, soll im folgenden erzählt werden. Die Göttlichkeit hatte er auch in die Geschichten vom Sohn des Zeus und der Alkmene, wie ihn die ganze Welt kennenlernen sollte, mit sich gebracht. Recht hat sicher der weise Dichter[673], der ihn *heros theos*, »Gottheros«, nannte. Es wurden wohl auch von anderen früheren Göttern Heroengeschichten erzählt. Doch keiner war so offenkundig der Gott unter den Heroen, wie Herakles.

I. Die thebanischen Geschichten

1. Abstammungsgeschichten

Es ist vielleicht keine große Übertreibung, wenn gesagt wird[674]:
keinen anderen Gott haben die Thebaner mit so vielen Prozessionen
und Opfern verehrt, als Herakles. Sie waren sehr stolz darauf, daß
nicht nur Dionysos, sondern auch er bei ihnen geboren wurde. Dies
geschah nach der Berechnung der Genealogen unter Kreon, dem
Oheim des Oidipus. Ein thebanischer Heros, wie Oidipus, war auch
Amphitryon, der irdische Vater des Herakles, und als böotische
Heroine wurde Alkmene verehrt, die Mutter des Zeussohnes. Diese
beiden ließen die Genealogien von Perseus abstammen, da man
Herakles sonst als tirynthischen Heros und Angehörigen des Reiches
von Argos und Mykenai kannte.

Die Söhne des Perseus haben drei starke Burgen im Land Argos
beherrscht: Mykenai, Tiryns und Midea. Einer der Söhne hieß Alkaios oder Alkeus. Sein Sohn war der eben genannte Amphitryon
nach den Genealogen. Nach dem Großvater soll Herakles als Alkeides bekannt geworden sein: ein Name, der vielmehr an den Mut, die
alke, des Helden mahnt. Es gab auch solche, die zu wissen meinten,
Herakles selbst hätte früher Alkaios geheißen[675] oder einfach nur
Alkeides[676], wäre aber später vom Orakel in Delphi umgenannt worden[677]. Seine Mutter Alkmene hatte gleichfalls den »Mut« in ihrem
Namen. Ihr wurde zum Vater Elektryon gegeben, ein zweiter Perseussohn, und man erzählte von ihr, nach der dritten Familienburg
der Perseiden, als vom »Mädchen von Midea«[678]. Nach der Burg
Tiryns hieß ihr Sohn Tirynthier[679]. Ihr Mann Amphitryon soll erst
nach der Geburt des Herakles von Tiryns nach Theben übersiedelt
sein[679a]. Dies geschah nach dem Tode des Elektryon. Damals übernahm der dritte Perseussohn, Sthenelos, die Herrschaft über Mykenai und Tiryns. (Midea überließ er den Pelopssöhnen Atreus und
Thyestes.) Nach Sthenelos wurde sein Sohn, Eurystheus, der König
von Mykenai[679b] und von Tiryns: ein Tirynthier also auch er[679c]
und Herr des Herakles, selbst wenn dieser dann doch, wie es später
allgemein hieß, in Theben geboren wurde. Die Ereignisse, die zur
Geburt des Heros führten, nahmen demnach im Reich der Perseus-
söhne nur ihren Anfang.

Dem griechischen Festland sind im Westen, der Landschaft Akarnanien gegenüber, die Inseln der Taphier oder Teleboer – der »weithin Schreienden« – vorgelagert. Über sie herrschte König Pterelaos.
Er war von Poseidons Gnaden unbesiegbar, solange er im Besitz
eines goldenen Haares blieb[680]. Sein Großvater war der Meergott,
sein Urgroßvater mütterlicher Seite aber Mestor, ein Perseussohn.
Die sechs Söhne des Pterelaos, wilde Seeräuber[681], erschienen einmal

107

vor Mykenai und forderten die Herrschaft von Elektryon, der acht Söhne hatte, außer Alkmene, seiner Tochter. Die Nachkommen seines Bruders Mestor wies er also ab. Diese vertrieben darauf seine Rinder. Wie so oft in der Zeit der Heroen, begann der Kampf um die Kühe. Es fielen darin sieben Söhne des Elektryon – der achte war noch zu klein – und fünf des Pterelaos. Die überlebenden Taphier zogen sich auf ihre Schiffe zurück, die sie an der Westküste des Peloponnes liegen hatten. Die Rinder ließen sie bei dem König von Elis, Polyxenos. Von diesem kaufte Amphitryon sie zurück. Ihm, seinem Neffen, hatte Elektryon das Reich und die Tochter anvertraut und war im Begriff, selber gegen die Teleboer zu ziehen, um seine Söhne zu rächen. Da ereignete sich ein neues Unglück, wiederum wegen der Kühe, die Amphitryon zurückgekauft und zurückgebracht hatte. Die Einzelheiten sind nicht überliefert, nur daß Amphitryon in Wut geriet[682]. Oder war es der reinste Zufall, daß er seine Keule nach einer der Kühe warf? Die Keule sprang vom Horn des getroffenen Rindes zurück und tötete Elektryon. So mußte jetzt Amphitryon die Heerführung gegen die Teleboer übernehmen. Alkmene, die ihm anvertraute Braut, durfte er nicht berühren, ehe ihre sieben Brüder gerächt waren. Das war die Bedingung, die sie selbst nach dem Tode des Vaters stellte. Die Empfängnis des Herakles, des Sohnes des Götterkönigs, durch die jungfräuliche Königstochter, wurde so vorbereitet.

Doch zuvor mußte noch Amphitryon, so wußten es jene Erzähler, welche die Empfängnis und die Geburt in Theben geschehen ließen, für sich und Alkmene ein neues Vaterland suchen. Sein Oheim Sthenelos verwies ihn des Reiches[683], nachdem er Elektryon, im Zorn oder aus reinem Zufall, getötet hatte. So kam das junge Paar nach Theben. Kreon reinigte Amphitryon vom Morde. Alkmene blieb seine jungfräuliche Gattin, solange sein Rachegelübde nicht erfüllt war. Aber dazu kam es noch lange nicht. Theben wurde damals von einem Fuchs heimgesucht[684]. Das gefährliche Tier hatte am Berg Teumessos seine Höhle. Und da es so schnell laufen konnte, daß es nie eingeholt wurde, raubte es in der Stadt, was es wollte. In einem jeden Monat setzten die Thebaner ihm ein Kind aus, damit das Tier sie sonst verschone[685]. Amphitryon hätte es auch nicht erlegen können. Er war eben dabei, ein Heer gegen die Teleboer zu sammeln. Er wandte sich an Kephalos, den attischen Heros, dessen Frau Prokris den Hund des Minos, ein Geschenk des Zeus an Europa[686], aus Kreta mitgebracht hatte[687]. Wie den Fuchs von Termessos keiner einholen konnte, so konnte diesem Hund kein Wesen entfliehen. Der Hund verfolgte den Fuchs in der thebanischen Ebene, und Zeus versteinerte beide. Amphitryon zog dann mit Kephalos, mit Panopeus aus Phokis und mit Heleios, dem jüngsten Perseussohn, gegen die Taphier. Ihr Glück war, daß sich Komaitho, die Tochter des Pterelaos, in einen der Feldherren – in Amphitryon oder in den schönen Kephalos[688] – verliebte und ihren Vater des goldenen

Haares, das ihn unbesiegbar machte, beraubte. Mit solcher Hilfe gelang es Amphitryon, die Brüder der Alkmene zu rächen. Er kehrte nun siegreich zu ihr zurück.

Aber die Hochzeitsnacht seiner jungfräulichen Gattin, der Urenkelin der Danae, war nicht ihm vorbehalten. Zeus kam zu ihr in der Gestalt des Amphitryon. Mit einem goldenen Becher in der Hand und einem Halsband, wie jenes war, das er Europa geschenkt hatte[689], betrat der Götterkönig die Kammer der Alkmene[690]. Sie fragte ihn nach den besiegten Teleboern. Der Gott in Gestalt des Gatten verkündete die vollbrachte Rache: der Becher war deren Zeichen, ein Geschenk des Poseidon an den ersten König der Taphier[691]. Die Ehe wurde vollzogen, von Zeus an Stelle des irdischen Siegers, in einer Nacht, von der behauptet wurde, sie sei dreimal so lang geworden als andere Nächte[692]. Wie von der ersten Diebesnacht des Hermes behauptet wurde, der Mond sei auch zum zweitenmal aufgegangen[693], so scheint es, daß er damals dreimal aufgegangen ist. Daher nannte man Herakles, die Frucht der Nacht des Zeus und der Alkmene, *triselenos*, Kind des dreifachen Mondes[694].

Ob nun Amphitryon noch während der gleichen Nacht heimkehrte[695] oder erst in der nächsten[696], Alkmene wurde mit Zwillingen schwanger, einem Sohn des Zeus und einem des Amphitryon, namens Iphikles, dem »durch seine Stärke Berühmten«. Es wurde aber auch erzählt, daß der Sieger von seiner Gattin nicht so empfangen wurde, wie er erwartet hatte. »Du bist schon gestern angekommen, hast mich geliebt und deine Taten erzählt« – sagte sie ihm[697] und zeigte zum Beweis den Becher. Da erkannte Amphitryon, wer an seiner Stelle da war – auch der Wahrsager Teiresias soll ihm beim Erraten geholfen haben[698] –, und berührte die Gottesbraut nicht.

2. Die Geburt des Heros

Es ist nicht leicht, beim weiteren Erzählen an der alten Geschichte festzuhalten, in der Hera dem Herakles – wie sein Name besagt – den Ruhm verschaffte. Da aber alte Künstler, wie an der Sele-Mündung bei Paestum, Tempel der Götterkönigin mit Herakles-Taten schmückten, müssen wir dennoch glauben, daß Hera am Helden auch Gefallen finden konnte. In den überlieferten Geschichten erscheint es fast in jedem Fall so, als wäre sie seine erbittertste Feindin gewesen. Dieser Zustand begann schon unmittelbar vor der Geburt des Heros, als die Stunde der Niederkunft der Alkmene nahte. Am Tage, an dem sie Herakles gebären sollte, fiel Zeus der Ate, der Verblendung, zum Opfer. Laut verkündete er allen Göttern[699]:»Hört mich, Götter und Göttinnen alle, damit ich sage, wozu mich mein Herz nötigt! Heute wird die helfende Göttin bei schweren Geburten, Eileithyia, einen Mann an das Tageslicht bringen, der über alle Umwohnenden herrschen wird, einen Mann aus dem Geschlecht der

Männer, die von meinem Blute sind!« Hera tat, als ob sie ihm nicht glauben wollte, und hielt ihn an zu schwören, daß derjenige, der an jenem Tage aus dem Geschlecht der Männer, die von seinem Blute sind, zu Füßen einer Frau fallen wird, wirklich über alle Umwohnenden herrschen wird. Zeus merkte die List nicht und schwor. Hera sprang auf und verließ den Gipfel des Olympos. Sie eilte nach Argos, wo die Tochter des Pelops, Nikippe, die Frau des Perseussohnes Sthenelos, des Herrschers über Mykenai und Tiryns, ein Kind im siebenten Monat trug. Den förderte sie durch Frühgeburt zum Licht und ließ die Geburtswehen der Alkmene aussetzen. Die Geburtsgöttinnen hielt sie von der Gattin des Amphitryon zurück. Und nachdem dies geschehen war, verkündete sie dem Zeus, der Mann sei geboren worden, der über alle Argeer herrschen wird: Eurystheus, der Sohn des Sthenelos. Umsonst ergriff jetzt Zeus die Ate, die Göttin der Verblendung, bei den Haaren und schleuderte sie vom Olympos weit weg, hinunter zu den Menschen: seinen Schwur konnte er nicht mehr rückgängig machen.

Es scheint, daß Herakles dennoch am gleichen Tag das Licht erblickte, nur wurde nicht er, sondern Eurystheus – mit dem Namen »der weithin Starke«, ein Name, der den Unterweltskönig schmücken könnte – der Großkönig jenes Reiches von Argos und Mykenai, dessen Untertan Herakles blieb, obwohl er nach dieser Geschichte in Theben geboren wurde. In der Vorhalle des Palastes, in dem Alkmene in ihren Wehen lag, saß Eileithyia[700], von den drei Moiren begleitet, die Knie übereinandergeschlagen und die Hände fest darüber verschränkt. Da lief ein Wiesel plötzlich vorüber[701]. Es erschraken die Göttinnen, sie hoben die Hände hoch, das Verschränkte wurde geöffnet ... Oder war es kein Wiesel, sondern das »Wieselmädchen«, Galinthias oder Galanthis – denn *galé* heißt das Wiesel –, die Spielgefährtin der Alkmene, die von sich aus diese List ersonnen hatte? *Sie* lief hinaus, aus der Kammer der Gebärenden, zu den Göttinnen in der Vorhalle und rief: »Zeus hat es gewollt, Alkmene hat einen Knaben geboren, ihr habt nichts mehr zu tun!« Erstaunt öffneten die Göttinnen die Hände, und in diesem Augenblick genas Alkmene des Herakles. Die betrogenen Göttinnen verwandelten darauf das schlaue Mädchen in das Tier, welches – so glaubte man noch lange – durch das Ohr empfängt und durch den Mund gebiert. Hekate nahm es zu sich als ihre heilige Dienerin. Herakles stiftete bei seinem Hause die Verehrung der Galinthias, und die Thebaner opferten ihr vor jedem Feste des Heros. Sie erzählten auch[702], daß die Betrogenen keine Göttinnen waren, sondern böse Zauberinnen, die von Historis, der »Wissenden«, einer Tochter des Teiresias, mit der falschen Nachricht, Alkmene habe geboren, überlistet wurden. Das Wiesel aber sollte später, wegen der vermeintlichen Ohr-Empfängnis, zur Allegorie für die Jungfrau Maria werden.

Herakles wurde am zweiten Monatstag geboren[702a] und nach ihm – manche behaupteten, um eine Nacht später[703] – sein Zwillingsbruder Iphikles. Bloß dem Namen nach war er ein Doppelgänger seines Bruders, gleichsam ein Herakles, ehe dieser, außer durch seine Kraft, mit Heras Hilfe berühmt wurde. Es gibt kaum eine Geschichte über Iphikles, es sei denn[704], daß er, als hätte ihm Zeus den Verstand genommen, sein Haus und seine Eltern verließ und sich freiwillig in die Knechtschaft des Eurystheus begab. Er soll es später sehr bereut haben, doch mehr erfahren wir darüber nicht. Nicht er wurde der Lieblingsgefährte des Herakles, sondern Iolaos, von dem es hieß, er sei der Sohn des Iphikles gewesen, und den die Thebaner nicht weniger verehrten als die Argeer Perseus[705]. In bezug auf Herakles vereinbarten sich Zeus und Hera[706]. Eurystheus sollte zwar die Herrschaft über Tiryns und Mykenai bekommen und Herakles in seinem Dienste stehen, bis er für ihn zwölf Arbeiten verrichtet hatte, nachher aber sollte der Sohn des Zeus die Unsterblickeit erlangen, die ihm nach seinen Taten gebührte.

Weit entfernt davon ist noch die Erzählung! Es gibt ja auch die Geschichte[707], daß Alkmene den kleinen Herakles, aus Furcht vor der Eifersucht der Hera, sogleich nach der Geburt aussetzte, an einem Ort, der später die Herakles-Ebene hieß. Es kamen dort Pallas Athene und Hera auf ihrem Wege vorbei, scheinbar zufällig. Doch war dies sicher nicht unbeabsichtigt von seiten der jungfräulichen Göttin, mit der die *alke*, der wehrhafte Mut, den Sohn der Alkmene, den Alkaios, und Alkeides, wie er genannt wurde, innigst verband. Sie bezeugte ihre Verwunderung über das kräftige Kind und überredete Hera, ihm die Brust zu reichen. Es saugte aber mit solcher Kraft, daß die Göttin den Schmerz nicht ertrug und das Kind von sich warf. Die Milch der Götterkönigin hatte es aber schon unsterblich gemacht. Athene brachte das Kind zufrieden zu seiner Mutter zurück. Nach einer anderen Erzählung[708] geschah es hingegen so, daß Hermes das Herakleskind der schlafenden Hera in ihrem himmlischen Gemach an die Brust legte, und als es vor Schmerz von sich warf und ihr die Milch weiterfloß, entstand die Milchstraße.

Solches geschah am Himmel, anderes geschah im Palast des Amphitryon in Theben. Nach einer alten Erzählung[709] ereignete es sich sogleich, nachdem die Zwillinge geboren waren, nach einer neueren[710] erst, als sie beide zehn Monate alt waren. Das Bild eines göttlichen Kindes inmitten zweier Schlangen mag den Thebanern, die die Kabiren verehrten, wenn auch nicht als eine erste Heldentat, wie in dieser Geschichte, seit alters her vertraut gewesen sein. Offen standen die Türen des Gemachs der Alkmene, in dem die Neugeborenen in ihren krokosfarbenen Windeln lagen. Von der Götterkönigin gesandt, schlichen sich da zwei Schlangen herein und drohten mit weit geöffneten Kiefern, die Kinder zu verschlingen. Jenes aber, das durch Hera berühmt werden sollte, der Sohn des Zeus, erhob das Haupt und versuchte sich zum erstenmal im Kampf. Mit seinen zwei Händen packte er die beiden Schlangen und würgte sie so lange, bis ihnen das Leben aus dem schrecklichen Leibe wich. Starr machte die

Furcht die Frauen, die bei dem Bett der Alkmene behilflich waren. Die Mutter sprang auf vom Lager und wollte selbst den Frevel der zwei Ungeheuer abwehren. Die Kadmeer liefen mit Waffen herbei, allen voran Amphitryon mit entblößtem Schwert und blieb stehen, von Staunen und Grauen und Frohlocken erfaßt, als er die unerhörte Kühnheit und Kraft des Kindes sah. Aus dem benachbarten Palast ließ er sogleich den hervorragenden Seher des Zeus, den Wahrsager Teiresias, rufen. Dieser verkündete ihm und dem ganzen Volk das Schicksal des Knaben: wieviel unbändiges Getier er auf Land und Meer töten, wie er mit den Göttern gegen Giganten kämpfen werde und welcher Lohn ihm schließlich bereitstünde.

Es wäre nichts leichter, als hier mit der Aufzählung der Lehrmeister des Herakles, wie die späten Erzähler taten[711], fortzufahren: von Amphitryon hätte er das Wagenlenken gelernt, von Eurytos das Bogenschießen, von Kastor den Waffenkampf, von Autolykos das Ringen und so fort. Als wäre Herakles nur ein Prinz gewesen, von göttlichem Ursprung zwar, doch kein göttliches Wesen, nicht einer, der bloß dem Anschein nach den übrigen Heroen ähnlich war, welche nie zum Olymp erhoben wurden, sondern gleich Oidipus in ein mütterliches Grab eingingen! Die Ausbrüche seiner übermenschlichen wilden Natur konnten indessen auch in den Geschichten von seinem Leben als Sohn des Amphitryon und bald als Eidam des Kreon nicht verheimlicht werden.

Die Buchstaben sollte er von Linos lernen, von dem es hieß, daß er sie als erster nach Griechenland brachte. Von diesem Linos wußten alle, daß er – ein Sohn des Apollon[712] oder der Muse Urania[713] – früh starb, gewaltsamen Todes, und daß alle Sänger und Saitenspieler bei dem Mahl und bei dem Tanz ihn daher beklagten[714]. Eine Erzählung von seinem gewaltsamen Tod war, daß Kadmos ihn tötete, da er der erste sein wollte, die Schrift bei den Hellenen einzuführen[715]. Nach einer anderen späten Erzählung hatte Linos den Herakles in der Kunst des Schreibens und des Saitenspiels zu unterrichten, und er züchtigte sogar[716] das ungelehrige Heldenkind. Ein Vasenmaler schildert uns die Szene, wie der junge Heros den Stuhl, auf dem er gesessen, auf dem Kopf des Lehrers zerbricht. Darum habe ihn Amphitryon, so heißt es weiter[717], zu den Herden geschickt. Dort, bei den Hirten, sei er groß geworden, vier Ellen hoch, als er achtzehn Jahre alt war. Das Feuer seiner Augen verriet sein göttliches Wesen. Unfehlbar war er im Bogenschießen und im Lanzenwerfen. Ein großes Stück Braten und ein Korb schwarzen Brotes waren seine tägliche Speise[718]. Im Freien lebte er und schlief vor den Türen[719]. Dies bezieht sich aber schon auf das Leben des Heros auf seinen Wanderungen, nicht bei den Hirten am Kithairon, wo dies doch das natürlichste sein mochte.

Im Heiligtum des Apollon Ismenios in Theben zeigte man einen Dreifuß, den Amphitryon geweiht haben soll[720], zum Andenken daran, daß sein Sohn Alkaios[721] das Amt des lorbeerbekränzten

Priesterjünglings bekleidet hatte, ein Amt, das bei den Thebanern ein jährliches war. Den Kampf des Herakles mit seinem Bruder um dessen Dreifuß in Delphi haben hingegen Denkmäler festgehalten, die viel älter sind als dieser Bericht. Zu jenem Bruderzwist kam es jedoch im Lebenslauf des Heros erst viel später, und dann soll es erzählt werden. Wir müssen nunmehr zu den Geschichten übergehen, die sich in seiner Jugend zugetragen haben, in Theben oder in den Bergen um Theben. Da sollte er seine zweite Heldentat vollbringen und sein daktylisches Wesen zum erstenmal zeigen.

3. Die Jugendgeschichten

Der Kithairon, an dessen Abhängen die thebanischen Hirten ihre Herden weideten, war der Schauplatz mancher Götter- und Heroengeschichten. Da trafen sich Zeus und Hera zu heiliger Hochzeit, da schwärmten die Schwestern der Semele dem Dionysos nach, da wurden Amphion und Zethos, wurde der kleine Oidipus ausgesetzt, da irrten Antiope und der leidende alte Oidipus umher. Zwischen dem Kithairon und dem anderen böotischen Götterberg, dem Helikon, lag die Stadt Thespiai, wo später Herakles – so wird es uns versichert[722] – ein Heiligtum sehr alten Stils besaß als Idaios Daktylos. Hier herrschte damals, als der junge Heros bei den Hirten weilte, der König Thespios. Die Überlieferung schwankt, ob der Löwe, der seine und des Amphitryon Herden beraubte, vom Kithairon[723] oder vom Helikon[724] herab kam. In den historischen Zeiten hausten da keine Löwen mehr. Herakles sollte das Land von dieser Plage befreien.

Er trieb sich da, zwischen den Bergen, ohne Waffe herum. Doch von der berühmten Keule, ohne die ihn die Nachwelt sich kaum vorstellen kann, wird überliefert[725], daß er sie auf dem Helikon aus dem Boden riß: einen wilden Ölbaum mit den Wurzeln. Solche keulenförmigen Stöcke trugen oft die Hirten bei ihrem Herumschlendern. Sie dienten ihnen auch zur einfachsten Jagdwaffe, nicht weniger als der bekannte krumme Hirtenstab, den sie nach den Hasen warfen. Herakles weihte diese erste Keule – oder eine zweite oder dritte, denn auch davon gibt es mehrere Überlieferungen[726] – später dem Hermes Polygios oder, richtiger, dem Polygyios, dem »Vielbegliederten«; ein Zeichen, daß solch ein mächtiger Stock einem daktylischen Wesen, wie es Hermes mit diesem Beinamen auch war, besonders ziemte.

Herakles zog gegen den Löwen aus und gelangte zu König Thespios. Dieser bewirtete ihn gern und wollte ebenso, wie einst Autolykos von Sisyphos, vom Heros Enkelkinder haben[727]. Er hatte fünfzig Töchter, und er ließ alle fünfzig der Reihe nach neben dem Gast schlafen. Nur eine einzige leistete dem Heros Widerstand. Um so enger blieb sie mit ihm verbunden. Die übrigen gebaren Söhne, die eine oder zwei[728] sogar Zwillinge – diese Heraklessöhne kolonisierten später die Insel Sardinien[729] –: sie hingegen, die Widerstrebende, wurde seine lebenslängliche Priesterin[730]. Sie war die erste der jungfräulichen Priesterinnen im Heraklestempel von Thespiai, und jungfräuliche Priesterinnen sind immer die Gattinnen des Gottes, dem sie dienen. Nachher erlegte er auch den Löwen. Mit dem Fell bedeckte der Held Kopf und Schultern[731]: man kennt auch diese charakteristische Bekleidung, von der freilich auch eine andere Überlieferung besteht[732]. Danach wurde das Fell dem Löwen von Nemea abgezogen: eine andere Geschichte, von der später die Rede sein soll.

Von seinen Abenteuern zwischen dem Kithairon und dem Helikon kehrte Herakles nach Theben zurück. Er war nun achtzehnjährig – so wollten die späten Erzähler wissen[733], die sich kaum mehr einen alterslosen Helden der frühen Zeiten vorstellen konnten – und mit Keule und Löwenfell ausgestattet. Unterwegs begegnete er Gesandten[734], die aus dem böotischen Orchomenos kamen, einer Stadt der Minyer, wo damals König Erginos herrschte. Vor Jahren töteten Thebaner seinen Vater, aus Zorn[735] über eine Kleinigkeit, bei dem Fest des Poseidon in Onchestos. Die Rache wurde Erginos aufgetragen, er besiegte die Thebaner und legte ihnen einen schweren Tribut auf: sie sollten den Minyern zwanzig Jahre lang jährlich hundert Kühe schicken. Diese zwanzig Jahre waren noch nicht abgelaufen, Theben war völlig entwaffnet[736], und es herrschte der schwache Kreon. Die Gesandten kamen, als Herakles ihnen begegnete, um den Tribut zu holen, und ihre Art war sicher nicht mild.

Wie die Begegnung zwischen ihnen und dem jungen Heros ablief, wird nicht überliefert, nur wie sie ausging: Herakles schnitt ihnen Nasen und Ohren ab, hängte sie ihnen um den Hals und schickte diesen Tribut dem Erginos. Darauf kamen die Minyer aus Orchomenos wieder, um Rache zu nehmen. Herakles ging dem Heer allein entgegen, so hieß es in der ältesten Erzählung[737]. Von Pallas Athene mit Waffen ausgerüstet[738], schlug er die Minyer und befreite Theben. Dafür gab ihm Kreon seine Tochter Megara zur Gattin[739]. Herakles führte sie mit Flötenklang heim[740], in den Palast des Amphitryon: niemand ahnte das schreckliche Ende. Kreon überließ ihm die Herrschaft über Theben[741].

Amphitryon war, nach einer Überlieferung[742], im Kampf gegen die heranrückenden Minyer gefallen, nach einer anderen[743] lebte er in seinem Palast mit Megara und den Enkeln, den Söhnen des Herakles, nachdem der Heros sie verlassen. Die Thebaner verehrten ihn später in seinem Heroengrab, zusammen mit Iolaos[744], dem Sohn des Iphikles, seinem Enkel und dem Liebling des Herakles: demjenigen, der die fünfzig Heraklessöhne nach einer anderen Tradition aus Thespiai nach Sardinien führte. Man zeigte auch die Trümmer seines Palastes in Theben, den die Baumeister-Heroen Agamedes und Trophonios, die Söhne des Erginos, für ihn erbaut hatten[745]. Man wollte sogar noch die Hochzeitskammer der Alkmene in den Ruinen erkennen. Ja die Böoter glaubten das Grab der Alkmene bei Haliartos zu besitzen, bis die Spartaner, nach der Eroberung der Kadmeia, es öffneten und den bescheidenen Inhalt, darunter eine eherne Tafel mit mykenischen Schriftzeichen[746], in ihre eigene Stadt hinübertrugen. Es waren sicher alte Heroengräber aus mykenischer Zeit, welche die Thebaner und ihre Nachbarn den Angehörigen des Herakles zuschrieben.

Die Erzähler aber mußten den Heros, nachdem sie ihn mit so manchen Fäden an Theben banden, doch nach Tiryns bringen, nach dem mykenischen Reich, wo er dem König Eurystheus untertan war. Dort herrschte die Göttin, die nach dem ganzen Lande die »Hera von Argos« genannt wurde. Ihr Heiligtum auf einer mächtigen Bergterrasse zwischen Tiryns und Mykenai gehörte zu keiner einzelnen Stadt, sie hatte aber auch ihren Tempel in Tiryns. Sie und nicht Pallas Athene galt da als die Burgherrin. Mit der Burg war auch der Diener der Göttin, der Tirynthier Herakles, dem Eurystheus unterworfen. Wir hörten schon, was von ihrer Tücke bei dieser Unterwerfung erzählt wurde. Es war dies eine alte Erzählung, doch nicht so alt wie die Verbindung der Hera mit Herakles, welche Verbindung vielleicht noch älter war als die der Götterkönigin mit dem Götterkönig. In einer Zeit, als Zeus die große Göttin von Argos sich noch nicht gewonnen hatte, konnte sie ihren göttlichen Diener, dem sie Ruhm schenken wollte, auch ohne Tücke dem König ihres Landes zur Verfügung stellen. Einen göttlichen Diener hatte König Admetos in Thessalien sogar in der Person des Apollon erhalten[747], und auch er ist, wie Eurystheus, ein irdischer Herrscher gewesen, mit einem Namen, der den Unterweltskönig bezeichnen könnte.

Es heißt, daß Eurystheus um Herakles nach Theben geschickt hat[748]. Oder Herakles selber hatte Lust, die kyklopischen Mauern von Tiryns zu bewohnen[749], und dafür mußte er mit seinen Arbeiten zahlen. Die thebanischen Geschichten sind zwar noch nicht beendet, doch wir müssen nunmehr mit den tirynthischen beginnen oder mit den mykenischen, da Eurystheus seinen Sitz in Mykenai hatte, und dorthin mußte Herakles nach der Ausführung eines jeden Befehls des Königs zurückkehren, um einen neuen Auftrag zu empfangen.

II. Die zwölf Arbeiten

1. Der Löwe von Nemea

Am nördlichen Rand der Ebene von Argos, in geringer Entfernung von Tiryns und Mykenai, erheben sich die Berge, über die die Straße nach Korinthos führt. Der höchste, mit der eigentümlichen Gestalt eines halb umgestürzten Tisches, ist der Apesas, auf dem Perseus zum erstenmal dem Zeus geopfert hat[750]: die Gewässer einer Sintflut, auf denen er geschwebt, reichten nach einer alten Erzählung damals so hoch. Unter dem Apesas liegt das breite Tal von Nemea, mit manchen Höhlen in der Nähe. Ein Berg hieß da sogar Tretos[751], der »Durchbohrte«. In dieser Gegend hauste ein Löwe und machte die ganze Berglandschaft unsicher. Ein Gott hatte ihn zur Strafe gegen die Bewohner des Landes geschickt, die Nachkommen des Urmenschen Phoroneus. So hieß es in einer schlichteren Erzählung[752], und auch dies scheint schon mehr als notwendig. Genügte nicht ein Löwe allein, ohne von Göttern ausgesandt zu sein, als Aufgabe für den Helden?

Die Einzelheiten der zwölf Arbeiten des Herakles wurden seit jeher von so vielen namenlosen und namhaften Dichtern erzählt und ausgeschmückt, daß es uns nicht wunder nimmt, wenn wir eine besondere Geschichte auch von der Abstammung dieses wilden Tieres hören. Nach der einen Erzählung[753] war die Schlangengöttin Echidna[754] die Mutter des Löwen vom eigenen Sohn, dem Hunde Orthos. Der Löwe von Nemea war danach der Bruder der thebanischen Sphinx. Hera brachte ihn aus dem östlichen Land der Arimer hierher, in ihr eigenes Land. Nach einer anderen [755] war das Tier ursprünglich bei der Mondgöttin Selene zu Hause. Sie schüttelte es von sich ab, und so fiel es auf den Berg Apesas herunter. Dies geht außerdem aus den Schilderungen des Kampfes mit diesem Wundertier hervor, da keine Waffe es verwunden konnte.

Solche Einzelheiten mögen als Ausschmückungen gelten, und sie wurden noch weiter gesteigert. Dennoch hatte der Löwe, gegen den nur ein Herakles aufkam, sicherlich etwas Besonderes an sich. Er mag den Tod und die Unterwelt besonders verkörpert haben. Die Löwen, die die alten Künstler auf die Gräber setzten, mahnen an diese Vertretung, wenn sie auch nicht den Löwen von Nemea darstellen wollten. Angeblich stellte Herakles selbst nach seinem Sieg über die Orchomenier einen Löwen vor dem Tempel der Artemis Eukleia auf[756]: ein Name, der die Göttin, den Löwen für die Frauen[757], als Unterweltsgöttin meint. Als Jäger rottete Herakles nicht die gewöhnlichen Tiere der Erde aus wie Orion[758], trat auch nicht in der Rolle des Herrn der Unterwelt als Jägergott auf, sondern er scheint gegen den Tod gejagt zu haben. Er besiegte und nahm unheimliche Tiere gefangen, die Göttern angehörten, manche ausgesprochenerweise den Unterweltsgöttern. Als er nach seinem Sieg über den Löwen von Nemea dessen Fell samt dem Kopf auf Haupt und Schultern nahm, verwandelte sich das, was die Sterblichen früher mit dem Tode bedrohte, in das Versprechen ihrer Rettung.

Es wurde erzählt[759], daß Herakles, als er gegen den Löwen auszog, in der kleinen Stadt Kleonai, am Rand der Wälder von Nemea, einkehrte. Nach der späteren Erzählung war Molorchos, sein Gastgeber, ein armer Bauer und Tagelöhner[760], nach der ursprünglichen Geschichte wohl ein Urmensch und der Gründer der Stadt Molorchia[761]. Seinen Sohn hatte der Löwe getötet, und jetzt wollte er seinen einzigen Widder zu Ehren des Gastes opfern. Herakles hielt ihn an, noch dreißig Tage zu warten. Sollte er aus dem Kampf mit dem Löwen bis zum dreißigsten Tag nicht wiederkehren, so müßte der Widder ihm als Heros geopfert werden, sonst aber dem Rettenden Zeus. Von Molorchos erfuhr der Heros, wie er das Tier zu bekämpfen habe. Ein Ringkampf mußte es sein, selbst wenn Herakles, wie alte Darstellungen zeigen, Schwert und Lanze dazu benutzte oder, wie später erzählt wurde[762], das Tier zuerst mit einem Keulenschlag betäubte. Er mußte zu ihm in die Höhle eindringen, die angeblich zwei Eingänge hatte: den einen stopfte Herakles zu[763]. Er brauchte zu all dem dreißig Tage. Nicht um von Kleonai nach Nemea zu gelangen, die einander benachbart sind! Sondern wohl um jene Tiefe zu erreichen, wo das Untier zu Hause war. Oder dauerte so lange nur der Schlaf, der ihn befiel, nachdem er den Löwen erwürgt hatte? Man erzählte von diesem Schlaf[764], und man sollte ihn, den Bruder des Todes, nicht vergessen. Die Metopenbilder der Heraklesarbeiten am Zeustempel von Olympia zeigen den Helden noch fast im Halbschlaf, in Erinnerung an diesen gefährlichen Schlummer. Als er aber am dreißigsten Tage doch aufwachte, bekränzte er sich mit Sellerie, wie einer, der aus dem Grabe kommt: denn mit Sellerie wurden die Gräber geschmückt[765]. Den gleichen Kranz trugen nachher die Sieger in den Spielen von Nemea, und nach ihnen auch die von Isthmos[765a].

Molorchos wollte schon, so wurde weiter erzählt, dem Heros den Widder als Totenopfer darbringen, als er lebend erschien. Auf dem Rücken trug er den Löwen. Der Widder wurde nach dieser Erzählung dem Zeus Soter, dem rettenden Gott, geopfert; es dürfte aber das Opfertier sein, das Herakles später da erhielt. Er blieb eine Nacht noch bei Molorchos. Frühmorgens schlug er die südliche Richtung ein und wanderte über den Paß nach Argos. Von dorther schickte er seinem Gastgeber ein Maultier, das er ihm versprochen hatte, und verehrte ihn, als wäre er mit ihm verschwägert[766]. Mit dem Löwen kam er in Mykenai, der Residenz des Eurystheus, an[767]. Der König erschrak so über die unheimliche Tat des Heros, daß er ihm verbot, in der Zukunft mit seiner Beute die Burg zu betreten. Es sei genug, wenn er sie vor den Toren zeige. Nach dieser Erzählung ließ Eury-

117

stheus schon damals ein ehernes Faß unter der Erde anlegen und verkroch sich jeweils darin, wenn Herakles nahte. Mit ihm verkehrte er nur noch durch seinen Herold Kopreus, den »Dreckmann«.

Das unverwundbare Fell des Löwen zog der Heros ab, nachdem er es mit den Krallen des Tieres aufgeschnitten[768] hatte. Zeus aber versetzte das Untier, um seinen Sohn zu ehren, als Denkmal an den Himmel: es wurde zum Löwen im Tierkreis[769].

2. Die Schlange von Lerna

In der Nachbarschaft der Stadt Argos, in südlicher Richtung, aber auch von Mykenai und Tiryns nicht weit entfernt, auf dem schmalen Streifen zwischen dem Berg Pontinos[770] und dem Meer, gibt es wahre Abgründe, verdeckt vom süßen Wasser der vielen Quellen, die dem Fuße des Kalkgebirges entspringen. Die Geschichte der Danaiden ist mit diesen Quellen verbunden, mit den Abgründen aber das Schicksal des Dionysos, der, von Perseus getötet, durch sie in die Unterwelt kam, um dort zu herrschen und, von dorther zurückgerufen, wiederum durch sie zurückzukehren. Die Unterwelt grenzte in den abgründigen Gewässern bei Lerna unmittelbar an das Land Argos. Der Wächter der Grenze, des Eingangs zum Totenreich, war die Schlange, die Herakles nach dem Löwen von Nemea zu besiegen hatte.

Auch ihr gab man die Schlangengöttin Echidna zur Mutter[771], doch keinen besonderen Namen. Dafür wurde es selbstverständlich, daß das Wort *hydra*, die »Wasserschlange«, eben sie meinte. Mit ihrem älteren Bruder Kerberos, dem anderen Unterweltswächter, hatte sie, die mörderische Hündin von Lerna[772] – so wurde sie auch genannt –, die Vielköpfigkeit gemeinsam. Ihr älterer Bruder war jener nur in der Genealogie[773]; sein Amt als Bewacher der Toten blieb viel länger in der Erinnerung als das der Hydra. Diese Eigenschaft der Wasserschlange von Lerna geriet früh in Vergessenheit. Es wird freilich gesagt, daß ihr Hauch die Menschen tötete[774]. Man glaubte auch ihren Sitz genau angeben zu können[775]: in den Wurzeln der Platane neben der dreifachen Quelle Amymone. Es wachsen Riesenplatanen mit Riesenwurzeln und riesigen Aushöhlungen an solchen Stellen in Griechenland. Im Sumpf aufgewachsen, so erzählte man[776], verheerte die riesige Wasserschlange die Herden und das Land.

Wie der Kerberos bald der Dreiköpfige, bald der Fünfköpfige heißt[777], ebenso ist es nicht leicht, für die Köpfe der Hydra eine feste Zahl anzugeben. Die fünf bis zwölf, die dargestellt werden, stehen für die neun[778], fünfzig[779] oder hundert[780] Häupter, von denen die Dichter sagen. Es wurde auch behauptet, nur *ein* Kopf in der Mitte der übrigen acht sei unsterblich gewesen[781], und späte Künstler haben *einen* Kopf der Hydra auch menschlich gebildet. Damit sind sie

118

von einer sehr alten Überlieferung abgewichen. Denn das Bild der zahllosen Schlangenhäupter, welche einem gemeinsamen formlosen Leib entsprießen, ragt aus einer sehr alten Mythologie in die Heraklesgeschichten hinüber. Den alten Bildnern im Zweistromland, die es zum erstenmal festhielten, war seine Bedeutung sicher nicht zweifelhaft. Die Schwierigkeit des Sieges über jenen Gegner drückten sie auf solche Weise aus, den auch sie durch einen Helden bekämpfen ließen und der – unter welchem Namen immer – kein anderer sein konnte als der Tod. Die Aussichtslosigkeit des Kampfes, außer für Herakles, den Einzigen, kam in der griechischen Erzählung auch dadurch zum Ausdruck, daß an der Stelle jedes abgeschlagenen Kopfes sogleich zwei andere wuchsen. Herakles selbst brauchte einen Helfer, wenn er mit dem Ungeheuer fertig werden wollte. Ihm stand bei dieser Arbeit ein jüngerer Heros, sein thebanischer Neffe Iolaos, bei.

Aus der Erzählung des Abenteuers ist nur dies erhalten geblieben[782]: der Heros kam mit Iolaos in seinem Kampfwagen angefahren in der Nähe der uralten Stadt Lerna an und fand die Unterweltschlange in ihrem Nest bei der Quelle Amymone. Er schoß mit feurigen Pfeilen in die Höhle und zwang sie so zum Erscheinen. Kaum war sie herausgekrochen, packte er sie an. Die Hydra umschlang den einen Fuß des Helden. Man sieht auf alten Darstellungen, daß Herakles nicht mit der Keule, sondern mit einem Sichelschwert die Schlange angriff. Jedem abgeschnittenen Kopf wuchsen indessen zwei lebendige nach. Außerdem war ein Riesenkrebs an der Stelle und biß in den Fuß des Heros. Er mußte zuerst diesen Hüter des Ortes töten. Erst nachher rief er Iolaos zu Hilfe. Der junge Held hat fast einen Wald verbraucht, um mit lodernden Scheitern die Wunden der Schlange auszubrennen, damit ihr keine neuen Köpfe wachsen. Jetzt konnte Herakles auch das unsterbliche Haupt abschlagen. Er begrub es auf der Straße, die von Lerna nach Elaius führte. In das Gift, mit dem der Leib der Schlange gefüllt war, tunkte er seine Pfeile. Der Riesenkrebs kam an den Himmel als Zeichen im Tierkreis neben den Löwen. Dorthin erhob ihn Hera[782a]. Es ist die Stelle, wo nach der Lehre der Sterndeuter die Seelen der Menschen in niedrigere Regionen hinuntersteigen[782b]. Im Zeichen des Krebses beginnt die unterweltliche Hälfte des Himmels.

Es scheint bei den Erzählern Unsicherheit geherrscht zu haben[783], ob Herakles bei Eurystheus zu zwölf Arbeiten verpflichtet war oder zu Arbeiten, die er in zwölf Jahren zu schaffen hatte, und ob dazu auch zehn Arbeiten genügten. Die Zeit für Sühne und Dienst betrug bei den Göttern ein großes Jahr, das heißt acht Jahre. So war es bei Apollon[784], so war es angeblich auch bei Kadmos und so nach einer Berechnung bei Herakles selbst, der die ersten zehn Arbeiten in acht Jahren und einem Monat verrichtet haben soll[784a]. Die Zwölfzahl ist die Zahl von Monaten und Tierkreiszeichen. Wir hörten auch schon, daß Herakles selbst seine Zeit bei dem Löwen von Nemea mit dreißig

Tagen vorausbestimmte. Dies mag eine ältere, mehr orientalische Auffassung gewesen sein, an die noch die himmlischen Entsprechungen von Krebs und Löwe erinnern. Und die Zwölfzahl erwies sich stark genug, die Zehnzahl der Arbeiten völlig zu verdrängen, die einmal sicher auch gültig war.

Eurystheus wollte, so hieß es, zwei von den zwölf Arbeiten nicht anerkennen, und zwar zuerst eben den Sieg über die Schlange von Lerna nicht, weil dem Heros dabei Iolaos half[785]. Solche Ausreden legte man spät und nicht einmal folgerichtig Eurystheus in den Mund. Es ist aber tatsächlich so, daß zwei Arbeiten nicht das gleiche Ziel haben wie diese beiden schon erzählten und außerdem noch acht weitere: den Kampf gegen den Tod. In diesem Kampf sollte Herakles nach dem Wunsch des Eurystheus unterliegen. Zu den gültigsten gehörte aber dann die lernäische Arbeit.

3. Die Hindin von Keryneia

Hohe Gebirgszüge trennen das Land Argos im Westen von Arkadien: das Parthenion und das Artemision. Ihre Namen – »Gebirge der Jungfrau« und »Gebirge der Artemis« – mahnen an die jungfräuliche große Göttin, die da herrschte. Ihren Tempel hatte Artemis auf einem Gipfel des Artemision-Gebirges und hieß da Oinatis, die von Oinoe, dem »Weindorf«, nach dem letzten Ort und Gebiet, das noch zu Argos gehörte. Hierher mußte nun Herakles ziehen. Eurystheus gab ihm den dritten Auftrag[786]: die Hindin mit dem goldenen Geweih lebendig nach Mykenai zu bringen. Sie gehörte der Göttin von Oinoe, suchte sich aber auf dem arkadischen Felsen Keryneia sogar vor Artemis selbst zu verstecken[787]. Ihre Weide war das ganze wilde Arkadien und zudem die Berge der Göttin in der Nähe von Argos. Von dort aus soll sie die Felder der Bauern besucht und verwüstet haben[788]. Aber sie wurde sicher nicht nur deswegen jenes dritte Untier in der Reihe, das Herakles nach dem Löwen von Nemea und der Schlange von Lerna erjagte!

Die Hindinnen hatten auch in jenen Zeiten kein Geweih, und wenn eine sogar ein goldenes Geweih trug, war sie kein gewöhnliches Tier, sondern ein göttliches Wesen. Es wurde auch erzählt[789], eine Gefährtin der Artemis, die Titanin Taygete, von der das Taygetosgebirge seinen Namen bekam, mußte sich in diese Hindin verwandeln, da sie sich von Zeus hatte lieben lassen. So wurde sie von Artemis bestraft. Nach anderen[790] wollte Artemis sie auf diese Weise retten. Nachdem aber Taygete die Liebe des Zeus dennoch genossen hatte, weihte sie selbst die Hindin, in die sie sich hätte verwandeln sollen, als Sühne der Artemis Orthosia[791]. Es fällt da schwer, das göttliche Tier von der Heroine und der Göttin zu unterscheiden. Als Artemis von den übermütigen Riesenzwillingen, den Aloaden, verfolgt wurde, war sie selbst die verfolgte Hindin[792]. Ein göttliches

120

Wesen mit goldenem Geweih ließ sich von Herakles verfolgen: das ist hier der richtige Ausdruck. Das Schwierige, das Gefährliche und Unheimliche an der Hindin war nicht ihre besondere Wildheit[793], so daß sie fähig gewesen wäre, dem Jäger Kampf zu bieten, wie manche glaubten, sondern daß sie floh und der Verfolger nicht aufhören konnte, das seltene Wild erbeuten zu wollen. In der Verfolgung bestand die Gefahr: sie führte, jenseits der bekannten Jagdreviere, in ein anderes Land hinüber, aus dem man nie wiederkehrt. Daher sollte Herakles die Hindin fangen und nicht abschießen, was dem großen Bogenschützen leicht gewesen wäre und was er nach einer allzu neuen Version[794] auch tat. Es war wiederum keine gewöhnliche Jagd, die ihm auferlegt wurde.

Die Hindin floh vor ihm zuerst aus Oinoe in das Artemision-Gebirge, dann weiter durch ganz Arkadien bis zum Ladonfluß. Da der Heros sie weder töten noch verwunden wollte, verfolgte er sie ein ganzes Jahr lang[795]. Wo ihn das verfolgte Tier in dieser Zeit hinführte, erfahren wir aus Pindars Lied vom wilden Olivenzweig, den Herakles nach Olympia gebracht, damit er zum Kranz der Sieger werde – und wir erfahren es von einem alten Vasenmaler. In Istria, so heißt es in jenem Lied[796], trat dem Verfolger Artemis entgegen. Dort, im nördlichsten Winkel des Adriatischen Meeres, bei der Mündung des Timavus, besaß die Göttin einen Hain, von dem erzählt wurde, daß da Hirsche neben Wölfen friedlich lebten[797]. Von den Einwohnern jenes Landes, den Venetern, wurde sie Reitia genannt, was die Übersetzung von Orthia oder Orthosia sein kann. Dorthin kamen Verfolgte und Verfolger durch das Land der Hyperboreer[798], des heiligen Volkes des Apollon, welches Land der Name Istria ebenso bezeichnete wie die Halbinsel am Timavus. Aus dem jenseitigen Land Istria brachte Herakles den Steckling des wilden Ölbaums nach dem damals noch baumlosen Olympia mit. Ein altes Vasenbild zeigt indessen, daß er in der Verfolgung noch weiter ins Jenseits gelangte, bis in den Garten der Hesperiden. Unter dem Baum der goldenen Äpfel steht die Hindin, von zwei Frauen, den Hesperiden, beschützt. Nach diesem Bild trat der Heros den Rückweg an, der Gefahr des Verbleibens im Jenseits entkommen, nach einem anderen nahm er als Beute das goldene Geweih.

Weit entfernt vom arkadischen Fluß Ladon lag der Garten der Hesperiden und doch an ihn grenzend, wie die Unterwelt bei Lerna an Argos grenzte: das waren Gebiete außerhalb der Welt, in der wir leben, Gebiete, die die Erzähler nur allmählich in unsere Welt hinübergeführt haben. Ladon, wie der Fluß, hieß die Schlange, die den Baum mit den goldenen Äpfeln bewachte[799]. Durch den Ladonfluß wollte die Hindin schwimmen. Sie gelangte also nach dieser Erzählung[800] noch nicht »jenseits« an, als Herakles sie ereilte und fing. Daß er sie auch angeschossen hätte, haben nur sehr späte Erzähler geglaubt. Der Held band die Beute an den Füßen zusammen, wie dies ein altes Bildwerk des Apollontempels von Veji zeigt, nahm sie

auf die Schulter und wanderte mit ihr durch Arkadien zurück. Da
trat ihm das göttliche Geschwisterpaar Apollon und Artemis entgegen, der Gott des Jenseits und die Göttin der Berg- und Sumpf-
landschaften, die nach dem Jenseits hinüberführen. Es kam fast zu
einem Kampf zwischen den Brüdern, den Söhnen des Zeus, wie es
auch später, um den Dreifuß von Delphi, fast dazu gekommen ist.
Man sieht auf den Darstellungen, daß Apollon die Hindin dem Heros
mit Gewalt entreißen wollte. Artemis warf ihm vor, er hätte ihr heiliges Tier getötet. Herakles entschuldigte sich mit dem Zwang und
zeigte ihr, daß er die Hindin lebendig – wenn nicht nur das Geweih –
nach Mykenai bringe. So verzieh ihm die Göttin.

4. Der Eber von Erymanthos

Das ursprünglichste Revier der Artemis, ihr Tanzplatz auf dem hoch
hinziehenden Bergrücken und ihr ebenso lieb wie der Taygetos[801],
war das Erymanthos-Gebirge in der nordwestlichen Ecke Arkadiens,
wo es an die Landschaften Achaia und Elis grenzt. Hierher wurde
Herakles mit dem vierten Auftrag geschickt: um den Eber zu holen.
Wenn die Göttin ihr zorniges Gesicht einem Lande zuwandte, wie
in der Geschichte des Meleagros, schickte sie einen wütenden Eber,
der die Felder der Bauern zerstörte. Davon wird hier nichts erzählt,
nur daß die Bewohner von Psophis über den Eber von Erymanthos
sich zu beklagen hatten[802]. Aber das war wiederum nicht der Grund,
warum Herakles ihn lebendig fangen und nach Mykenai bringen
sollte. Für die Bauern wäre es genug gewesen, wenn er das Tier erlegt hätte.

Der Heros wanderte wiederum durch das ganze Land Arkadien
und gelangte zuerst in die Wälder der Pholoe, des Hochlandes zwischen dem Alpheiostal und dem Erymanthos. Diese Gegend bewohnten Kentauren von gleicher Natur und mit den gleichen Ge-
wohnheiten, wie die halb tierischen Gegner der Lapithen in Thessalien waren. Zudem gab es hier auch Lapithen in der Nähe, mit denen indessen Herakles nichts zu tun hatte. Er wurde vom Kentauren
Pholos, der da in einer Höhle wohnte, gastfreundlich aufgenommen[803]. Der Gastgeber setzte dem Heros Braten vor, während er
selbst rohes Fleisch aß. Nach einer Erzählung war auch der weise
Chiron dabei[804], der gerechteste unter den Kentauren[805]. Vor den
thessalischen Lapithen hatte er sich nach dem Peloponnes zurückgezogen und wohnte jetzt, statt am Pelion, am Kap Malea. Verlangte
Herakles nach Wein[806], oder gehörte auch dies zur Gastlichkeit des
Pholos? Er öffnete den gemeinsamen Wein der Kentauren, den er in
einem großen Pithos zu bewahren hatte. Dieser Wein soll sogar ein
Geschenk des Dionysos gewesen sein[807], vom Gott selbst dem Heros
bestimmt[808]. Es war ein gefährliches Geschenk, dessen Natur die
Kentauren offenbar noch nicht kannten. Alte Vasenmaler stellten

die Szene gern dar, wie Herakles als erster aus dem großen Gefäß schöpft.

Der Duft des Weines lockte jetzt auch die übrigen Kentauren heran, und das kentaurische Symposion verwandelte sich bald in einen Kentaurenkampf, wiederum gern ausgemalt von Künstlern und Erzählern. Es wurde behauptet, daß der Kampf vom Pholoe-Gebirge bis zur Höhle des Chiron am Kap Malea hinüber gewogt hat. Bis dorthin hätte Herakles mit seinen giftigen Pfeilen die Kentauren verfolgt. Ein Pfeil, dem Elatos bestimmt, durchbohrte diesen und traf den göttlichen Chiron. Umsonst versuchte ihn der Heros mit chironischen Arzneien zu heilen: das Gift der Hydra war zu stark. Am Knie verwundet, konnte der weise Kentaur weder geheilt werden noch sterben. So zog er sich mit der unheilbaren Wunde zurück in seine Höhle und litt da, bis er sich selbst für den leidenden Prometheus Zeus anbieten konnte[809]. Dann erst starb Chiron, und Prometheus wurde erlöst. Durch einen Pfeil des Herakles starb auch der gute Pholos. Er zog das giftige Zeug aus einer Kentaurenleiche und bewunderte das kleine Ding, das ein so großes Wesen umbringen konnte: es fiel ihm auf den Fuß und tötete auch ihn. Herakles aber bestattete den Freund und nahm seinen Weg in das Erymanthos-Gebirge.

Dort scheuchte er den Eber von seinem Lager auf, trieb ihn in den Schnee der Höhen, fing ihn mit einer Schlinge, warf das Tier über die Schulter und wanderte mit ihm nach Mykenai. Da kam es zur längst vorbereiteten Szene, die die Vasenmaler wiederum gern festhielten. Der Heros – das Wildschwein auf dem Rücken – setzt seinen Fuß auf den Rand des unterirdischen Pithos, in den sich Eurystheus verkrochen hatte. Man sieht nur den Kopf des Feigen und seine Arme. So sehr erschrak er vor dem Eber: wie vor dem Tod.

5. Die Vögel vom Stymphalossee

In der nordöstlichen Ecke von Arkadien liegt der Sumpfsee von Stymphalos, einst umfaßt von schattigen Wäldern[810]. Nicht auszusprechen war die Zahl der Vögel[811], die ihn bewohnten. Aufgeschreckt, verdunkelten sie die Sonne[812]. Zahllos wie sie, kamen auch die Seelen am sumpfigen Acheron in der Unterwelt an: »So viele Vögel scharen sich am Meer, wenn der kalte Winter sie nach sonnenwarmen Ländern schickt . . .[813]« – »Den einen nach dem andern siehst du, wie auf leichten Flügeln die Vögel, schneller noch als das verzehrende Feuer zu fliegen nach der Küste des abendlichen Gottes[814].« Die westliche Küste, wo der Sonnengott untergeht, bedeutet in diesen Worten eines tragischen Dichters das Totenreich. Daran mahnen hier die Vögel.

Ihre Abbilder schmückten den Tempel der Artemis Stymphalia[815], der Herrscherin über diese Sümpfe. Auch Jungfrauen mit Vogelfüßen waren da aufgestellt und meinten die stymphalischen Vögel als die tödlichen Sirenen des Sumpfes. Sie seien menschenfressende Vögel gewesen, erzählte man von diesem Sumpfgetier[816], Ares hätte sie großgezogen[817]. Ihre Federn seien so scharf gewesen, daß sie Wunden schlugen, wenn sie sie auf einen fallen ließen[818]. Die Behauptung[819], sie richteten Schaden in den Feldfrüchten an, ist auch hier zu wenig. Es war Herakles zum Auftrag gegeben, wiederum etwas Tödliches anzugreifen und es zu verscheuchen. Er sollte die Vögel vom Stymphalossee vertreiben.

Er bestieg eine Erhebung am Sumpfrand[820] und scheuchte mit großem Lärm die Vögel auf. Es wurde erzählt[821], er hätte sich dazu eherner Klappern bedient, und das genügte schon, den See von den Vögeln zu befreien. Auf alten Vasenbildern sieht man den Heros mit der Schleuder auf die Vögel zielen oder mit dem Stock sie bekämpfen. Seine Waffe gegen sie aber war vor allem der Bogen[822]. Die Vögel, die er nicht abgeschossen hat, flohen nach der Ares-Insel im Schwarzen Meer. Dort haben mit ihnen später auch die Argonauten zu tun gehabt[823]. Auf dem Metopenbild in Olympia zeigt Herakles seine Beute der Pallas Athene: sie mußte ihn, nach einer Erzählung, bei dieser Unternehmung beraten haben. Er brachte dann wohl die tödlichen Vögel, als Beweis seiner Tat, nach Mykenai.

6. Die Stallungen des Augeias

Die nächste Aufgabe wartete auf Herakles an der Westküste des Peloponnesos. Da herrschte Augeias, der König von Elis, ein Sohn des Helios. Der Name bedeutet den »Strahlenden«, und es wurde auch erzählt[824], daß Sonnenstrahlen aus seinen Augen leuchteten. Er scheint in seinen Kuhherden die Reichtümer des Sonnengottes besessen zu haben. Sein Herrschertum war da, an der westlichen Küste, eher ein Königtum der untergehenden Sonne, eine Herrschaft über die Unterwelt, als über das Land Elis. Zu ihm schickte Eurystheus den Heros[825]. Der Auftrag, der ihm gegeben wurde, mahnt an die andere Seite des unterirdischen Königreichs: neben den Reichtümern an den Schmutz. Der Mist der Kühe füllte die Stallungen, und es wurde auch in diesem Fall behauptet[826], dies hätte das ganze Land verpestet. Herakles sollte jetzt den Mist wegschaffen, und seine Aufgabe wurde noch dadurch erschwert, daß er die Arbeit in einem Tag verrichten mußte.

Es wurde auch erzählt, daß sein Auftraggeber nicht allein Eurystheus war, sondern viel mehr noch Augeias[827]. Nach einer Erzählung[828] versprach dieser dem Herakles einen Teil seines Königreiches als Lohn für die Arbeit. Es scheint, daß der Heros mit dem Teil des Königreiches auch die Tochter des Königs zur Frau bekommen hätte. Wäre ihm aber die Arbeit in einem Tag nicht gelungen, so müßte er wohl als Sklave für immer den Mist aus den Stallungen

124

tragen. Eine Tochter des Augeias, mit Namen Epikaste, wird unter
den Frauen des Herakles aufgezählt[829]. Jene Form der Erzählung, in
der er dann auch um ihre Hand betrogen wurde und deswegen später
den Augeias bekämpfte, ist uns verlorengegangen. Nach anderen
Erzählern[830] verschwieg Herakles dem König, daß ihm die Aufgabe
von Eurystheus gestellt wurde, und bedingte selbst ein Zehntel der
Herden aus, falls es ihm gelingen sollte, die Stallungen zu reinigen.
Der Zeuge bei diesem Vorgang war Phyleus, der Sohn des Königs.
Mit welchem Schwung er den Besen oder Spaten gehandhabt, bewundern wir an einem Metopenbild in Olympia. Nach späteren Erzählern öffnete er die Grundmauer des Gehöftes und führte einen
Fluß – oder sogar zwei Flüsse, den Alpheios und den Peneios – durch
die Ställe. Das Unmögliche, was Augeias nicht glauben wollte, ist
geschehen. Als er zudem noch hörte, daß diese Arbeit Herakles von
Eurystheus auferlegt wurde, wollte er sein Wort nicht halten. Nach
dieser Form der Erzählung, die sicher nicht die älteste war, leugnete
der König, daß er je etwas versprochen hatte. Ein gewisser Lepreus,
der »Krätzige«, riet ihm sogar, dem Heros Fesseln anzulegen[831]. Der
Streit sollte durch Richter entschieden werden[832]. Phyleus zeugte
gegen den Vater. Augeias wurde zornig und verwies seinen Sohn
und Herakles des Landes, ehe eine Entscheidung fiel: ein Grund des
Krieges, den der Heros später gegen Elis führte.

Auf seinem Rückweg nach Mykenai kehrte er in der Stadt Olenos
bei König Dexamenos ein, dessen Name – der »Empfangende« –
einen gastfreundlichen Sterblichen ebenso bedeuten kann wie den
Herrn der Unterwelt, der sonst auch Polydektes oder Polydegmon,
der »Vielempfangende«, heißt. Außerdem war Dexamenos nicht
allen Erzählungen nach ein Mensch und der Vater des Mädchens,
das Herakles retten sollte, sondern ein Kentaur, dessen Absicht war,
das Mädchen zu rauben[833]. Dieser Kentaur, mit dem der Heros jetzt
zu tun hatte[833a], hieß auch Eurytion: ein Name, der wie Eurytos
einen guten Schützen bedeutet und ein Wesen des Totenreiches, den
Hirten des Geryoneus, offen bezeichnet. Kentauren als Bogenschützen stellten die orientalischen Künstler dar und brachten die Todes-
bedeutung dieser wilden und gewalttätigen Wesen so zum Ausdruck.
In Griechenland hieß es[833b], kein Kentaur verwende den Bogen.

Auch der Kentaur Eurytion, von dem jetzt erzählt wird, hatte
keinen Bogen. Der Heros kam im Hause des Königs von Olenos im
Augenblick an, als da die Hochzeit der Königstochter mit Eurytion
gehalten wurde, der sich zum Bräutigam gewaltsam aufgezwungen
hatte[833c]. Oder die Hochzeit wurde mit einem richtigen Bräutigam
gefeiert; unter den Gästen aber war auch Eurytion zugegen und
wollte die Braut rauben[833d]. Herakles erschlug den Kentaur und
rettete das Mädchen. Doch nicht, um es für sich zu behalten! Nur in
jener Fassung, in der die Braut schon in dieser Erzählung Deianeira
heißt[834], hatte er sich ihrer, als Gast des Dexamenos, schon früher
bemächtigt. Doch er versprach ihr zurückzukehren, um sie als seine

Gattin heimzuführen. In seiner Abwesenheit zwang sich Eurytion als Bräutigam auf. Im Augenblick, in dem der Kentaur mit seinen Brüdern die Braut holen wollte, erschien auch Herakles, wie er es versprochen hatte, und erwies sich wieder, wie schon in der Geschichte von Pholos und Chiron, als der Kentaurentöter.

In Mykenai meldete er umsonst, daß er die Arbeit beim König von Elis verrichtet hatte. Sie wurde nicht angenommen. Eurystheus warf dem Helden vor, er hätte sie nicht für ihn allein, sondern auch für Augeias unternommen.

7. Die Rosse des thrakischen Diomedes

Die Reihenfolge, in der die zwölf Taten erzählt wurden, war nicht immer genau die gleiche. Doch die Erzähler scheinen wenigstens darin einig gewesen zu sein, daß die erste Aufgabe des Herakles die Bekämpfung des Löwen in Nemea war und daß ihm für seine ersten sechs Arbeiten jeweils eine peloponnesische Gegend um das Land Argos, das Reich von Mykenai und Tiryns herum, angewiesen wurde. Erst von der siebenten Tat an befahl ihm Eurystheus immer längere Wanderungen in die Ferne. Was auf all diesen Fahrten, außer dem Befohlenen, noch geschah, darüber wurde immer mehr erzählt. So schon von der Wanderung nach Thrakien, deren Ziel es war, die gefährlichen Rosse des Königs Diomedes nach Mykenai zu bringen. Diese Unternehmung soll uns jetzt die zweite Hälfte der zwölf Arbeiten eröffnen.

Die Rosse des Diomedes fraßen Menschenfleisch, und es wurde später behauptet[835], sie seien dieselben gewesen, die Glaukos, den Sohn des Sisyphos, bei den Leichenspielen des Pelias zerrissen hatten. Es ist in der Tat schwer zu unterscheiden, ob die vier Pferde, denen auf einer Gemme ein Mensch zum Fraß vorgesetzt wird – in der blutigen Krippe, wie es bei einem tragischen Dichter heißt[835a] –, dem Glaukos von Potniai gehörten oder dem thrakischen König. Ein altes Vasenbild zeigt sie als Flügelrosse. Sie waren sicher mit den Harpyien, Gorgonen, Erinyen verwandt und im Lande des Boreas, des mit Stuten sich paarenden Nordwindes, in Thrakien, wie sonst nirgends, zu Hause. Doch der Unterweltskönig war auch *klytopolos*, »berühmt durch seine Pferde«[836]. Rosse trugen die Helden zu ihm. Wenn einer dann thronend oder hingelagert dargestellt wird und zudem noch ein Pférdekopf durch das Fenster blickt, so kann niemand mehr daran zweifeln, daß es um die Ehrung eines Toten geht. Feierlich auf sehr alten Grabgefäßen dem Leichenwagen eines Helden vorgespannt – wild und die Helden verzehrend in den Geschichten späterer Erzähler: es sind immer die Pferde des Todes, und so ist auch die seltsame Geschichte von den menschenfressenden Rossen zu verstehen.

Diomedes, der die Todespferde besaß, war ein Sohn des Kriegsgottes Ares. Er herrschte über den thrakischen Stamm der Bistonen. Zu ihm schickte Eurystheus den Herakles, um die Rosse zu holen. Der Heros nahm seinen Weg durch Thessalien und kehrte in Pherai bei König Admetos ein: die Geschichte wurde von Euripides in seinem Stück Alkestis unsterblich gemacht. Admetos, der »Unbezwingliche«, trug selber einen Namen des Unterweltskönigs, und er war der Herrscher, bei dem Apollon ein großes Jahr diente. Der Gott hütete die Herde des Admetos[837] und tränkte[838] seine berühmten Rosse, die besten in der Welt[839]. Er half auch Alkestis, die schönste Tochter des Pelias[840], des Königs von Iolkos, zu gewinnen. Pelias hatte den Freiern zur Bedingung gestellt[841], einen Löwen und einen Eber dem Brautwagen vorzuspannen. Apollon hatte dies schon zur Hochzeitsfeier des Kadmos und der Harmonia vollbracht, er tat es auch für Admetos[842]. Es wurde auch erzählt[843], daß die Hochzeitskammer, als der Bräutigam sie öffnete, voll von Schlangen war: angeblich eine Strafe der Artemis, der zu opfern der König vergessen hatte. Vielleicht ist es die Spur einer älteren Erzählung, in der Admetos und Alkestis, wie es dem unterirdischen Königspaar ziemte, eine Schlangenhochzeit hielten.

In dieser Erzählung indessen, deren Fortsetzung die Ankunft des Herakles in Pherai bildet, versprach Apollon, Artemis zu versöhnen, ja er betörte die Moiren, die bei dem Hochzeitsfest zugegen waren. Er gab ihnen Wein, bis sie sich betrunken hatten[843a], und erbat von ihnen ein Hochzeitsgeschenk. Die betrunkenen Moiren verdoppelten darauf das kurze Leben des Admetos, unter einer Bedingung[844]: wenn am Tage, an dem er sterben sollte, ein anderer an seiner Statt, vielleicht sein Vater, seine Mutter oder seine Frau, freiwillig aus dem Leben gehe. Der Tag war bald da, und diesen Tag schildert uns Euripides.

An jenem Tag verließ Apollon das Haus des Admetos, an dem es Thanatos, der Tod, betrat[845]. Er kam, um die Königin Alkestis zu holen. Denn kein anderer, nicht einmal sein greiser Vater oder seine alte Mutter, wollte für Admetos sterben, nur seine junge Frau. Sie nimmt jetzt von ihrem Mann und den zwei kleinen Kindern Abschied. Der Palast ist voller Trauer und Klagen. In diesem Augenblick kommt Herakles an[846]. Der König verrät dem Gast nicht, wer gestorben sei. Der Gast soll ruhig zechen. Alkestis wurde schon hinausgetragen, hinter dem Grabmal wartet Thanatos, der Tod, auf sie[847], um die Königin mit sich zu zerren. Jetzt erst erfährt der Heros, was geschehen ist. Er rennt dem Leichenzuge nach und entreißt dem Tod im Ringkampf seine Beute[848]. In dem berühmten Gespräch bei dem Tragödiendichter Agathon, das der große Platon verewigt hat[848a], wird eine Erzählung erwähnt, nach der die Unterweltgötter selbst Alkestis entließen: so sehr waren sie über ihre freiwillige Ankunft im Hades erstaunt. Der alte Bühnendichter Phrynichos[849] beschrieb indessen das Ringen, Leib gegen Leib, des Heros mit dem Tod.

127

Von Admetos wanderte Herakles weiter, zum Sohn des Ares, eines der schrecklichsten Todesgötter, zum grausamen Diomedes. Von diesem heißt es[850], daß er seine wilden Pferde mit eisernen Ketten an die eherne Krippe gebunden hielt und sie mit dem Fleisch unglückseliger Fremder fütterte. Um sie zu zähmen, warf ihnen Herakles ihren Herrn selbst zum Fraße hin und führte die Tiere mit sich nach Mykenai. Eurystheus soll die Rosse der Hera geweiht haben, und ihre Rasse blieb angeblich bis zur Zeit Alexanders des Großen erhalten[851].

Andere Erzähler verbanden diese Geschichte mit der Gründung der Griechenstadt Abdera in Thrakien. Dorthin soll Herakles[852] in der Begleitung einer ganzen Schar von Gefährten mit dem Schiff gefahren sein. Die Pferde erbeutete er von ihren Hütern und trieb sie aus dem Land der Bistonen zum Meer hinunter. Diomedes mit den Bistonen verfolgte ihn. Der Heros ließ darauf die Rosse in der Hut seines geliebten Abderos, lieferte den Verfolgern einen Kampf, tötete Diomedes und schlug die Bistonen in die Flucht. Abderos fiel unterdessen den Pferden zum Opfer: sie schleiften ihn zu Tode oder zerrissen ihn, wie es ihre Gewohnheit war. Herakles bestattete Abderos und gründete bei seinem Heroengrab die Stadt Abdera.

Man sieht, daß die Geschichte auf diese Weise aus der Heroenmythologie in die Erzählungen von den Feldzügen ganzer Heroenscharen hinübergeleitet wird. Man erzählte auch, daß Herakles sich nach dieser thrakischen Arbeit den Argonauten anschloß[853]. Doch ist er nicht lange mit ihnen geblieben, da er, schon als sie in einer Bucht des Marmarameeres landeten, seinen jungen Gefährten, den geliebten Knaben Hylas, an die Quellennymphen verlor[854]. Während er ihn verzweifelt suchte, fuhr das Schiff Argo mit günstigem Wind weiter[855]. Herakles gelangte dann nach einer Erzählung zu Fuß nach Kolchis[856] und nahm an der Gewinnung des Goldenen Vlieses teil, nach der anderen[857] kehrte er zu seinen Arbeiten, die er schicksalsgemäß für Eurystheus ausführen mußte, zurück.

Viel mehr als die Teilnahme an der Argonautenfahrt, die den Namen eines anderen Heros, des Iason, sollte berühmt machen, ziemte es Herakles – er nennt dies bei Euripides seinen Daimon, sein persönliches Schicksal[858] –, alle drei Söhne des tödlichen Ares in Thrakien, Makedonien und Thessalien zu bekämpfen: außer Diomedes auch Lykaon und Kyknos. Die Geschichte seines Sieges über Lykaon ist nicht erhalten geblieben, den Kampf mit Kyknos besang ein Fortsetzer der Gedichte des Hesiod[859]. Seinem Namen nach gehörte Kyknos, der »Schwan«, zu den Dienern und Lieblingen des Apollon. Er hauste in einem Hain des Apollon bei Pagasai in Thessalien[860] und überfiel die Verehrer des Gottes, die mit ihren Hekatomben auf dem Wege nach Delphi dort vorüberzogen[861]. Er war also nach dieser Erzählung doch alles andere als ein Apollondiener. Ihm stand sein Vater Ares mit seinen Wagenlenkern, Deimos und Phobos, »Schrecken« und »Furcht«, leibhaftig bei. Gegen Kyknos kämpfte Herakles, auf seinem Streitwagen von Athene begleitet, die den Sieg und den Ruhm in der Hand hielt[862]. Sein kühner Wagenlenker war der Heros Iolaos, das eingespannte Pferd aber das Götterroß Arion[863], das Poseidon einst mit Demeter zeugte[864]. Herakles hatte es nicht erbeutet, sondern geschenkt[865] oder geliehen bekommen[866] und gab es dem Adrastos weiter.

Der Ausgang des Kampfes wurde auch so erzählt[867], daß Ares zwar Kyknos geholfen hat, doch ein Blitz des Zeus die Kämpfenden trennte. Nach den meisten Erzählern aber wurde Kyknos vom Heros getötet, und Zeus griff mit seinem Blitz erst ein, als nun seine zwei Söhne gegeneinander kämpften: Ares und Herakles[868]. Auf einem alten Vasenbild schauen der Meergreis und Poseidon auf der einen Seite, Apollon und Dionysos auf der anderen dem Kampf zu, der über die Leiche des Kyknos entbrannte und der von Zeus persönlich beschwichtigt wird. In der Erzählung des Hesiod-Fortsetzers greift der Götterkönig nicht ein. Herakles wurde von Pallas Athene darauf vorbereitet, daß Ares für seinen Sohn in den Kampf eintreten wird, und trifft den Gott mit der Lanze am Schenkel. Den verwundeten Ares bringen seine Wagenlenker auf den Olymp. Herakles nimmt sich die Waffen des Kyknos. Ihn bestattete nachher sein Schwiegervater Keyx; sein Grab ließ Apollon durch den Fluß Anauros wegschwemmen[869].

Kyknos gehörte, wie sein Schwiegervater Keyx und dessen Frau Alkyone, eher zu den Vögeln. Keyx hieß wohl auf griechisch der männliche, Alkyone der weibliche Eisvogel. Sie sollen ursprünglich ein menschliches Paar gewesen sein, mit Herakles durch Freundschaft verbunden. Sie waren aber so überheblich, daß sie sich gegenseitig als Zeus und Hera ansprachen. Zur Strafe wurden sie in Vögel verwandelt[870]. Die Erzähler haben auch das zustande gebracht, daß der Schwan, der heilige Vogel Apollons, von dem man glaubte, sein Gesang ertöne nur im Vorgefühl des Todes[871], zum mörderischen Sohn des Kriegsgottes wurde. Doch sie hätten keinen besseren Gegensatz zu ihm finden können als Herakles, der auch der tödlichen Rosse des Diomedes Herr wurde und sie mit sich nach Argos führte.

8. Der Stier des Minos

Nach den meisten Erzählern hatte Eurystheus Herakles zuerst nach Kreta geschickt, um den Stier zu holen, und erst nachher nach Thrakien, um die Rosse heimzubringen. Angeblich war König Minos der Besitzer des Stieres, aber er durfte es nicht sein. Denn es soll der gleiche Stier gewesen sein, von dem in den kretischen Geschichten schon die Rede war[872] und in den sich Pasiphae verliebte. In der Erzählung, die uns überliefert wird[873], steht nur insofern etwas anderes über ihn, als er nicht mehr die Rolle des Liebhabers der Königin spielt. Er tauchte, so heißt es, aus den Wellen auf, und Minos hatte schon früher versprochen, daß er das, was aus dem Meer erscheinen wird, dem Poseidon opfert[874]. Das Tier aber war so schön, daß Minos an seiner Statt einen anderen Stier opferte und diesen zu seinen Kuhherden schickte.

Bis zu diesem Punkt ist die Erzählung mit der Geschichte der Pasiphae identisch, so wie sie Euripides in seinen ›Kretern‹ auf die Bühne brachte. Dort besteht die Strafe für Minos freilich darin, daß Poseidon in der Königin eine krankhafte Leidenschaft zum Stier erweckt[875]. Man erzählte aber auch von einer weiteren Strafe des Poseidon[876]: das Tier sei wild geworden, und es bedurfte des Herakles, um ihn wieder loszuwerden. Daher schickte Eurystheus den Heros nach Kreta, um den Stier lebendig nach Mykenai zu bringen. Minos selbst war ihm dabei behilflich[876a]. Alte Vasenbilder zeigen, wie der Stier gefangen wurde: mit einem Strick, den Herakles dem Tier um das Maul und das Vorderbein geworfen hat, oder auch ohne Strick, indem er sich vorne über den Stier warf. Er betäubte ihn zuletzt mit der Keule und brachte ihn nach Mykenai. Dort ließ er ihn frei. Lange schweifte das ungezähmte Tier auf dem Peloponnes herum. Endlich gelangte es über den Isthmos nach Marathon; dort fing es Theseus wieder ein und opferte es schließlich dem Apollon[877].

Es war eine Tat für Theseus. Wenn es wahr ist, daß in früheren Zeiten auch nur von zehn Arbeiten des Herakles erzählt wurde, so waren sicher dieses und das folgende Abenteuer diejenigen, die man später hinzugefügt hat.

9. Der Gürtel der Amazonenkönigin

Admete[878], die Tochter des Eurystheus, wünschte sich den Gürtel der Amazonenkönigin Hippolyte. Herakles wurde daher nach dem kleinasiatischen Land Pontos am Schwarzen Meer geschickt, wo die Amazonen am Fluß Thermodon wohnten: ein Volk, das nur aus kriegerischen Frauen bestand. Sie ließen von ihren Kindern allein die Mädchen aufwachsen, die rechte Brust schnitten sie sich ab, damit sie sie bei dem Bogenschießen und dem Speerwerfen nicht hindere, mit der linken nährten sie ihre Töchter. Die tapferste unter ihnen war Hippolyte, ihre Königin. Als Abzeichen hatte sie von ihrem Vater Ares den Gürtel erhalten. Herakles fuhr mit einer ganzen Heldenschar auf diese Unternehmung aus[879]. Unter seinen Gefährten befanden sich Theseus, von dem bald ausführlicher die Rede sein wird, und Telamon[880], der Heros der Salaminier und Aigineten. Es war wie eine Argonautenfahrt, und es wurde auch behauptet, alle Argonauten hätten daran teilgenommen[881]. Nach einigen Erzählern kam es auf dieser Fahrt sogar zu einem trojanischen Krieg: eben zu demselben, den Herakles mit einer Schar von Tirynthiern[882] und mit Iolaos und Telamon gegen Laomedon, den König von Troja, führte.

Es gab eine alte Geschichte[883] von dem heimtückischen Laomedon, dem Besitzer berühmter Pferde, Geschenke des Zeus[884]. Ähnliches erzählte man von ihm wie von Admetos. Auch bei ihm, dem »Volksbeherrscher« – das bedeutet sein Name, und über das größte Volk herrscht der Unterweltskönig –, diente Apollon als Hirt[885] und mit ihm Poseidon, der die Mauern von Troja erbaute[886]. Die Götter dienten in Menschengestalt[887] und wetteiferten[888] in der Erstellung der Stadt. Laomedon betrog sie dennoch um ihren Lohn. Er drohte sogar[889], daß er ihnen die Hände und Füße zusammenbinden, sie in der Fremde verkaufen und zudem noch ihre Ohren abschneiden werde. Was er als Lohn – entweder beiden oder doch wohl dem Sieger im wetteifernden Dienst – versprach, waren sicher die berühmten Pferde. Wegen dieser Pferde kam auch Herakles mit seinen sechs Schiffen nach Troja[890].

Denn – so wurde die Geschichte weiter erzählt[891] – der betrogene Poseidon, der Erbauer der Burg, schickte ein Meerungeheuer gegen das Land der Trojaner, und Apollon schickte die Pest. Sein Orakel gab den Rat[892], Laomedons Tochter Hesione dem Ungeheuer preiszugeben. Königlich bekleidet[893], wurde sie an der Küste ausgesetzt, und Laomedon versprach dem Retter die göttlichen Rosse, um die er Poseidon betrogen hatte. Herakles übernahm die Aufgabe. Die Trojaner errichteten ihm mit Pallas Athene eine Schanze am Strand, damit er sich im Notfall vor dem Ungetüm dorthin zurückziehen kann[894]. Ein altes Vasenbild zeigt das Ungeheuer, einen Riesenfisch mit geöffnetem Rachen, in den der Heros hineintritt, die Sichel in der Rechten, um die riesige Zunge abzuschneiden. Hesione sieht ihm in ihrem Staat zu. Es wurde auch erzählt, daß Herakles in den Schlund des Tieres sprang[895], ja daß er drei Tage lang in seinem Magen blieb und mit kahlem Kopf zurückkam[896]. So tötete er das Ungeheuer.

Doch die Rosse wollte Laomedon auch ihm nicht geben und beschimpfte den Heros[897]. So kam es zur ersten Zerstörung Trojas. Mit leeren Gassen blieb die Stadt zurück, als Herakles weiterzog[898]. Unter seinen Männern zeichnete sich Telamon besonders aus[899] und erhielt als Ehrengeschenk Hesione zur Gattin[900]. Laomedon und seine Söhne wurden von Herakles niedergeschossen[901], bis auf den jüngsten. Diesen rettete Hesione, indem sie ihn mit ihrem goldgewirkten Schleier vom Heros loskaufte. Bis zu jener Zeit hieß der Junge Podarkes, »der mit den schnellen Füßen«, so erzählte man von ihm[902], dann aber, nach dem Wort: *priamai* »ich kaufe ihn los!« – Priamos. Er sollte als König in seinem späten Alter den zweiten Untergang Trojas erleben.

Nach den älteren Erzählern[903] folgte auf diesen Sieg die Fahrt zu den Amazonen, nach den jüngeren[904] verhielt es sich vielmehr umgekehrt. Um den Auftrag des Eurystheus auszuführen, landete Herakles mit seiner Schar bei Themiskyra, an der Mündung des Thermodon. Die Amazonen waren den Männern nicht abhold, und Hippolyte wäre geneigt gewesen, ihren Gürtel Herakles zu schenken[905]. Ein Vasenmaler schildert die Szene: den ruhig dasitzenden Heros und die Amazone in skythischen Beinkleidern. Sie überreicht ihm den Gürtel freundlich. Oder ging die Gefangennahme ihrer Schwester Melanippe durch Herakles schon voran[906], und gegen den Gürtel sollte sie freigegeben werden[907]? Es wurde aber dann erzählt[908], Hera selbst wäre in der Gestalt einer Amazone erschienen. Sie erweckte im Frauenvolk den Verdacht gegen Herakles und die Seinen, als hätten es die Fremden auf den Raub der Hippolyte abgesehen. Nach dieser Erzählung kam es doch zu einer Schlacht zwischen den Heroen und den Amazonen. Herakles tötete die Königin und nahm der toten Hippolyte den Gürtel ab: es zeigt uns auch das Metopenrelief von Olympia die Sterbende auf dem Boden.

Nach den Erzählern, die dafür hielten, daß der erste Heros, der die Amazonen bekämpfte, Herakles war und Theseus sein Begleiter, erhielt dieser nun als Ehrengabe – wie Telamon die Hesione – die Amazone Antiope[909]. Nach anderen nahm Theseus die Amazonenkönigin gefangen[910], erbeutete ihren Gürtel[911] und schenkte ihn dem Herakles. Es heißt zudem noch[912], daß die Amazone, die er heimgeführt, und von der er seinen Sohn Hippolytos hatte, Hippolyte war und nicht Antiope. Diese Geschichte kommt unter den Erzählungen von Theseus an die Reihe. Den Gürtel bewahrte man in Mykenai[913], wenn nicht vielmehr im Heiligtum der Hera, der Admete als Priesterin diente[914].

Auch von der Rückfahrt der Heroen gab es Erzählungen, darunter eine sehr alte, die nicht an die leichte Arbeit bei den Amazonen, sondern an die schwere bei Troja anknüpfte[915]. Es wurde erzählt[916], daß am selben Tage, an dem Herakles Troja hinter sich ließ, Hera den Hypnos, die Gottheit Schlaf, bewog, Zeus in tiefen Schlummer einzuwiegen. Sie selbst erweckte einen mächtigen Sturm und trieb den Heros nach der Insel Kos, fern von allen Freunden. Von seinen sechs Schiffen verlor er fünf[917]. Die Einwohner der Insel empfingen ihn mit Steinwürfen[918]. In der Nacht landete er und hatte mit König Eurypylos zu tun, dem »mit dem weiten Tor«: ein durchsichtiger Name für den Unterweltsherrscher. Nachdem er ihn erschlagen[919], mußte er mit dessen Sohn Chalkodon kämpfen, dem »mit den ehernen Zähnen[920]«, und wurde von ihm verwundet. Nur Zeus konnte noch seinen Sohn retten[921] – vor wem in Wahrheit? Der Name hat uns den Todesgott schon verraten.

Die Einwohner der Stadt Antimacheia auf Kos erzählten die Geschichte etwas ausführlicher[922]. Nachdem Herakles am Kap Laketer aus seinem letzten Schiff nur die Männer und die Waffen gerettet hatte, begegnete er einer Schafherde und ihrem Hüter Antagoras. Es heißt[923], daß dieser der Bruder des Chalkodon war. Antagoras – ursprünglich wohl wie Antaios ein »Begegnender« – ist sicher nur ein anderer, weniger durchsichtiger Name für jenen. Vom unbekannten Hirten erbat Herakles einen Widder. Aber der Sohn des

Eurypylos forderte ihn zum Ringen auf. Das Ringen ging bald in einen Kampf über, da die Meroper, die Bewohner von Kos, dem Antagoras helfen, die Gefährten des Herakles ihren Anführer verteidigen wollten. Und sie unterlagen zuerst. Der Heros selbst mußte weichen. Er flüchtete sich zu einer thrakischen Sklavin und verbarg sich in Frauenkleidern, bis er die Meroper besiegen konnte. In buntem Frauengewand feierte er dann seine Hochzeit mit der Tochter des Königs, Chalkiope, der »mit dem ehernen Gesicht«. Seitdem trägt der Heraklespriester von Antimacheia Frauengewand und weiblichen Kopfschmuck bei dem Opfer, und jeder Bräutigam desgleichen bei der Hochzeit. Herakles legte damals nicht zum letztenmal Frauenkleider an: eine Geschichte darüber soll später erzählt werden. Denn so verkleidet, wird er auch der Königin Omphale dienen: weibliche Kleidung und Frauendienst ziemen dem Göttinnendiener, der in den allerältesten Geschichten wohl weder von Hera verfolgt wurde noch von Zeus gerettet zu werden brauchte.

Wie das Ende dieser Geschichte von Homer erzählt wird[924], erwachte der Götterkönig und sah seinen Sohn in Bedrängnis. Er hätte Hypnos in das Meer geworfen und vernichtet, wenn der geflügelte Gott sich nicht zu seiner Mutter, der alle Götter bezwingenden Nacht, geflüchtet hätte. Vor ihr hatte Zeus Achtung und wollte sie nicht betrüben. Hera aber hängte er auf, an einem goldenen Seil, zwei Ambosse an den Füßen, in der Luft. Kein Gott konnte sie lösen, und wenn einer, wie Hephaistos, es versuchte, warf ihn der Olympier von der Schwelle des himmlischen Palastes weit hinab auf die Erde[925]. Seinen Sohn rettete er von Kos und führte ihn heim, in das pferdeernährende Argos.

10. Die Rinder des Geryoneus

Um die Rinder des Geryoneus zu holen, wurde Herakles in die westliche Ferne geschickt. Den Okeanos sollte er überqueren und die Insel Erytheia[926], die Insel der Abendröte, erreichen, wo der Hirt Eurytion und der zweiköpfige Hund Orthos, der Bruder des Kerberos und der Hydra von Lerna[927], in den nebligen Stallungen die Rinder hüteten. Es waren purpurrote Rinder[928], sie gehörten dem Geryoneus, von dem Herakles sie erbeuten und auf dem langen Weg nach Argos treiben sollte. Von Geryoneus wurde behauptet[929], er sei der Sohn des Chrysaor und der Okeanide Kalliroë gewesen, jenes Chrysaor, des »Helden mit dem goldenen Schwert«, der zugleich mit dem Pegasos aus dem Hals der geköpften Medusa hervorsprang[930].

Ein solcher Vater ziemte ihm, der kein Hirt war, sondern, wie die Darstellungen zeigen, ein behelmter, gepanzerter Krieger mit Schild und Lanze. Sein Name Geryoneus oder Geryones bedeutet den »Schreier«. Denn das Schreien gehörte zur Schlacht[931]. Wenn der verwundete Ares aufschreit, so ist es wie das Schlachtgeschrei von neun- oder zehntausend Kriegern[932]. Sein Hirt Eurytion mit dem Schützennamen, den auch der Kentaur im Abenteuer bei Dexamenos trug, hatte Ares zum Vater[933]. Geryoneus wird wohl als dreiköpfig bezeichnet[934], war aber – so schildern ihn Dichter[935] und Vasenmaler – ein Dreileib, mindestens vom Rumpf an, der mit sechs Armen kämpfte und auch Flügel besaß[935a], um, wie die Harpyien, Erinyen oder wie ein Raubvogel, auf seine Opfer zu stürzen. Sein Schildzeichen war der Adler. Am Sonnenuntergang weideten seine roten Kühe. Dort lauerte er auf, vielleicht schrie er vom Sonnenuntergang her und rief die kampf- und rinderlustigen Männer in den Tod.

Nach den ältesten Erzählungen brauchte Herakles sicher nicht sehr weit zu gehn, nicht weiter als die Westküste des Peloponnesos, um das einzige Fahrzeug zu besteigen, mit dem die rote Insel des Geryoneus zu erreichen war. Vielleicht nur bis Pylos an der südlichen Westküste, wo Neleus mit dem sprechenden Namen, »der Unbarmherzige«, herrschte, der Sohn des Poseidon und der Tyro, deren Geschichte schon vorgetragen wurde. Man erzählte später[936], Neleus und seine Söhne vergriffen sich an den Rindern des Geryoneus, als Herakles sie auf dem Rückweg nach Hause trieb, nur Nestor nicht: daher übertrug ihm der Heros die Herrschaft über Pylos. Es wurde aber auch erzählt, das Stadttor hätte man geschlossen, als Herakles vor Pylos ankam, ohne Herde, und sicherlich nicht, wie es später behauptet wurde[937], um sich reinigen zu lassen. Dann hätten sich nicht die Götter selbst bemüht, um ihn vom Eindringen abzuhalten.

Der Name Pylos, den an der gleichen Küste noch eine Stadt trägt – und jene sogar im Besitz eines Heiligtums des Hades[938] –, meinte für die Erzähler, die die Pracht des Nestorpalastes nicht mehr erlebten, die *Hadu pylai*, die Hadestore. Es war eine alte Geschichte, auf die schon Homer Bezug nimmt[938a]: Poseidon, Hera und Hades[939], nach anderen Dichtern auch Ares und Apollon[940], standen dem Neleus bei, als Herakles Pylos bezwang. Zeus und Pallas Athene halfen dem Heros. Er traf Hera an der rechten Brust mit seinem dreihakigen Pfeil und tat ihr unheilbares Leid an[940a]. Dreimal stieß er Ares mit der Lanze nieder, und zum drittenmal durchbohrte er ihm den Schenkel[941]. Mit seinem Pfeil verwundete er auch Hades an der Schulter, »in Pylos bei den Toten« – so wird es ausdrücklich gesagt[942]. Paieon, der Arzt der Götter, heilte ihn auf dem Olymp[943]. Neleus und elf von seinen zwölf Söhnen fielen[944].

Nach einer anderen, vielleicht noch älteren Erzählung[945] hatte Herakles in Pylos vornehmlich mit *einem* Sohn des Neleus zu tun gehabt: mit Periklymenos, dem »Berühmten«. Auch mit diesem wurde wohl kein anderer gemeint als mit den Söhnen des Eurypylos auf Kos. Man erzählte, er sei eigentlich ein Sohn des Poseidon gewesen und hätte von seinem Vater zum Geschenk erhalten, daß er sich in viele Formen verwandeln konnte. Bald erschien er als Adler, bald als Ameise, bald als Biene mit einem ganzen Bienenschwarm, bald als eine Schlange. Als Biene setzte er sich auf den Nabel des

134

Jochs der Pferde des Herakles. Nach der späteren Wendung der Geschichte erkannte ihn der Heros mit Athenes Hilfe und schoß die Biene ab. Die ursprüngliche Wendung war vielleicht diese, daß der Vielgestaltige dennoch nicht getötet wurde, sondern in Adlergestalt entkam[946]. Herakles stand noch eine große Reise bevor, ehe er Geryoneus' und seiner Rinder habhaft wurde, selbst wenn er das Tor Pylos bezwungen hatte.

Nach den späteren Erzählern führte die Reise zuerst durch die Länder von Nordafrika bis zu den berühmten Säulen des Herakles, die er bei dieser Gelegenheit errichtete. Es gab auch solche, die behaupteten[947], daß ihm auf dieser Fahrt, als er durch Libyen wanderte, der Riese Antaios begegnete. Antaios war kein anderer – das besagt sein Name – als der »Begegnende«. Von Geistererscheinungen sprach man so, daß sie einem »begegnen«. Demeter, sofern sie auch Herrin der Toten, der »Demetreioi«, war, hieß in dieser Eigenschaft »Mutter Antaia[948]«, und so hieß vor allem Hekate, die Herrin der Gespenster, die sie schickt[949], und die einem auch »begegnen« kann. Von Antaios gab es zwei verschiedene Erzählungen. Nach der einen[950] war er der König der afrikanischen Stadt Irasa. Ähnlich wie Danaos veranstaltete er unter den Freiern seiner wunderschönen Tochter einen Wettlauf: so wurde der Kyrenäer Alexidamos sein Eidam. Nach der anderen Erzählung[951] war er ein Riese, der die Fremden, wie Antagoras mit dem nur wenig veränderten Namen, zum Ringkampf herausforderte. Er war stärker als alle und schmückte mit den Schädeln der Besiegten den Tempel seines Vaters Poseidon.

Seine Stärke bestand aber darin, daß er ein Sohn auch der Erde war, und sobald er mit seinem Leib den Boden berührte, gab ihm seine Mutter noch größere Kraft[952]. Herakles nahm den Kampf mit ihm auf: so hat er schon auf Kos oder am Grabmal der Alkestis gerungen. Nicht ließ er Antaios auf die Erde fallen, und wenn er schon fiel, richtete er ihn wieder auf. So verging dem Riesen seine Stärke: er wurde besiegt und getötet. Doch auch der Heros legte sich erschöpft hin, und er schlief ein. Da kamen die Pygmäen, die lächerlichen Zwerge der ägyptischen Landschaft, die auf pompeianischen Wandgemälden oft ihr Unwesen treiben, und – so lautet die ganz späte Erzählung[953] – sie wollten ihren Bruder Antaios rächen. Waren sie doch auch aus der Erde hervorgegangen! Herakles war für sie ein wahrer Riese. Sie bereiteten gegen ihn einen Angriff mit Kriegsmaschinen wie gegen eine mächtige Festung vor und gaben das Beispiel für eine noch viel spätere Erzählung, die nicht in Griechenland, sondern auf einer nebligen Insel jenseits des nördlichen Totenmeers ausgeführt wurde. Und Herakles? Er wachte auf und sammelte lachend die Zwerge in seine Löwenhaut, um sie als würdige Beute dem Eurystheus zu bringen . . .

Nicht diese Erzählung allein brachte Herakles auf der Reise zu Geryoneus mit Ägypten in Verbindung, sondern auch die Geschichte von Busiris[954], dem König der gleichnamigen Stadt im Nildelta oder

135

einer anderen in der Nähe von Memphis. In der Sprache der Ägypter hieß die Stadt »Haus des Osiris«: ein Name, den das Wort Busiris ungefähr wiedergibt. Es ist der Totengott Osiris, den die Erzähler in die Geschichte vom Tyrannen Busiris verwandelt haben. Dieser hatte die Gewohnheit, die Fremden dem Zeus zu opfern[955], und fraß selbst Menschenfleisch[956]. Um die Geschichte wahrscheinlicher zu machen, erzählte man[957], eine neunjährige Dürre hätte Ägypten heimgesucht, und ein Wahrsager aus Zypern hätte daraufhin ein dunkles Orakel so ausgelegt, daß jährlich dieses schreckliche Opfer dargebracht werden mußte. Busiris opferte als ersten den Wahrsager. Als Herakles nach Memphis kam, wurde er gefangengenommen. Er ließ es geschehen. Es heißt auch[958], daß er mit dem König ringen mußte. Beim Ringen oder, wie die Vasenmaler es gerne darstellen, als er beim Altar geopfert werden sollte, warf er Busiris zu Boden und machte ihm und seinen schwarzen Schergen den Garaus. Doch es ist nicht einmal über Antaios und Herakles schon alles erzählt.

Nach den späteren Erzählern begegnete ihm Antaios nicht in Libyen, sondern in Mauretanien, an der Meerenge, die Afrika von Europa trennt. Dort hatte der Riese seine Stadt Tingris gegründet, das heutige Tanger, und dort zeigte man später sein Grab: einen Hügel in der Gestalt eines auf dem Rücken liegenden Mannes[959]. Dort öffnet sich das Meer viel weiter noch nach dem Westen als bei Pylos. Gegenüber liegt in der Ferne, an der iberischen Küste, Cadiz. Da drüben errichtete Herakles die Säulen mit der Inschrift, von Gadeira gäbe es nach dem Westen hin keine Überfahrt[960]. Noch weiter mündet der Guadalquivir in den Atlantischen Ozean: ihm, dem Tartessosfluß fast genau gegenüber, bestimmte der Dichter Stesichoros die Lage der Insel Erytheia[961]. Die Entfernung bis zu ihr war nicht so lang wie der Weg, den die Sonne bis zu den östlichen Äthiopen zurückzulegen hatte, aber die Richtung war die gleiche.

Umsonst ließen die Erzähler den Heros die lange Wanderung machen: er war hier seinem Ziele nicht näher als schon »in Pylos bei den Toten«, wo er seine Pfeile gegen Götter gerichtet hatte. Gegen Götter mußte er den Bogen spannen, wenn er die Überfahrt, von der seine Inschrift verkündete, daß es sie gar nicht gäbe, erzwingen wollte, dort oder hier. Die Erzählung wird so fortgeführt, als schlösse sie sich unmittelbar an die Pylischen Geschichten an. Herakles spannte nun den Bogen gegen den Sonnengott[962], sicherlich nicht wegen der großen Hitze[963]! Helios erschrak und lieh dem Helden den großen goldenen Becher, den er allabendlich bestieg, um über den Okeanos nach dem Osten zu gelangen[964]. Erytheia schickte und geleitete das Gefäß[965], die Hesperide, nach der die Insel der Abendröte hieß[966]. Der Heros saß schon im Becher: da versuchte als letzter Okeanos ihn an der Überfahrt zu hindern. Er brachte die Fluten in Aufruhr und zeigte drohend sein Angesicht[967]. Doch als Herakles nun den Bogen auch gegen ihn spannte, ließ er ihn durch.

Auf der roten Insel setzte sich der Heros in den Stallungen fest, auf dem Berg Abas[968]. Der Hund Orthos erspürte ihn sogleich und griff ihn an. Herakles erledigte das Tier mit der Keule. Dem Hund kam Eurytion zu Hilfe und wurde getötet. Ein anderer Hirt weidete seine Herde in der Nähe. Es war die Herde des Hades, der Hirt hieß Menoites, und er meldete dem Geryoneus den Raub. Den Anthemos entlang trieb der Heros schon die Rinder, dem Fluß »voll Blüte«, als Geryoneus ihn einholte. Mit drei Händen hob er gegen Herakles drei Lanzen, mit drei Händen hielt er ihm drei Schilder entgegen. Dem Ares war er gleich, als er auf ihn zuschritt[969]. Herakles nahm den Kampf mit ihm auf und erschoß den Dreileib. Die Herde nahm er mit in den Becher und landete schnell am Tartessosfluß. Der Sonnengott stieg in das goldene Gefäß. Im dunklen Lorbeerwald verschwand der Sohn des Zeus[970].

Viele Erzählungen gab es von seiner Heimkehr nach Argos, den Küsten des Mittelmeers entlang, mit der prächtigen Herde. Überall lauerten Räuber auf die seltene Beute. Und bei allen Völkern und in allen Städten, die er berührte und deretwegen er immer größere Abschweifungen machen mußte, von Mauretanien[971] bis zu den fernen Skythen[972], waren die Genealogen bereit, von Hochzeiten des Herakles zu berichten, damit die Herrscherfamilien ihre Abstammung von ihm herleiten konnten. Nicht alle Geschichten sollen hier wiedererzählt werden, zumal sie kaum mehr in die Heroenmythologie der Griechen gehören. Eine war beispielshalber jene, die Prometheus dem Heros vorausgesagt hat[973]. (Denn die Fahrt zu den Hesperiden, auf der Herakles dem Titanen begegnen sollte, ereignete sich nicht bei allen Erzählern später als die Wanderung mit den Rindern des Geryoneus.) An der ligurischen Küste versuchten zwei Söhne des Poseidon die Rinder dem Herakles zu rauben[974]. Er tötete sie, und so kam es zu einem Kampf mit dem Volk der Ligurer. Herakles schoß alle Pfeile auf die Angreifer ab und suchte dann, kniend noch, mit der Hand Steine. Doch der Boden war weich, und er wäre wohl überwältigt worden, wäre nicht Zeus mit einem Steinregen ihm zur Hilfe gekommen[975]. Jetzt konnte er die Ligurer mit Steinwürfen vertreiben. An jener Stelle entstand die steinige »Plaine de la Crau«.

Herakles trieb die Rinder weiter. Er trieb sie durch ganz Tyrrhenien, das Land der Etrusker, bis zur Stelle am Tiber, wo sich später Rom erheben sollte. Damals hauste dort am Aventin ein Sohn des Volcanus – so hieß bei den Bewohnern der Gegend Hephaistos –, der nur zur Hälfte menschengestaltige Cacus[976]. Ein feuerschnaubender Mörder war er, nicht unwürdig seines Vaters, der nicht weit von der Höhle des Sohnes in den Flammen der leichenverbrennenden Scheiterhaufen waltete. Cacus soll auch dreiköpfig gewesen sein[977] wie Geryoneus, und es heißt, daß er große Lust auf die Rinder bekam. Vier Stiere und vier Kühe stahl er dem Herakles. Rückwärts zog er sie, bei dem Schwanze sie packend, in seine Höhle. Der Heros hätte den Diebstahl nicht einmal gemerkt, hätten die eingeschlosse-

137

nen Tiere nicht gebrüllt, als die gesättigte Herde weiterzog. Zornig wandte sich Herakles um und rannte dem Aventin zu, nach dem Brüllen der Rinder die Richtung nehmend. Cacus erschrak und ließ an Ketten vor dem Eingang der Höhle einen Felsblock nieder. Solches Tor konnte Herakles nicht bezwingen, einen großen Felsen entriß er aber dem Berg, so daß die Höhle plötzlich ohne Dach dastand, und was sich da zeigte, war wie das Totenreich[978]. Umsonst spie Cacus sein Feuer gegen den Heros, er packte ihn an mit seinem berühmten Ringergriff[979], dem »herakleischen Knoten«, und drückte ihn zu Tode. Die Rinder befreite er und zog die halb tierische Leiche ans Tageslicht. In der Nähe erhielt er zum Dank den Altar, den die Römer die *Ara maxima* nannten, mit langwährendem Heroenkult.

An der Südspitze Italiens riß sich ein Jungstier[980] los von der Herde und schwamm nach Sizilien hinüber. Danach soll die Stadt Rhegion, das heutige Reggio, von *rhegnynai* »losreißen«, und das Land nach dem Jungstier, dem *vitulus* in der Sprache der Einheimischen, ursprünglich Vitalia, später Italia geheißen haben[980a]. Den Stier schlug Eryx, ein Sohn des Poseidon, zu seiner Herde: dieser Räuber hatte dem Berg Eryx den Namen gegeben. Als Herakles darauf die Meerenge überquerte, raubte auch die Skylla[981] ihm Stiere. Er schlug sie tot und stellte den Eryx, einen Elymer, zum Kampf. Die Bedingungen waren, daß das Land der Elymer dem Herakles gehören sollte, wenn er siegte, im anderen Fall aber Eryx die ganze Herde bekäme[982]. Es war wieder ein Ringkampf. Dreimal besiegte Herakles den Eryx im Ringen. Darauf beriefen sich später die Griechen, als sie das Land von Sparta aus in ihren Besitz nahmen.

Schließlich gelangte der Heros mit den Rindern zum Isthmos von Korinth. Da lauerte auf ihn ein großer Feind: der Riese Alkyoneus[983]. In den Göttergeschichten war davon die Rede[984], daß im Kampf der Olympier gegen die Giganten zwei Männer herangezogen werden mußten, die zum Teil sterblich waren, denn nur so konnte der Sieg über die Söhne der Erde errungen werden. Die zwei waren Dionysos und Herakles, die Heroen unter den Göttern. Herakles kämpfte gegen den Giganten Alkyoneus und tötete ihn. Diese Geschichte wurde später so erzählt[985], daß die Giganten Herakles auf seiner Wanderung durch Italien auf den Phlegräischen Gefilden bei Cumae angegriffen haben und daß die Götter es waren, die ihm zu Hilfe eilten. So hätte er dort über die Giganten, unter ihnen auch über Alkyoneus, gesiegt[986]. Nach einer älteren Erzählung lagen die Phlegräischen Gefilde und Pallene, wo Herakles den Alkyoneus bekämpfte, auf der Halbinsel Chalkidike, die Makedonien vorgelagert ist. Dorthin kam aber Herakles mit seinen Gefährten aus Kos. Es ist eine andere Version der Geschichte, die hier gleichfalls erzählt werden soll.

Auch Alkyoneus war wegen seiner Herde berühmt, wie Geryoneus[987]. Es waren angeblich die Rinder des Helios, die ursprünglich in Erytheia weideten, der Riese soll sie von dort gestohlen haben[988]. Dies soll der Grund des Kampfes der Götter gegen die Giganten gewesen sein[989]. Doch wenn Herakles in dieser Geschichte mit seinen Gefährten die Giganten angreift, so ist das wiederum eine andere Erzählung. Alkyoneus ließ sich nicht überraschen, sondern zerschmetterte mit einem einzigen Steinwurf zwölf Schlachtwagen samt Kriegern und Lenkern[990]. Eine Wendung kam erst, als Hypnos auf den Antrieb von Pallas Athene den Giganten einschläferte. Darüber erzählen uns nur die Vasenmaler, die den Riesen schlafend darstellen, den geflügelten Schlafgott über ihm schwebend. Herakles naht mit Keule und Bogen, hinter ihm Telamon, von der einen Seite. Auf der anderen ist die Göttin sichtbar. Auf anderen Vasenbildern ist es Hermes, der dem Heros beisteht. Es ist doch eine kleine Gigantomachie, heimtückisch ausgefochten, bei der Alkyoneus in dieser Erzählung getötet wird.

Die Geschichte soll sich aber auch auf dem Isthmos zugetragen haben. Da war der Riese kein Hirt: seine Anwesenheit dort, an der Alkyonischen Bucht, dem »Meer der Eisvögel«, bezeugt eher, daß er ein ähnliches Wesen war wie Kyknos. Zu den vielen Gründen, die angegeben werden, warum die Eisvögel an den windstillen Wintertagen klagen – sie heißen deswegen die »halkyonischen Tage«[991] –, gehört auch dieser, daß es die trauernden Töchter des Alkyoneus sind, den Herakles erschlagen hatte. Den Stein, den der Riese gegen den Heros geschleudert, zeigte man auf dem Isthmos[992]. Herakles fing den Stein mit der Keule auf und schlug ihn auf den Werfer zurück. Nachher erreichte er mit den Rindern des Geryoneus Mykenai, und Eurystheus opferte sie der Hera[993].

11. Die Äpfel der Hesperiden

Herakles sollte auch die goldenen Äpfel aus dem Garten der Hesperiden holen. Auf den Spuren der Hindin von Keryneia hatte er sich schon bis dorthin verirrt. Und er hätte auch von Libyen her[994] oder sonst von seinem Wanderweg nach Erytheia aus die Fahrt ebendahin bereits antreten können. Doch von sich aus, ohne göttliche Führung und Zustimmung, war dies offenbar nicht möglich. Es wurde erzählt[995], daß er zuerst die Töchter des Zeus und der Themis am Eridanos aufsuchen mußte: vermutlich in jener Höhle, in der dieser göttliche Strom vom Jenseits auf die Erde herüberfließt. Der Erzähler nennt sie zwar nur »Nymphen«, doch als Töchter des Zeus und der Themis galten auch die Moiren[996] und die Hesperiden[997]. So waren diese rätselhaften Göttinnen die richtigen Ratgeberinnen. Sie wußten um die Unsterblichkeit des Herakles und daß ihm daher der Zugang zum Garten der Hesperiden nicht verwehrt war. Sie rieten ihm, den Nereus zu suchen und ihn so lange zu bedrängen, bis der Meergreis ihm den Weg weise.

Wir wissen nicht, wo ihn Herakles fand, in welcher Bucht des Mittelmeers. Es konnte aber auch in der Mündung des Tartessosflusses gewesen sein. Denn es heißt einmal, daß Herakles den goldenen Becher zur Überfahrt nach Erytheia von Nereus bekam[998], sodann, daß er die Fahrt zu den Hesperiden von Tartessos aus begann[999], und schließlich, daß er den Sonnenbecher auch auf dieser Reise benutzte[1000]. Wir wissen auch nicht, warum der Heros mit einer jüngeren Gottheit des Meeres, dem Triton, zu ringen hatte[1]. Vom Ringkampf des Herakles mit dem Triton oder mit Nereus gab es Erzählungen, die von frühen Künstlern gern dargestellt wurden und die nachher verlorengingen. Der Meergreis verstand, sich in verschiedene Formen zu verwandeln: in Schlange, Wasser und Feuer. Der Heros ließ ihn nicht los und erlangte den Sieg. Der Preis seines Ringens mit Nereus war die Wegweisung zum Garten der Hesperiden und der Preis der Reise ursprünglich wohl die Gottwerdung.

Einen Ratgeber und Propheten seines Schicksals hat auch Aischylos in der Tragödie ›Der befreite Prometheus‹ dem Herakles gegeben, in der Person des bestraften Titanen, des Wohltäters der Menschheit. Zeus hatte es doch seinem Sohn vorbehalten[2], Prometheus – nachdem schon Chiron seine unverdienten Leiden für ihn angeboten hatte – von seinen Qualen zu erlösen. Der weise Meergreis scheint nun den Weg des Heros so gerichtet zu haben, daß er vorerst in die warmen Sonnenländer kam. Es hieß auch[3], er wäre an Arabien vorbeigezogen und hätte dort einen Sohn der Eos und des Tithonos, Emathion, getötet, der ihn verhindern wollte, die Äpfel der Hesperiden jemals zu pflücken[4]. So ist er vielleicht auch zum purpursandigen, heiligen Roten Meer gelangt, der erzgleich blitzenden, allernährenden See der Aithiopen am Okeanos, wo der allsehende Helios seinen unsterblichen Leib und die erschöpften Rosse badet in der warmen Flut des weichen Wassers[5].

Denn von dorther kamen auch die Titanen zu Prometheus. Dessen Qualen hatten am skythischen Kaukasoš ihren Anfang genommen[6]. An eine Säule gebunden, von der auch gesagt wird[7], daß sie wie ein Pfahl durch seine Mitte getrieben wurde, war er dem Adler ausgesetzt, der am Tage an seiner unsterblichen Leber fraß. In der Nacht wuchs die Leber wieder. An einem Morgen, an dem der Adler wie immer angeflogen kam, erschoß ihn Herakles: ein alter Vasenmaler stellt uns die Szene dar[8]. Ein anderes altes Vasenbild zeigt auch das Gegenüber des Prometheus: den Atlas und hinter ihm die Schlange der Hesperiden[9]. In dieser Erzählung standen sie vielleicht nicht am Ost- und am Westrand der Erde einander gegenüber, wie es der Kaukasos und das Atlasgebirge tun, sondern im Süden und im Norden. Im Norden trägt Atlas die Achse, um die sich der Sternenhimmel dreht: dort ist der Pol, auf den die beiden Bären am Himmel achtgeben[10]. Es scheint danach, daß es mehrere Zugänge zum Garten der Hesperiden gab. Einen hatte Emathion im Süden bewacht. Prometheus indessen schickte den Heros zu Atlas, dem Nachbarn der Hesperiden, und gab ihm den Rat, nicht selber in den Garten einzudringen, sondern die goldenen Äpfel von diesem zu erbitten[11]. Von den Hesperiden hätte er wohl, laut der allgemein gültigen Geschichte, nie mehr zurückkehren können.

Nach dieser Erzählung also hatte Herakles noch eine lange Wanderung zu machen, nach dem Norden. Prometheus wies ihm genau die Richtung[12]. Es war ein gerader Weg auf dem Festland, als hätte ihn der Heros doch vom Kaukasos aus eingeschlagen und wäre zuerst dorthin, wie vielleicht auch zum äußersten Süden, mit einem wunderbaren Fahrzeug gelangt. Außer vom Sonnenbecher erzählte man auch bei seiner Fahrt nach Erytheia von einem ehernen Schiff, das er statt mit einem Segel mit seinem Löwenfell bediente[13]. Über das Meer konnte er aber, wenn es notwendig war, auch waten[14], ja, so zeigt es ein Vasenbild, von Hermes geleitet, mit dem Wagen fahren.

Er würde, so sagte ihm der Titan voraus, in den Bereich der Nordwinde kommen und habe achtzugeben, daß die ewigen Stürme ihn nicht in die Luft höben. Der Weg führte ihn weiter durch das Land der Skythen, die sich mit Pferdekäse ernährten, und unter ihnen durch das gerechteste und gastfreundlichste Volk der Erde, die Gabier, die die Felder nicht zu bearbeiten hätten, da der Boden ihnen alles freiwillig trüge. Da würde er bald schon bei den Hyperboreern angelangt sein, hinter den Rhipäischen Bergen, wo der Ister, der große Fluß, den man als Donau besser kennt, entspringt. In das Land der Hyperboreer und von dort zu den Hesperiden war er auch in der Erzählung von der kerynetischen Hindin, doch da unversehens, gelangt.

Sicher nicht alle Erzähler ließen den Heros diesen langen Umweg machen. Für manche lag der Garten der Hesperiden dort, wo die Schiffahrt in den roten Gewässern bei dem westlichen Atlas aufhört[15]. Dort hätte Zeus einen Palast und Hera ihr Hochzeitsbett an unsterblichen Quellen, wo die Fruchtbarkeit des Bodens selbst die Götter beglückt[16]. Der Baum mit den goldenen Äpfeln war das Hochzeitsgeschenk der Mutter Erde an die Götterkönigin[17]: daher mußte von ihm, von seinem Hüter und den Hüterinnen schon in den Göttergeschichten die Rede sein[18]. Den Hüter hatte Hera selbst eingesetzt: die Schlange Ladon, ein Wesen, das nie die Augen schloß[19] und von den Genealogen in geschwisterliches Verhältnis gesetzt wurde mit der Echidna, der Mutter der tödlichen Hunde Kerberos und Orthos und der Schlange von Lerna. Sie hatte auch viele Köpfe wie die Hydra und viele Stimmen[20]. Es mögen abschreckende Stimmen gewesen sein: die hellen Stimmen der Hesperiden, der abendlichen Töchter der Nacht, waren es sicher nicht! Der Gesang der Hüterinnen lockte eher, als daß er abschreckte.

Die drei Hesperiden – oder es waren auch vier oder noch mehr – wurden sogar mit den raffenden Todesgöttinnen, den Harpyien, gleichgesetzt[21]. Sie verließen aber den Garten um den Baum herum nie, und sie sangen auch nicht, wie die Sirenen, an der Straße der Seefahrer. Wer zu ihnen kam, kam wie auf die Insel der Seligen: kein

Sterblicher fand den Weg zu ihnen. Sollte es einem doch gelingen, dorthin zu gelangen, und wagte er zudem noch, nach dem Eigentum der Götterkönigin, den goldenen Früchten, zu greifen, so wäre dies ihm der zweifache Tod gewesen – oder es hätte die Störung und Zerstörung eines blühenden heiligen Bereiches bedeutet, der in seiner fernen Abgeschiedenheit die Menschen nicht anging.

Atlas, der Nachbar der Hesperiden, galt für einen schlauen Gott[22], für einen heimtückischen und hinterlistigen Titanen, der mit dem Tragen der Himmelsachse bestraft war. Er war bereit, die goldenen Äpfel zu holen, stellte aber zur Bedingung, daß der Heros unterdessen den Himmel trage. Von der List, mit der er die Äpfel erlangte, wird nichts erzählt, doch von seiner Tücke gegen Herakles[23]. Er holte die goldenen Früchte, aber nicht um sie dem Helden zu geben. Dieser sollte vielmehr den Himmel an seiner Statt weitertragen. Es war eine spaßhafte alte Geschichte, nach der Herakles so tat, als willigte er ein. Nur eine Gunst erbat er von Atlas: solange er sich ein Tragekissen für den Kopf zurechtmachte, sollte der Titan den Himmel wieder auf sich nehmen. Und der schlaue Titan war zugleich der dumme Titan: er legte die Äpfel auf den Boden und übernahm die Last des Himmels. Herakles aber eilte mit der Beute zu Eurystheus. Das Tragekissen auf seinem Nacken zeigt das Metopenbild von Olympia. Dort hilft Pallas Athene dem Heros, und Atlas bringt ihm die Früchte, ruhig und weise.

Die Geschichte wurde indessen auch in der Form erzählt, daß Herakles zu den Hesperiden eingedrungen ist, die hütende Schlange angriff und schließlich tötete[24]. Und wir erblicken ihn auf den Vasenbildern auch friedlich im Kreis der Hesperiden: er führte nach dieser Form der Erzählung mit Einverständnis und Hilfe der Göttinnen seine Aufgabe aus. Das war die letzte Wendung der Geschichte, die uns viel mehr die Vasenmaler als die Dichter erzählen. Es ist freilich auch überliefert[25], daß Ladon, die immerwache Schlange, die goldenen Äpfel auch vor den Gelüsten der Hesperiden hütete. Denn gerne hätten sie sie gepflückt, was Hera oder, nach einer anderen Überlieferung[26], Aphrodite gehörte. Sie leisteten also Beistand bei der Einschläferung des Drachen. Der attische Meister Meidias, der mit Herakles eine ganze Reihe von Heroen, gleichsam eine Argonautenfahrt, in den Garten der Hesperiden einführt, läßt die Zauberin Medea mit ihrem Kästchen von Zauberkräutern am Zug teilnehmen. Assteas von Paestum schildert die Szene noch ausführlicher: Kalypso ist da, deren Insel am Nabel des Meeres[27] zum gleichen jenseitigen Bereich gehört wie der Garten der Hesperiden, und reicht den Trank in einer Schale dem Drachen, der nur schlürft und nicht merkt, daß eine Hesperide auf der anderen Seite die Frucht pflückt, nicht daß Herakles eine schon erhalten hat und daß zwei Hesperiden sogar schon die Äpfel kosten! Nach einem Meister, wiederum einem attischen, der auch den Omphalos, den Nabel, auf die Vase malte[28], war der Zaubertrank Wein: das große Mischgefäß steht da, die

Schlange ist zahm, die drei Hesperiden in Mänaden verwandelt, vom Hintergrund aus sehen Pane ihnen zu, Iolaos fehlt auch nicht, und Herakles in der Mitte wird von einer schwebenden Nike bekränzt: sein ist der Sieg. Bei einem dritten attischen Maler erscheint die Schlange nicht mehr: sie ist erschlagen. Die Hesperiden umgeben Herakles und zwei jüngere Heroen. Hinter seiner Schulter steht Eros und pflückt die Äpfel. Es herrscht die Liebe – anders als bei dem Dichter Apollonios[29], der die Argonauten am Tage nach der Tötung der Schlange im Hesperidengarten ankommen läßt. Die Göttinnen weinen mit heller Stimme und verwandeln sich in ihrer Trauer vor den Augen der Helden in Bäume: eine Schwarzpappel, eine Ulme und eine Weide.

Die Künstler haben sich auch eine andere Szene nicht entgehen lassen. Oder vielmehr, sie allein haben sie ausgeführt: wie Herakles die geraubte goldene Frucht den Göttern – Zeus und Hera – zurückgab. Erzählt wird nur, daß er die Äpfel dem Eurystheus bloß zeigte[30]. Es hieß indessen[31], daß der König von Mykenai sie überhaupt nicht in Empfang nehmen wollte, sondern dem Heros schenkte. Es wäre nicht erlaubt gewesen, sie irgendwo zu bewahren. Die Äpfel der Hesperiden bildeten das Eigentum der Götter, ein Heiligeres noch als die Tempelschätze. Wenn jemand einen Erzähler gefragt hätte, was aus ihnen geworden sei, so hätte die Antwort nur diese sein können: sie wären zu ihren Eigentümern zurückgelangt.

12. Der Hund des Hades

Manche Erzähler hielten sich an eine Reihenfolge, in der das Heraufholen des Kerberos die vorletzte Stelle einnahm und die Erlangung der Äpfel der Hesperiden, die einer Gottwerdung gleichkam, die abschließende. Doch bei weitem nicht für alle war es so[32]. Denn die letzte Probe der Göttlichkeit des Helden, der letzte Versuch, ihn in den Tod zu schicken, war doch die Aufgabe, den Hund des Hades in der Unterwelt einzufangen. Keine schwierigere Arbeit hatte Eurystheus für ihn erfunden, so bekannte es später der Schatten, der im Totenreich Herakles vertrat[33]. Außerdem war dieser Auftrag wiederum mit der Verletzung eines heiligen Bereiches verbunden. Einen solchen Bereich stellte das Haus des Hades hinter seinen festgelegten Grenzen dar, seit der Aufteilung der Welt zwischen den höchsten Göttern. Seine Verletzung war eine unerhörte Tat, die nicht einmal ein Heros wagen durfte: ein gewöhnlicher Heros am wenigsten. Die Heroen waren mit dem Hades tragisch verbunden, nur der Gottheros, der siegreiche Kämpfer gegen den Tod, war es nicht. Ganz unberührt blieb aber in diesem Kampf auch er nicht. Darüber wird man später hören.

Die Eleusinier erzählten[34], daß Herakles, um die Unterweltsgötter nicht zu verletzen, sich zuerst in die Mysterien einweihen ließ: so

143

konnte er als einer der Ihrigen zu ihnen gehn. Er hatte aber schon
viel getötet, war vom Blut seiner besiegten Feinde befleckt. Besonders vom Mord der Kentauren mußte er entsühnt werden. Es hieß
auch[35], daß in jener Zeit, als Eleusis noch nicht zu Athen gehörte,
kein Fremder die Weihen empfangen durfte. So mußte Herakles von
einem Eleusinier namens Pylios, dem »von Pylos« oder »vom Hadestor«, adoptiert werden und wurde so zum Sohn des »Pyliers«. In dieser Geschichte wird eben das, was der Heros als Eingeweihter erreichen sollte, mit anderen Worten gesagt. Die Entsühnung nahm
Eumolpos, der Hierophantes, vor, der höchste Priester der Mysterien,
der die geheimnisvollen Weihen noch persönlich von der Stifterin
und ersten Eingeweihten, der großen Göttin Demeter, empfangen
hatte[36]. Die Riten der Reinigung, aus denen die Entsühnung bestand,
bildeten kein Geheimnis. Sie wurden auch viel später noch dargestellt, als diese Geschichte entstand, so auf einem Sarkophag und
einer marmornen Urne, die in der Nähe von Rom gefunden wurden.
Da sitzt Herakles mit verhülltem Haupt auf einem Thron und läßt
die heiligen Handlungen über sich ergehen, welche ihm die Reinheit
vor Göttern und Menschen wiedergaben. Hinter ihm ist die Stifterin und Beschützerin der Mysterien sichtbar, auf dem geschlosse-
nen Korb der geheimen Kultgegenstände sitzend. Auf einer der beiden Darstellungen befreundet sich schon der Entsühnte im Gewand
der Mysten mit der Schlange der Göttin. Die Weihen selbst durften
profanen Augen nicht preisgegeben, noch weniger Uneingeweihten
erzählt werden.

Es scheinen sich hingegen Zeilen des Dichters Euphorion[37] darauf
bezogen zu haben, daß Eurystheus den ganzen Weg des Herakles
von Eleusis über den Isthmos bis zum Tainaron an der Südspitze des
Peloponnesos mit Verwünschungen begleitet hatte. Er zitterte, daß
der Heros nunmehr auch aus der Unterwelt lebend zurückkehren
werde. Daher sollte Artemis, der der südlichste Vorsprung der Halbinsel heilig war, wo sich der Eingang zur Unterwelt befand, ihn früher niederschießen und er selbst da unten den Stein des Askalaphos
tragen. Diese Verwünschungen gründeten wohl auf der Erzählung
der Eleusinier. Aber jene war sicher nicht die älteste.

Ursprünglich machte Herakles nicht den Umweg über Eleusis,
um aus Tiryns zum Tainaron zu gelangen. Wie diese Geschichte in
einer alten ›Hadesfahrt des Herakles‹ vorgetragen wurde, verraten
uns nur die wenigen Spuren, die sie bei den späteren Erzählern und
in Vergils Schilderung vom Besuch des Aeneas in der Unterwelt
hinterlassen hat. Vom Tainaron führte eine Höhle ins Totenreich.
Herakles drang da ein, nicht wie ein Eingeweihter, sondern vermutlich mit gezücktem Schwert[38]. Er versuchte auch sonst bei dieser
Unternehmung von seinem Schwert Gebrauch zu machen. Umsonst.
Gegen die Todesgötter und Totengeister scheinen nur der Ringkampf oder die Steinwürfe getaugt zu haben. Die rohe, blühende
Kraft des Charon, des alten Totenfergen, lobt der römische Dich-

ter[39], doch sicher nicht im Hinblick auf Aeneas, der mit dem goldenen Zweig auf heilige Weise nahte! Es hätte hingegen leicht zu einem Ringen zwischen Charon und Herakles kommen können. Er muß indessen vor dem Heros so erschrocken sein[40], daß er ihn in den uralten Kahn nahm, der aus Baumrinden zusammengenäht war[41]. Fast ging das schwache Fahrzeug unter der Last des Heros unter[42], wenn schon mit der Argo, dem gutgebauten Schiff der Argonauten, beinahe das gleiche geschah[43]. Es freute sich Charon nachher nicht, daß er ihn aufgenommen[44]. Es wurde erzählt[45], daß er als Strafe dafür ein Jahr in Fesseln büßen mußte.

So überquerte der Heros die Gewässer des Hades. Der sumpfige Strom war im Grunde der gleiche wie der Fluß Acheron, der im Nordwesten Griechenlands den Acherusischen Teich bildet, einen ähnlichen Sumpfsee wie der von Stymphalos. Vom epirotischen Acheron und dem arkadischen Styx[46] hieß es vornehmlich, daß sie sich beide in der Unterwelt ergossen. Am jenseitigen Ufer des Sumpfgebietes wartete auf die Herannahenden Kerberos wie ein guter Schäferhund, der wußte, welche von den Ankommenden zu den Herden des Hades zu schlagen, welche fernzuhalten waren. Er begrüßte sogar mit Schwanzwedeln diejenigen, die er dort behalten wollte; zeigten sie aber die Absicht, zurückzukehren, so fraß er sie auf[47]. Ein rohrfressendes Tier war er[48], mit metallener Stimme bellend. Er drohte alles zu verschlingen, wenn er seine drei[49] oder gar fünfzig[50] Rachen öffnete[51]. Nicht ohne Grund gab man ihm die Hydra von Lerna zur Schwester[52]! Die Darstellungen zeigen, daß auch beißende Schlangen seinen Leib bildeten: als Schwanz oder als Auswüchse. Doch als der Kerberos Herakles erblickte, floh er zitternd zu seinem Herrn, dem Unterweltskönig, und verbarg sich unter dem Thron des Hades[53].

Auch die Seelen flohen vor dem Heros[54]. Meleagros war der einzige, dessen Seele dies nicht tat. Kurz vorher war er gestorben. Er mußte seine Schwester Deianeira unverheiratet im väterlichen Hause lassen und flehte nun Herakles an, sie zu seiner Frau zu wählen[55]. Es wurde erzählt[56], daß er schimmernd in seinen Waffen seinem künftigen Schwager entgegentrat und daß Herakles auf ihn den Bogen spannte. Doch Meleagros klärte ihn auf, die Seelen wären nicht verwundbar und könnten auch keine Wunden schlagen. Da befürchtete Herakles immer noch, daß diesen glänzenden Helden Hera gegen ihn schickte. Als aber Meleagros seine traurige Geschichte ihm erzählte, geschah es ein einziges Mal, daß dem Sohn des Zeus Tränen in die Augen traten. Er selbst befragte den Meleagros, ob er nicht noch eine Schwester im Hause seines Vaters Oineus hätte: sie möchte er gern zur Frau nehmen. Die Antwort lautete[57]: »Ich ließ zu Hause Deianeira mit dem zarten Nacken, der von den Wonnen der Aphrodite noch nichts weiß.« So hatte sich Herakles in der Unterwelt eine verhängnisvolle Frau gewählt.

Dann begegnete ihm das Gorgohaupt. Vor der schrecklichen Erscheinung sollte Odysseus später, ohne sie erblickt zu haben, den Rückweg nehmen[58]. Herakles hingegen zückte das Schwert[59]. Wiederum wurde er belehrt, das abschreckende Antlitz im Reich der Schatten wäre ein leeres Bild. Man glaubte, Hermes hätte ihn damals aufgeklärt. Aber vielleicht griff er das Abbild der Medusa an! Er griff auch sonst in die scheinbar so feste Ordnung des Hades ein. Unter einem Stein, wie in einem Grab in der Unterwelt selbst, lag Askalaphos, ein dienender Daimon des Hades, zur Strafe, weil er Zeugnis gegen Persephone abgelegt hat[60]. Herakles hob den Stein und befreite den Daimon. Daraufhin wurde Askalaphos von Demeter, die ihm seine Tat nie verzieh, in einen Uhu verwandelt. Herakles wollte alle Seelen mit warmem Blut bewirten und schlachtete eins von den Rindern des Hades. Der Hirt war derselbe Menoites, der den Heros dem Geryoneus verraten hatte: Menoites, der Sohn des Keuthonymos[61], des »Namenverbergenden«. Er forderte den Heros zum Ringkampf heraus, und Herakles umklammerte ihn, daß ihm die Rippen brachen. Nur Persephone zuliebe ließ er ihn wieder los.

Denn er gelangte bis vor den Thron des unterweltlichen Herrscherpaares. Wie die Geschichte ursprünglich weiterging, wird uns von einem alten Vasenmaler erzählt. Herakles erhob einen Stein gegen die Thronenden. Hades sprang auf und floh in die eine Richtung, in die andere floh sein Hund. Nur Persephone blieb stehen, Angesicht zu Angesicht dem Heros gegenüber. Die späteren Erzähler behaupteten[62], daß die Königin den Sohn des Zeus gnädig empfangen hatte, war er doch ihr Bruder. Noch mehr taugte es, wenn Herakles schon als Eingeweihter von Eleusis nach dem Totenreich kam[62a]. Und so wurde weiter erzählt[63], der Unterweltskönig hätte ihm selbst erlaubt, den Hund mit sich zu führen, wenn er ihn ohne Waffen, nur mit Panzer und Löwenfell ausgestattet, gefangennähme. Nach dieser Erzählung kehrte also Herakles zum Hadestor am Acheron zurück, wo Kerberos Wacht hielt, und würgte ihn so lange, bis er sich ergab. Das Tier versuchte ihn noch mit dem Schwanz zu beißen, nachher ließ es sich aber an die Kette legen. An der Kette führte der Heros den Hadeshund hinauf.

Neben dem Tor des Hadespalastes sah er noch zwei Gefangene sitzen[64]: Theseus und Peirithoos, die dafür büßten, daß sie die Unterweltskönigin rauben wollten. Auch diese Geschichte soll später erzählt werden. Auf einem Stein saßen die zwei Heroen[65], und es war ihnen beiden bestimmt, ewig da zu sitzen[66]. Sie streckten die Hände dem Vorbeigehenden entgegen, sonst waren sie wie erstarrt. Herakles vermochte wenigstens Theseus aus seiner Starrheit zu erlösen. Er nahm seine Hand und erweckte ihn wiederum zum Leben[67]. Das gleiche wollte er mit Peirithoos tun. Da bebte die Erde, und er ließ ihn allein.

Das Licht sah Herakles in Troizen, Athen gegenüber, an der östlichen Spitze von Argos wieder[68] oder bei Hermione[69] an der südlichen Seite der gleichen Halbinsel. Von dort aus betrat er, den Ker-

146

beros an der Kette führend, den Weg nach Tiryns und Mykenai. Reichlich flossen die Tropfen aus dem schäumenden Maul des zitternden Hundes[70]. Nach hinten geduckt, züngelten die Schlangen unter dem zottigen Bauch an beiden Seiten des Untiers. Blau funkelten ihm die Augen: so springen die Funken in der Schmiede, wenn Eisen mit dem Hammer geschlagen wird, und es dröhnt der geschlagene Amboß. Er ist aber doch lebendig aus dem Hades nach Tiryns gekommen, als Ergebnis der letzten Arbeit für den feindlichen Eurystheus. Wo die Straßen sich bei Midea kreuzen, haben ihn die erschrockenen Frauen und Kinder mit eigenen Augen gesehen.

Ein alter Vasenmaler hielt die Szene fest, wie der König von Mykenai vor dem Ungeheuer, das ihn an der Kette gehalten anspringt, in den unterirdischen Pithos flieht, ähnlich wie vor dem Eber von Erymanthos. Nach einer Erzählung[71] führte Herakles selbst den Hund in den Hades zurück, nach einer anderen[72] entlief ihm das Tier bei dem Brunnen zwischen Mykenai und dem Heiligtum der Hera, welcher seitdem Eleutheron Hydor, »das befreiende Wasser«, hieß. Herakles aber kam aus dem Totenreich so grimmig verwandelt zurück, daß er einen mit »Charon« verwandten Beinamen erhielt: er wurde in Boiotien als »Charops« verehrt[73].

III. Taten und Leiden nach den zwölf Arbeiten

1. Der Kallinikos

Nachdem Herakles aus der Unterwelt zurückgekehrt war, trug er mit Recht seinen berühmtesten Beinamen: Kallinikos, der »mit dem schönen Sieg«. Der schöne Sieg unter allen Siegen war wohl der über den Tod. Und Kallinikos hieß Herakles[74] unter allen Göttern und Heroen fast allein. Es wurde zum Brauch bei den einfachsten Leuten, und sicher nicht erst im späten Altertum, über die Türe zu schreiben[75]:

Der Sohn des Zeus, der Kallinikos Herakles,
Hat seine Wohnung hier: kein Übel trete ein!

Mit dem Übel wird vor allem der Tod gemeint, den offen zu nennen und über die eigene Türe zu schreiben man lieber vermied. Herakles allein vermochte dieses Übel auch dann noch zu vertreiben, als es schon im Hause war und er selbst zufällig und fast zu spät kam: er sollte nun glauben, der dumme Tod, daß der Heros ihm hier zuvorgekommen ist!

Den ersten Altar für Herakles Kallinikos[76] oder mit einem anderen Namen, der ebendas meint wie die angeführten Zeilen: für Herakles Alexikakos[77], für den »Übel abwehrenden Herakles«, hatte angeblich Telamon geweiht, bei der Eroberung von Troja, als er vom neidischen Herakles selbst mit dem Tode bedroht war. Die Berufung auf jene Eigenschaft des Heros rettete ihn. Und der Sieg über Troja führt schon in die Geschichten von den siegreichen Feldzügen des Herakles hinüber. Besonders die Dorier hielten dafür, daß der Heros ihrem ältesten König Aigimios, mit dem sie damals noch nicht nach dem Peloponnesos gewandert waren, dreimal geholfen hat[78]: einmal gegen die Lapithen, sodann gegen die Dryopen und schließlich gegen König Amyntor von Ormenion – alles Bewohner von Thessalien und Trachis, in der Nähe des schicksalhaften Berges Oita. In Sparta selbst, wo damals noch nicht die Dorier wohnten, war es Herakles, der den Bruder des Tyndareos, Hippokoon, und dessen zwanzig Söhne besiegte und den irdischen Vater der Dioskuren in seinen angestammten Herrschersitz zurückführte[79].

Sich selbst war er auch noch einen Feldzug schuldig: den Strafzug gegen Augeias, der ihn um den Lohn für die Reinigung der Stallungen betrogen hatte. Dem König von Elis halfen die Zwillinge, die die Frau des Aktor, Molione, dem Poseidon geboren hatte. Aktor war der Bruder des Augeias, die Zwillinge hießen nach ihrem irdischen Vater die Aktorionen, nach ihrer Mutter Molionen[80]. Aus einem Ei, wie die spartanischen Dioskuren, waren diese Söhne des Poseidon, Kteatos und Eurytos[81], hervorgegangen. Es war ein silbernes Ei[82]

148

und das Bruderpaar bildete eine unzertrennliche Einheit, wie nicht einmal Kastor und Polydeukes. Zügelte der eine die Rosse des Kampfwagens, so hielt der andere die Geißel[83]. Es hieß[84], daß sie Zwillinge in einem besonderen Sinn waren: ein zusammengewachsenes Paar, das Herakles mehr zu tun gab als die Stallungen des Augeias.

Nicht einmal Herakles kommt gegen zwei auf, so lautete das alte Sprichwort[85]. Die wunderlichen Göttersöhne schlugen sein Heer, als er mit ihm in Elis im Hinterhalt lag[86]. Sein Halbbruder Iphikles soll in jener Schlacht gefallen sein[87]. Man erzählte dann, er wäre auf diesem Feldzug von einer Krankheit befallen worden[88]. Wir werden bald wieder von dieser Krankheit hören, zu der sich seine Rachesucht zu steigern vermochte. Damals hatte er noch Waffenstillstand mit den Aktorionen geschlossen. Als aber diese von der Krankheit des Herakles hörten, brachen sie den Waffenstillstand, und der Krieg ging vernichtend weiter, bis er wegen der festlichen Zeit der Isthmischen Spiele unterbrochen werden mußte. Die Zwillinge zogen zu den Spielen und wurden bei Kleonai von Herakles heimtückisch überfallen. Nur so unterlagen sie und fielen von der Hand des Heros[89]. Dieser Sieg brachte ihm keinen Ruhm. Es war sein Kampf gegen den schlauen Augeias und dessen übermenschliche Helfershelfer, der auf eine so düstere Weise zum Abschluß kam. Umsonst übernahm Molione mit ihren Flüchen[90] die Rache für ihre ermordeten Söhne. In Elis setzte Herakles an die Stelle des Augeias dessen Sohn Phyleus, der einst für ihn Zeugnis abgelegt hat, zum König ein[91].

Sodann schritt er zu einer Neugründung der Olympischen Spiele und wurde zum Urheber der schönsten Siege im Altertum[92]. Den Kranz erhielt der Sieger in Olympia aus den Zweigen des wilden Ölbaums, den Herakles aus dem Lande der Hyperboreer mitgebracht hat[93]. Einen anderen heiligen Baum hatte Herakles vom Acheron nach Olympia verpflanzt: die Weißpappel[94]. Nur aus dem Holz dieses Baumes durfte das Opferfeuer für den Zeus von Olympia angefacht werden. Herakles baute auch die große Brandstätte der Heroenopfer für Pelops[95], stellte zwölf Altäre für die zwölf Götter auf[96] und er feierte zum erstenmal die Olympischen Spiele so, wie sie später immer gefeiert wurden. Es wird hinzugefügt[97], daß in allen Wettkämpfen er den Sieg davongetragen hatte. Wer hätte auch mit ihm, dem Kallinikos, den Kampf ernstlich aufnehmen wollen?

2. Der Wahnsinnige

Lange war Herakles während der Zeit des Dienstes bei Eurystheus fern von der Familie, die er in Theben gegründet hatte. Deren Schicksal gehörte eigentlich noch in die ›Thebanischen Geschichten‹ und manche Erzähler setzten es vor die zwölf Arbeiten, ja sie lassen

149

es so erscheinen, als ob Herakles zur Buße für das Geschick seiner Kinder den Dienst in Tiryns auf sich genommen hätte[98]. Doch jene Überlieferung der Böoter, daß Herakles als Charops, als grimmig Verwandelter, aus dem Totenreich zurückgekehrt sei, scheint Euripides recht zu geben, der diese tragische Geschichte auf die Bühne brachte und sie unmittelbar nach der Rückkehr aus der Unterwelt sich ereignen ließ.

Die Thebaner wußten von acht Söhnen, die Megara dem Herakles gebar[99]. Sie verehrten sie auf ihren Gräbern als junge Heroen, nannten sie die Chalkoarai, »diejenigen, die ein erzener Fluch traf«, doch sie erzählten die Geschichte nicht gern, wie die Ärmsten durch die Hand des Vaters umkamen. Nach Euripides waren es nur drei, ihn bestimmten aber in seiner Darstellung die Möglichkeiten der Bühne. Er läßt in seinem ›Herakles‹ einen König Lykos auftreten, wie in der ›Antiope‹, jetzt den Sohn des anderen, der die Familie des Heros bedrängt und vernichten will: seinen alten Stiefvater Amphitryon, seine Frau Megara und die drei Söhne. Von Herakles wissen sie, daß er in die Unterwelt eindrang. Und da er immer noch nicht zurückgekehrt ist, gehört er nunmehr zu den Toten. Auch Amphitryon und Megara sehen keinen anderen Ausweg aus der Bedrängnis als den gemeinsamen Tod mit den Kindern. Die drei Kleinen sind schon zur Bestattung geschmückt[100]. Da kommt Herakles an, aus der Unterwelt. Den Weg zu Eurystheus hatte er noch nicht gemacht. Den Kerberos ließ er im Hain der Unterweltlichen Demeter, der Demeter Chthonia bei Hermione[101], und eilte nach Theben. Er ist aber etwas verstört. Den alten Amphitryon erkennt er nicht sogleich, oder sein Name ist ihm entfallen[102]. Die undankbaren Kadmeer bedroht er mit einem Blutbad[103]. Er empfängt jetzt, mit Megara und den Kindern, denen sich bald auch Amphitryon anschließt, im Palast den Lykos und seine Schergen. Sie ahnen nichts von seiner Ankunft und werden im Nu erschlagen. Doch der Wahnsinn ist schon im Haus. Euripides läßt auch ihn, in der Person der Lyssa, der »Wut«, über die Bühne kommen, von Hera geschickt, von Iris geleitet. Herakles wird vom Wahn ergriffen, er eile jetzt weiter zu Eurystheus, ja er sei schon bei ihm und seine Kinder seien dessen Kinder. Er jagt auf sie, erschlägt eines mit der Keule, trifft die zwei anderen mit dem Pfeil, erschießt auch Megara, und würde auch Amphitryon töten, wenn Pallas Athene nicht einen »ernüchternden Stein«, den *lithos sophronister*[104], ihm auf die Brust würfe. Darunter bricht er zusammen, fällt in einen tiefen Schlaf und erwacht schwer, nicht wissend, was er getan.

Auf die frühere Form der Erzählung nimmt Euripides selbst Bezug, indem er Herakles von reinigendem Feuer sprechen läßt[105]. Ein solches zündete er an, nach seiner Heimkehr, so wurde wohl ursprünglich erzählt. Der Vasenmaler Asstcas stellt es dar, wie er schon die Möbel und Gefäße des Hauses in das Feuer geworfen hat und wie er auch das erste Kind bringt. Vom Hintergrund aus sehen, wie

150

vom höheren Stockwerk des Palastes, Iolaos, Alkmene und die Mania, der Wahnsinn, zu, Megara rettet sich klagend durch die offene Türe. Es hieß tatsächlich, daß Herakles seine Söhne ins Feuer geworfen hatte[106]. Es wurde auch erzählt[107], daß er nach seiner Er- nüchterung Megara mit Iolaos verheiratete und Theben für immer verließ, um anderswo eine Familie zu gründen. Denn Herakles war keineswegs ein Frauenräuber, wie Theseus, der Sohn des Poseidon. Nicht einmal im Fall der Auge war er das – eine besondere Ge- schichte, die in Verbindung mit Telephos, ihrem Sohn, erzählt wer- den soll. Er blieb auch nach diesem Unglück im Dienst der Hera.

Doch die Erzähler haben mit den Geschichten von den neuen Werbungen des Heros nur den Zeitpunkt hinausgeschoben, zu dem das reinigende Feuer, das ursprünglich ihm selbst bestimmt war und in das er zuerst seine Söhne warf, schließlich für ihn lodern sollte. Eine Werbung, die doch zu einem Mädchenraub wurde und die ihn auch in den Frevel des Gastmordes verwickelte, soll den Gottheros lebend auf den Scheiterhaufen geführt haben.

3. Der Frevler

Ruhmvoll war schon jene Tat des Herakles nicht, daß er die zwei Molionen, als sie zu den Isthmischen Spielen zogen, aus dem Hinter- halt tötete, doch sie war eine Folge des Betrugs, den Augeias, der Oheim der göttlichen Zwillinge, gegen den Heros begangen hatte. Sie hing mit der Geschichte von den Stallungen des Königs von Elis und wohl auch mit der Tochter zusammen, die ihm versprochen worden war. Mit dieser Geschichte hat das Abenteuer des Herakles mit Eurytos, dem Burgherrn von Oichalia, eine Ähnlichkeit, das ihn zuerst zum Gastmord und später zum Mädchenraub verleitete.

Niemand weiß genau, wo die Burg des Eurytos lag. Fünf Städte erhoben in Griechenland den Anspruch, jenes Oichalia gewesen zu sein: in Messenien, in Thessalien, in Aitolien, auf Euboia und in Trachis. Vielleicht haben aber doch diejenigen recht, die aus dem Namen Oichalia die *oichomenoi*, die »Hingegangenen«, heraushörten. Eurytos bedeutet den guten Schützen, der die Bogen spannt und trifft, wie Apollon, der *rhytor toxon*[108]. Eurytos war ein Sohn des Melas oder Melaneus, des »Schwarzen«[109]. Es wurde erzählt[110], er hätte Apollon zum Wettschießen herausgefordert und wurde vom Gott erschossen. Apollon hätte ihn selbst mit dem Bogen beschenkt[111] und im Schießen unterrichtet[112], so wurde seine nahe Beziehung zum Gott von den Erzählern ausgeführt, die Eurytos fast als einen an- deren Apollon erscheinen lassen. Apollon soll mindestens sein Groß- vater gewesen sein[113]. Den Bogen, den er von ihm hatte, vererbte Eurytos seinem Sohn Iphitos[114]. Iphitos schenkte ihn dem Odysseus, als er mit ihm auf der verhängnisvollen Suche nach den Stuten seines Vaters in Messenien zusammentraf[115]. Und die Freier der Penelope

151

fanden, wie man noch hören wird, an einem Apollonfest[116] durch das Geschenk des Gottes den Tod.

Wie andere grausame Könige, die alle gleichsam Doppelgänger des Todesgottes waren, verkündete Eurytos: demjenigen gäbe er seine Tochter, die schöne Iole – mit dem Blumennamen, welcher in der älteren Form Viola, »Veilchen«, lautete – zur Frau, der ihn in seiner besonderen Geschicklichkeit besiegte[117]. Und es hieß von ihm ebenso wie von Oinomaos, er wäre in seine Tochter verliebt gewesen, für sich selbst wollte er sie behalten[118], und daher hätte er den Sieg im Bogenschießen zur Bedingung gemacht. Herakles kam, nachdem er aus seinem Wahnsinn erwacht war und sich von Megara getrennt hatte, zum Wettschießen nach Oichalia. Man erzählte später[119], er selbst wäre als Schütze ein Schüler des Eurytos gewesen, während andere ihm einen skythischen[120] oder kretischen Lehrer gaben: den Rhadamanthys[121], der nach einer Überlieferung[122] nach Böotien kam und Alkmene nach dem Tode des Amphitryon zur Gattin nahm. Niemand war so, wie Herakles, der geeignete Gegner des »unbesiegbaren Schützen«. Oder welchen anderen Namen könnte man dem Eurytos noch geben?

Einzelheiten vom Wettschießen in Oichalia erzählen uns nur die Vasenmaler, und auch sie nicht eindeutig genug. Man sieht einmal, daß schon vier Pfeile im Ziele stecken, Herakles aber, der nach allen Erzählungen das Spiel gewonnen hat, tötete bereits auch zwei Söhne des Eurytos, darunter den Iphitos. Er richtet jetzt den Bogen auf das Mädchen, als wollte er auch den Preis des Wettschießens in die Unterwelt schicken. Eurytos und ein Bruder des Mädchens versuchen den Heros vom Schießen zurückzuhalten. Sie hatten ihm, so heißt es in allen Erzählungen, obwohl er gesiegt, den Preis des Wettschießens verweigert. Nun werden sie ihm Iole doch geben. Die andere Seite der Vase zeigt ihn hingelagert, Dionysos tritt in das Haus, und die Braut bekränzt den Siegreichen. Auf einem älteren Vasenbild steht Iole zwischen den hingelagerten Männern da: zwischen Herakles auf der einen, ihrem Vater und den Brüdern auf der anderen Seite. Wieder andere Vasenmaler stellen einen Angriff der Söhne des Eurytos auf Herakles dar, dem sie beim Gelage Bogen und Keule weggenommen hatten. Berichtet wird uns[123] nur von den höhnischen Reden, mit denen Eurytos und die Brüder ihren Wortbruch beschönigten: sie hielten dem Heros seinen Kindermord vor, den er in Wahnsinn begangen, und warfen den Waffenlosen und vom Wein Geschwächten mit Schmach und Schande hinaus[124].

Das war der Grund der Eroberung von Oichalia, die ebenso wie der Rachezug gegen Augeias nach dem Betrug und der Beschämung unabwendbar folgen mußte. Noch früher führte sein Unglück Iphitos, den ältesten Sohn des Eurytos, in die Hände des Herakles. Auf der Suche nach zwölf Stuten[125], die noch ihre Maultierfüllen säugten, kam Iphitos nach Tiryns, dem Sitz des Herakles. Dieser war im Besitz der Stuten, ob er sie nun selbst aus Rache entwendet[126] oder

Autolykos sie für ihn dem Eurytos gestohlen hatte[127]. Er aber sann über größere Rachepläne nach[128]. Den Sohn des Eurytos bewirtete er, ja er lud ihn zu sich ein, als wäre nichts geschehen[129]. Indessen, er achtete weder das Auge der Götter noch den Tisch, den er dem Gast vorsetzte, und ermordete den Iphitos[130]. Verschieden wird die frevelhafte Tat geschildert. Die Erzähler sind aber darin einig[131], daß der Herr seinen Gast oben auf den kyklopischen Mauern von Tiryns herumführte und von einem Turm hinunterwarf.

Zweimal befiel Herakles der Wahnsinn, so wußte man es später[132]: einmal, als er den Kindermord, und zum zweitenmal, als er Gastmord beging. Frevel und Wahnsinn, beide forderten, daß der Täter gereinigt und entsühnt wird. Einen, der ihn reinigen wollte, fand Herakles in Amyklai bei Sparta, namens Deiphobos, Sohn des Hippolytos[133]. Mehr wird von dieser Entsühnung nicht berichtet. Aber sie gab den Erzählern wenigstens den Anlaß, die Kunde von einer anderen Feindschaft hier anzuknüpfen. Diese Feindschaft, die ihn zu einem noch größeren Frevler machte, bestand zwischen Herakles und einem noch Größeren als der große Eurytos[134]: dem allertödlichsten Schützen. Man erzählte, daß der Heros in das Heiligtum von Apollon in Delphi eindrang und den heiligsten Gegenstand, der dort gehütet wurde, den Dreifuß mit dem Kessel, erbeuten wollte.

Zweimal war ihm Apollon während der Ausführung seiner zwölf Arbeiten entgegengetreten. Er stand seiner Schwester bei, als Herakles bereits zu weit in den Bereich der Artemis eingedrungen war und die Hindin von Keryneia einholte. Und er verteidigte gegen ihn mit den anderen Göttern Pylos, das Tor, durch das Herakles vordrang, um in das Jenseits zu gelangen. Er hatte aber auch seinen eigenen Tempel gegen ihn zu schützen: in das Allerheiligste drang er ein und bemächtigte sich des heiligsten Besitztums seines Bruders. Dieser Frevel wäre die größte Tat des Herakles gewesen, um so größer, als Apollon ein größerer Name des Feindes war, den er fortwährend bekämpfte, größer denn alle anderen Namen. Das Abenteuer wurde indessen nur die Grenze seiner Taten, gleichsam ihre sinnvolle Zusammenfassung für diejenigen, die sich dessen erinnern wollten, daß die Pfeile des Gottes, wenn er zürnte, am mächtigsten den Tod zu verbreiten unter Menschen und Tieren fähig waren[135].

Man erklärte den Dreifußraub später so[136], daß Herakles mit dem heiligen Gerät, das er bis zum arkadischen Pheneos trug, dort ein eigenes Orakel gründen wollte, was Apollon den Pheneaten nach tausend Jahren noch nachgetragen haben soll. Man erzählte[137], der Streit zwischen den zwei Zeussöhnen wäre überhaupt so entstanden, daß Herakles das Orakel in Delphi aus irgendeinem Grunde befragen wollte, doch von der Pythia die Antwort erhielt, der Gott sei nicht da und wolle ihm kein Orakel geben. Oder eben, daß der Heros zur Entsühnung nach Delphi kam und zurückgewiesen wurde[138]. Die Ermordung des Iphitos genügte dazu[139], Herakles das Orakel zu verweigern, wenn er selbst den Tempel betrat. Mörder wurden aus dem

Heiligtum gewiesen, doch einen Rat zur Sühnung, wenn sie ihn durch einen dritten erbaten, konnten sie erhalten.

Gern verewigten die Künstler die Szene, in der die Feindseligkeit ihren Höhepunkt erreichte, als sie darin nur noch den Bruderstreit sahen, ein Spiel zwischen Göttern. Sie taten es in Delphi selbst, und die Thebaner prägten das Bild des Herakles, wie er nach dem Tempelraub mit dem Dreifuß davoneilt, sogar auf ihre Münzen. Da nehmen auch die Bildhauer und Vasenmaler den Faden der Erzählung auf. Der Heros hatte den Tempel bereits verlassen, er scheint mit dem Dreifuß auf einem bestimmten Weg schon weit genug gelangt zu sein, als Apollon ihn einholt, oft in der Gesellschaft von Artemis. Athene nimmt am Raub an des Heros Seite teil. Die Göttinnen versuchen ihn zurückzuhalten oder die beiden zu trennen. Der Gott ergreift einen Fuß des heiligen Gerätes, Herakles hebt die Keule. Gelang es den Göttinnen nicht, so konnte nur Zeus den Götterkampf schlichten. Man erzählte[140], daß er seinen Blitz zwischen die Kämpfenden schleuderte. Da trennten sie sich und schlossen Frieden. Vielleicht geschah dies so weit entfernt von Delphi wie Gythion an der lakonischen Küste. Denn diese Stadt sollen sie nach der Versöhnung gemeinsam gegründet haben[141].

Büßen mußte Herakles dennoch: nach einigen auch für den Tempelraub[142] oder doch wenigstens für den Gastmord. Das war der Wille des Zeus[143] und die Weisung des Apollon[144]. Das Blutgeld hatte er zu bezahlen, laut einer Erzählung[145] nicht dem Vater, sondern den Brüdern des Iphitos. Danach hatte er also Eurytos bei dem Wettschießen in Oichalia schon getötet. Es waren die Brüder, die Iole nicht herausgaben und Herakles mit Rachegelüsten wegziehen ließen. Und er mußte jetzt auch damit büßen, daß er drei Jahre Sklavendienst auf sich nahm. Hermes führte ihn auf den Sklavenmarkt und verkaufte ihn für drei Talente[146]. Die lydische Königin, die ihn kaufte, hieß Omphale.

4. Der Frauendiener

Nicht alle Erzähler glaubten, daß der Dienst des Herakles bei der Königin Omphale mit den goldenen Sandalen[147] einer besonderen Begründung bedarf. Die Daktylennatur des Dieners der Hera genügte dazu. Man verband den Frauendienst im goldreichen Land, wo früher Tantalos herrschte, mit den übrigen Abenteuern des Heros. Er mochte etwa die Argonauten wegen der schönen Königin verlassen haben[148]. Vielleicht waren es die Lyder selbst oder die umwohnenden Griechen, die erzählten[149], die Doppelaxt, das Abzeichen der lydischen Herrscher vor König Kandaules, sei ein Geschenk des Herakles an Omphale gewesen. Er habe diese heilige Waffe der Amazonenkönigin Hippolyte abgenommen und nach Sardes gebracht. Eine alte Geschichte war auch die der Bewohner der Insel Kos, in Sichtweite der asiatischen Küste, die in Herakles ihre Ehegottheit verehrten[150], den Bräutigam weibliche Kleider anziehen ließen und erzählten[151], Herakles hätte das gleiche getan, zuerst bei einer thrakischen Sklavin. Ebendas sollte ihm jetzt bei Omphale widerfahren.

Nach einer Erzählung[152] war die Ahnin der lydischen Könige mit dem Doppelbeil, die von Herakles abstammten, eine Sklavin, Tochter des Iardanos. Iardanos hieß ein Fluß in Lydien[153], ihm gab man Omphale zur Tochter, die mit Herakles die Dynastie gründen sollte[154]. Ihr Name ist die weibliche Form zu *omphalos*, »der Nabel«, und man könnte schon glauben, daß Sklavinnen diesen Namen trugen. Doch nicht nur der Flußgott Iardanos erscheint als ihr Vater, sondern der Berggott Tmolos, der Vater des Tantalos, als ihr erster Mann[155]. Und in allen Erzählungen war sie die Herrin und Herakles der Diener. Was die Erzähler in Griechenland mit der Bezeichnung »Sklavin« oder »Witwe« wohl schonungsvoll zum Ausdruck bringen, wenn nicht gar ableugnen wollten[156], war das Natürlichste in Lydien, wo die Mädchen nicht als Jungfrauen, sondern als Hetären lebten. Dies taten sie um der Ehe willen, sammelten so ihre Mitgift und verheirateten sich selbst als ihre eigenen Herrinnen[157]. Zudem bedeutet *omphalos* nicht nur den Nabel am menschlichen Körper, sondern auch ein steinernes Kultmal, den Nabel der Erde, zu dem auch die Verehrung einer Göttin gehörte, in Delphi die der Themis oder Gaia, in Paphos die der Aphrodite.

Keine Geschichte spricht freilich von Omphale als von einer Göttin. Die Erzähler, die alle Griechen sind, schildern sie uns vielmehr[158] als eine unzüchtige Frau, obwohl zwischen dem Benehmen des Herakles bei ihr und dem der Koischen Bräutigame bei der Hochzeit kein Unterschied besteht. Es wurde oft erzählt und von späteren Künstlern dargestellt, wie der Heros seiner Herrin zuliebe weibliche Kleidung anlegte. Dies wurde meistens so ausgemalt, daß es die Kleider und der Schmuck der Omphale waren. Und es hat immer noch etwas Zeremonielles an sich, wenn in einer späteren Erzählung[159] Herakles zuerst den goldenen Sonnenschirm über dem Kopf der Königin hält, während sie in die Weingärten am Tmolos zum Fest des Dionysos ziehen, dann aber, keusch, in voller Enthaltsamkeit am Vorabend des Festtages, mit ihr die Kleider tauscht: er zieht all das Feine und Kostbare an, was Omphale trug, sie bekleidet sich mit dem Löwenfell und nimmt die Keule in die Hand.

Die späten Erzähler waren es auch, die den herakleischen Frauendienst als Frauenarbeit oder als eine Aufgabe wie die im Dienste des Eurystheus weitergesponnen haben. Man gab ihm den Spinnrocken in die Hand und ließ ihn mit den Sklavinnen die Wolle verarbeiten[160]. Man suchte von den zahllosen Taten, die von Herakles erzählt wurden, diejenigen aus, die als kleine Arbeiten neben den zwölf großen Arbeiten erscheinen konnten, und stellte sie so hin, als wären es Aufträge der lydischen Königin an ihren Diener gewesen[161]. Man erzählte[162] von einer alles verheerenden Schlange am lydischen Fluß

155

Sangarios, die Herakles so wie die Hydra von Nemea getötet hätte: deswegen wäre er als Ophiuchos, ein Mann, der eine Schlange hält, unter die Sternbilder gekommen.

Eine der Arbeiten, die er auf Omphales Befehl ausgeführt haben soll[163], war die Gefangennahme der geschwänzten Kerkopen. Ihr Name bedeutet die »Geschwänzten«. Für Kabiren konnten sie ebensogut wie für Affen angeschaut werden. Die alten Erzähler gaben ihnen Bezeichnungen wie »Lügner, Betrüger, Unmögliches anstiftende Gauner, ewige Landstreicher, die die Menschen irreführen«[164]. Sie bildeten ein Bruderpaar mit Namen Olos und Eurybatos. »Eurybatos« hatte geradezu die Bedeutung »Gauner« bekommen[165]. Es hieß von den beiden, sie wären von »Oichalia« hergekommen (man weiß, welchen Sinn dieser Ort haben konnte), streiften auf den Dreiwegen herum und plünderten die Böotier aus. Sie sind unter anderen Namen auch bekannt geworden, die verraten, daß sie eigentlich die Kabirenbrüder waren. Der eine jener Brüder hieß doch »Amboß«[166]. Akmon und Passalos, »Amboß« und »Pflock«, waren auch Kerkopennamen[167], und als ihre Mutter galt Theia, die »Göttliche«, eine Tochter des Okeanos[168], sonst eine Titanin[169], ein Name für die große, göttliche Mutter.

In Kleinasien waren die Kerkopen in der Gegend von Ephesos ansässig[170], auf dem griechischen Festland saßen sie an den Thermopylen, der engsten Stelle des Paßweges durch die »warmen Tore« (das ist die Bedeutung von Thermopylai)[171], deren Heilquellen, wie man später geglaubt hat, Pallas Athene eigens für den müden Herakles entspringen ließ[172]. Es war ein Ort für Räuber, doch wegen der heißen Quellen auch für die Kabiren. Dort schlief Herakles auf einer seiner vielen Wanderungen ein. Ihre Mutter hatte einmal die Kerkopen gewarnt, vor dem Melampygos, »dem mit dem schwarzen Hintern«, sollten sie sich hüten[173]. Der Heros aber schlief da auf dem Rücken. Neben ihm[174] lagen seine Waffen. Deren wollten sich die Brüder bemächtigen. Doch Herakles schlief nicht tief genug. Er wachte auf und fing die beiden mit bloßer Hand. Er band die komischen Wesen zusammen, hängte sie an den Füßen über einen Tragbalken und nahm sie wie zwei Eimer mit. Die Köpfe nach unten, hinter dem Rücken des Heros lachten die Kerle, die anfangs wohl erschrocken waren, plötzlich hell auf: die Warnung ihrer Mutter bewahrheitete sich. Erstaunt fragte sie Herakles nach dem Grund des Lachens, und dann lachte auch er mit ihnen. Zur Belohnung entließ er sie aus ihren Fesseln. Man erzählte auch[175], Zeus hätte sie später in Affen verwandelt und bevölkerte mit ihnen die Pithekusai, die »Affeninsel« Ischia. In Süditalien wurde es in einer Posse gespielt und ist auf einem Vasenbild erhalten geblieben, wie Herakles die Kerkopen als zwei Affen in einem Doppelkäfig zum König Eurystheus bringt und mit ihm seinen Spaß treibt.

Eine andere Aufgabe war, angeblich gleichfalls auf den Befehl der Omphale, die Arbeit bei Syleus, dem Räuber und Weingartenbesit-

zer. »Räuber« ist eine milde Übersetzung des Namens, denn *syleus*
ist derjenige, der einem alles abnimmt bis auf den nackten Leib und
auch den noch verkauft. In dieser Geschichte ließ Syleus die Fremden in seinem Weingarten als Sklaven arbeiten[176]. Zu ihm gehörte
indessen[177] auch ein Bruder mit Namen Dikaios, »der Gerechte«, und
eine Tochter, die Xenodike, »die den Fremden Gerechtigkeit Er-
weisende«, hieß[178]. Syleus allein scheint mit den durchwandernden
Fremden seinen Unfug getrieben zu haben. Wo er dies tat, darüber
waren sich die Erzähler nicht einig. Eine »Ebene des Syleus« lag in
Makedonien[179]. Doch diejenigen, die die Geschichte so erzählten, daß
Omphale den Heros zur Vernichtung des Räubers ausschickte,
machten Syleus zu einem Lyder[180].

Wie Euripides die Geschichte in seinem Satyrspiel ›Syleus‹ auf
die Bühne gebracht, war es Hermes, der den Heros dem Räuber
verkaufte. Es war kein leichtes Geschäft, denn Herakles sah keineswegs wie ein Sklave aus[181]. Und wer wollte einen Herrn für sein
Haus kaufen[182], dessen Anblick allein schon Furcht einjagte? Seine
flammenden Augen waren wie die eines Stieres, der einen Löwen
erblickt. Er brauchte nicht erst den Mund aufzutun[183], damit man
in ihm den erkennt, der Befehle nicht empfängt, sondern erteilt.
Nur Syleus war kühn genug, vom Götterboten diesen Sklaven zu
kaufen. Und nachdem er ihn gekauft, stellte er ihn in seinem Weinberg an, um die Weinstöcke zu behacken. Darauf wartete Herakles:
die Hacke in der Hand zu haben! Xenodike mochte mit der Keule
und dem Löwenfell entfliehen, die sie dem Heros stahl – so zeigt sie
ein Vasenbild, und späte Erzähler lassen sie auch bestraft werden wie
ihren Vater[184] – der Heros gebrauchte die Hacke wie kein anderer!

Er grub zuerst alle Weinstöcke samt den Wurzeln aus[185], er trug
sie zum Haus des Syleus und zündete ein großes Feuer an, um Brot
zu backen und Fleisch zu braten. Den besten Stier opferte er dem
Zeus[186], den Keller brach er auf und nahm vom schönsten Weingefäß
den Deckel ab. Die Haustür hob er aus den Angeln: er brauchte
sie als Tisch. Um das Feuer wieder auszulöschen, leitete er einen
Fluß in den Garten. Und dann begann er das Schmausen. Als nun
plötzlich Syleus dastand, empört über die Verwüstung seines ganzen
Besitztums, rief Herakles auch ihn zu Tisch[187]. Der betrogene Wüte-
rich, so scheint es, brach darauf in Schimpfen aus und entging dem
Tod nicht. Die Keule erwachte gleichsam in der Hand des Heros[188].
Xenodike befahl er, sich die Tränen zu trocknen, und zog sie in das
Haus, mitnichten, um sie zu strafen.

Die Liebesgeschichte spielte sich nach einer späteren Erzählung[189]
im Haus des Dikaios am Berg Pelion ab. Dieser ist nach dem Tod
seines Bruders der Pflegevater des Mädchens und der Gastgeber des
Herakles geworden. Und Xenodike wurde zur Ehefrau des Herakles.
Als er weiterzog, starb sie aus Sehnsucht nach ihm. Doch er hatte die
geliebte Frau nicht für immer verlassen und kehrte zu ihr zurück.
Er fand sie tot auf dem Scheiterhaufen liegen und wollte ihretwegen

den Flammentod wählen. Man hielt ihn zurück und erbaute auf dem Grab der Xenodike ein Heraklesheiligtum.

Der Schauplatz einer weiteren Tat des Heros war das an Lydien grenzende Land Phrygien. Doch gerade von dieser Arbeit heißt es nirgends, sie sei auf Befehl der Omphale ausgeführt worden. Sie gehört indessen zu den kleinasiatischen Abenteuern des Herakles nicht weniger als der Dienst bei der lydischen Königin. Es ist die Erzählung vom phrygischen Schnitter Lityerses, der zugleich ein Menschenschnitter war. Das Lied, das die Leute bei der Ernte zur Arbeit anfeuerte, nannte man auch in griechischen Gegenden Lityerses[190], nach dem göttlichen Schnitter, der es zum erstenmal sang[191]. Wie er die Erntearbeit erzwang, stand wohl ursprünglich im Gesang, selbst wenn es von den feineren Sängern später vergessen oder verschwiegen wurde. Lityerses wohnte in Kelainai, dem »Finsteren Ort«, und zwang die Fremden, die da vorbeiwanderten, die Sichel mit ihm um die Wette zu schwingen[192]. Den Unterliegenden peitschte er aus. So lautete die mildere Fassung der Geschichte, die man wohl in den meisten Schnitterliedern hörte. Es wurde aber auch erzählt[193], den Unterlegenen – und alle waren dem göttlichen Schnitter unterlegen – mähte er den Kopf ab und band die Leichen in die Garben ein. Man gab ihm den König Midas zum Vater[194]; kein irdischer König bringt indessen solche Ernte ein, nur der Herr der Unterwelt.

Zudem galt Lityerses als großer Fresser[195]. Vom Brot allein aß er täglich dreimal drei Eselslasten und nannte das zehn Amphoren fassende Weingefäß »ein kleines Maß«. So hieß es in einem Satyrspiel, welches erzählte[196], daß Daphnis, der zarte, verliebte Hirt, in die Klauen des phrygischen Unholdes geriet und fast zu dessen Opfer wurde. Doch – hören wir weiter[197] – Lityerses war nicht neidisch, wenn andere mit ihm aßen, und bewirtete seine Opfer. Beim Schmausen erschien Herakles. Er nahm zuerst den Wettkampf mit dem König im Mähen auf. Sie mähten am fruchtbaren Ufer des Mäanderflusses, wo das Korn mannshoch stand. Zuletzt mähte der Heros den Kopf des Lityerses ab und warf den Geköpften wie einen Diskos in den Strom[198].

Es wurde auch erzählt[199], daß Herakles erst von den warmen Quellen der lydischen Flüsse Hyllos und Acheles – der Acheles fließt in den Hyllos – heil geworden ist. Nymphen, die Töchter des Acheles, badeten ihn im warmen Wasser. Er aber nannte einen seiner Söhne, den er mit Deianeira zeugte, Hyllos, einen anderen, den er von Omphale hatte, Acheles.

5. Retter der Hera und Deianeira

Frauendiener war Herakles auf eine besonders betonte Weise bei Omphale. Frauendiener war er aber auch als Retter: Retter der Hesione vor dem Seeungeheuer, Retter der Alkestis vor dem Tod,

Retter der Tochter des Dexamenos vor dem Kentauren. Bei all diesen Rettungen erschien er zugleich als Diener der Hera. Es wurde erzählt, daß er aus einer ähnlichen Bedrängnis die Götterkönigin selbst errettet hatte.

Es muß ein außerordentlicher Erzähler gewesen sein, der diese Geschichte den Künstlern vorerzählte, die sie nachgebildet und allein bewahrt haben! Er ließ sich von der Feindschaft, die nach den Dichtern zwischen Hera und Herakles bestand, nicht im mindesten beirren. Man sieht es auf den Metopen im Heiligtum der Hera an der Selemündung bei Paestum, aber auch auf einem attischen Vasenbild, wie der Angriff erfolgte. Kein Kentaur, sondern freche Silenen waren die Angreifer. Am Himmel selbst trat ja in griechischen Darstellungen des Tierkreises der Silen an die Stelle des kentaurischen Schützen. Silene hielten die Göttin auf dem Wege auf, als sie einst[200] auf der Erde wanderte. Herakles war plötzlich da, als Retter. Der attische Vasenmaler fügte auch Hermes als Geleiter der Götterkönigin hinzu. Zum eigentlichen Verteidiger aber – auf dem Metopenbild mit dem Schwert, auf der Vase mit der Keule –, bei dem Hera sichtlich Zuflucht suchte, wurde der Heros, der ihren Namen im seinen trug.

Auf die gleiche Weise ist Herakles zum Retter der Deianeira geworden. Diesen Namen gab man, neben anderen, auch der Tochter des Dexamenos, die fast dem Kentauren zum Opfer fiel. Doch die richtige Deianeira war die Tochter des Oineus oder, wie andere behaupteten[201], des Dionysos selbst, der bei der Königin Althaia in Kalydon einkehrte. Dem Namen nach muß sie eine männerfeindliche, nicht nur kriegerische[202] Jungfrau gewesen sein. Sie muß sich lange geweigert haben, einen Gatten zu nehmen. Daher flehte ihr Bruder Meleagros in der Unterwelt Herakles an, sie zu seiner Frau zu wählen. Nur sie schienen einander würdig zu sein.

Doch als der Heros die Reise nach Aitolien antrat, wo Oineus über Pleuron und Kalydon, zwischen den Flüssen Acheloos und Euenos, herrschte, bedrängte sie schon längst[203] ein gewaltsamer Freier, der in vielen Gestalten um das Mädchen warb. Es war der Flußgott Acheloos. Er freite[204] als Stier, als Schlange und als Mensch mit Stierkopf – wie ein zweiter Minotauros. Als Stier mit gehörntem, bärtigem Kopf oder gar als einen Stierkentauren stellten ihn die alten Künstler dar, wenn sie nicht eher seine Ähnlichkeit mit dem Triton, dem Kentauren des Meeres, zum Ausdruck bringen wollten[205]. Daß er nicht wenig mit dem Totenreich zu tun hatte, verraten die Erzählungen von seiner Verbindung mit den Sirenen: sowohl die frühere[206], nach der er ihr Vater war, als auch die spätere[207], nach der sie aus seinen Blutstropfen entsprangen, als Herakles ihm das Horn abbrach.

Denn dazu sollte es kommen[208]. Deianeira sah vom hohen Ufer des Flusses aus zu[209] und sah vor lauter Schrecken nicht[210], wie die zwei Freier miteinander rangen. Es war ein wahrer Wettkampf, ein

Agon um die Braut[211]. Spätere Erzähler[212] legten großen Wert darauf, daß Herakles die Braut samt dem Horn des Acheloos errang, und setzten es mit dem Horn der Amaltheia, dem unausschöpflichen Gefäß der Fülle, gleich, das der Heros auf manchen Bildwerken an Stelle der Keule trägt oder von Dionysos erhält. Es wurde auch behauptet[213], Acheloos hätte sein eigenes Horn von Herakles zurückbekommen, indem er das Horn der Amaltheia dem Heros dafür in Tausch gab. So zog sich der Flußgott besiegt und doch nicht ohne ein kostbares Geschenk hinterlassen zu haben zurück.

Mit diesem Sieg über einen Gott begann die Geschichte von der Heimführung der Deianeira. Sie war aber damit noch nicht zu Ende. Von dem alten König Oineus[214] hörte man schon in der Geschichte des Meleagros. Er war ein gütiger Herrscher, Gastfreund und seinem Namen nach ein Doppelgänger des Weingottes. Doch wie der böse und gesetzlose Weinbergbesitzer Syleus im braven Dikaios einen gerechten Bruder hatte, so besaß Oineus einen wilden. Die Eltern dieses ungleichen Bruderpaares waren Portheus[215], der »Verwüster«, und Euryte[216]. Zu den Söhnen des Oineus gehörten außer Meleagros, dem Jäger, auch Toxeus, der »Schütze«, Thyreus, der »Pförtner«, und Klymenos, der »Berühmte« – lauter Wesen mit Hadesnamen. Wer das Reich des Oineus in westlicher Richtung verlassen wollte – ein Land, das selbst schon im Westen lag –, mußte sich über den Acheloos, wer in östlicher Richtung fahren wollte, über den Euenos setzen lassen. An diesem Fluß, der noch früher Lykormos hieß[217], begegneten Herakles und Deianeira, als die junge Frau heimgeführt wurde, dem Kentauren Nessos. Diesen Namen trug ein Flußgott unter den Söhnen des Okeanos[218]. Hier war er der Ferge, der die Leute auf seinem Rücken über das Wasser setzte und dafür seinen Lohn forderte[219].

Nessos gab vor, den Fergendienst von den Göttern zur Belohnung seiner Gerechtigkeit erhalten zu haben[220]. Von Herakles forderte er keinen anderen Lohn, als zuerst die junge Frau über den Fluß tragen zu dürfen. Kaum hatte er Deianeira auf dem Rücken, begann er schon, sich an ihr zu vergreifen. Die Vasenbilder zeigen, daß der Heros ihm nachgerannt war und, ob nun der Kentaur die Geraubte noch auf dem Rücken trug oder Herakles sie schon zurückgenommen hatte, ihn mit dem Schwert erstach oder mit der Keule erschlug. Er mußte sie dann selber durch das Wasser tragen. Und das tat er sicher, obwohl diese Form der Geschichte uns nicht mehr überliefert ist. Sie wurde aber auch so erzählt, daß Nessos sich erst am anderen Ufer an Deianeira vergriff[221]. Der Dichter Archilochos malte aus[222], wie die junge Frau, als sie schon die Absicht des Kentauren merkte, in langes Wehklagen ausbrach und ihren Mann zu Hilfe rief. Herakles mußte jetzt seine Kunst als Schütze zeigen. Sein Pfeil traf vom anderen Ufer aus den Vergewaltiger und rettete seine Frau.

Sophokles, der die Geschichte der Deianeira in seiner Tragödie ›Die Frauen von Trachis‹ auf die Bühne brachte, läßt sie uns selbst erzählen, wie sich das Unglück im Euenos ereignete. Herakles scheint, wie es auch sonst heißt[223], sicher durch das Wasser gewatet zu sein. Mitten im Fluß fühlte Deianeira die freche Hand des Nessos[224]. Sie schrie auf. Der Sohn des Zeus war am anderen Ufer eben angekommen. Er wandte sich um, und sein Pfeil durchbohrte die Brust des Kentauren. Nessos starb nicht sogleich. Im Sterben hatte er noch Zeit, die Frau des Herakles zu betrügen. Er wollte ihr noch eine letzte Wohltat erweisen, so lautete seine Lüge. Das Blut, das aus seiner vergifteten Wunde flösse, hätte große Zauberkraft. Sie sollte es auffangen. Deianeira trug wohl, wie die griechischen Reisenden es gewöhnlich taten, eine kleine Flasche mit sich für das Trinkwasser. Herakles würde, log der Kentaur, in keine andere Frau sich verlieben, wenn er das Hemd trüge, das mit seinem Blut durchtränkt würde. Deianeira folgte dem verhängnisvollen Rat, fing das Blut des Nessos auf, indem er sterbend das Ufer erreichte, und verwahrte es zu Hause in einem ehernen Kessel versteckt[225].

So wurde Deianeira heimgeführt. Nach den meisten Erzählern – sicher nicht nach allen – geschah dies alles bald nach der Rückkehr des Heros aus der Unterwelt, noch bevor er die Schande in Oichalia erlitt und für die Ermordung des Iphitos mit dem Sklavendienst bei Omphale büßte. Danach war Deianeira, wie vor ihr Megara, die lange wartende Frau, die ihrem Mann außer Hyllos noch andere Söhne gebar[226].

6. Das irdische Ende

Die Schmach von Oichalia war noch nicht gerächt. Darum verließ Herakles Deianeira in der Burg seines Gastfreundes Keyx in Trachis. Dorthin, in die Landschaft um das Oitagebirge, hatte er sich mit den Seinigen nach dem Gastmord aus Tiryns zurückgezogen[227]. Er führte ein Heer[228] gegen die hochgetürmte Burg[229] des Eurytos, und Oichalia fiel. Der Burgherr und seine Söhne wurden getötet, Iole von Herakles erbeutet. Diejenigen, die ihre Geschichte mit der Geschichte der Deianeira verbinden wollten, erzählten[230], daß Herakles sie zum Kebsweib begehrte und seiner Frau vorgezogen hätte. Eine eigentliche Liebesgeschichte des Herakles mit Iole ist aber nicht überliefert. Doch eben dadurch, daß der Frauendiener zum Mädchenräuber wurde, bereitete sich sein Ende vor.

Deianeira glaubte den Augenblick gekommen, vom Geschenk des Nessos Gebrauch zu machen. Sein Blut hatte der Kentaur gegeben und verwahren lassen, damit Herakles zugrunde gehe. Er sah voraus, daß die Gelegenheit kommen wird. Seine Gabe und die Betörung der Deianeira bildeten zusammen das Kentaurengeschenk. Es wurde auch von einem Orakel erzählt[231], das dem Heros vorausgesagt hatte, kein lebendiges Wesen, nur ein Bewohner der Unterwelt werde ihm den Tod bringen. Ahnungslos nahm er jetzt das vergiftete Pracht-

161

gewand entgegen, das ihm die ahnungslose Deianeira schickte, damit er es bei dem Dankopfer an Zeus trüge[232]. Aber als das Kleid anfing, seine Haut zu brennen, und er den vergifteten Stoff nicht mehr vom Leib reißen konnte[233], erkannte er bald das Zeichen[234] und ließ sich den Scheiterhaufen auf dem Berg Oita schichten.

Es wurde später behauptet[235], er sei auf Rat des Apollon zu diesem Entschluß gelangt. In seinem Leiden am Geschenk des Nessos hatte er nach Delphi geschickt und erhielt die Antwort, er sollte sich in voller Bewaffnung auf den Oita bringen und dort einen großen Scheiterhaufen errichten lassen. Das übrige würde Zeus besorgen. Doch auch nach dieser Erzählung bestieg Herakles den Scheiterhaufen aus eigenem Entschluß. Dem Entschluß ist, so wird es in der Tragödie ›Die Frauen von Trachis‹ berichtet, ein ungeheuerlicher Ausbruch des Zornes vorausgegangen. Die Schmerzen, die er am Körper fühlte, vereinigten sich mit dieser Krankheit der Heroen, ihrer Anfälligkeit für den Zorn, der eigentlich immer an Wahnsinn grenzt. Den Boten, der ihm das tödliche Gewand überbrachte, warf er ins Meer vom Kenaion[236], dem nordwestlichen Vorgebirge der Insel Euboia, wo er dem Zeus opfern wollte[237]. Nach Hause gebracht, nach Trachis, wollte der Leidende an Deianeira Rache nehmen. Sie aber hatte sich schon mit dem Schwert das Leben genommen[238], als sie die Wirkung ihrer Tat erfuhr. Und als nun Herakles auch die Ursache seines Leidens, die List des Kentauren, bekannt wurde, teilte er seine letzten Wünsche Hyllos, seinem ältesten Sohn von Deianeira, mit. Der erste Wunsch war[239] die Errichtung des Scheiterhaufens, der zweite[240] die Vermählung der Iole mit Hyllos: eine Hochzeit, die er nicht mehr erleben sollte.

Dann ließ er sich auf die hohe Bergwiese des Zeus auf den Oita tragen[241], wo das Gras nie abgemäht wurde[242]. Seitdem dort der Scheiterhaufen des Herakles zum erstenmal loderte und in einer steinernen Umhegung, die die Asche bis zu unseren Tagen bewahrt hat, an seinen Festen immer wieder angezündet wurde, hieß die Stelle Phrygia, der »abgebrannte Ort«[243]. Es wurde erzählt[244], daß der malische Fluß Dyros, der heutige Gorgopotamos, damals aus dem Berg hervorsprang, um den Riesenbrand zu löschen, in dem der lebendige Leib des Herakles verzehrt wurde. Umsonst entstand der Fluß. Zu brennen war ja der eigene Wille des Heros. Hyllos hatte auf seinen Wunsch den Scheiterhaufen geschichtet, ihn anzuzünden weigerte er sich[245]. Auf den mächtigen Holzscheiten saß der leidende Herakles und wartete auf einen Fremden, einen Wanderer auf der Straße, die über den Oitaberg aus Thessalien nach Delphi führte. Da kam Philoktetes, der Sohn des Poias, des Weges[246], der dereinst in ähnlichen Leiden sollte die gleichen Worte schreien: »Zünde an, guter Mensch, zünde an[247]!« Nach anderen[248] war es Poias, der seine verirrten Schafe auf dem Berg suchte und den Scheiterhaufen anzündete. Hoch war die Belohnung dafür[249]: der Bogen des Herakles. Den schenkte er selbst für die erlösende Tat dem

Philoktetes oder seinem Vater Poias, von dem ihn der Sohn erbte. Nur mit diesem Bogen konnte dereinst Troja erobert werden.

Das Feuer, das da entfacht wurde, war dennoch kein trauriger Brand. Wo immer es zum Gedächtnis des Herakles bei Griechen angezündet wurde[250], war es ein heiteres Fest, an dem die Atmosphäre der Liebe[251], die Erinnerung an den großen Daktylen herrschte. In den reinigenden Flammen wurden seine Glieder göttlich[252] und nicht, wie manche glaubten[253], der sterbliche Leib des Gottes wie die Leiche eines Sterblichen verbrannt. Es wurde erzählt[254], daß er vom brennenden Scheiterhaufen in einer Wolke unter Donnergetöse in den Himmel stieg. Als die Seinigen, wie es nach der Leichenverbrennung üblich war[255], die Knochen in der Asche zusammensuchen wollten, fanden sie nichts[256]. Ein Meister der Vasenmalerei und vor ihm wohl schon ein Satyrspieldichter verewigten das Suchen nach den Knochen des Herakles. Sie ließen daran auch Satyren teilnehmen, die erschrocken zurücksprangen, als sie den leeren Panzer des Heros auf dem noch nicht ganz ausgebrannten Scheiterhaufen fanden. Unterdessen fuhr Herakles, wieder jung geworden, fast ein Knabe, mit Pallas Athene im Viergespann über die Gipfel der Oita. Die Sterndeuter wußten[257], daß er durch jenes Tor den Himmel betrat, das sich im Skorpion, in der Nachbarschaft des Schützen, des auf den Himmel versetzten Kentauren, befand.

Viele Künstler schilderten die Himmelfahrt des Herakles. Das schönste Bild, auf einer attischen Amphora der alten Zeiten, stand am heiligen Bett, das man Hera zu Ehren im unterirdischen Tempelchen in Paestum hingestellt und eingemauert hat. Herakles besteigt da mit Athene den Wagen in der Gegenwart seiner einstigen Gegner, des Geschwisterpaares Apollon und Artemis. Hermes ist zum Geleit bereit. Nicht hätte das Gefäß mit solcher Darstellung dort stehen können, wenn man nicht daran geglaubt hätte, daß die Götterkönigin an der Erhebung des Heros auf den Olymp ihre Freude fand. Er gehörte nunmehr zur Gesamtheit der Götter. »Lieber Zeus« – läßt ihn der Meister Sosias in der blendenden Gesellschaft ausrufen. Zu Zeus wird er dann von Athene geleitet. Neben Zeus thronend, empfing ihn Hera.

Diejenigen, die glaubten, daß eine Feindschaft zwischen Hera und Herakles wirklich bestand, erzählten von der Versöhnung[258]. Zeus habe sie bewogen, heißt es[259], sogar den Ritus der zweiten Geburt an Herakles vorzunehmen. In der Stellung einer gebärenden Frau nahm sie ihn an ihren heiligen Leib und ließ ihn durch ihre Kleider auf die Erde fallen. Nach einer der Geschichten, die über Herakles in Italien erzählt wurden und hier nicht alle wiedererzählt werden konnten – in Griechenland wären sie nicht geglaubt worden –, reichte sie ihm jetzt wie einem Säugling die Brust. Die Szene wurde zum Schmuck eines Spiegels bei den Etruskern dargestellt. So wurde Herakles ganz und gar der Sohn der Hera.

In ihrer Eigenschaft als Hera Teleia, die große Göttin der Ehe[260], hat sie selbst ihre Tochter Hebe dem Herakles zugeführt. Die Hochzeit feierten sie – der Stiefsohn der Hera und ihre jüngere Doppelgängerin[261] – bei den Olympiern auf dem Götterberg[262]. In seinem goldenen Palast herrscht da der Eidam der Hera[263]. Darüber sangen die Dichter[264]: »Gott ist er nun, hinter ihm sind die Leiden und Mühen, dort lebt er, wo die anderen Bewohner des Olympos, unsterblich, ohne zu altern, im Besitz der Hebe, der Tochter des Zeus und der Hera.« Das Abbild des irdischen Herakles – denn auch der Erdenwanderer blieb mit seinen Mühen unvergeßlich –, sein Eidolon, kam in die Unterwelt. Dort begegnete ihm Odysseus[265]. Um ihn herum war das Geschwirr der Seelen gleich dem Geflatter von Vögeln hörbar, wie sie, nach allen Richtungen hin auseinandergescheucht, erschrocken von ihm zurückflogen. Der finsteren Nacht glich er da, den Bogen in der Hand, den Pfeil auf der Sehne. Mit schrecklichem Blick die Augen anstrengend, war er ewig im Begriff zu schießen. In einer ähnlichen Gestalt erblickte man ihn auch am Himmel: im Sternbild Engonasin[266], dem mit dem rechten Bein knienden, immerfort sich bemühenden Mann[267] – ein Denkmal, das Zeus den Mühen seines Sohnes gesetzt haben soll.

Für die Seinigen waren jene Mühen hier auf der Erde umsonst. Wie viele Könige und Völker auch ihre Herkunft auf ihn zurückführten[268], wie viele Genealogen sich auch um Abstammungsgeschichten bemühten und die Nachwelt irreführten, seiner eigenen Gestalt nach war Herakles weder Dynastiegründer noch Stammesheros. Seine Söhne von Megara, seiner thebanischen Gattin, hatte er selbst den Weg in den Flammentod vor ihm gehen lassen, und den Scheiterhaufen bestieg er von der gastlichen Burg des Keyx aus. Nicht einmal einen eigenen Sitz hatte er, als er die Erde verließ. Von den Kindern, die ihm Deianeira gebar, gab es mehrere Erzählungen, die darin alle übereinstimmten, daß die Nachkommen des Herakles vom Peloponnesos verschwunden sind. Nur so konnten die Genealogen von der Rückkehr der Nachkommen der Nachkommen erzählen und die Ankunft der Dorier in Sparta mit dieser Rückkehr verbinden[269].

Nach allen Erzählungen flüchteten sich die Kinder des Herakles vor Eurystheus, der sie nach der Gottwerdung des Heros mit dem Tode bedrohte[270]. Keyx konnte sie gegen die Macht des Königs von Mykenai nicht verteidigen und hieß sie weiterziehen[271]. So flohen sie von Stadt zu Stadt, nach der einen Erzählung bis nach Theben. Diejenigen, die dafür hielten, daß Iolaos nicht in Sardinien starb, wohin er mit den Söhnen des Herakles von den Töchtern des Thespios ausgewandert ist, sondern daß er am Grabe seines Großvaters Amphitryon begraben lag, ließen ihn als alten Mann dem Eurystheus entgegenziehen und ihm den Kopf abschlagen[272]. Ja es gab eine Erzählung, nach der Iolaos damals schon tot war und aus dem Grab wiedererstand, um Eurystheus zu bestrafen[273]. Darauf starb er wieder.

164

Nach einer anderen Erzählung[274] blieb er der Verteidiger der Herakleskinder, der er von Anfang an war, und floh mit ihnen von Argos nach Attika. Die Athener nahmen die Schar auf und leisteten dem Eurystheus, der mit einem großen Heere erschien, Widerstand. Hyllos kämpfte neben Iolaos, und er war es[275], der den Kopf des Königs von Mykenai abschlug. Nach einer anderen Fassung der Geschichte[276] betete der alte Heros Iolaos zu Hebe und Zeus, damit sie ihm seine Jugend wiedergäben, für einen Tag allein. Zwei Sterne leuchteten auf über seinem Kampfwagen, und die Leute riefen: Hebe und Herakles! Sie verhüllten ihn mit einer Wolke. Verjüngt trat Iolaos aus dem Nebel, bemächtigte sich des Königs von Mykenai und brachte ihn lebendig zu Alkmene. Sie verzieh ihm nicht. Das war der Tod des Eurystheus.

Für den Sieg indessen, so erzählte man in Athen[277], hatte ein Mädchen sterben müssen. Dieses Opfer wollte Persephone haben. Die Erzählung war, wie es sich zeigen wird, eine Geschichte, die in Athen öfters vorkam. Mit der alten Alkmene sind auch die weiblichen Nachkommen des Herakles nach Attika geflohen[278]. Eine von ihnen bot sich freiwillig zum Opfer an, eine wahre Heraklestochter. An der Stelle, wo sie geopfert wurde, entsprang eine Quelle, die ihren Namen für die Zukunft bewahrte[279]. Wie sie die »Glückselige«, Makaria, hieß, so wurde auch die Quelle bei Marathon genannt, ein Brunnen der Glückseligkeit.

Drittes Buch

I. Kekrops, Erechtheus und Theseus

Wollten die Athener nach ihrem Gründerheros benannt werden, so hießen sie die Kekropidai: Nachkommen oder vielmehr Verwandte des Kekrops. Denn obwohl sie diesen Namen trugen, hielten sie dafür, daß sie nicht von einem männlichen Urwesen herkamen, sondern unmittelbar von der zarten, rötlichen Erde Attikas, die in Urzeiten anstatt wilder Tiere den Menschen gebar[280]. Kekrops, der ursprünglichen Form seines Namens entsprechend, die Kekrops, das heißt »der Geschwänzte«, lautete[281], war halb Schlange, halb Mensch[282]: Schlange als Erdentsprossener, doch auch der menschlichen Gestalt teilhaftig und daher *diphyes*, »von zweierlei Natur«. Erdentsprossen und Zögling der jungfräulichen Göttin, der Vatertochter Pallas Athene, sein und in ihrem Geiste schaffen: dieses Bild des Ur-Atheners war zuerst in Kekrops da. Er habe, so hieß es, gleichsam die zweifache Abstammung des Menschen entdeckt[283]: die Abstammung nicht nur von der Mutter, sondern auch von einem Vater. Er stiftete die Ehe zwischen einem einzigen Mann und einer einzigen Frau[284], eine Institution, die unter dem Schutz der Göttin Athene stehen sollte. Das sei seine Gründertat gewesen, eines Ur-Vaters würdig, der nicht der persönliche Ahne der Athener war, dem sie aber dennoch ihre väterliche Abstammung verdankten. Geschichtsschreiber[285], die der Erdentsprossenheit kein großes Verständnis entgegenbrachten, wollten sogar seine Bezeichnung als *diphyes* so verstehen, als wären darin die seit Kekrops gültigen zwei Abstammungslinien ausgedrückt, wenn man ihn deswegen nicht geradezu als zweigeschlechtigen Urmenschen aufgefaßt hat[286].

Man hat seine Herrschaft wie die eines menschlichen Königs ausgemalt. Als eigentliche Gründertat galt den Athenern gemeinhin die *synoikisis*, deren Gedächtnis am Fest der *Synoikia* gefeiert wurde: die Sammlung der im Küstenland Attika zerstreut wohnenden Menschen zu einem großen Gemeinwesen. Diese Tat schrieb man schon Kekrops zu[287]. Es heißt auch, er habe die Burg der Athener, die so berühmt gewordene Akropolis, nach seinem eigenen Namen Kekropia genannt[288]. Doch nirgends wird überliefert, daß er sie selbst erbaut hätte. Es erhellt vielmehr aus der Geschichte seiner Töchter[289], daß Pallas Athene eigenhändig bemüht war, die Akropolis zu einer unzugänglichen Burg zu machen. Sie brachte dafür einen noch höheren Felsen aus Pallene, ließ ihn aber in ihrem Zorn über die Ungehorsamkeit der Kekrops-Töchter an der Stelle fallen, wo er heute liegt und Lykabettos heißt. Seit Kekrops soll aber ein *laos*, ein Volk, anstatt einer Menge dagewesen sein[290], da er einen jeden, als er die erste große Versammlung veranstaltete, einen Stein, *laas*, mitbringen und in die Mitte werfen ließ. So zählte er jene Urbewohner von Attika, und sie waren zwanzigtausend. Mit seinem Namen ver-

band man[291] auch die Sitte der Bestattung in der Erde, wodurch man
die Toten gleichsam dem großen Mutterschoß überließ. Auf den
Begräbnisstätten säte man Korn. Man ließ sie nicht als Totenacker
bestehen, sondern gab sie dadurch rein den Lebenden zurück. Das
Totenmal hielt man bekränzt, besang und lobte den Verstorbenen.
Die Lüge war dabei verboten.

Solche Gesetze wurden Kekrops, dem Ur-König, zugeschrieben.
Wiewohl er kein Mensch war, sondern ein halb menschliches, halb
göttliches Wesen und für alle Zeiten der schützende Heros und Herr
der Athener[292], soll mit ihm das menschenwürdige Leben in Attika
begonnen haben. Wer den Nachdruck darauf legte, daß Kekrops der
Ehestifter war, mußte auch davon erzählen[293], daß Männer und
Frauen vor ihm ohne Ordnung sich vermischten. Die Überlieferung
von einer anderen Stellung der Frau, als jene spätere der aus dem
öffentlichen Leben ausgeschlossenen Athenerinnen im Lauf der Geschichte, erhielt sich noch lange. So noch in der spätesten Form der
Erzählung von der Besitznahme des Landes durch Pallas Athene.
Nach dieser Fassung der berühmten Geschichte[294] entsproß der Ölbaum aus der Erde erst unter der Herrschaft des Kekrops. Gleichzeitig entsprang auch eine Quelle. Der König soll darauf das Orakel
in Delphi befragt und die Antwort erhalten haben, der Ölbaum be-
deute die Göttin Athene, das Wasser den Gott Poseidon; die Bürger
sollten entscheiden, nach welchem der beiden ihre Stadt benannt
werde. Damals aber hatten auch die Frauen noch Stimmrecht, und
sie waren mit einer Stimme in der Mehrheit. So siegte Athene, und
die Stadt hieß nach ihr Athenai. Poseidon geriet – so kennt man ihn
aus manchen Geschichten – in Zorn und überflutete die Küsten. Um
ihn zu versöhnen, mußten die Frauen auf ihre früheren Rechte ver-
zichten, und auch die Kinder wurden seitdem nicht mehr mit dem
Mutternamen, sondern mit dem des Vaters näher bezeichnet.

Die ursprüngliche Erzählung vom größten Ereignis, das unter
dem Königtum des Kekrops geschah, lautete anders. Die Athener,
und nicht nur sie unter den Griechen, waren sich dessen bewußt, daß
ihre Götter nicht alle seit jeher und nicht alle gleicherweise über jede
griechische Landschaft herrschten. Man erzählte in Argos[295], Hera
hätte da einen Streit mit Poseidon um das Land gehabt. Die Richter
wären dabei der dortige Urmensch Phoroneus und die Flußgötter von
Argos gewesen: sie hätten das Land der Göttin zugeurteilt. Sicher
war Hera da seit alters her die Herrin, der Späterkommende war
Poseidon. Er entzog aber dann immer wieder das Wasser den Ar-
geern, und der Inachos ist bis zum heutigen Tag ein meistens ganz
trockener Fluß. Phoroneus kennt man als einen besonderen Verehrer
und Schützling der Hera[296]. Ähnlich war das Verhältnis von Kekrops
zu Athene, und es ist schwer zu sagen, welche Geschichte der anderen
folgte oder ob beide schon ursprünglich nebeneinander bestanden.

Pallas Athene und Poseidon, so lautete die alte Erzählung, stritten
um die attische Erde miteinander. Die Göttin ließ im Wettstreit auf

dem Felsen, der ihren Tempel tragen sollte, den ersten Ölbaum entsprießen. Der Gott schlug ebenda mit seinem Dreizack in den steinigen Boden, und Salzwasser entquoll gleichfalls da oben auf dem Felsen. Man nannte es später »Meer des Erechtheus«[297]. Das Erechtheion, das Heiligtum der Stadthüterin, der Athena Polias, sollte da beide Zeichen göttlicher Macht umfassen: die Olive und die salzige Quelle. Doch damals, in der Urzeit, mußte Kekrops, der König des Landes – nach dieser Erzählung wohl das einzige Wesen auf der Erde –, entscheiden, wer gesiegt hat. Er fand[298], daß es salziges Wasser überall gäbe, wo man nur vom Festland aus hinblicke, der Ölbaum aber sei einzig dort, in Attika, eben entsprossen[299], und teilte das Land und die Stadt als Siegespreis Athene zu. Es gab aber Athener, die glaubten, ein so großes Ereignis wie die Besitznahme ihrer Heimat durch Athene wäre nicht genügend verherrlicht, wenn nur ein irdisches Wesen, wie Kekrops, da die Entscheidung getroffen hätte, und sie ließen ihn an Stelle des Richters nur Zeuge sein.

So wurde der Wettstreit in der Mitte des westlichen Giebels des Parthenon von Pheidias dargestellt. Kekrops schaute da nur aus einer Ecke zu. Auf dem Bild eines Vasenmalers deutet ihn sogar nur die Schlange an, die sich um den Ölbaum windet. In dieser Form der Erzählung waren die zwölf großen Götter die Schiedsrichter[300]. Eigentlich konnten es freilich nur zehn von ihnen gewesen sein, da doch auch Athene und Poseidon in ihre Reihe gehörten. Die Erzähler waren sich auch darin nicht einig, ob der Wettstreit in der Gegenwart der Götter begann[301] oder ob sie erst zur Entscheidung erschienen. Nur in diesem Fall brauchten sie den Zeugen, der ihnen als einziges Wesen auf Erden bezeugen konnte, daß Pallas die erste war, die den Ölbaum erschaffen hat[302]. Den Streit aber scheint Poseidon begonnen zu haben[303]: auch hier war *er* der Späterkommende. Die Stimmen der Götter fielen für die beiden gleich aus: Zeus entschied mit der seinigen für die Tochter[304]. Kekrops war dann der erste, der ihn den »Höchsten«, Hypatos, nannte[305], der den ersten Altar errichtete und die erste Statue der Pallas aufstellte[306].

Die innigste Beziehung des Kekrops zu der Göttin blieb bestehen für immer. Es war eine geheimnisvolle Beziehung, von der nicht viel oder überhaupt nichts gesagt wurde. Bekannt ist aber seine doppelte Verbindung mit Aglauros, wie Athene mit Beinamen auch hieß[307]: ein Beiname, den sie bei düsteren Begehungen trug, und diese galten auch als Mysterien[308]. Ursprünglicher wohl als Aglauros lautete dieser Name und Beiname Agraulos[309]: »die auf dem Acker Hausende«. Sie war die Frau des Kekrops[310], aber auch eine seiner drei Töchter hatte diesen Namen[311]: darin verrät sich die doppelte Verbindung. Aglauros, die Mutter der drei Töchter des Kekrops[312], gebar ihm auch einen Sohn, namens Erysichthon, den »Beschützer des Landes«. Wie er das Land beschützte, wird uns nicht erzählt, nur daß er kinderlos starb[313]: ein ähnliches Wesen wohl, wie Sosipolis, »der Retter der Stadt«, in Olympia[314], der auch kein Held war, sondern ein gött-

171

licher Knabe in Schlangengestalt, der jenes Land beschützte. Von
den Töchtern des Kekrops wurde erzählt[315], daß sie von Pallas
Athene einen ähnlich gestalteten Knaben zur Bewahrung erhielten,
in einen Korb eingeschlossen: den kleinen Erichthonios. Man kennt
die Geschichte: die eine oder gar zwei von ihnen haben aus Neu-
gierde in den Korb geschaut und sich als unwürdige Hüterinnen des
geheimnisvollen Kindes erwiesen.

Kekrops wiederholte sich gewissermaßen unter beiden Namen:
als Erysichthon und als Erichthonios. Der Ort, den man als sein
Grab zeigte, war doch kein Grab, sondern wiederum ein Zeichen
seiner engsten Beziehung zu Athene. Es befand sich inmitten des
heiligsten Bezirks der Göttin, wo auch der erste Ölbaum stand. Als
das heute noch stehende prächtige Gebäude, das Erechtheion, darüber errichtet wurde, mußten anstatt Säulen Mädchenstatuen eingeschaltet werden, um das Dach des angeblichen Grabes, des Kekro-
pions, zu tragen. Kekrops war da wohl in der Schlange gegenwärtig,
die in derselben Behausung als »Haushüterin der Göttin« gepflegt
wurde[316]. Doch die attischen Geschichtsschreiber, die ihrem Lande
eine Königsliste geben wollten, ließen im Erichthonios, dem zweiten
Ur-Athener, mit der seltsamen Geburtsgeschichte, die man aus den
Erzählungen um die Göttin Athena kennt[317], gleichsam den Kekrops
wiedererstehen. Sie setzten ihn an die dritte Stelle nach dem Ur-
König und wiesen ihm die Gründung der Panathenäen[318] und anderer
großen Feste der Athener zu. Er soll auch das vorhin schon erwähnte
Heiligtum der Athena Polias erbaut[319], die Holzstatue der Göttin
darin aufgestellt haben[320] und ebendort bestattet worden sein: keine
echten Erzählungen der Mythologie, wie es diejenigen von seiner
Erzeugung durch Hephaistos und von seinem Schicksal im runden
Korb waren. Es erscheint vielmehr so, daß sein sprechender Name,
der betonterweise einen Chthonios, ein Wesen aus dem unterirdischen Bereich, meint, ursprünglich keinen Herrscher und König
hier oben, in unserer Welt, sondern das geheimnisvolle Kind bezeichnen wollte, das in manchen Mysterien verehrt und in selten erzählten Geschichten erwähnt wurde. Der von der Erde geborene
Heros, von dem offener erzählt wird – es steht in unserem Homer,
Athene hätte ihn sich erzogen[321] und zum Hausgenossen gewählt[322],
sicherlich in jenem Tempel, der nach ihm den Namen Erechtheion
erhielt –, dieser Heros hieß Erechtheus[323].

Nach einem Urwesen nannten sich die Athener Kekropiden, nach
diesem ihrem König und Heros Erechtheiden[324]. Der Name Erechtheus, in seiner Form Erichtheus[325], enthält die gleichen Elemente
wie das zusammengesetzte Wort Erichthonios, doch mit der Endung
alter, echter Personennamen. Die Überlieferung von einem Sohn,
den Hephaistos mit der Göttin Erde zeugte, bezog sich auf ihn
ebenso ausdrücklich[326] wie auf Erichthonios, und auch seine Verbindung mit Athene war nicht weniger eng und innig. Auch von
Erichthonios wurde nicht eindeutig erzählt, das Kind selbst sei eine

Schlange gewesen und nicht vielmehr von Schlangen bewacht[327]: als er in die Königsliste der Athener aufgenommen wurde, gab man ihm die volle Menschengestalt. Mit Erechtheus wird in keinem sicheren Zeugnis seiner Geschichte die Schlangengestalt mehr verbunden. Man erzählte hingegen von seinem tragischen Kampf mit Poseidon, in dem er schließlich unterlag: unter den Schlägen des Dreizacks verschwand er in der Erdentiefe[328]. Diese war eine andere Geschichte als jene, nach welcher der Dreizack des Meergottes bloß die salzige Quelle aus dem Felsboden der Akropolis entspringen ließ! Sie erzählte, daß Poseidon – in der olympischen Ordnung der Oheim der Zeustochter – in ihr eigenstes Reich und Besitztum am Ende doch eingedrungen ist. Eine Verehrung konnte er indessen im gemeinsamen Heiligtum der Göttin und ihres Hausgenossen mit vielen Namen – als Heros hieß jener Erechtheus – nur erhalten, indem er eben jenen Namen als Poseidon Erechtheus annahm[329]. Als die Athener bereits Gefahr liefen, neben dem mächtigen Gott des Meeres den unter der Erde hausenden alten Heros zu vergessen, mahnte sie ein Orakel daran, daß sie auf dem Altar des Poseidon im Erechtheion auch dem Erechtheus opfern sollten[330]. Der gemeinsame Name und Kult war das Zeichen ihrer Versöhnung, der Anerkennung des Heros durch den Gott als immer noch gleichberechtigten Hausgenossen in diesem Heiligtum.

Man erzählte aber noch lange vom Kampf des Erechtheus mindestens mit Poseidonsöhnen, die vom Norden her kamen und den Athenern als Thraker im Gedächtnis geblieben sind: so mit Immarados[331], dem Sohn des Eumolpos, oder – wie Euripides in seiner Tragödie ›Erechtheus‹ den Streit schilderte – mit diesem selbst[332]. Von Eumolpos, dem »guten Sänger«, dem Heros der Eleusinier und Ahnen des Hierophanten, wird man später noch hören. Mit diesem Kampf indessen verband man (ob Euripides als erster, ist nicht mehr zu wissen) auch die Erinnerung an athenische Jungfrauen, die als Opfer des Unterweltgottes gleich der Tochter der Demeter sterben mußten, von denen man als von Heldinnen erzählte und die als Heroinen ihren Kult in Athen besaßen.

Der Ort dieses Kultes war nicht weniger heilig als das Erechtheion oder das Theseion in Athen: ein Heroon wie die eben genannten. Es war das Leokorion[333] oder Leokoreion[334], das Heiligtum der »Leokoroi«, der »Volksmädchen«, das heißt der für das Volk geopferten Jungfrauen. Man behauptete später, ein gewisser Leos – der Name lautet in Attika mit *leos*, »Volk«, gleich – habe seine drei Töchter zur Rettung der Athener opfern lassen. Ihre Namen – Praxithea, Theope und Eubule[335] – könnten auch diejenigen der Unterweltsgöttin sein. Man erzählte das gleiche von den Hyakinthiden, den vier Töchtern des Hyakinthos, von dem man später sagte, er sei ein »Spartaner« gewesen[336]: man weiß, daß Hyakinthos in Amyklai neben Sparta seinen Kult hatte. Die Hyakinthides wurden angeblich damals für die Athener geopfert, als Minos die Stadt bedrängte und das Volk

173

außerdem noch unter Pest und Hunger litt. Der schlichteste Name, unter dem all die opferwilligen Mädchen verehrt wurden, war Parthenoi, und man sprach nicht viel darüber, welche »Jungfrauen« man damit meinte. Als die allerersten, die sich für das Vaterland opferten, werden dann doch Aglauros[337], bei geheimgehaltenen, düsteren Zeremonien die Doppelgängerin der Athene, und außer ihr, der Kekropstochter, Töchter des Erechtheus[338] erwähnt, namentlich eine: Chthonia, die »Unterirdische«[339].

Ob Athenerinnen einmal wirklich so sterben mußten wie diese Heroinnen, die gewissermaßen alle der Persephone gleich sind, wird man ohne Zeugnisse der nichtmythologischen Geschichte nie entscheiden können. Als Beispiele der Vaterlandsliebe wurden sie oft angeführt, seitdem Euripides sie auf die Bühne brachte. Damals, als Eumolpos mit großem thrakischem Heere gegen Athen kam – so hieß es in jener Tragödie[340] –, befragte König Erechtheus das Orakel von Delphi und erhielt die Antwort, er müsse für den Sieg eine Tochter opfern. Drei Töchter hatte er, und seine Frau Praxithea – »die das Opfer eintreibt« – sprach selbst für die Opferung[341]. Die Eltern wußten nicht, daß die drei Mädchen geschworen hatten[342], daß sie alle sterben würden, wenn die eine stirbt. So ging die Familie des Erechtheus unter. Eine Tochter wurde geopfert, die anderen nahmen sich selbst das Leben. Erechtheus hatte den Sieg in der Schlacht: er tötete nach der Darstellung des Euripides den Eumolpos[343]. Doch auch er blieb nicht am Leben. Zeus erschlug ihn, auf Poseidons Wunsch, mit seinem Blitz[344]. Am Schluß der Tragödie erschien Athene und meldete den Zuschauern, daß die Töchter des Erechtheus zum Sternbild der Hyaden verwandelt wurden[345].

Die Geschichtsschreiber, die um die Königsliste der Athener Sorge trugen, gaben dem Erechtheus außer den Töchtern, deren Zahl in der Überlieferung auf sechs anwuchs, auch Söhne: als ersten einen zweiten Kekrops[346], dessen Enkel Aigeus, der sterbliche Vater des Theseus, war. Als göttlicher Vater dieses berühmtesten Heros der Athener, den sie als den wahren Gründer ihres Staates verehrten, galt Poseidon. Doch auch Aigeus hatte – nach seinem Namen zu urteilen – mit dem Meer zu tun, welches angeblich auch ihm das Ägäische Meer hieß. *Aix*, die »Ziege«, war eine Bezeichnung für die Wellen[347], und daher haben vielleicht die Menschen den hundertarmigen Briareos, den älteren Gott jenes Meeres, auch Aigaion[348] genannt, den Doppelgänger des Poseidon in seiner Rolle als Vater des Theseus aber Aigeus. Nach den beiden Erdensöhnen Kekrops und Erechtheus übernahm nun ein Sohn des Meergottes die Aufgabe eines Gründerheros in der urzeitlichen Geschichte des Staates der Athener.

Von der Akropolis aus erreicht der Blick[349], nach Süden gewandt, in der weitesten Ferne, zwischen den Bergen der peloponnesischen Küste, die kleine Stadt Troizen. Als Aigeus in Athen zum Königtum gelangt war, herrschte da drüben Pittheus[350], ein Sohn des

174

Pelops und der Hippodameia. Seine Tochter hieß, wie die Helle des Himmels: Aithra. Der Heros Bellerophontes hatte um sie gefreit[351]. Doch sie wurde keine Heroengattin, sondern eine Heroenmutter, die durch ihren Sohn sollte berühmt werden. Sogar ihr Vater Pittheus hatte nichts dagegen, daß sie, als wäre sie eine jungfräuliche Königstochter, weiter in seinem Haus blieb und ihm dort einen Erben gebar.

Vor Troizen lag eine kleine Insel, so nah der Küste[352], daß man mit bloßem Fuß zu ihr hinüberwaten konnte. Früher hieß sie Sphairia, die »Kugelförmige«, später aber, nach der heiligen Hochzeit der Aithra, Hiera, die »Heilige«. Heilig war dieses Inselchen von da an der Athene. Aithra hatte dem Tempel, der sich dort erhob, der Athene Apaturia geweiht, weil die Göttin sie mit List, *apate*, auf die Insel gelockt hatte. Der Beiname Apaturia bezeichnete indessen Athene vielmehr in jener Eigenschaft, in der sie die Jungfrauen als künftige Mütter in das von den Männern beherrschte Gemeinwesen aufnahm. Daher brachten die Jungfrauen von Troizen vor ihrer Hochzeit den Gürtel in jenem Tempel dar. Man erzählte[353], daß Aithra damals von Athene durch ein Traumbild getäuscht wurde. Es träumte ihr, daß sie auf Sphairia dem Totengeist des Sphairos, des Wagenlenkers des Pelops, opfern sollte. Diesen Wagenlenker kennt man sonst unter dem Namen Myrtilos, doch ein Ball, *sphaira*, deutete ebenso die hochzeitliche Vereinigung von Liebenden an wie die Myrte. Das Grab des zur Hochzeit führenden Wagenlenkers befand sich angeblich auf der Insel. Als Aithra aus ihrem Traum erwachte, ging sie hinüber und begegnete da Poseidon als göttlichem Bräutigam.

Nach einer anderen Erzählung[354] ereignete sich diese Begegnung im Tempel der Athene selbst, in der gleichen Nacht, in welcher Pittheus den Aigeus mit Aithra zusammen schlafen ließ[355]. Aigeus hatte damals schon zwei Gattinnen gehabt[356], doch seine Ehen blieben unfruchtbar. Er pilgerte daher nach Delphi und erhielt dort das Orakel[357]: »Den Fuß des Weinschlauchs löse du nicht früher als in Athen.« Aigeus begriff den Spruch nicht, und anstatt sogleich heimzukehren, ging er mit einem Umweg zu Pittheus, der den Ruhm eines Weisen hatte[358]. Um so besser verstand dieser den Spruch des Gottes. Nach Athen heimgekehrt, hätte Aigeus den Sohn gezeugt, den er sich gewünscht hat. Pittheus wollte, daß seine Tochter diesen so lang erwarteten Sohn gebäre. Ob er Aigeus betrunken gemacht[359] und getäuscht oder nur überredet hatte[360], ist nicht mehr zu sagen. Er ließ ihn vor seiner Heimkehr eine Nacht mit Aithra verbringen. Als der Heros mit dem Namen eines Meergottes am anderen Morgen von der Seite des Mädchens mit dem Namen des Himmelslichtes aufstand, hinterließ er bei ihr sein Schwert und seine Sandalen. Er wälzte auf diese Erkenntniszeichen einen mächtigen Stein[361] und gab Aithra die folgende Weisung: sollte sie einen Sohn gebären und dieser dereinst so stark werden, daß er den Felsen abwälzen kann, so nehme er das Schwert und die Sandalen in seinen Besitz und komme mit ihnen nach Athen. Daran werde Aigeus den Sohn erkennen. Mit diesen Worten verließ er die junge Frau in Troizen, das die erste Heimat des Theseus werden sollte.

Man zeigte später am kleinen troizenischen Hafen Kelenderis die Stelle seiner Geburt, die seither Genethlion, der »Geburtsort«, genannt wurde[362]. In einer alten Erzählung spielte Pittheus nicht die Rolle des Weisen und Beschützers, denn Aithra erhielt danach von Aigeus sogar den Befehl, nicht zu verraten, von wem ihr Kind stamme[363]. Doch die meisten Erzähler schilderten die Knabenjahre des Theseus wie die eines Prinzen im Hause des Pittheus. Als er sieben Jahre alt war[364], sei Herakles beim König in Troizen eingekehrt und habe beim Mahl sein Löwenfell abgelegt. Alle edlen Knaben seien zu dieser Gastlichkeit gekommen, aber als sie das Fell erblickten, seien sie wieder weggelaufen: Theseus als einziger nicht. Die Kinder hätten geglaubt, ein Löwe läge da. So glaubte auch der kleine Heros. Er entriß einem der Diener das Beil und wollte das Tier töten. Am Ende seines Knabenalters pilgerte er dann nach Delphi, um sein Haar dem Apollon zu opfern. Er ließ sich indessen nicht das ganze Knabenhaar abschneiden, sondern nur die Locken um seine Stirn: eine Haartracht, die nach ihm Theseis hieß[365]. Der Sechzehnjährige[366] warf den Felsen um, unter dem Schwert und Sandalen seines Vaters lagen, und band sie sich an.

Sie mußten ihm passen, das war der eine Sinn der Zeichen; nicht nur das Schwert mußte passen, sondern auch die Sandalen des Aigeus, mit denen er jetzt den Weg nach Athen betrat. In den ältesten Erzählungen war er sicher ein mit Aigeus und Poseidon gleichwüchsiger Heros. Und obwohl Dichter und Künstler in der Schilderung seiner Jugendlichkeit wetteiferten, vergaß man auch die Darstellungen nicht völlig, die ihn mit langem Bartwuchs gezeigt haben[367]. Auf einer Vasenmalerei sieht man, wie der übermütige, bartlose Jüngling – und dieses Bild von ihm blieb das herrschende – sein Schwert, das er sich gerade angeeignet haben mochte, aus irgendeinem Grunde gegen Aithra, die ihn liebkosende Mutter, zücken will. Erfuhr er durch Pittheus und nicht durch sie das Geheimnis des Felsens? Wollte sie ihn von der gefährlichen Wanderung über den Isthmos von Korinth zurückhalten? Dort drohte ihm der Tod in vielen Gestalten. Sie waren jenen ähnlich, die Herakles besiegte. Man behauptete später, dieser weilte damals bei Omphale; daher mußte der jüngere Heros seine Aufgabe in Hellas übernehmen.

Der erste gefährliche Geselle, dem er auf benachbartem epidaurischem Boden begegnete, war Periphetes[368], der »viel Herumgesprochene« – ein Name, der auch dem Unterweltsherrn paßte –, mit dem Beinamen Korynetes[369], der »Keulenmann«. Ein Sohn des Hephaistos und der Antikleia war dieser[370] – ob der Tochter des Sisyphos, welche auch den Odysseus gebar, ist nicht überliefert –, seine eiserne Keule erhielt er vom Vater, von dem er wohl auch seine schwachen Füße geerbt hat. Er lauerte den Vorübergehenden auf und erschlug sie, bis er von Theseus erschlagen wurde, der von da an die Keule trug[371], mit der ihn manche Darstellungen zeigen.

Bei Kenchreai[372], einem der beiden Häfen von Korinth, an dem der Weg auf den Isthmos einbiegt, lauerte eine zweite Gefahr. Es war Sinis, der »Räuber«, Sohn des Poseidon[373], des Gottes, dem jene Fichtengegend heilig war, oder aber[374] des Polypemon, des »viel Verderbenden« (ein weiterer möglicher Name des Hades) und der Sylea, der »Plünderin«. Mit Beinamen hieß er Pityokamptes[375], der »Fichtenbeuger«. Er band die Fremden an zwei heruntergezogenen Fichten fest und ließ sie beim Emporschnellen der Bäume zerreißen[376]. Und sie mußten ihm dabei noch helfen, indem sie die eine Fichte hielten, während er die andere herunterbog. Das tat auch Theseus, doch ließ er dann Sinis selbst auf dessen eigene Weise zugrunde gehn. Von seiner Tochter erzählte man[377], sie sei ein außerordentlich schönes und großes Mädchen gewesen mit Namen Perigune, die »um den Garten«. Sie flüchtete sich vor Theseus unter die Spargel und Pimpinellen und beschwor die Gewächse ihres Gartens, die Herrin zu retten. Mit schönen Worten lockte der Heros sie zu sich, und Perigune wurde die Ahnin einer Familie, in der man jene Pflanzen in Verehrung hielt.

Auf korinthischem Boden lag noch der Ort Krommyon[378], nach der Zwiebel, *krommyon*, genannt. Dort wohnten eine alte Frau und eine Sau, die nach ihrer Herrin[379] Phaia, die »Graue« oder »Dunkle«, hieß. Die Farbe der Gespenster wurde damit sicher gemeint und die Sau als ein unterweltliches, tödliches Tier[380]. Theseus hatte mit Lanze und Schwert gegen die Sau zu kämpfen oder, wie die frühesten Heroen: mit Steinwürfen. Die Vasenbilder zeigen auch die Alte, einmal Krommyo benannt, wie sie ihrem Tier flehend beistehen will.

An der gefährlichsten Stelle des Weges, der vom Isthmos unter dem Geraneia-, dem Kranich-Gebirge durch das Gebiet von Megara nach Athen führt, saß der tödliche Herr dieser Kalksteingegend – griechisch: *skiron* – mit gleichem Namen: Skiron. Die Straße wurde da in den älteren Zeiten zu einem Saumpfad. Zur Rechten hat man auch heute steil ansteigende Bergwände, links geht es jäh hinab in die Fluten, in denen – so wurde erzählt[381] – eine Meerschildkröte schwamm: ein Hadestier, das die Menschen zerriß und verzehrte. Hörte die Straße einmal da oben auf – und das kam auch in den historischen Zeiten oft vor –, so mußten die Wanderer bis zum Meer hinabsteigen und ihren Weg dem schmalen Strand entlang fortsetzen, wenn nicht sogar durch das Wasser waten oder schwimmen bis zur Stelle, wo sie wieder hinaufklettern konnten bis zur Höhe des Saumpfades. Bei Sturmwetter war man auf dieser Strecke stets gefährdet. Es war immer gleichsam eine Pforte zum Hades, selbst ohne die Schildkröte und selbst nachdem Theseus den Skiron in den Hades geschickt hatte.

Oben auf einem Felsen saß der Wegelagerer und zwang die Vorüberziehenden, seine Füße zu waschen[382]. Damit sollte scheinbar der

Durchgang bezahlt werden. Gab der Wanderer sich zum niedrigen Dienst her, so stieß ihn Skiron mit einem Fußtritt ins Meer hinunter, zum Fraß der Schildkröte. Theseus aber schleuderte das Waschbecken an seinen Kopf – so stellten Vasenmaler und wohl auch die Komödiendichter[383] den Vorgang dar – und ihn selbst in das Meer, damit der Mörder von der Schildkröte verzehrt werde[384]. Seltene Darstellungen zeigen den Heros auf dem Rücken der Schildkröte: eine Metope in Paestum bartlos. Auf einem alten Vasenbild wird er – ein bärtiger Mann, wie man ihn manchmal auch gemalt hat – vom einen Felsen zum anderen auf diese Weise hinübergetragen. So entsprach es der einst weitverbreiteten Erzählung, die uns kein Dichter überliefert.

In Megara hielt man freilich dafür[385], Skiron sei kein Wegelagerer, sondern ein Züchtiger der Räuber und Freund der Gerechten gewesen, Eidam des Kychreus und Schwiegervater des Aiakos. Kychreus war der Kekrops der Bewohner von Salamis, der gegenüberliegenden Insel: von der Erde geboren, halb Mensch, halb Schlange[386]. In der Schlacht von Salamis erschien er auf den Schiffen der Griechen als Schlange[387], ein Zeichen und Bewirker ihres Sieges, und in Schlangengestalt war er in Eleusis der Tempeldiener der Demeter[388]. Aiakos, der Eidam des Skiron nach den Megareern, ein Sohn des Zeus und der Namengeberin der Insel Aigina[389], erhielt die Schlüssel der Unterwelt[390]. All die genannten Orte – die Kalksteingegend von Megara, Eleusis und Aigina – sind von Salamis aus zu erblicken, und zu beiden Heroen, zu Kychreus und zu Aiakos, paßt gleicherweise die verwandtschaftliche Verbindung mit einem Unterweltsgott, der Skiron war.

Auf eleusinischem Boden angekommen, begegnete Theseus einem Wesen, das seinem Namen nach in den ältesten Erzählungen[391] dem schlangengestaltigen Kekrops oder Kychreus ähnlich gewesen sein konnte: es hieß Kerkyon, der »Geschwänzte«. Nach den bekannten Erzählungen war er ein leidenschaftlicher Ringer[392], wie so manche der Gegner, die Herakles zu besiegen hatte. Kerkyon zwang, wie jene, die Wanderer zum Ringkampf, und im Ringen tötete er alle. Man zeigte[393] an der Straße zwischen Megara und Eleusis jene Stelle, wo er sein tödliches Spiel trieb. Theseus hob ihn, wie Herakles den Antaios[394], in die Höhe, und warf ihn so zu Boden, daß er zerschmetterte. Später hieß es[395], Theseus habe das kunstvolle Ringen überhaupt erfunden und den Kerkyon eher durch seine Geschicklichkeit als mit seiner Kraft besiegt.

Die sechste Gestalt, in der der Tod auf dem Wege nach Athen Theseus entgegentrat, hatte mehrere Namen: der bekannteste ist Prokrustes[396], der »Ausstrecker«, Ausstrecker durch Zuschlagen, wie der Schmied mit Hammerschlägen das Eisen streckt. Nach anderen war Prokrustes nur sein Beiname[397] wie der gleichbedeutende Prokoptas[398]. Sein eigentlicher Name soll Damastes, der »Bezwinger«, gewesen sein[399]. Darin lag eine Anspielung auf den Hammer wie

178

im Daktylennamen Damnameneus[400]. Der Hammer soll früher jenem Polypemon, dem »viel Verderbenden«, gehört haben[401], von dem eben gesagt wurde, er sei der Vater des Räubers Sinis gewesen, nach anderen auch des Skiron[402] und des Prokrustes[403], wenn nicht dieser selbst auch Polypemon hieß[404]. An einen den Hammer tragenden Unterweltsgott, der uns durch Darstellungen der Etrusker bekannt ist, dachten wohl noch diejenigen, die behaupteten[405], er hätte bei dem Erineos gehaust, dem wilden Feigenbaum, an dem nach der Erzählung der Eleusinier Hades die Persephone raubte.

Andere haben wiederum erzählt[406], daß die tödliche Schmiede sich auf dem Korydallos-Gebirge befand. Darüber führte die Heilige Straße von Eleusis nach Athen. Dort arbeitete Prokrustes mit seinen Werkzeugen[407]. Zu diesen gehörte aber nicht etwa ein gewöhnlicher Amboß, sondern ein in den Felsen gehauenes oder auch geschmiedetes Bett, in das er die Wanderer legte, um sie mit seinem Hammer zu bearbeiten. Denn das Bett war immer zu groß: er mußte den Liegenden strecken. Man behauptete später[408], die Bedeutung der Namen Prokrustes, Prokoptas, Damastes nicht bedenkend, er hätte sogar zwei Betten bereit gehabt: ein großes und ein kleines. In das große zwang er die Kleinen, in das kurze die Langen, indem er ihnen die überragenden Glieder abhieb[409]. Theseus tat dasselbe mit ihm[410], und nachdem er den ganzen Weg von den Todesgefahren gesäubert hatte[411], erreichte er auf der Heiligen Straße Athen.

Sein Ruhm war ihm vorausgeeilt. An der Stelle, wo die Heilige Straße den Fluß Kephisos überquerte, nahm ihn das Geschlecht des Heros Phytalos in Empfang[412]. Hier empfing einst Phytalos, der »Pflanzer«, die Göttin Demeter[413] gastfreundlich und erhielt von ihr als Geschenk den ersten Feigenbaum. Seine Nachkommen, die Phytaliden, ließen Theseus eine Reinigung zuteil werden, deren er nach den vielen notwendigen Morden bedurfte[414]. Sie brachten das reinigende Opfer am Altar des Zeus Meilichios dar, des Unterweltlichen Zeus, dem der Feigenbaum heilig war. So tauchte Theseus zum erstenmal aus dem Bereich des Todes auf, wurde aber sogleich wieder bedroht. Es war der achte Tag des Kronos-Monates, den die Athener später Hekatombaion[415] nannten und der ungefähr unserem Juli entspricht. Der achte Tag des Monates gehörte indessen Poseidon[416]. So fiel Theseus' Ankunft auf einen heiligen Tag seines Vaters. Die Bedrohung aber kam, nach den Erzählern, die den irdischen Vater des Helden, den König Aigeus, damals schon mit Medeia verheiratet sein ließen, von der Zauberin.

Sie wußte es voraus, daß der Herannahende der Thronfolger sei[417]. Es war ihr Werk, daß Aigeus nach all dem, was von Theseus erzählt wurde, eine große Furcht vor ihm empfand[418] und sich von seiner Frau überreden ließ, dem Gast einen Becher mit Gift zu reichen. Das war die Form der Hinrichtung bei den Athenern. Sollte sie damals durch Medeia eingeführt worden sein? Der Empfang des Gastes fand im Heiligtum des Apollon Delphinios statt, von dem es hieß[419], dort

179

wäre der Palast des Aigeus gewesen. Man baute eben, so lautet eine spätere Erzählung[420], am Tempel des Apollon. Die Arbeiter standen auf den Mauern, die schon fertig waren, und das Dach wurde auf einem Ochsenwagen herangebracht. Theseus trug nach dieser Erzählung noch keinen Bart, vielmehr das lange ionische Gewand, das der Kleidung der Frauen gleicht, und das Haar in Flechten geordnet. Die Männer riefen ihm von oben zu: »Ein Mädchen, zur Heirat reif, und wandert nur so, ohne Begleitung, allein herum?« Da spannte Theseus die Ochsen aus, nahm den Wagen mit dem Dachwerk und schleuderte ihn zu den Arbeitern hinauf. Andere Erzähler[421] – und Vasenmaler – wußten es so, daß der Jüngling zuerst gegen den Stier von Marathon ausgeschickt worden war, und erst als er siegreich zurückkam, ihm der Empfang mit dem vergifteten Becher bereitet wurde.

Der Ruhm, der Theseus vorausgegangen war, sprach[422] von einem Knaben in der ersten Blüte der Jugend, den zwei Diener begleiteten. Eine Mütze, gleich derjenigen der Spartaner, saß auf seinem rotblonden Kopf, ein purpurnes Hemd trug er am Leibe und einen weichen, wolligen Mantel. Seine Augen standen im Feuer wie der Herd des göttlichen Schmiedes auf Lemnos, und sein Sinn war auf Kampf gerichtet. So hatte er den Weg nach Athen gesucht, so fand er sich ein und traf da ein Opfermahl, das ihn mit tödlichem Trunk erwartete. Der Vater reicht ihm den Becher[423]. Er aber zog das Schwert mit dem Griff aus Elfenbein[424], als wollte er ein Stück vom Fleisch des Opfermahles schneiden. Er tat dies in Wirklichkeit, damit Aigeus ihn erkenne. Er gab das Schwert dem Alten sogar in die Hand[425], als er selbst den Becher nahm. »Halt, mein Sohn!« – schrie Aigeus[426], und seine Augen fielen nun auf die Sandalen[427] – »O trinke nicht!« Und er schlug den Becher aus der Hand des Jünglings[428]. Die Stelle, wo das Gift sich auf dem Boden ergoß, wurde im Delphinion umhegt und Medeia des Landes verwiesen[429]. Ihre eigentliche Geschichte, zu der diese Erfindung ursprünglich nicht gehörte, wird man bald ausführlich hören.

Die Überlieferung[430] weiß auch von eingeborenen Feinden des Theseus in Attika. Es waren Pallas und seine fünfzig Söhne, die hofften, nach dem Tode des Aigeus das ganze Land zu beherrschen. Sie waren in Pallene am südlichen Abhang des Pentelikon zu Hause, ein wildes Volk von Giganten[431]. Der Vater Pallas galt als Sohn des Pandion und Bruder des Aigeus. Seine Söhne zogen gegen Theseus. Sie teilten sich in zwei Scharen. Die eine tat so, als ob sie den Heros von Sphettos aus überfallen wollte, während die andere bei Gargettos im Hinterhalt lag. Doch ein Mann aus Agnus, jener Leos, dessen Töchter durch ihren Opfertod berühmt wurden, verriet die List dem Theseus. Er war der Herold der gargettischen Pallantiden. Diese wurden vom Heros erschlagen, die übrigen zerstreuten sich. Seitdem bestand Feindschaft zwischen den Bewohnern von Pallene und denen von Agnus: denn das alles waren Dörfer in Attika, deren

Lage nur selten und dann nur durch einen Zufall zu erkennen ist. Man erzählte, Theseus hätte Pallas[432] und alle seine Söhne getötet[433] oder aber bloß einen einzigen auf der Jagd nach einem Wildschwein, und auch dafür hätte er mit freiwilliger Verbannung büßen müssen[434]. Er tat dies, indem er sich auf ein Jahr nach Troizen zurückzog. Das muß indessen erst viel später geschehen sein.

Vielleicht dachten es sich die Erzähler[435] so, daß die Pallantiden damals bei Gargettos auf Theseus lauerten, als er nach Marathon zog, um den Stier zu bezwingen. Denn der Weg führte dort, unter dem nördlichen Abhang des Hymettos, nach der marathonischen Ebene hinüber, die das wilde Tier verwüstete. Nach der berühmtesten Erzählung[436] versuchte Aigeus, nachdem er seinen Sohn so unerwartet zurückerhalten hatte, ihn wie eingesperrt zu halten, damit er sich nicht der Gefahr eines neuen Abenteuers aussetze. Jene Reihe seiner Taten, die man mit denen des Herakles vergleichen könnte, hatte der Heros bereits hinter sich. Jetzt folgten solche, die vielmehr seinen eigenen Charakter zum Vorschein treten ließen: nach dem Einfangen des Stieres von Marathon drei kühne Unternehmungen, um Frauen zu rauben, und der Krieg gegen die Amazonen. Von jenem Stier erzählte man zwar später, er sei derselbe gewesen, den Herakles von Kreta nach Argos brachte und laufen ließ[437]. Es konnte aber auch so sein, daß man dieses Abenteuer, ebenso wie die Bekämpfung der Amazonen, früher von Theseus und erst nachher auch von Herakles erzählte. Der Zug, daß das Tier Feuer spie, ist vollends den spätesten Erzählern zuzuschreiben[438]. Der Kampf mit einem Stier forderte eine besondere Geschicklichkeit: eben jene, in der sich die Jünglinge der Kreter in der Zeit des Minos auszeichneten. Für Theseus war es wie eine Vorbereitung seiner Ausfahrt gegen den viel gefährlicheren Stier: den Bewohner des Labyrinthes in Knossos.

Es war wohl noch frühmorgens, als er den Palast des Aigeus heimlich verließ. Kristallklar war der Himmel[439], wie er nur über Attika sein kann. In der Nachmittagsstunde sammelten sich die Wolken über dem Parnesgebirge, und Blitze leuchteten über dem Hymettos auf, den Theseus im Rücken hatte. An dem Ort, an dem er vom Gewitter überrascht wurde, stand später, gleich dem Grab einer Heroine, ein kleines Heiligtum. Das Bauernvolk verehrte da unter dem Namen Hekale, ja noch zärtlicher angeredet: Hekaline[440], mit großer Liebe eine Bewohnerin der Unterwelt. Eine große Göttin muß sie einst gewesen sein und mit dem Himmelskönig, dem man da ebenfalls Opfer darbrachte, besonders befreundet: wie eben Hekate[441]. So ist der Name schon bekannter. Man erzählte aber[442], sie wäre eine gastfreundliche alte Frau gewesen, deren Hütte keinem Wanderer verschlossen blieb. Sie bewirtete in jener Gewitternacht den jungen Theseus, der am nächsten Morgen heiteren Sinnes weiterzog und dem Stier entgegentrat. An den Hörnern packte er ihn[443]. Mit der Rechten hielt er das eine Horn nieder, mit der Linken griff er in die Nasenlöcher des schnaubenden Tieres und drückte es bis zum Boden hinunter[444]. Es mußte ihm folgen[445]. An einem Strick führte der Held den berühmten Stier nach Athen. Viele Menschen gingen und standen auf der Straße, und er rief dem Volke die Worte zu[446]: »Fliehet nicht, sondern der Schnellste von euch trage die Botschaft zu meinem Vater Aigeus: Theseus naht und bringt den Stier aus dem wasserreichen Marathon lebendig mit!« Sie blieben alle stehen, sangen den Paian und bewarfen den Jüngling mit Blättern von den Bäumen. So wurde sein Sieg allenthalben gefeiert. Theseus indessen nahm den Weg eilends zurück zu Hekale. Und er kam an, als man schon daran war, der alten Frau das Grab zu errichten[447]. Er bestattete sie mit großer Ehre, gründete den Demos Hekale[448] und den Kult des Zeus Hekaleios: diese Stiftungen wurden ihm wenigstens später zugeschrieben[449]. Den Stier opferte er dem Apollon Delphinios.

Fiel Androgeos, ein Sohn des Minos, dem Stier von Marathon, wie viele andere vor ihm, zum Opfer, so ereignete sich dies bereits vor der Ankunft des Theseus. Man behauptete[450], daß es nicht ohne Schuld der Athener geschehen ist: Aigeus hätte den fremden Prinzen gegen das wilde Tier geschickt[451]. Andere Erzähler[452] wollten wissen, daß er unterwegs nach Theben, zu den Leichenspielen des Laios, in Attika ermordet wurde. Man könnte aber auch denken, daß der kretische Königssohn seine Geschicklichkeit an dem berühmten Stier gern erproben wollte. Minos weilte damals auf Paros[453] und opferte den Chariten, als ihm die Nachricht vom Unglück des Sohnes überbracht wurde. Er riß den Kranz von seiner Stirne und hieß die Flöten schweigen: seitdem opfern die Parier ohne Kranz und Flötenklang den Chariten. Und der Tod des Androgeos sollte zum Unglück der Athener werden.

Man kennt das eigene Unglück des Minos aus den Göttergeschichten[454], aber auch aus der Erzählung vom kretischen Abenteuer des Herakles: die Liebe der Königin Pasiphae zum schönen Stier und die Geburt des stierköpfigen Minotauros, den das Wunderwerk des Daidalos, ein Zwinger mit Irrgängen, der Labyrinthos, in sich barg. Damals beherrschte Minos das Meer[455]. Er zog mit seiner Flotte gegen Athen aus, um seinen Sohn zu rächen und für den Sohn der Pasiphae Opfer zu verlangen. Zuerst eroberte er Megara. Dort herrschte Nisos, ein anderer Bruder des Aigeus. Diesem Sohn des Pandion verlieh eine purpurne Locke Unsterblichkeit[456]. Nur weil seine Tochter Skylla sich in den fremden König verliebte und jene Locke abschnitt, konnte er besiegt werden. Minos war ihr nicht dankbar. Er ließ sie an seinem Schiff angebunden durch das Meer schleifen. Und während Nisos zum Meeradler wurde[457], verwandelte sich Skylla in den Vogel Ciris. Die Bewohner jener Küsten wußten wohl, welche Vögel des Meeres sie meinten. Wir hören nur, daß der eine seitdem den anderen immer verfolge. Minos zog weiter gegen Athen.

Entweder seine Macht genügte, oder es waren Schläge der Gottheit[458], Pest und Hungersnot wegen des Frevels an Androgeos, die die Athener bezwangen. Sie nahmen eine fürchterliche Steuer auf sich: in jedem neunten Jahr schickten sie fortan sieben Jünglinge und sieben Jungfrauen nach Kreta, die als Opfer des Minotauros im Labyrinth verschwinden sollten. Als Theseus den Stier von Marathon besiegte, waren schon achtzehn Jahre vorbei, und es kam zum drittenmal zur Auswahl der Opferschar, welche die Fahrt nach Knossos antreten mußte. Die übrigen hatte man ausgelost, Theseus aber ging freiwillig mit[459], als einer der vierzehn, wenn nicht als fünfzehnter[460]. Es gab freilich auch solche, die behaupteten[461], auch er wäre nur ausgelost gewesen. Nach der ältesten Erzählung fuhr er aber wohl mit seinem oder seines Vaters Aigeus Schiff wie zu einem Abenteuer nach Kreta, und jene Geschichte ist sicher eine der späteren, nach der Minos selbst nach Athen kam, selbst die Opfer auswählte, unter ihnen auch Theseus[462], und die Opfer mit seinem eigenen Schiff nach Knossos entführte.

Die Erzähler[463] und die Vasenmaler glaubten sogar die Namen der sieben Knaben und sieben Mädchen nennen zu können. Die erste der Jungfrauen war jene Eriboia, auch unter dem Namen Periboia in der Erinnerung geblieben[464], die später als Gattin des Telamon die Mutter des Salaminiers Aias wurde[465]. In der Geschichte, in der der kretische König selbst die traurige Steuer eintrieb, verliebte sich Minos während der Fahrt in sie[466]. Er berührte ihre weißen Wangen, als wäre sie seine Sklavin. Eriboia schrie auf und rief nach Theseus. Dieser sah es, seine Augen verdunkelten sich, der Schmerz zerriß sein Herz. Er sagte dem König: »Sohn des Zeus, nicht so sind deine Absichten und deine Gedanken, wie es sich ziemte! Hüte dich vor der Gewalttat! Was die allmächtige Moira und die gerechte Dike von den Göttern her für uns beschlossen haben, das Los erfüllen wir, wenn es über uns kommt. Doch du sollst dich beherrschen. Wiewohl dich die weise Tochter des Phoinix mit dem lieblichen Namen unter dem Gipfel des Idagebirges als Mächtigsten unter den Menschen dem Zeus gebar, so gebar auch mich die Tochter des Pittheus dem Poseidon, dem Gott des Meeres. Die veilchenlockigen Nereiden stifteten ihr den Brautschleier. Daher sage ich dir, Heerführer von Knossos, lasse du die schmerzliche Beleidigung. Denn ich möchte nicht das liebe Licht der unsterblichen Eos erblicken, wolltest du jemandem aus der jugendlichen Schar Zwang antun. Eher zeige ich dir die Kraft meiner Hand. Was dann kommt, wird das Schicksal entscheiden.«

So sprach der Heros. Es staunten über so hohen Mut die Seefahrer. Der Eidam des Helios war in seinem Herzen verärgert und flocht einen neuen Plan. Er betete zu Zeus und bat ihn, wenn er wirklich sein Vater sei, mit einem Blitz die Bestätigung zu geben. Als Zeichen von Poseidon forderte er hingegen, daß der Jüngling den Ring, den er jetzt ins Meer warf, wieder heraufhole. Man würde ja sehen, wen der Vater erhöre! Zeus vernahm das maßlose Gebet und erwies seinem Sohn die übermäßige Ehre: er bestätigte seine Abstammung mit einem Blitz. Jetzt war die Reihe an Poseidon und Theseus. Das

183

Herz des Heros schrak nicht zurück. Er stand auf dem Heck und sprang in die Tiefe. Gern nahm ihn der Hain des Meeres auf. Minos erstaunte in seinem Herzen, doch er ließ das Schiff mit dem Nordwind schnell weiterfahren. Es zitterten die Knaben und Mädchen der Athener. Es flossen die Tränen aus ihren hellen Augen, und sie erwarteten das schwerste Schicksal.

Nach dem Dichter Bakchylides, dessen Erzählung wir fast wörtlich hörten, waren es Delphine, die Theseus in das Haus seines Vaters trugen. Vasenmaler, die wahrscheinlich einem berühmten Gemälde folgten, ließen Triton, den Sohn des Poseidon und der Amphitrite, sich des jüngeren Bruders annehmen. Mit hegenden Händen geleitete er den Jüngling in den Palast auf dem Grunde der See. Auf seinem Lager empfing ihn der König, auf ihrem Thron die Königin des Meeres. Und dort erschrak er[467]: so groß war der Glanz, der wie Feuer die Glieder der Nereiden und ihre goldenen Diademe umstrahlte. Mit einem schimmernden Purpurmantel umgab ihn Amphitrite und setzte auf sein wolliges Haar den rosendurchflochtenen Kranz, den sie zu ihrer Hochzeit von der Göttin der Liebe zum Geschenk erhalten. Wie jauchzten die Knaben und die Mädchen auf, und wie erschrak Minos, als Theseus neben dem Schiff auftauchte, in königlicher Pracht, nicht einmal benetzt vom Wasser, und den goldenen Ring ihm reichte[468]!

Aber die Geschichte wurde, wie schon gesagt, auch so erzählt, daß der Heros in seines Vaters Schiff die Reise nach Knossos unternahm. Es ist mit schwarzem Segel ausgelaufen – so hieß es dann[469] –, doch der König hatte auch ein weißes oder gar purpurnes[470] mitgegeben, das gehißt werden sollte, wenn Theseus siegreich zurückkehrte. Und in allen Erzählungen, nicht nur in der bereits vorgetragenen, war es eine hehre Frauengestalt, wenn nicht gar eine Göttin wie Amphitrite, die sich des jungen Helden in Knossos annahm. Der Empfang bei Amphitrite bildete nur das Vorspiel – oder vielleicht den späten Nachhall – des Empfanges durch Ariadne. Sie, eine Enkelin des Helios und des Zeus, von Pasiphae, der Tochter des Sonnengottes, dem Minos geboren, erbarmte sich, so heißt es ausdrücklich[471], des Theseus, der als erster in das Dunkel des Labyrinthos freiwillig eindringen wollte. Berühmt[472] wurde sie nur unter dem Namen, der in der griechischen Sprache der Kreter die »überaus Reine«, die *ari-hagne*, meinte, sie wurde aber ebenda auch Aridela, die »überaus Klare«, genannt. Mit diesen zwei Namen war sie ursprünglich eine große Göttin: als Unterirdische rein, als Himmlische klar.

Sie gehörte auch dann noch in die Göttergeschichten[473], als man sie wegen ihrer allzubekannten Liebe zu Theseus zu den untreuen Gottesgeliebten rechnen mußte. Dem athenischen Jüngling zuliebe verriet sie ihren eigenen Bruder[474]: Minotauros, das Wundertier mit menschlichem Leib und Stierkopf, das auch den Namen eines sternigen Wesens trug – als Asterios[475] oder Asterion[476] – und von Vasenmalern mit sternübersätem Körper dargestellt wurde. Auch des-

184

wegen konnte sie unter den großen Sünderinnen aufgezählt[477] und neben eine andere Enkelin der Sonne und Mörderin ihres eigenen Bruders, Medeia, gestellt werden. Eigentlich wurde sie aber Dionysos untreu, sonst hätte der Gott nicht Artemis gegen sie angerufen[478]. Das scheint den älteren Erzählern eine bekanntere Geschichte gewesen zu sein als den neueren, die vielmehr die Treulosigkeit des Theseus ausgemalt haben. Der Heros soll Ariadne geschworen haben, sie als Gattin nach Hause zu führen, und so soll er ihre Hilfe gewonnen haben[479]. Doch die Geschichte, wie Theseus die Liebe der Königstochter gewann, wird uns nicht überliefert. Es ist eine ganz späte Erzählung, in der sie ihn bei dem Wettkampf mit einem gewissen Tauros, dem »Stier«, erblickte, einem menschlichen Nebenbuhler des Minos bei Pasiphae. Aber auch darin ist noch die Nachricht aus sehr frühen Zeiten weitergegeben, daß die kretischen Frauen den Männerspielen zuschauten[480].

Es wird uns nicht erzählt, wie Theseus dazu kam, daß er Ariadne ganz allein gegenüberstand und von ihr das einfache Geschenk erhielt, welches ihm die Sicherheit der Rückkehr aus dem Labyrinth gewähren sollte. Sie war mit Spinnen beschäftigt, so zeigt es uns eine sehr alte Darstellung, als der Jüngling bittend und liebkosend die Hand gegen sie ausstreckte. Es war wohl ihre Klugheit, daß sie ihm die Spindel mit dem Garn in die Hand gab. Oder war es ein Knäuel, zu dem das Gespinst schon zusammengerollt war, wie man es auf einem alten Vasenbild sieht? Sie brauchte die List nicht erst vom Meister Daidalos gelernt zu haben, wie späte Erzähler es wissen wollten[481]! Er sollte, so wurde der Heros vom klugen Mädchen belehrt, das Ende des Fadens an der Tür des Labyrinthes hoch oben befestigen und ihn nicht aus der Hand lassen. Der Labyrinthos war kein Irrweg in dem Sinne, daß der Eindringende den innersten Winkel nicht hätte finden können: er mußte aber von dort auf demselben Wege zurückkehren können, und das war das Schwierige. Als später der Athener Daidalos selbst, der Erbauer, mit seinem Sohn Ikaros darin eingesperrt wurde, konnte er nur so entfliehen, daß er aus Federn und Wachs Flügel verfertigte und das Fliegen erfand. Man kennt auch diese traurige Geschichte[482]: Ikaros flog zu nah der Sonne, seine Flügel schmolzen, und er fiel in das Meer, das angeblich nach ihm das Ikarische hieß. Nur der alte Künstler hat sich gerettet.

Im innersten Winkel des Labyrinthes schlief der Minotauros. Theseus sollte ihn am Stirnhaar ergreifen und dem Poseidon opfern. Es hieß[483] – und wurde auch dargestellt –, daß die liebende Ariadne den Helden begleitete und ihm mit ihrem Kranz in der Dunkelheit leuchtete. Oder hatte sie ihr Diadem dem Theseus statt des Fadens gegeben? Dies wäre dann eine unverzeihliche Handlung der Treulosigkeit gewesen. Hatte sie doch den Kranz laut einer Überlieferung[484] als Preis ihres Mädchentums erhalten. Doch die Erzähler und Vasenmaler scheinen dabei an einen Frevel nicht gedacht zu haben, sondern nur daran, daß der Kranz der seit jeher bekannte Schmuck der Ariadne war, von welchem Bräutigam er auch stammte: von Dionysos oder Theseus. Mochte ihr der Heros denjenigen mitgebracht haben, den er von Amphitrite bekam: auch dann kam der Kranz der Ariadne schließlich, vom Gott unter die Sternbilder gesetzt, auf dem Himmel zu leuchten. Theseus erstach im Labyrinth den Minotauros. Ein altes Vasenbild zeigt ihn in der Ausgangsstellung des Zweikampfes mit dem Stierköpfigen, der da den Namen Taurominion führt. Mit der einen Hand fassen sie sich gegenseitig an, in der anderen hält der Heros das Schwert, das halbtierische Wesen den Stein. Man erzählte auch[485], Theseus wäre nicht im Besitz einer Waffe gewesen, sondern erwürgte mit bloßer Hand, in Ring- und Faustkampf seinen Gegner. Er trägt aber oft eine Keule oder einen Stock. So erscheint er siegreich in der Pforte des unterweltlichen Gebäudes, wenn er nicht auch den toten Stiermenschen mit sich zerrt. Die Knaben der Athener empfangen ihn, und einer küßt ihm die rettende Hand.

Er bestieg mit Ariadne das Schiff. Die Knaben und Jungfrauen ließ er auch nicht zurück, und es heißt[486], daß er vorher noch die Böden der kretischen Schiffe eingeschlagen hatte. In nächtlicher Zeit traten sie die Heimreise an[487]. Wenn es noch die gleiche Nacht war, als sie schon die Insel Dia erreichten, so konnte die Insel der Trennung von Ariadne und ihrer Wiedervereinigung mit Dionysos nicht Naxos gewesen sein, die damals angeblich ebenso hieß[488], sondern die der Bucht von Amnisos vorgelagerte Dia, die kleine Nachbarinsel von Kreta. Nach einer alten Erzählung[489] tötete hier Artemis mit ihren Pfeilen auf das Zeugnis des Dionysos hin die ungetreue Tochter des Minos. Die Zyprioten hingegen glaubten[490], daß Ariadne auf ihrer Insel im Wochenbett starb, während andere behaupteten[491], sie hätte sich noch in Kreta erhängt, vom untreuen Theseus verlassen. Das sind Geschichten, die erfunden wurden, weil man an den Stellen, an denen ihr als einer in die Unterwelt zurückgekehrten Göttin geopfert wurde, ihr Grab zeigte. So in Argos[492], im Heiligtum des kretischen Dionysos neben dem Tempel der Himmlischen Aphrodite, oder auf Zypern, wo sie selbst in ihrem himmlischen Aspekt als Ariadne Aphrodite verehrt wurde[493]. Doch gerade dies, daß sie keine *nur* unterirdische Göttin und keine sterbliche Königstochter blieb, der der Meister Daidalos einen schönen Tanzplatz erbaut hatte[494] und die dann als »Herrin des Labyrinthes« galt[495], verdankte Ariadne dem Dionysos. Ob nun ihre Himmelfahrt mit dem Gott sich auf der Dia der Kreter oder, wie die Naxioten wollten, auf ihrer Dia ereignete; ob es geschah, nachdem Theseus seine Untreue erwiesen hatte oder ehe es noch dazu kommen konnte: diese Geschichte wurde für die späteren Zeiten die allein gültige.

In der Nacht auf Dia, so lautete die eine Form der Erzählung von der Himmelfahrt der Ariadne[496], erschien Dionysos und nahm die schöne Braut dem Helden weg. Man sieht auf einem tarentinischen Vasenbild, wie sich Theseus mit gezücktem Schwert, gleichsam sich verteidigend, zu seinem Schiff zurückzieht, während der Gott die schlafende Ariadne an der Brust berührt. Nach einer anderen Fassung[497], der gleichfalls ein Vasenbild entspricht[498], sind zwei Gottheiten, Dionysos und Pallas Athene, auf Dia erschienen. Sie haben gemeinsam Theseus bewogen, ohne Ariadne weiterzufahren. Die dritte Form der Erzählung war[499], daß der Gott dem Heros im Traum erschien und ihn bedrohte, wenn er ihm Ariadne nicht überlassen wollte. Theseus erschrak und verließ sie in tiefem Schlaf, wie die Szene meistens geschildert wird[500]. Auf Naxos wurde sie von Dionysos in der gleichen Nacht auf den Berg Drios geführt[501]. Da verschwand zuerst er, nachher das Mädchen. Auf den späteren Darstellungen kommt der Gott mit seinem ganzen Schwarm, erweckt die Schlafende und nimmt sie in einem dionysischen Hochzeitszug mit. Er war es, so hieß es auch[502], der die Vergessenheit über Theseus schickte, so daß er die Braut auf der einsamen Felseninsel völlig vergaß[503] und ohne sie weitersegelte. Sie blieb da nicht ganz allein, sondern mit ihrer Amme Koryne, die »Baumknospe«, deren Grab auf Naxos gezeigt wurde[504]. In diesem Fall war Dia das kleine Eiland vor dem heutigen Naxos, wo man auf einem Damm hinüberschreitet, um die mächtige Marmor-Umfassung eines Tempeltors zu bewundern.

Theseus fuhr mit den Knaben und Mädchen nach Delos weiter[505], führte mit ihnen den Kranichtanz auf, einen Reigen, der die Windungen des Labyrinthos nachahmte, opferte dem Apollon und stellte die Aphrodite-Statue auf, die Ariadne gleichsam als ihr *alter ego* mit sich genommen hatte. Sie wurde dann als die Hagne Aphrodite auf Delos verehrt. Nach der Darstellung eines alten Vasenmalers war bei dieser Feier der Freude über die Befreiung nicht die Statue, sondern noch Ariadne mit ihrer Amme zugegen. Theseus führte den Reigen und spielte auf der Leier. Die Athener feierten nachher[506] zum Gedächtnis der Ankunft ihrer Söhne und Töchter – sie fiel in die Weinlesezeit – im Phaleron an der Küste das göttliche Paar: Dionysos und Ariadne. Doch es wurde dabei auch eines traurigen Ereignisses gedacht. Theseus oder sein Steuermann vergaß in der Freude[507] (oder in der Trauer über den Verlust der Ariadne[508]), das Segel auszuwechseln. Aigeus erblickte von der Akropolis aus das schwarze, das das Schiff bei der Abfahrt getragen, und stürzte sich vom Felsen hinunter. So wurde Theseus König und seitdem heißt jenes Meer, über dem die Gestalt der Göttin und Heroine Ariadne schwebt, das Ägäische.

Wenn sich die Erzählungen über die Treulosigkeit des Theseus halten konnten, so nur darum, weil der Sohn des Poseidon auch sonst als großer Mädchenräuber galt[509]. Es hieß[510], er hätte Ariadne verlassen, weil er von der Liebe zu Aigle, der Tochter des Panopeus, verzehrt wurde. Aigle, das »Licht«, ist der Name für ein lichtes Mädchen ebenso wie Phaidra, die »Glänzende«, Ariadnes Schwester, die Theseus von Deukalion, dem Sohn des Minos, zur Gattin erhielt, nachdem er mit ihm schon Bündnis geschlossen hatte[511] – falls er sie, in einer verlorenen Erzählung, nicht zugleich mit Ariadne geraubt hat. Solche Namen entsprachen der Bezeichnung für die Lichtseite der Ariadne, der »Aridela«. Man könnte fast sagen, daß in diesem Fall Ariadne für Aridela verlassen wurde. Vielleicht war die Tochter des Panopeus in früheren Zeiten auch Göttin und nicht verschieden von jener Aigle, die in dem mit der Burg Panopeus benachbarten Orchomenos als die Mutter der Chariten und Gattin des Helios galt[512], andererseits aber auch den Namen Koronis, die »Krähenjungfrau«, trug. Aigle mit Namen und Koronis mit Beinamen hieß auch die untreue Geliebte des Apollon, die ihm Asklepios gebar[513]. Aigle[514] und Koronis[515] rechnete man gleicherweise zu den Ammen des Dionysos, nicht anders als die Ariadne selbst[516]. Und schließlich zeigt uns ein Vasenbild, wie Theseus die Korone raubt – in dieser Form ist der Name dem Mädchen beigeschrieben –, während zwei andere berühmte Geliebte des Heros, Helena und die Amazone Antiopeia, ihn daran hindern möchten. Kaum erblickte er sie, schon lief er mit ihr weg – sagt die Inschrift des Malers.

Keinem Erzähler ist es je möglich gewesen, die Reihenfolge all dieser Mädchenraubszenen so festzustellen, daß sie die gültige geblieben wäre. Es war wohl eine alte Überlieferung, die behauptete[517], Theseus hätte Helena früher geraubt als Ariadne. Dagegen berechnete man später[518], daß er schon fünfzig Jahre alt sein mußte, als er zum ersten Räuber und Gatten der schönen Zeustochter wurde. An diesem Unternehmen, dem Raub der Helena, nahm auch sein Freund Peirithoos teil, an dessen Hochzeit in Thessalien der Kampf zwischen Lapithen und Kentauren seinen Anfang nahm. Wenn die beiden Geschichten, die von der Hochzeit und die vom Raub, nicht unabhängig voneinander, sondern im Zusammenhang der Lebensgeschichte eines Heldenpaares nacheinander erzählt wurden und zudem noch das verwegenste Abenteuer der zwei Heroen, ihr Versuch, die Unterweltskönigin zu rauben, dann mußten freilich die größten Wagnisse, deren Gegenstand zwei Zeustöchter, Helena und Persephone, waren, erst im späteren Alter der Freunde stattgefunden haben. Sie sind mit der Zeit zum Kastor und Polydeukes der Athener geworden, als wären sie seit jeher, und nicht nur als Räuber, mit Helena verbunden gewesen: als brauchten sie sie nicht erst von Sparta nach Aphidna zu holen, sondern als hätte die dem Kap Sunion an östlicher Seite vorgelagerte Insel Helene ihren Namen aus einer weniger bekannten Geburtsgeschichte der Nemesistochter erhalten. Vielleicht lautete diese attische Geburtsgeschichte so, daß die Göttin Nemesis, die an der gleichen Küste in Rhamnus verehrt wurde, ihre Tochter Helena auf der Insel Helene geboren hatte. Wie die Überlieferung uns vorliegt, muß die thessalische Geschichte vom König der Lapithen Peirithoos hier eingeschaltet werden.

Peirithoos gehörte in die Reihe der Zeussöhne[519]. Dia, die Gattin des Ixion, eine dem Namen nach mit dem Himmel verbundene

Heroine[520], gebar ihn dem Himmelskönig[521]. Daher galt er den Späteren[522] als Sohn des Ixion und Bruder der Kentauren, die von dem Frevler herstammten[523]. Zeus soll ihn in Hengstgestalt gezeugt haben[524], wie Kronos den Chiron. Es war ein starkes, fast titanisches Geschlecht, dieser Stamm der Lapithen, dessen König Peirithoos war. Zum gleichen Stamm gehörte Kaineus, Sohn des Elatos, des »Fichtenmannes[525]«, wie auch jener Kentaur hieß, den Herakles getötet hatte. Zuerst war aber Kaineus eine Tochter des Elatos, mit Namen Kainis, die »Neue«, die von Poseidon, der sie liebte, die Gunst erhielt, sich zum Manne zu verwandeln und unverwundbar zu sein[526]. Die Kentauren haben ihn dann mit Fichtenstämmen lebendig[527] unter die Erde gerammt. Nicht einmal seine Knie beugten sich unter den Schlägen[528], und in der Unterwelt erlangte er sein früheres, weibliches Geschlecht wieder[529].

Dies geschah, nachdem die wilden, tierischen Wesen bei der Hochzeit des Peirithoos und der Hippodameia den Wein gekostet hatten[530]: man kennt diese Anfälligkeit der Kentauren aus den Herakles-Geschichten. Hippodameia wird auch Deidameia[531] oder Ischomache[532], die »mit Stärke Kämpfende«, genannt, während in ihren anderen beiden Namen die »Bezwingung« zum Ausdruck gelangt. Sie scheint die gleiche hehre Gestalt gewesen zu sein wie die Braut des Pelops in Pisa, von der nicht viel mehr zu erfahren war, als daß auch sie ihrem Namen nach eine »Pferdebezwingerin« gewesen ist. Nach der älteren Erzählung, die uns mit großer Zurückhaltung vorgetragen wird[533], kam der Kentaur Eurytion allein in den Palast des Peirithoos, in dem die Lapithen die Hochzeit feierten, und benahm sich, vom Wein in Wahnsinn geraten, schändlich. Man schnitt ihm Ohren und Nase ab und warf ihn hinaus. Damit brach der Krieg zwischen den Kentauren und den Lapithen aus. Später wurde es reichlich ausgeführt[534], wie die zum Fest geladenen Kentauren sich an den Frauen vergriffen, Eurytos – so wird er auch genannt – an der Braut, und wie zuerst mit Weingefäßen das Blutbad begann, in dem viele von beiden Seiten untergingen. Theseus nahm auch daran teil, als erster Helfer des Bräutigams[535] oder aber am Krieg[536], der darauf folgte. Dieser soll mit der Vertreibung der Kentauren aus der Gegend des Pelion an dem Tag aufgehört haben, an dem Hippodameia ihren Sohn, Polypoites, gebar.

Die Geschichte[537] der Freundschaft von Theseus und Peirithoos spielte sich indessen nicht in Thessalien, sondern in der attischen Landschaft ab, es sei denn, daß sie bei ihren gemeinsamen Unternehmungen das Land verließen. Die Bewohner von Attika, namentlich des Demos Perithoidai, verehrten Peirithoos als ihren eigenen Heros. Es gibt keine sichere Überlieferung darüber, wie er dorthin kam, ehe er Theseus kennengelernt hatte. Dem Namen nach könnte er ein »Umherlaufender« gewesen sein. Der Ruhm von der Stärke und Tapferkeit des Theseus war zu ihm gelangt[538] und reizte ihn zur Probe. Eine der Kuhherden des Theseus weidete bei Marathon.

189

Peirithoos kam und trieb sie weg. Theseus griff zu seinen Waffen und verfolgte den Räuber. Als dieser es merkte, blieb er stehen und wandte sich gegen ihn. Mit Verwunderung betrachteten sie sich gegenseitig – der eine immer die Schönheit und den Mut des anderen – und hielten sich vom Kampfe zurück. Peirithoos war der erste, der seine Hand reichte und Theseus bat, sein Richter zu sein wegen des Kuhraubes: er würde die Buße bezahlen, die er bestimmen wollte. Der andere erließ ihm die Buße und bot ihm Freundschaft und Bündnis an. Am Kolonos bekräftigten sie mit Eid den Bund. Man zeigte später[539] die Mulde im Felsen, die bei ihrem Bundestrunk zum Mischgefäß diente. Nach der einen Erzählung[540] lud daher Peirithoos den Theseus zu seiner Hochzeit nach Thessalien ein, und erst viel später bemühten sich die beiden um die Heirat mit Helena. Nach der anderen Erzählung[541] beschlossen sie, da sie doch Söhne des Zeus und des Poseidon waren, sich Töchter des Zeus zu Gattinnen zu nehmen.

Helena war damals erst zwölf Jahre alt[542], wenn nicht noch jünger[543], ob nun Leda sie in Lakonien oder die Göttin Nemesis in Attika dem Zeus geboren hatte. Aus Theseus' Burg Aphidna sah man ins Tal von Rhamnus hinunter, in dem die Tochter der Nacht, die göttliche Mutter der Helena, ihr Heiligtum besaß. Man erzählte später[544], Theseus hätte um das Mädchen bei Tyndareos gefreit und gern die spartanischen Dioskuren zu Schwägern gewonnen[545]. Erst nachdem er Helena nicht friedlich erlangen konnte, raubte er sie aus dem Reigen im Heiligtum der Artemis Orthia[546] – wenn dies nicht doch in Rhamnus oder am nahen Tempel der Artemis in Brauron geschah. Davon wird freilich nichts überliefert, nur von der spartanischen Entführung. Die Mädchenräuber wurden von den Dioskuren nur bis Tegea verfolgt. Sie entschieden dann durch das Los[547], welchem von den beiden Helena als Gattin gehören sollte. Theseus gewann das Los. Er führte die Jungfrau nach Aphidna heim, zu seiner Mutter Aithra. Aus Aphidna wurde sie durch Kastor und Polydeukes befreit, Aithra aber in die Gefangenschaft verschleppt[548]. Sie diente bei Helena noch in Troia[549], wo die zum zweitenmal Geraubte umsonst erwartete, daß ihre Brüder erscheinen[550] und sie wieder befreien würden. Dem Theseus gebar sie ein Mädchen[551]: jene Iphigeneia, die dann als Tochter des Agamemnon und der Klytaimnestra galt, da Helena sie der Schwester übergab, nachdem sie ihrer in Argos entbunden war. Nach einer Überlieferung[552] blieb das Schicksal dieses Mädchens auch weiterhin mit Attika verbunden: nicht in Aulis, sondern in Brauron sollte sie scheinbar geopfert werden.

Aphidna wurde nicht von Theseus, sondern vom Namengeber der Burg, Aphidnos, gegen die Dioskuren verteidigt, und dieser verwundete sogar Kastor am rechten Schenkel[553]. Theseus selbst mußte[554] seine junge Frau, die er in Aphidna gefangen und verborgen hielt, verlassen und nunmehr seinerseits dem Peirithoos auf einer viel gefährlicheren Fahrt folgen, um auch für ihn eine Zeustochter zu rauben. Oder war auch dies ursprünglich sein eigenes Unternehmen, für den Entführer der Ariadne bezeichnend, und erst später, wegen der Frevelhaftigkeit des Abenteuers, mehr dem Peirithoos zugeschrieben? Denn die Fahrt führte ins Jenseits, wofür die späteren das Land der Thesproter[555] oder der Molosser in Epirus setzten[556], und zur Braut war Persephone ausersehen. Die Königin des Hades wollten die Verwegenen mitnehmen[557], aus ihrer Schlafkammer, die sie mit dem König der Unterwelt teilte. Sie drangen durch den Hadeseingang am Tainaron ein[558], den Theseus bei einem römischen Dichter erzählend schildert[559], ebenda, wo bald nach ihnen auch Herakles eindringen sollte.

Es wurde erzählt[560], daß sie Charon mit seinem Nachen nicht im gewohnten Hafen des Acheron fanden. Die Fortsetzung der Erzählung ist uns verlorengegangen, und wir erfahren nicht mehr, wie es ihnen gelang, den Totenfergen heranzulocken und das Schiff der Seelen lebendig zu besteigen[561]. Es geschah wohl nicht mit Gewalt, die dem Herakles vorbehalten blieb, sondern mit List. Denn mit List empfing sie daraufhin auch der Herrscher der Unterwelt. Er hieß sie auf Thronsesseln[562] Platz nehmen, die aus dem Felsen gehauen waren[563], neben der Pforte seines Palastes[564]. Sie sollten da sitzen, während er ihnen seine Geschenke holen wollte. Das waren aber die Sessel der Vergessenheit, der Lethe[565]. Da saßen sie wie gefesselt[566], die Selbstvergessenheit ließ sie erstarren. Nur die Hände konnten sie Herakles entgegenstrecken, als er da vorbeikam[567]. Man malte diese Fesseln der Lethe auch so aus, als wären sie Schlangen gewesen[568] oder Hunderte von Ketten[569] oder als wären die beiden da festgewachsen[570]. Man machte den Scherz[571], Theseus hätte einen Teil seines Hintern dagelassen, als Herakles ihn in die Höhe zog: daher käme die strenge Körperlinie seiner Nachkommen, der athenischen Jünglinge. Man weiß aus den Herakles-Geschichten, daß nur Theseus wiedererweckt werden und zurückkehren konnte. Er war damals in den alten Erzählungen doch wohl noch jung, und es wurde auch behauptet[572], daß Peirithoos mit ihm zurückkam. Nach seinem Tode mußte aber Theseus weiterbüßen. Ewig sollte er dann auf seinem Felsenthron sitzen[573], während seinem Freund eine ähnliche Strafe vorbehalten war wie dem Frevler Ixion[574], der die Himmelskönigin verführen wollte, oder vor ihnen dem Tantalos.

Ein langes Leben stand wohl noch vor Theseus, obwohl es nur vom Raub der Helena ausdrücklich heißt, daß er dem kretischen Abenteuer vorausging, nicht auch von dem Einbruch in den Hades. Eine Erzählung, daß er den Weg dorthin noch einmal lebendig zurückfand und vielleicht sogar – was man später nicht glauben wollte[575] – den Peirithoos befreite, wird uns nicht mehr überliefert, es gab solche[576], die auch seine Rettung aus der Unterwelt leugneten. Seine berühmte Heimkehr war die aus dem Labyrinthos, dessen Herrin er freilich ebensowenig für immer sein eigen nennen durfte wie die Persephone. Helena haben ihm die Dioskuren weggenommen wie Dionysos die Ariadne. Es blieb ihm aber die Herrschaft über Athen, nachdem Aigeus sich beim Anblick des schwarzen Segels von der Akropolis oder – wie man es noch genauer wissen wollte[577] – in das Meer stürzte, das seinen Namen trägt. Als Gründertat des Theseus wird die Vereinigung der Dörfer von Attika zum Staat der Athener gerühmt[578]. Durch ihn soll da eine gemeinsame *politeia*, ein gemeinsames Leben in einem Staate, entstanden sein: eine Tat, deren Schauplatz das ganze Land Attika war und die fortan durch das Fest der Synoikia gefeiert wurde. Nicht als Vereinigung von Dörfern, schon bestehenden Gemeinden, sondern als Sammlung der Urbewohner hatte man die gleiche Tat dem Kekrops zugeschrieben. Theseus soll[579] als erster die Stadt Athen *Athenai* in Mehrzahl genannt und die Panathenaia, von denen es sonst hieß, sie seien von Erichthonios gegründet worden, zum Fest »aller Athener«, auch der Landbewohner, nicht nur der Städter, gestaltet haben. Die Erzähler ließen ihn fast an allen gemeinsamen Unternehmungen der Heroen seiner Zeit teilnehmen. Das Sprichwort wurde geprägt[580]: »Nicht ohne Theseus«; oder[581], da er selbst keiner Helfer bedurfte: »Ein zweiter Herakles ist erstanden!«

So wurde er auch zum Begleiter des Herakles im Feldzug gegen die Amazonen. Er holte sich von diesem Abenteuer die kriegerische Frau, die ihm Hippolytos gebar. Das Unternehmen war ohnehin eher des Theseus als des Herakles würdig. Die Amazonenkönigin, mit der Herakles zu tun hatte, hieß Hippolyte, wie die Mutter des Hippolytos oft auch genannt wird: ein Name, der sie vielleicht schon ursprünglich mit diesem Sohne verbunden hat. Die Kunde, daß es Theseus war, der den Gürtel der Hippolyte erbeutete und dem älteren und größeren Heros schenkte, erhielt sich sogar in den Heraklesgeschichten. Die Erzähler hatten Mühe, die Amazone des Herakles von der Amazone des Theseus zu unterscheiden. Diejenigen, die behaupteten, daß Theseus die seine vom Sohn des Zeus als Ehrengabe erhielt, sprachen von dieser als von einer Schwester der Amazonenkönigin und gaben ihr den Mondnamen Antiopeia oder Antiope, den auch die Mutter der thebanischen Dioskuren trug. In den Geschichten um Theseus gesellte sich die Gestalt der Amazone zu der der Helena, der Persephone und der Ariadne, die einander alle ähnlich waren, und diese Gestalt war es wohl, die den Erzählern unter den verschiedenen Namen vorschwebte.

Sie erscheint uns in der Tat so wie eine asiatische Helena, die vom Osten nach dem Westen entführt und um die dann auf griechischem Boden gekämpft wurde wie um die Tochter der Leda auf orientalischem in Troia. Eine Erzählung von der Ankunft amazonengleicher Mädchen vom Orient her nach Griechenland war die Geschichte der Danaiden. Aber nur die Athener erzählten, daß die wahren Amazonen mit ihrem ganzen Heer von Kleinasien herübergekommen sind und die Akropolis belagert haben. Man zeigte seltsame Gräber den Fremden und schrieb sie den Amazonen zu: in Athen das Grab der Antiope[582], in Megara jenes der Hippolyte[583]. Dieses glaubte man an der Form des halbmondähnlichen Amazonenschildes zu erkennen. Dem Amazonenkrieg, in dem Theseus seine eigene Stadt zu verteidigen hatte, ging der Amazonenraub voraus, und es war ursprünglich auch in diesem Fall doch wohl so, daß nicht Herakles, sondern Theseus den Mädchenräuber spielte.

Man erzählte[584], daß Herakles die Amazonenstadt Themiskyra umsonst belagert hatte und sie erst nehmen konnte, als sich Antiope in Theseus verliebte und die Ihrigen verriet. Eine berühmtere Erzählung[585] war aber jene, in der Theseus zum Raub der Amazone mit Peirithoos auszog, ähnlich wie sie zum Raub der Helena zogen. Ein Vasenbild zeigt Antiope im Arm des Theseus, neben ihm den Freund, der ihn verteidigt. In Athen wurde ihm von der Amazone ein Sohn geboren. Nach den meisten Erzählungen war dieser Sohn Hippolytos, nach einer älteren jener Demophon, der später gegen Troia ziehen und seine Großmutter Aithra aus der brennenden Stadt retten sollte[586]. Sonst galten Demophon und dessen Bruder Akamas als Söhne der Phaidra, der Frau des Theseus, seitdem er mit den Kretern Frieden geschlossen hatte. Bis zu jener Zeit lebte Antiope, oder wie immer die Amazonenkönigin hieß, mit ihm, ihrem Räuber, wie Helena mit Paris in Troia.

Um ihre Königin zu befreien[587] oder die Schande zu rächen, die ihr angetan wurde, als Theseus eine zweite Frau nahm[588], erschien das Heer der Amazonen. Es kam aus nördlicher Richtung auf großen Umwegen von den Küsten des Schwarzen Meeres, da die Amazonen keine Seefahrer waren, sondern ein berittenes Volk[589]. Es konnte aber auch nur ein Aufruhr der Kriegerinnen sein, die die beleidigte Antiope selbst anführte. Der linke Flügel[590] des Heeres lehnte sich an den Areopag an jener Stelle, wo später das Amazoneion, das Heroenheiligtum zu Ehren der Amazonen, stand, der rechte Flügel an die Pnyx. Von dorther drangen sie gegen die Akropolis vor. Ein athenisches Heer fiel ihnen indessen vom Musenhügel her in den Rücken. So wurden sie im vierten Monat der Belagerung zum Friedensschluß gezwungen. Für die Athener war das alles wahre Geschichte. Zwei große Wandmalereien stellten ihnen die Schlacht mit den Amazonen dar: eine im Theseion, im Theseusheiligtum[591] – das aber nicht das später so genannte war –, die andere in der Stoa Poikile, der »bunten Halle«[592]. Gern führten auch die Vasenmaler die einzelnen Szenen aus, um nicht zu reden von den Bildhauern, die so viele Tempel und Denkmäler – und nicht nur in Athen – mit den Bildern der kämpfenden und sterbenden Amazonen schmückten.

Es wurde freilich auch erzählt[593], daß Herakles seinem Freunde zu Hilfe eilte und daß auch die andere berühmte Amazone, die später nach Troia kam und von den Händen des Achilleus fiel, Penthesileia, bereits an diesem Kampf teilnahm. Sie soll aus Versehen ihre Herrin getötet haben[594]. Nach anderen war es Theseus selbst, oder es waren seine Gefährten, im Augenblick, in dem der Aufruhr der Amazonen aufloderte und die Königin bei der Hochzeit der Phaidra die Gäste

193

im Palast bedrohte[595]. Schließlich gab es noch diese Erzählung[596] vom Tod der Antiope: sie kämpfte neben Theseus gegen die Stammesgenossinnen, die sie zurückerobern wollten, fiel durch den Pfeil der Amazone Molpadie, der »Sängerin«, und wurde sogleich vom Heros gerächt. Ein Grabdenkmal errichteten die Athener für die Molpadie ebenso wie für Antiope – oder sie glaubten wenigstens, daß sich zwei alte Grabstelen in der Stadt auf die beiden Amazonen bezogen.

Dem Heros blieb nur die zweite kretische Königstochter, Phaidra, und der Sohn der Amazone, der schöne und wunderliche Jüngling Hippolytos. Die große Gottheit, der die Amazonen vor allem dienten, war Artemis, wenngleich sie sich mehr die Grausamkeit der am Schwarzen Meer verehrten Göttin als die Reinheit der griechischen Artemis zum Vorbild nahmen. Seinem Namen nach müßte auch Hippolytos der wilde, losgelassene Hengst gewesen sein, wie die Amazonen ausgelassenen Stuten glichen und daher Namen trugen, wie Hippolyte, oder wie jene Hippo, die nach einer Überlieferung[597] das Heiligtum der Artemis von Ephesos gegründet hatte, nachher aber von der Göttin bestraft wurde, weil sie nicht mehr am Reigen der Jungfrauen um ihren Altar teilnahm. Hippolytos diente in Troizen als junger Jäger ausschließlich der jungfräulichen Artemis. Dort wuchs er auf, im Land seines Urgroßvaters Pittheus, und dort[598] verliebte sich Phaidra in den hehren, jungfräulichen Stiefsohn.

Die Geschichte dieser unglücklichen Liebe brachte Euripides zweimal auf die Bühne, und die eine der beiden Tragödien ist uns auch erhalten geblieben. Die Athener hatten[599] hoch oben am Südabhang der Akropolis ein kleines Heiligtum der Aphrodite »über Hippolytos« und erzählten[600], Phaidra hätte es gegründet, da sie von dort aus mit verliebten Blicken die Küste des troizenischen Landes suchte. Nach dieser Erzählung[601] erblickte sie zum erstenmal den Jüngling, als er, der allen Weihen, auch denen des Orpheus, Ergebene[602], nach Athen kam, um an den Eleusinischen Mysterien teilzunehmen. Lange hielt sie sich noch zurück vor dem nichts Ahnenden, bis sie gezwungen war, mit Theseus nach Troizen zu ziehen. Die Troizener hingegen[603] besaßen in ihrem Heiligtum des Hippolytos einen Tempel der »Spähenden Aphrodite« und erzählten, von jener Stelle aus spähte die verliebte Phaidra in das Stadion hinüber, in dem Hippolytos sich nackt übte und das später mit seinem Namen bezeichnet wurde. Da stand auch die Myrte, deren Blätter sie in ihrer Aufregung mit der Haarnadel durchstichelte. Mächtig war Aphrodite am Werke, doch nur die schöne Königin erlag ihr, nicht auch der Jüngling. Nur von Artemis, nicht auch von Aphrodite wollte er wissen[604]. Wie immer ihm die Liebe der Phaidra auch eröffnet wurde, er wies die stolze Frau zurück.

So wiederholte sich die Geschichte des Bellerophontes – eine Geschichte, die nicht nur unter Griechen erzählt wurde. Die verschmähte Liebe der königlichen Frau, die sich in ihrer Leidenschaft ausgeliefert hatte, verwandelte sich in Haß und Furcht. Phaidra beschuldigte Hippolytos bei Theseus, er hätte sie verführen wollen. In der einfachsten Form[605] der Erzählung zeigt sie die eingebrochene Türe des Schlafzimmers und ihre zerrissenen Kleider. Der Gatte glaubt, er verflucht den Sohn und verweist ihn des Reiches. Und da sein Vater Poseidon ihm drei Wünsche gewährt hatte[606], die in Erfüllung gehen würden, wünscht er auch den Tod des Hippolytos. Als dieser entlang der Küste des Saronischen Golfes mit seinen edlen Rossen nach Epidauros und von dort weiter nach Argos fahren wollte[607], entstand ein Erdbeben und ein Beben des Meeres. Es erhob sich eine Woge, die den Isthmos verdeckte, ein Stier entstieg ihr und machte die Pferde des Hippolytos scheu. Sie gingen los, entrissen den Wagen der Macht des Lenkers und schleiften ihn zu Tode. Nach den Troizenern starb Hippolytos nicht auf diese Weise. Sie zeigten auch sein Grab nicht[608], wie die Athener[609], obwohl sie wußten, wo es lag. Aber sie zeigten eine wilde Olive in der Nähe des Tempels der Artemis Saronia und erzählten[610], da hätte sich Hippolytos in die Zügel seiner Pferde verwickelt und auf dem krummen Baum gleichsam aufgehängt. Das war eine Todesart, die im Bereich der Artemis oft vorkam. Phaidra erhängte sich auch, und es hieß[611], daß sie in der Unterwelt sich auf einer Schaukel hin und her schwang, spielend ihr Sterben nachahmend.

Die Mädchen der Troizener beweinten Hippolytos im prächtigen Heiligtum, das ihm Diomedes gestiftet hatte[612]. Sie taten es am Tage vor ihrer eigenen Hochzeit[613] und opferten ihm, dem Opfer der verzehrenden weiblichen Liebe, eine Locke ihres Haares. Und dennoch war er nicht tot. Er gehörte nicht zu den Heroen, die für immer starben. Artemis entrückte ihren Liebling dem Tode. Ihr zuliebe[614] erweckte ihn Asklepios[615], der in der Nähe, bei Epidauros, zu Hause war, mit seinen Heilkräutern wieder zum Leben. Die Troizener erblickten ihn am Himmel, im Sternbild des Fuhrmanns[616]. Doch die Bewohner der Albanerberge in Italien, in der Nähe von Rom, wußten[617], daß der Gott Virbius, der sich im Hain der Diana bei Aricia, in den dunklen Wäldern um den Nemisee, verborgen hielt, kein anderer war als Hippolytos, den Artemis dorthin entrückt hatte. Daher durften wohl Pferde, die Tiere, die an den Tod des wiedererwachten Gottes erinnerten, nie in jenen heiligen Bezirk geführt werden.

Wie Theseus starb, darüber ist die Überlieferung nicht eindeutig. Er, der Oidipus aufgenommen, damit der thebanische Heros in der attischen Erde seine Ruhe finde, und der den Herakliden geholfen, daß sie sich von dem Feind ihres Vaters und ihrem Verfolger Eurystheus endgültig befreiten, mußte Attika verlassen und in einem fernen Grabe liegen, auf der Insel Skyros, bis seine Gebeine viele hundert Jahre später wiedergefunden wurden[618]. Es gab dann auch solche Erzähler, die ihn aus der Unterwelt, wohin er sich mit Peirithoos begab, um die Persephone zu rauben, überhaupt nicht zurück-

195

kehren ließen. Andere, die seine Hadesfahrt gleichfalls gegen das Ende seines Lebens setzten, erzählten[619] von einem Urenkel des Erechtheus, dem ersten Demagogen, der das Volk, während er im Totenreich weilte, von ihm abtrünnig machte. Daher sei er nach Skyros gefahren und dort vom König Lykomedes von einem hohen Felsen in die Tiefe gestürzt worden[620]: ein Tod, den er in der Ferne ohne Grund erlitt und nach welchem ursprünglich wohl auch kein Grab, sicher keine Stätte des Heroenkultes übrigblieb, der vielmehr einer Entrückung gleichkam. Sein Heiligtum, das Theseion bei dem Aufgang zur Akropolis, wurde erst zu seinem Grab, als seine angeblichen Knochen aus Skyros im Jahre 473 vor Christus dorthin gebracht wurden.

II. Iason und Medeia

Der Heros, der auszog, das Goldene Vlies zu holen, wurde aus jenem Geschlecht geboren, zu dem auch Phrixos, der Sohn des Athamas, gehörte. Den hatte der goldene Widder nach Kolchis am Kaukasos gebracht. Außer Athamas, dem Vater des Phrixos, waren auch Salmoneus und Kretheus Söhne des Aiolos, von dem dieses große Geschlecht abstammte. Die Ahnin des Zweiges, von dem jetzt die Rede sein wird, Tyro, die Tochter des Salmoneus, gebar dem Poseidon die Zwillinge Neleus und Pelias, dann aber auch ihrem Oheim Kretheus mehrere Söhne: als ersten den Aison, der die Stadt Aison in Thessalien gründete. Sein Sohn, Iason, war der Heros des Goldenen Vlieses. Nachdem Phrixos, der Vetter seines Vaters, als Eidam des Königs Aietes in Kolchis gestorben war, blieb das Vlies im Besitz des eben genannten Sohnes des Helios. Von ihm sollte es in die Familie zurückgeholt werden.

Die Städte Aison und Iolkos, diese letztere eine Gründung des Kretheus, lagen benachbart am großen thessalischen Meerbusen, der Bucht von Pagasai, dem heutigen Golf von Volo. In Iolkos herrschte der Stiefsohn des Kretheus, der Poseidonsohn Pelias, Aisons Halbbruder: zur gemeinsamen Mutter hatten sie, wie gesagt, Tyro. Allen Brüdern wurden Söhne geboren: dem Pelias Akastos, dem Neleus, der in Pylos an der südwestlichen Spitze des Peloponnesos herrschte, sogar zwölf Söhne, unter ihnen Nestor. Auch ihre Halbbrüder Aison, Pheres und Amythaon hatten Söhne: Amythaon den Wahrsager Melampus, der die Töchter des Proitos heilte, Pheres den Admetos, den Liebling des Apollon und Gatten der Alkestis, Aison, wie gesagt, Iason. Die Mutter dieser berühmtesten Gestalt der ganzen Sippe ist unter verschiedenen Namen bekannt oder vielmehr verborgen: als Polymede[621], die eine Tochter des Autolykos[622] gewesen wäre, oder als Alkimede[623], eine Minyade, um andere Namen nicht zu nennen. Erzogen wurde er vom weisen Kentauren Chiron[624], dessen Behausung, das Peliongebirge, beide Städte, Aison und Iolkos, überragt. Das göttliche Waldtier soll als erstes ihn Iason genannt haben[625] und der Name einen Heilenden oder Heilung Bringenden bedeuten[626].

Dem Namen nach mag Iason freilich auch mit Iasios oder Iasion, dem Geliebten der Demeter[627], etwas Gemeinsames gehabt haben. Nur war er ein Liebling der Hera[628] und nicht der Mutter der Persephone. Von beiden großen schwesterlichen Göttinnen wurde es erzählt, daß sie auf der Erde herumwanderten: Demeter auf der Suche nach ihrer Tochter, Hera, indem sie sich von Zeus zürnend zurückzog oder zu ihm zurückkehrte, wobei sie, wie man es aus den Heraklesgeschichten weiß, auch von frechen Silenen angegriffen wurde. Iason begegnete ihr auf der Jagd, wie wohl auch Iasios oder Iasion, der kretische Jäger, der Demeter. Allein diese Begegnung fand an einem Fluß statt, der Hochwasser führte, ob dieser der thessalische Anauros[629] oder Enipeus war[630] oder irgendein anderer Strom[631]. In der alten Frau, deren Gestalt Hera angenommen hatte, erkannte Iason die Göttin nicht, er nahm sie aber auf den Rücken und setzte sie über das Wasser hinüber. Es heißt auch[632], daß er bei dieser Gelegenheit die eine Sandale verlor. So erschien er mit einem Schuh bei dem Opfer[633], das Pelias in Iolkos dem Vater Poseidon und den übrigen Göttern darbrachte, nicht aber der Götterkönigin[634]. Denn man weiß schon aus der Geschichte der Tyro, daß er kein Verehrer der Hera war. Auch dafür sollte er bestraft werden.

Eine Sandale verlor Iason in allen Erzählungen, und unheimlich war das Erscheinen des *monosandalos*, des »Mannes mit einem Schuh«, nicht allein in den Geschichten um diesen Heros. Der Betreffende machte – und mochte er ein Gott wie Dionysos sein – immer den Eindruck, als käme er aus einer anderen Welt, möglicherweise aus der Unterwelt, und hätte den anderen Schuh dort gelassen als Pfand und Zeichen, daß er mit dem einen Fuß dorthin gehört. Zudem soll Pelias das Orakel erhalten haben[635], er werde von der Hand eines Mannes mit *einer* Sandale sterben. Als er nun die ganze Stadt Iolkos zu seinem Opfer geladen hatte, befand sich der Heros auf dem Feld am anderen Ufer des Anauros. Die von ihm nicht als von einem Jäger, sondern als von einem Pflüger erzählten[636], behaupteten, er hätte seinen Pflug am Anauros gelassen, wäre barfuß durch den Fluß geschritten und hätte die linke Sandale wieder anzubinden vergessen. Im anderen Fall verlor er sie im Fluß[637]. Wie er also vor die Augen des Pelias trat, fiel diesem sofort das Orakel ein. Er sagte an jenem Tag nichts, schickte aber am nächsten Tag wieder nach Iason und stellte die Frage, was er wohl tun würde, wenn ihm geweissagt worden wäre, er sollte von einem bestimmten Mann unter seinen Mitbürgern ermordet werden. »Das Goldene Vlies zu holen«, so antwortete Iason, »würde ich den Mann schicken.« Und Pelias: »Geh und hol es!«

Nach einer anderen Erzählung[638] hatte Pelias sogar zwei Orakel erhalten. Das eine drohte, er werde durch einen Nachkommen des Aiolos sterben. Am meisten sollte er sich aber, so lautete das andere Orakel, vor dem in acht nehmen, der von den hochgelegenen Stallungen her mit einer Sandale nach Iolkos herabsteige. Und als die Zeit da war, kam der furcht- und staunenerregende Mann daher. Zwei Speere trug er. Gekleidet war er wie die Bewohner der nahen Halbinsel Magnesia. Ein Pantherfell bedeckte außerdem die Schultern, um ihn vor dem Regen zu schützen. Nie hatte er noch das Haar geschoren, flammend lag es auf seinem Rücken. Als wollte er seine eigene Ruhe erproben, blieb er auf dem Markt von Iolkos im Gewühl des Volkes stehen. Niemand kannte ihn, alle versuchten zu erraten, wer er wohl wäre. Sie dachten an Apollon, an Ares, an die Aloaden und Tityos, dann verwarfen sie wieder den Gedanken. Während die Leute dies untereinander besprachen, fuhr mit seinem Gespann von

Maultieren auch König Pelias herbei. Starr blieben seine Augen auf die Sandale geheftet, die der junge Mann auffallend nur am rechten Fuß trug. Seinen Schreck verbarg er und befragte den Fremden, wo seine Heimat, wer seine Eltern wären.

Fest und mild antwortete jener: »Die Lehre von Chiron bring ich mit mir. Aus der Höhle komme ich, wo ich mit Chariklo und Philyra, der Gattin und der Mutter des Kentauren, gewohnt, die reinen Kentaurentöchter haben mich großgezogen. Zwanzig Jahre bin ich geworden, ohne eine unziemliche Tat ihnen gegenüber begangen oder ein nicht geziemendes Wort zu ihnen gesprochen zu haben. Heimgekehrt bin ich jetzt, um die alte Würde meines Vaters zu erlangen, welche Zeus einst dem Fürsten Aiolos geschenkt und die heute von einem anderen nicht rechtmäßig getragen wird.« So sprach er noch weiter, mit größter Offenheit, nicht ahnend, vor wem er stand. Nach dieser Erzählung hatte sich Pelias unrechtmäßig die Herrschaft, die Iasons Eltern gehörte, angeeignet und daher hatten sie das Kind, aus Furcht für sein Leben, öffentlich, als wäre es nach der Geburt sogleich gestorben, betrauert, im geheimen indessen dem Chiron zugeschickt. Jetzt fragte der Jüngling nach dem Haus seines Vaters Aison und nannte sich mit dem Namen, den ihm der weise Kentaur gegeben.

Diese Geschichte hatte also zur Voraussetzung, daß rechtmäßig Aison, der älteste Sohn des Kretheus, in Iolkos herrschen sollte, nicht Pelias, den Tyro dem Poseidon vor ihrer Ehe mit Kretheus geboren hatte. Aison empfing den Sohn, so lautet die Erzählung weiter[639], mit Tränen. Es kamen auch seine Brüder und deren Söhne, um den Neffen und Vetter zu begrüßen: Pheres und Admetos aus dem thessalischen Pherai, Amythaon und Melampus aus Messenien. Fünf Tage und Nächte lang bewirtete sie Iason festlich im Hause seines Vaters. Am sechsten Tag legte er ihnen seine Absicht vor, die Herrschaft von Pelias zurückzuerlangen. Sie erhoben sich sogleich und begleiteten ihn in den Palast des Pelias. Mild und weise sprach Iason vor dem König. Er berief sich auf den gemeinsamen mütterlichen Ursprung und bot eine friedliche Teilung an: die Herden und Felder, die Pelias dem Aison weggenommen hatte, sollte er behalten, Zepter und Thron, die einem Sohn des Kretheus zukamen, sollte er zurückgeben. Ruhig antwortete ihm auch Pelias: er würde dies tun, nur beunruhigte ihn eine Forderung der Unterirdischen. Er wäre schon zu alt, ihr zu entsprechen, Iason aber in voller Blüte seiner jugendlichen Kraft. Phrixos wäre ihm im Traum erschienen und wünschte, daß man ins Haus des Aietes führe und von dorther seine Seele und das Goldene Vlies holte. Er befragte darauf das Orakel in Delphi, und auch jenes befahl, das Schiff zu schicken. Das wäre der Preis der Herrschaft für Iason. Pelias bekräftigte dies mit Eid.

In den goldenen Gemächern des Aietes, so hieß es in einer alten Erzählung[640], ruhten sich die Sonnenstrahlen nächtlich aus. Er war sicher nicht als ein Ort für Menschen gedacht, der Sitz des Aietes an

den Ufern des Phasis, der nach den Berichten der Seefahrer vom
Kaukasos aus ins Schwarze Meer mündete. Aia hieß die Stadt – von
»Aia« hatte Aietes seinen Namen –, so hieß auch das Land, das mit
Kolchis am Kaukasos gleichgesetzt wurde, ursprünglich aber wohl
das Land des Morgens, der Eos, bedeutete. Für eine königliche To-
tenseele auf dem Wege der Vergöttlichung – denn Pelias log sicher
mit der Erzählung seines Traumes oder er sprach doch die Auffassung einer jüngeren Zeit aus – war dieses Land des Frühlichts in
der Ferne der geeignete Ort. Es muß ein Platz für unsterbliche, göttliche Wesen gewesen sein. Man weiß[641], daß Aietes ein Sohn des
Helios und der Sonnengattin, der Perse[642] oder Perseis[643], war, ein
Bruder der kretischen Königin Pasiphae und der Kirke, deren Insel,
die Aiaia, zu Aia gehörte, ob im Osten oder Westen jenem Land
vorgelagert, in dem die Sonnenstrahlen schliefen und wieder erwachten. Wie das Haus der Sonne, zugleich aber ein Ort der Un-
sichtbarkeit, des Hades, so waren auch die Gemächer des Aietes zu
denken. Sie bargen das Goldene Vlies, wohlbewahrt in der Hut einer
Riesenschlange. Ähnliches wie Perseus hatte Iason zu unternehmen
und ähnlich wie Kadmos mit einem Drachen zu kämpfen. Und er
sollte auch, wie Kadmos die Harmonia, Perseus die Andromeda, eine
Braut finden, um die er nicht ausgegangen war und in der ihm wie dem
Theseus in Ariadne eine Helferin erstand: eine zweite Enkelin der
Sonne, die ihn in die Welt der Menschen begleiten sollte, doch nicht
zu seinem bleibenden Glück.

Nach allen Erzählungen nahm Iason nur das auf sich, was er gewissermaßen herausgefordert hatte: den Auftrag zur Rückgewinnung
des Goldenen Vlieses aus jenem Haus jenseits der Welt der Sterblichen. Es hieß[644], daß diese Aufgabe wie ein Fluch auf dem Geschlecht des Aiolos lastete, seitdem Athamas seinen Sohn Phrixos
opfern wollte und ihn zum Entfliehen in das jenseitige Reich des
Aietes zwang. Das Opfer des krausen Königssohnes ist dadurch gewissermaßen doch vollzogen worden, der Zorn des Zeus gegen die
Opferer wurde erweckt und die Sühne notwendig. Eine Folge davon
war die Versammlung der Schar, die Iason begleiten sollte. Er
brauchte, um zu Aietes gelangen und zurückkehren zu können, ein
außerordentlich schnelles Schiff und todesbereite Gefährten als Be-
mannung. Dieses Schiff, das so bewundert wurde[645], als wäre es das
erste Schiff gewesen[646], wurde ihm mit der Hilfe der Göttin Athene[647],
wenn nicht von ihr selbst[648] gebaut. Es hieß die »Schnelle«: Argo[649],
und ihr irdischer Erbauer Argos. Pinien wurden auf dem Pelion gefällt[650] und stiegen in die Bucht von Pagasai hinunter[651]. Das Schiff,
das aus ihnen entstand, besaß in den ältesten Erzählungen die Fähig-
keit zu reden[652] – weil, so behauptete man später[653], Eichenholz aus
Dodona mit eingebaut war. Die erste Mannschaft bildeten Minyer[654],
die Bewohner mancher Städte in den Landschaften, über die einst
Athamas herrschte, nach einer Überlieferung[655] ein Sohn des Minyas.
Orchomenos in Böotien, Minya in Thessalien waren solche Städte.

In Orchomenos haben die Minyer Zeus Laphystios verehrt, dem Phrixos geopfert werden sollte. Sie bestiegen mit Iason das Schiff Argo und ruderten es, wenn es nicht mit dem Winde flog, nach der fernen Aia.

Besonders schnell mußte Argo wegen der Rückfahrt sein. Das äußerst wenige, was aus der ältesten Geschichte von den Argofahrern – den Argonauten, wie sie dann immer hießen – zu erzählen ist, wird von Kirke dem Odysseus berichtet[656]. Nicht ganz genau, da sie doch das ganze Geheimnis des Weges nicht preisgeben wollte. Odysseus weilte damals auf der Insel Aiaia, auf dem Rückweg aus dem Totenreich, und in der ältesten Argonautengeschichte gefährdete wohl das Felsentor, das ins Jenseits führte, nur die Zurückkehrenden. Kirke verriet den Namen, wie es bei den Menschen hieß. Sie nannten es Planktai, die »bewegten Felsen«. Kirke erzählte weiter, bei diesen Felsen wären die Tauben vorbeigeflogen, die dem Vater Zeus die Ambrosia brachten. Doch sogar von ihnen wäre jeweils eine verlorengegangen. Der Vater mußte ihre Zahl immer ergänzen. Er tat dies – es ist nicht schwer zu erraten –, damit der Taubenschwarm bleibe, wie man ihn am Himmel erblickt: als Pleiaden. Das Land, aus dem die Tauben mit der Ambrosia kamen, ist sicherlich nur mit dem Garten der Hesperiden zu vergleichen. Die letzte Taube fiel aber zum Opfer, weil die bewegten Felsen zusammenprallten. Daher hießen sie genauer Plegades[657] oder Symplegades[658], weniger genau Planktai[659]. Außer den Tauben wäre da nur die von allen geliebte Argo, von Hera geleitet, als einziges Wesen heil vorbeigefahren, auf dem Rückweg von Aietes. So berichtete die Zauberin[660], zu der die Argonauten auf jener Rückfahrt gelangten.

Wie uns die Fahrt von späteren Dichtern, vor allem von Apollonios dem Rhodier, erzählt wird, nahmen daran nicht nur Minyer, sondern, wie an der Jagd von Kalydon, Helden aus dem ganzen Griechenland teil. Iason soll[661], nachdem er den mühevollen Auftrag, der einer ganzen Reihe von schweren Aufgaben gleichkam[662], von König Pelias erhalten hatte und nachdem ihm Argos – wessen Sohn er auch war[663] – die Argo unter Athenes Leitung fertigstellte, Herolde zur Werbung ausgeschickt haben. Die Argo wurde, nach der herrschenden Überlieferung[664], für fünfzig Ruderer gebaut. Mindestens so viel Männer sollten sich zum Unternehmen zusammenfinden. An erster Stelle sei Tiphys, der böotische Steuermann, genannt, der mit der Argo wohl schon in jener Zeit verbunden war, in der sie nur Minyer trug. Er mußte dem Tode anheimfallen, obwohl es Athene selbst war, die ihn zum Mitfahren veranlaßt hatte[665]. Iason verlor ihn unterwegs[666] wie Aeneas seinen Palinurus. Von den Göttersöhnen trafen vor allem[667] die Söhne des Zeus in Iolkos ein: Herakles, Kastor und Polydeukes. Dann die Söhne des Poseidon: Euphemos vom Tainaron und Periklymenos von Pylos, der sonst als Sohn des Neleus galt, Nauplios, der Sohn der Amymone[668], und die messenischen Zwillinge Idas und Lynkeus[669]. Aus Apollons Geschlecht kam Orpheus[670], mit dem auch der Sänger Philammon[671], ein Sohn des Apollon[672], an der Fahrt teilnahm. Söhne des Hermes waren Echion und Erytos, die Zwillinge[673], und Authalides[674], der Herold der Argonauten. Es folgten Augeias, der König von Elis, den man als Sohn des Helios[675] aus den Heraklesgeschichten kennt, und die Söhne des Boreas: Kalais und Zetes. Ferner zwei Wahrsager: Idmon, ein Sohn des Apollon auch er[676], und Mopsos, den Apollon unterrichtet hatte[677], Peleus und Telamon[678], die Söhne des Aiakos und Enkel des Zeus, Admetos[679], der Vetter des Iason, und sogar Akastos, der Sohn des Pelias, von dem es hieß[680], daß er gegen den Willen des Vaters kam.

So sind wir bereits über die Göttersöhne hinausgelangt, und doch waren nicht alle genannt, die Anspruch auf eine göttliche Abstammung hatten. Zuletzt wurden sogar Meleagros und Atalante[681], ja Theseus und Peirithoos[682] der glänzenden Schar hinzugefügt: der größten Versammlung der Heroen vor dem Trojanischen Krieg, welche nun an die Stelle der namenlosen oder der Vergessenheit geweihten Minyer trat. In den späteren Erzählungen von der Fahrt wird daher auf viele berühmte Namen Rücksicht genommen. Die besonderen Abenteuer jener Heroen bildeten indessen nicht das Schicksal des Iason: nur die Begebenheiten der Argo und der Schar der Argonauten gehörten dazu. Es waren wohl Wagnisse, doch sie gingen in den bekannten Erzählungen nicht mehr über die Welt der Sterblichen hinaus. Sie traten nicht in eine jenseitige Welt hinüber, sondern sie füllten eine Fahrt von Iolkos zu den Küsten des Schwarzen Meeres. Mit einem Altarbau und Opfer an Apollon Embasios, den Gott der Einschiffung, wurde aber die Reise eröffnet[683] und präludiert von Orpheus[684], der unter allen Sterblichen am besten den Weg nach der Unterwelt und von dorther zurück zu den Lebenden kennen sollte. Er sang in der Nacht vor der Abfahrt vom Anfang der Dinge und der Götter. Es war die Vorbereitung zu einer besonders heiligen Fahrt.

Die Unternehmung erhielt tatsächlich schon auf der ersten Insel, auf der die Argonauten landeten, einen besonderen, wenngleich nicht eindeutigen apollinischen Zug. Auf der Insel lastete ein Fluch: das lemnische Übel, das größte, das in Griechenland noch in späteren Zeiten bekannt war[685]. Die Frauen der großen Insel Lemnos hatten wohl ähnliche männerfeindliche Neigungen wie die Töchter des Danaos und die Amazonen: sie zollten nicht die gebührende Verehrung der Aphrodite[686] und wurden daher von der Göttin mit einem unaphrodisischen Geruch bestraft. Ihre Männer entfremdeten sich ihnen, wandten sich den Sitten der thrakischen Küste zu[687], raubten sich thrakische Mädchen und lebten mit ihnen. So brach die amazonische Wut der Lemnierinnen gegen die Männer und deren Kebsen aus. Sie verschworen sich untereinander und rotteten nicht nur die Sündigen, sondern das ganze männliche Geschlecht auf der Insel aus: Väter, Gatten und Söhne. Hypsipyle, die nun die Königin auf Lemnos wurde, rettete ein einziges männliches Wesen: ihren Vater, Kö-

nig Thoas, den »Schwärmenden«, einen Sohn des Dionysos. Sie
setzte ihn in einer Truhe aufs Meer, wie dies mit Perseus und nach
den Erzählungen der Bewohner von Prasiai[688] mit Dionysos selbst
geschah. Mit ihm verließen die Kabiren Lemnos[689], die männlichen
Götter der Insel. Die Frauen herrschten da allein, aber Männer
konnten sie nicht mehr bekommen.

Das war das erste große Übel auf Lemnos: der Männermord und
seine Folgen. Später erzählte man noch von einem andern[690], dem
Mord von attischen Kebsweibern der Lemnier: doch das gehört
nicht mehr in diese Geschichte. In dieser brachten Iason und die
Argonauten die Heilung: und eben darin liegt der apollinische Zug.
Zwei große Tragödiendichter erzählten auf der Bühne ihre Ankunft:
Aischylos und Sophokles[691]. Ein Sturm soll sie zur Landung gezwungen haben. Die Lemnierinnen liefen bewaffnet an die Küste[692]
und wollten die Männer abwehren, bis es zwischen Iason und Hypsipyle doch zu einer Vereinbarung kam, welche Aphrodite befriedigen
sollte. Die Vereinbarung wurde nicht Herakles verdankt, der sich von
den Lemnierinnen fernhielt[693], sondern dem Heros, der um das Goldene Vlies auszog und schon hier die Liebe eines königlichen Mädchens fand; und verdankt der Liebessehnsucht der Frauen. Wettkämpfe wurden veranstaltet. Die Sieger unter den Argonauten erhielten prächtige Gewänder und feierten so das Beilager[694]. Den früh
ergrauten Erginos lachten die Frauen aus, als er noch in voller Rüstung am Wettlauf teilnahm. Er aber zeigte mit seinem Sieg, daß sich
Jugend mit weißem Haar verträgt[685]. Zum großen hochzeitlichen
Schmaus erschienen wieder die Kabiren auf der Insel und füllten die
Weingefäße[696]. Mehrere Tage[697], nach späteren Erzählern[698] monate-
und jahrelang, dauerte die hohe Zeit auf Lemnos. Aphrodite war versöhnt[699], und Hypsipyle, die durch Euripides in ihrer Verlassenheit
zu einer Tragödienheldin werden sollte, grollte Iason nicht, als er
weiterfahren mußte[700]. Sie gebar ihm zwei Söhne: Euenos[701] und den
kleinen Thoas[702]. Auch die Lemnierinnen gebaren wieder, und die
Insel bevölkerte sich aufs neue mit beiden Geschlechtern.

Samothrake liegt nicht weit entfernt von Lemnos, und die Samothrakier erzählten später[703], Iason und die Dioskuren, Herakles und
Orpheus wären bei ihnen in die Mysterien eingeweiht und der Erscheinung der großen Götter teilhaftig geworden. Daher hätten diese
Heroen auf ihren Meer- und Heerfahrten immer Glück gehabt. Sie
zeigten auch die Gefäße[704], die die Argonauten gestiftet, nachdem
sie auf der Insel gelandet und die Weihen erhalten hatten[705]. Auch dadurch sollte die Fahrt geheiligt werden.

Eine ältere Erzählung darüber, wie die Argonauten durch den
Hellespontos fuhren und ein Abenteuer bei der Bärenquelle Artakia
bestanden, vielleicht ebenda, wo Odysseus und seine Gefährten von
den riesigen Laistrygonen mit Steinwürfen angegriffen werden sollten[706], ist uns nicht erhalten geblieben. Die Bürger der Stadt Kyzikos,
die nachher an der gleichen Stelle an der Propontis – dem später so-

203

genannten Marmarameer – lag, wußten es so[707], daß sechsarmige
Söhne der Erde in ihrer Nachbarschaft wohnten: auf der Bäreninsel
oder vielmehr Bärenhalbinsel, auf der sich der Berg Dindymon erhob. Sie selbst, die Dolionen, hatten von ihnen nicht zu leiden, da sie
von Poseidon herstammten. Ihr König Kyzikos, ein junger Mann
im Alter des Iason, hatte einmal die Warnung erhalten, der Schar
der Heroen, wenn eine solche ankommen sollte, freundlich zu begegnen. Er feierte damals gerade seinen Honigmond mit Kleite, der
»Berühmten«, der Tochter des Königs von Perkote, als die Argonauten da landeten. Er eilte ihnen dennoch entgegen und bewirtete
sie üppig. Nur als die Heroen den Berg Dindymon besteigen wollten,
wurde die Argo von den erdgeborenen Riesen angegriffen. Indessen:
Herakles war dabei. Er tötete die meisten, die zurückkehrenden Argonauten die übrigen. Damit begann das Unglück, das die Heroen
den Dolionen bringen sollten. Diesen Hafen verließen sie mit der
Argo sogleich und merkten nicht, daß sie in der Nacht vom Wind
zurückgetrieben wurden, an eine Stelle der Küste, die später der
Heilige Fels, doch in der düsteren Bedeutung des Wortes »heilig«,
heißen sollte. In der Dunkelheit erkannten sie die Dolionen und die
Dolionen sie nicht, sondern diese glaubten, ihre Feinde wollten sie
angreifen, und begegneten den Ankommenden feindlich. Wieder
verließ König Kyzikos seine junge Frau, und er kehrte zu ihr nicht
mehr zurück. Er fiel mit vielen seiner Männer durch die Hand der
Argonauten. Diese erhoben als erste bei Tagesanbruch, als die vermeintlichen Feinde sich gegenseitig erkannten, die Totenklage über
die Gefallenen. Drei Tage lang dauerte das Wehklagen. Die Nymphen
beklagten die junge Frau, die sich erhängte, als sie die Nachricht vom
Tode des Gatten vernahm. Aus den vielen Tränen entsprang die
Quelle Kleite. Zwölf Tage lang wehten danach noch widrige Winde
und hinderten die Argonauten an der Weiterfahrt. Am zwölften
wurde der Seher Mopsos auf die Stimme des Eisvogels aufmerksam
und verstand sie. Er gab Iason den Rat, die große Mutter der Götter
zu versöhnen. Wieder bestiegen die Heroen das Dindymon. Sie fanden im Wald einen außerordentlich dicken, wild gewachsenen Weinstock. Der Zimmermann Argos, der Erbauer der Argo, schnitzte
daraus eine Statue der Rhea, der Göttin, der unter allen Göttinnen
wohl die Weinrebe heilig war[708]. Nach diesem und nach anderen
Bergen gleichen Namens hieß sie auch Dindymene.

Auf der Weiterfahrt, im Lande Mysien, verloren die Argonauten
den schönen Hylas an die Wassernymphen[709] und mit ihm Herakles,
der zu seinen Arbeiten zurückkehrte[710], nachdem er den geliebten
Knaben lange umsonst gesucht hatte. Im Lande der Bebryker, dem
späteren Bithynien am Marmarameer, bewies Polydeukes, daß er der
beste Faustkämpfer war. Er besiegte den Herrscher der Gegend und
den Besitzer der Quelle, aus der die Heroen Wasser holen wollten,
Amykos mit Namen, einen Sohn des Poseidon und der bithynischen
Nymphe Melia[711]. Vielleicht hat ihn Polydeukes nicht einmal getötet[712],

sondern er hieß ihn nur bei seinem Vater schwören, daß er nie wieder die Fremden, die da vorbeifahren, belästigen werde. Nach dieser Erzählung hatten die Argonauten damals schon den Bosporus hinter sich. Nach der bekannteren Fassung der Geschichte landeten sie vor der letzten Meerenge noch einmal an der europäischen Küste gegenüber Bithynien, bei den Thyniern in Thrakien.

Zu diesem Volk versetzten die Erzähler den Palast des Phineus, dessen Ort ursprünglich dort war, wo das Reich der Dunkelheit begann. Daher begegnete schon Perseus einem Phineus, der – wie Hades die Persephone – seine Nichte Andromeda zur Gattin haben wollte. Die Genealogen[713] rechneten ihn zu den Nachkommen des Agenor ungefähr auf die gleiche Weise wie den Kadmos: entweder als Sohn oder als Enkel, wenn sie nicht gar einen Bruder des Agenor und Sohn des Belos[714] oder einfach einen Poseidonsohn?[715] aus ihm machten. Die ältesten Erzähler gaben ihm wohl, wie ein alter Vasenmaler, zur Gattin Erichtho – ein Name, der Phineus zugleich zum Gatten der Unterweltskönigin und dem einer Tochter des Boreas stempelt: sowohl jene als auch diese waren unter dem Namen Chthonia (die deutlichere Form von Erichtho) bekannt. Doch in den Erzählungen, die zu uns gelangt sind, ist Phineus viel mehr das Opfer als der Herr der Unterwelt, welche ihn in vielfacher Gestalt quält: in der der Blindheit und in der der Harpyien. Aber auch in seiner Blindheit wußte er, der wie kein anderer die Abscheulichkeit des Totenreichs in dessen Nachbarschaft erleiden mußte, wie man da so eindringen konnte, daß man vielleicht auch die Möglichkeit der Rückkehr hatte. Die Männer, die ebendazu fähig waren, sollten auch ihm die Erlösung von seinen Qualen bringen.

So erzählte man von ihm wie von einem Seher, der im Besitz der Gabe, alles zu sehen, das lange Leben mit der körperlichen Blindheit selbst gewählt hat[716]: die Blindheit wäre die Strafe für diese übermütige Wahl gewesen oder dafür, daß er schon dem Phrixos den Weg dahinüber gewiesen hatte. Für andere Erzähler[717] – denn alle wollten die Vereinigung der Blindheit des Phineus mit seiner Scharfsicht in der Dunkelheit des Totenreiches irgendwie begründen – war die Sehergabe ein Geschenk des Apollon an ihn, die Blendung und das langwierige Greisenalter soll aber von Zeus über ihn verhängt worden sein. Der Götterkönig nahm ihm übel, daß er den Menschen die Zukunft bis zum letzten Ende offenbarte. Die Harpyien soll Helios deswegen gegen ihn geschickt haben[718], weil er überheblich darauf verzichtete, das Sonnenlicht zu sehen. Sie kamen immer, wenn Speisen vor Phineus gesetzt wurden, und rissen sie ihm aus Hand und Mund. Was sie übrigließen, war mit einem Gestank behaftet, den niemand aus der Nähe ertragen konnte[719].

Blind, mit eingesunkenen Wangen wie ein Toter, erscheint er auf dem berühmten Vasenbild, auf dem einst auch der Name der am Kopfende des Bettes sitzenden Frau als Erichtho zu lesen war. Und so schildert ihn auch der Erzähler[720]: wieder waren die Harpyien da, sie raubten ihm das Essen, er hörte aber dennoch das Herannahen der Heroen, von denen er durch die Weisung des Zeus wußte, daß sie ihm den Genuß der Speisen wiedergeben würden. Wie ein lebloser Schatten erhob er sich vom Lager, tastete, gestützt auf seinen Stock, mit zusammengeschrumpften Füßen der Wand entlang zur Türe. Es zitterten ihm beim Gehen vor Schwäche und Alter die Glieder. Wie eine starre Kruste lag der Schmutz an seinem ausgetrockneten Leib, nur die Haut hielt die Knochen zusammen. Er verließ den Saal, doch die Knie trugen ihn nicht weiter. Auf die Schwelle des Hofes mußte er sich setzen. Dunkelrot umhüllte ihn der Schwindel, wegzulaufen schien ihm unter den Füßen der Boden. Er brach in Ohnmacht zusammen. Die Argonauten umstanden ihn in Staunen. Schwer fand der Alte den Atem wieder und begrüßte die Helden, alles wissend von ihnen, und ließ sie auch sein eigenes Schicksal wissen. Seine zwei Schwäger, die Söhne des Boreas, Kalais und Zetes, die mit den Argonauten kamen, sollten ihn von den Harpyien befreien.

Die Zwillinge taten dies, nachdem Phineus ihnen geschworen, daß sie keinen Gott erzürnen werden – ein Beweis dafür, daß die Harpyien nicht von einer Gottheit erst dorthin geschickt wurden, wo Phineus hauste: am Eingang der jenseitigen Welt, welche für die Argonauten da begann. Die jüngeren Heroen setzten dem leichengleichen Alten Speise vor, zum letzten Raub der Harpyien. Diese stürzten sich kreischend darauf. Es schrien die Männer, doch die zwei geflügelten Söhne des Boreas standen mit gezücktem Schwert da und flogen den Raubvögeln nach, die in einem Nu alles verschlungen und nur ihren Gestank zurückgelassen hatten. Die Verfolgung ging über das Meer, wie man aus den Göttergeschichten weiß[721], bis zu jenen Inseln, die seit dieser Begebenheit Strophades, die Inseln der Wende, hießen. Dort kehrten Verfolger und Verfolgte um, nachdem Iris, die geflügelte Botin des Zeus, die Brüder zurückgehalten und geschworen, daß die Harpyien Phineus nie wieder belästigen würden. Sterben konnten sie nicht, denn auch sie gehörten zur Ordnung der Natur; zur Behausung wählten sie aber die Tiefen der Erde unter der Minoischen Insel Kreta[722].

Die ganze Nacht, bis zur Rückkehr von Kalais und Zetes, schmausten die Argonauten mit Phineus, und dieser belehrte sie nun darüber, worüber Kirke den Odysseus: über den Weg, wie man aus der einen Welt in die andere gelangt. Ursprünglich erfuhren wohl die Argonauten von Phineus, wie sie zurückkehren, und nicht, wie sie da eindringen konnten. Denn sie sollten, nach dem Rat des blinden Sehers, die Tauben des Zeus nachahmen, die die Ambrosia von der anderen Welt den Göttern auf dem Olymp in unsere Welt brachten. An den »Dunkelblauen Felsen«, die sich am Bosporus, ursprünglich aber an der Grenze des Jenseits befanden, sollten sie eine Taube durch die Öffnung fliegen lassen. Wie sie durchkommen würde, so konnten auch sie durchkommen. Die Felsen prallten zusammen, um den durchfliegenden Vogel zu erschlagen. Dann öffneten sie sich wieder –

und siehe da! Wie sie von den Tauben des Zeus immer nur die letzte
erwischen konnten, ebenso hatten sie auch jetzt nur einige Federn
vom Schwanz der Taube abgeschnitten, die die Argonauten auf den
Rat des Phineus mit sich genommen hatten. Und zwischen den Felsen,
die sich eben wieder zurückgezogen hatten, flog Argo durch wie ein
gefiederter Pfeil: nur das äußerste Ende des Hecks wurde fortge-
rissen, sonst ist sie heil geblieben. Von jener Zeit an standen die Felsen
so nah beieinander, wie dies später vom Bosporus mit einer gewissen
Übertreibung behauptet wurde: in der Wirklichkeit erweitert sich
die Meerenge nach dem Schwarzen Meer hin. Ursprünglich schloß
sich dieser Weg zum Jenseits, nachdem es einmal sterblichen Helden
doch gelungen war, durch ihn zurückzukehren, wahrscheinlich endgültig. Dann aber wurde die gleiche Geschichte so erzählt, daß die
Felsen sich für immer trennten, nachdem da Iason mit Medeia durch-
gekommen war[723]. Noch der späte Erzähler, den wir lesen, der Dichter Apollonios, läßt die Heroen der glücklich hindurchgeflogenen
Argo sich sagen, sie seien aus dem Hades gerettet[724].

Nach der Offenbarung des Phineus[725] sollten sie indessen, nachdem
sie den »Dunkelblauen Felsen« entkommen waren, zu einem »Schwarzen Felsen« gelangen und vom »Schwarzen Felsen« zu einem
»Acherontischen Vorgebirge«, wo ein jäher Pfad in den Hades führt
und der Acheronfluß in das Meer mündet. Den Namen des Königs
Lykos, des »Wolfes«, der da die Argonauten mit Gastfreundschaft
empfing[726], erwähnte Phineus nicht. Sie verloren aber in diesem
scheinbar so freundschaftlichen Lande zwei Gefährten, die dem
Tode anheimfielen: den Wahrsager Idmon und den Steuermann
Tiphys. Und auf der verlassenen Insel Thynias[727] – einer »Thun-
fischinsel« –, die der kleinasiatischen Küste ebenda vorgelagert ist,
wo Bithynien an das Land der Mariandyner, des Volkes des Lykos,
grenzt, begegneten sie Apollon.

Es wurde auch überliefert[728], daß die Göttin Athene den »Dunkelblauen Felsen« mit der Linken zurückstieß, während sie mit der
Rechten die Argo vorwärtsschob. Als aber die Argonauten in der
kleinen Bucht des öden Eilands ankamen, war es die Zeit der Mor-
gendämmerung: die Zeit, in der der nächtliche Gott sich in den Gott
des Tages verwandelt, und in diesem Augenblick erscheint er ganz.
Aus Lykien kam er, der Sohn der Leto, und zu den Hyperboreern
eilte er hin, so wurde erzählt[729]. Die goldenen Locken bewegten sich
wie hängende Trauben zu beiden Seiten an den Wangen des Gottes,
wie er dahinschritt. In der Linken hielt er den silbernen Bogen. Am
Rücken hing ihm von der rechten Schulter der Köcher herab. Unter
seinen Füßen erbebte die ganze Insel, die Wogen erhoben sich hoch
am Strande. Ein ratloses Staunen ergriff die Argonauten. Niemand
wagte dem Gott in die schönen Augen zu schauen. Sie standen nur da,
zu Boden blickend. Jener indessen schritt übers Meer durch die Luft.
Erst viel später fand Orpheus das Wort, und er sagte den Helden:
»Laßt uns das Eiland dem Morgendlichen Apollon heilig nennen.

Denn morgendlich erschien er uns allen. Wir opfern ihm, was wir hier finden, und bauen den Altar auf einem Vorsprung der Küste. Wenn er uns einmal die glückliche Heimkehr gewährt, werden wir ihm Ziegen gehörig opfern. Jetzt bringen wir ihm Fett und Getränke dar. Indessen sei du gnädig, o Herr, sei gnädig, der du erschienen!«

Apollon schenkte den Heroen Glück bei der Jagd. So konnten sie ihm das Opfer doch reichlich darbringen. Ihr Ruf galt dem Heoos, dem »Morgendlichen Apollon«, ihm sangen sie den Paian und tanzten dazu im Reigen. Den Gesang eröffnete Orpheus mit dem Hymnus auf den göttlichen Knaben, der am Parnaß den Drachen erschoß. Und sie schlossen das Fest, indem sie, die Opfer berührend, einander Treue schworen und ein Heiligtum weihten der Homonoia, der Eintracht, ein Heiligtum, das in den späteren Zeiten noch dastand. Am dritten Tage verließen die Argonauten die Insel Thynias.

Phineus hatte ihnen vorausgesagt, welche Küsten und Völker – beginnend bei den Mariandynern – sie besuchen und an welchen sie vorbeifahren sollten, ehe sie auf dem breiten Phasis im Lande Kolchis nach Aia, dem Sitz des Königs Aietes, hinaufruderten. Am Grab des Sthenelos[730], der mit Herakles gegen die Amazonen gekämpft hatte, und an der Küste, nicht weit von dem Acheron und dem dionysischen Fluß Kallichoros[731], fiel, opferten die Argonauten. Denn Persephone erlaubte der Seele des Helden, auf seinem Grabhügel zu erscheinen, in voller Rüstung, und die Männer zu sehen, mit denen er gelebt. Bei Sinope[732] stießen drei andere Gefährten des Herakles zu den Argonauten, die da zurückgeblieben waren. Im Land der Amazonen, an der Mündung des Thermodon, schlug auch Iason sein Lager auf[733], doch zu einem Kampf mit den Einwohnerinnen kam es nicht, da Zeus rechtzeitig einen günstigen Wind schickte. Am Land der elenden Chalyber, die in Rauch gehüllt das Eisen bearbeiten[734], sind die Heroen nur vorbeigefahren, ebenso an dem Land der Tibarener und der Mossyner: zwei verkehrt lebenden Völkern. Denn bei den Tibarenern[735] liegen die Männer im Bett, wenn die Frauen gebären, und bei den Mossynern[736] wird all das öffentlich getan – auch die Werke der Liebe –, was bei anderen heimlich, und heimlich, was bei den anderen öffentlich.

Dem Rat des Phineus folgend, landeten aber die Argonauten auf der Aresinsel, auf der sich die Vögel vom Stymphalos-See, von Herakles aus Griechenland vertrieben, niedergelassen hatten. Sie gefährdeten die Helden mit ihren scharfen Federn, die sie auf sie fallen ließen. Dies bekamen die Argonauten zu spüren, als sie der Insel nahten[737]. Da teilten sich die Heroen so, daß nur die eine Hälfte von ihnen an den Rudern blieb, die andere Hälfte mit den Schildern ein Dach über dem Schiff bildete und ein Getöse mit den Waffen erhob, das die tödlichen Vögel verscheuchte. So konnten auf der Insel des Ares, an Balken geklammert, gleichzeitig auch die vier Söhne des Phrixos landen: Argos, Kytissoros, Phrontis und Melas, die sich aus einem Schiffbruch gerettet hatten. Es war der Wille ihres verstorbenen

Vaters, daß sie die Fahrt nach dem böotischen Orchomenos unternehmen sollten, um die Schätze ihres Großvaters Athamas zu holen. Und da Athamas und Kretheus, Iasons Großvater, Brüder waren, konnten sie jetzt ihrem Vetter von Nutzen sein: mit den Argonauten zurückkehren nach Aia, um dort die Heroen bei ihrem mütterlichen Großvater, Aietes, einzuführen.

Das Eiland, an dem die Argonauten nach diesem Abenteuer vorbeifuhren[738], hieß die »Insel der Philyra«, nicht nach dem Lindenbaum, der ebenso genannt wird, sondern nach der Geliebten des Kronos[739], einer Tochter des Okeanos, die ihm den weisesten der Kentauren, Chiron, gebar. Dort hatte die Göttermutter Rhea das Liebespaar überrascht[740]. Wie ein Hengst sprang der Göttervater aus der Umarmung der Nymphe. Beschämt floh auch diese – bis nach Thessalien, in das Peliongebirge, wo der Kentaur geboren wurde. Dies geschah zur Zeit der Titanengeschichten, da Zeus noch als kleines Kind auf Kreta in einer Höhle verborgen lag. Von dieser einstigen Insel des Kronos gelangten aber die Argonauten bald in die Sichtweite des Kaukasos. Sie erblickten den Adler des Götterkönigs, der mit mächtigerem Flügelschlag als die gewöhnlichen Vögel dem höchsten Gipfel zusteuerte. Und sie vernahmen bald auch den Klageruf des gequälten Titanen, an dessen Leber der Adler zehrte. Der Retter des Prometheus war noch nicht erschienen, als die Argo in den Phasisstrom am Fuß des Kaukasos einbog.

Bei den ältesten Erzählern spielten die Söhne des Phrixos in der Geschichte der Argonauten kaum eine Rolle. Sie waren vielmehr schon früher nach dem Vaterland ihres Vaters zurückgekehrt. Auch bei dem Dichter Apollonios, dem wir bis hierher gefolgt sind, reizten sie dadurch, daß sie Iason mit zwei Gefährten im Palast des Aietes einführten, den Sohn des Helios eher, als daß sie ihn beschwichtigten. Von seinem Vater soll er gewußt haben[741], daß die Gefahr ihm vom eigenen Geschlecht her drohte. Doch er hegte weder gegen seinen eigenen Sohn Apsyrtos, den die Kolcher auch mit dem Sonnennamen Phaethon riefen[742], noch gegen seine Tochter Medeia Verdacht, sondern nur gegen die Söhne des Phrixos und der Chalkiope, die nun mit den fremden Kriegern ankamen. Bei den älteren Erzählern hatte Aietes wohl auch nicht zwei Töchter – Chalkiope, »die mit dem Erzgesicht«, und Medeia, »die mit dem guten Rat« –, sondern nur diese, die ihm seine Frau Idyia[743], die »Wissende«, oder, mit einem anderen Mondnamen: Neaira[744], die »Neue«, geboren hatte. Argwöhnisch und bös war der Herrscher von Aia in allen Erzählungen – voll die helfenden und schadenden Zaubers, doch selbst von der Liebe zu Iason bezaubert, von schönem, aber bald auch sich verdüsternden Angesicht war seine Tochter Medeia.

In der ältesten Geschichte trat Iason ohne Vermittler – und die Argo blieb mit der Schar der Minyer wahrscheinlich nicht im Schilf des Phasis versteckt wie bei Apollonios – vor den König des Landes Aia und forderte das Goldene Vlies für sein Geschlecht zurück. Den

Jüngling, der wie der Sirius strahlte, so lautet nun die bekannte Erzählung[745], erblickte die Königstochter durch den silbernen Schleier, der sie umhüllte[746]. Die Antwort des Königs war, daß er den Heros in den Rachen der Riesenschlange schickte, die das Goldene Vlies bewachte. Es wurde auch erzählt[747], daß das Vlies in einem Dickicht aus dem Mund des Drachen hing, der ein ganzes Schiff wie die Argo mit ihren fünfzig Ruderern leicht hätte verschlingen können. Man nannte den dichten Busch »Hain des Ares«, der in allen Erzählungen – nicht anders als in der thebanischen Geschichte von Kadmos und Harmonia – einen Ort des Todes, einen Bezirk des Hades bedeutet. Und wenn nicht aus dem Mund des Ungeheuers, so hing das Vlies da, ausgebreitet an den Zweigen, vom Gipfel einer Eiche[748], die vom Drachen bewacht wurde, oder es lag, wie Vasenbilder zeigen, auf einem Felsen, um den sich die Schlange wand.

Durch einen Vasenmaler erfahren wir dann auch, wie Iason aus dem Rachen der Riesenschlange wieder hervorkam: in demselben Zustand wie Herakles aus der Höhle des Löwen von Nemea und wie es wohl auch natürlich war, wenn die Unterwelt je einen Sterblichen der Welt der Lebenden zurückgab. Ohnmächtig hing er aus dem Mund des Drachen. Das Vlies am Baum ist sichtbar, und die Gegenwart der Göttin Athene mit der Eule bezeugt, daß der Heros doch nicht tot ist. Zu Tode erschöpft kehrte er aus dem Bauch des Ungeheuers zurück und brauchte die Retterin, die ihn aus der Todestrunkenheit wiedererwecken sollte. Das tat nach dieser Darstellung Athene, sonst aber Medeia, die auf den Vasenbildern mit ihren Zauberkräutern dem Heros folgt. Das Schwierigste für die späteren Erzähler war dieser scheinbare und gewissermaßen doch erlittene Tod des Iason, durch den er das Goldene Vlies gewann.

Man erzählte lieber, daß Iason von Aietes drei Proben ausgesetzt wurde[749] und daß er mit Medeias Hilfe alle drei bestand[750]. Die Tötung des Drachen stand auch in dieser späteren Form der Geschichte ursprünglich sicher an erster Stelle. Die zweite Probe war ein Wettkampf im Pflügen mit Aietes, und diese wurde schließlich sogar an die erste Stelle gesetzt. Dem Sohn des Helios hatte Hephaistos zwei Stiere geschenkt, mit ehernen Füßen und ehernem Maul, aus dem sie Feuer schnaubten, und einen stählernen Pflug, der aus einem einzigen Stück bestand[751]. Mit diesem vermochte Aietes eine tiefe Furche zu ziehen, und Iason sollte nun das gleiche tun. Er warf das Kleid von sich[752]; seine Glieder waren durch eine Salbe, Geschenk der Medeia, gegen das Feuer gefeit. So zwang er die Wundertiere unter das Joch und zog die befohlene Furche.

Zu dieser Probe wurde noch eine weitere hinzugefügt[753]. Nach dem Wettpflügen mußte der Heros noch die Aussaat mit den Zähnen des getöteten Drachen besorgen und die entsprießenden riesigen Krieger töten. Diejenigen, die die Drachentötung des Iason erst an dritte Stelle setzten, behaupteten[754], Pallas Athene hätte die Hälfte der Drachenzähne von der thebanischen Aussaat des Kadmos zurückbehalten und zu diesem Zweck dem Aietes gegeben. So blieb auch dem Iason nichts anderes übrig, als den Kadmos weiter nachzuahmen[755] und einen großen Stein zwischen die Erdentsprossenen zu werfen, die darauf begannen, einander gegenseitig umzubringen. Das übrige tat er selbst mit den Argonauten.

Doch nach allen Erzählungen – nach der alten, sinnvollen, in der Iason das Goldene Vlies aus der tödlichen Finsternis, aus dem Bauch der Schlange, holte, und der neuen, müßigen Erdichtung, die von den Proben berichtete – wären die Taten umsonst gewesen, wenn es den Heroen nicht gelungen wäre, der Wachsamkeit des Aietes zu entgehen, der sie vernichten wollte. Der finstere Sohn des Helios und sein Wohnsitz waren doch dem Hades und seinem Haus ähnlich. In einer der älteren Erzählungen hieß es so[756], daß das Goldene Vlies im Haus des Aietes lag. Nachdem Iason die Probe – in diesem Fall wohl nur den Wettkampf im Pflügen – bestanden hatte, lud der König die Argonauten zu einem Gastmahl ein. Während die Heroen da schmausten, wollte er die Argo in Brand stecken. Doch als es schon fast so weit war[757], erweckte Aphrodite das Verlangen in Aietes nach der Liebe der Eurylyte, seiner Frau. Der König lag bei der Königin. Der Wahrsager Idmon rief die Argonauten zur Flucht. Das Geräusch ihrer Schritte war das Zeichen für Medeia. Sie stand ebenfalls auf und floh mit Iason.

Der Dichter Apollonios schildert dies anders[758]. Medeia stand auf, während sich Aietes, nach den zwei Proben, die Iason bestanden hatte, dem Wettpflügen und der Tötung der erdentsprossenen Riesen, mit seinen Mannen beratschlagte, wie sie die Argonauten vernichten könnten. Die Titanin der Nacht[759], die Mondgöttin, sah das königliche Mädchen durch die Nacht eilen, als wäre es sie selbst: ihre Doppelgängerin[760], die Iason von der Argo zu sich rief. Sie betraten den heiligen Hain des Ares, wo die riesige Schlange das Vlies bewachte. Mit dem Zweig eines frischgeschnittenen Wacholders, den sie zuvor in ein Zaubermittel getaucht, bespritzte Medeia singend die Augen des Drachen. Das Ungeheuer schlief ein, und Iason nahm das Vlies von der Eiche. Nach dieser Erzählung tötete er die Schlange nicht, sondern entfernte sich nur, hinter sich blickend, bis das Mädchen wieder bei ihm war. Wie eine Jungfrau den Schein des aufgehenden Vollmondes in ihrer Kammer mit dem dünnen Schlafgewand aufzufangen versucht und sich darüber freut, so freute sich jetzt Iason, das große goldene Fell hochhebend, dessen Glanz von seinem Haupt widerstrahlte[761]. Nach einer älteren Erzählung[762] liebten sich die beiden sogleich, am Ufer des Phasis: nach der bekannten jüngeren Dichtung folgte Medeia noch lange als jungfräuliche Braut des Iason den Argonauten, bis ihre Hochzeit auf der Insel der Phaiaken doch gefeiert werden mußte.

Mehr als einmal schildert uns Apollonios Medeias Besuch bei Hekate. Sie war die kundige Priesterin der nächtlichen Göttin, die den Eingang zur Unterwelt, ja, in geheimer Identität mit Persephone, unter dem Namen der nachtwandelnden Brimo, der Unterirdischen, der Herrin der Toten[763], das Totenreich selbst beherrschte. Es gab Genealogen[764], die behaupteten, Hekate wäre die Mutter beider zauberkundiger Frauen gewesen: sowohl der Kirke, die als Schwester des Aietes galt, als auch der Medeia. Im Tempel der Hekate hatte diese zum erstenmal mit Iason gesprochen[765], die Salbe aus ihrer Brustbinde entnommen[766] und dem Heros gereicht, damit er gegen das Feuer der Stiere gefeit sei. Es war die »Prometheische Salbe[767]«, der Saft der Blume, die in den Schluchten des Kaukasos aus dem Blut des gequälten Titanen entsproß: ellenhoch, an Farbe gleich dem korykischen Krokus, doch mit fleischroter Wurzel. Die Erde brüllte und bebte, als sie aus dem Boden herausgeschnitten wurde. Zum zweitenmal[768] geschah es an der Mündung des Halys in Paphlagonien, daß Medeia, am dritten Tag ihrer Flucht mit Iason, der Hekate opferte. Die schauerliche Begehung zu schildern, wagt der Dichter nicht.

Andere haben die schauderhafte Tat erzählt[769], die Medeia beging, um Aietes und die Kolcher von der Verfolgung zurückzuhalten. Mit der Tat des Tantalos oder der Zerstückelung des unterirdischen Dionysoskindes, des Sohnes der Persephone[770], ist diese schreckliche Handlung zu vergleichen. Nur war hier nicht die Verspeisung, sondern die Zusammensetzung der Glieder beabsichtigt. Es wurde schon gesagt, daß Medeia einen Bruder mit dem Namen Apsyrtos oder Phaethon besaß[771]. Dessen Mutter hieß Asterodeia[772], »die auf der Sternenbahn« – ein Name für die Mondgöttin[773]. Ein kleines Kind war nach den älteren Erzählern[774] Apsyrtos und vielleicht den Sternen ähnlich, die am Himmel immer wieder verlöschen. Medeia hob ihn aus der Wiege und nahm ihn auf die Argo mit. Es wurde auch behauptet[775], daß sie den Bruder noch zu Hause, im Palast des Aietes, schlachtete und nicht erst unterwegs, als die Verfolgung begann. Denn dazu diente hier das Opfer des Kindes: es wurde zerstückelt und die Glieder vor die Füße der Verfolger oder in den Phasis geworfen. Bis Aietes sie auflas und zusammenfügte, waren die Argonauten entkommen.

Für Apollonios war Apsyrtos der erwachsene Sohn des Aietes. Als die Argo von der Halys-Mündung aus das Schwarze Meer durchquerte und in den einen Arm des Istros – der Donau, von der geglaubt wurde, daß sie auch eine andere Mündung, in das Adriatische Meer, hatte – einlief, soll Apsyrtos durch einen anderen Flußarm den Heroen zuvorgekommen sein. Es wurde von einer Insel des Istros im Ionischen Meer – der Erweiterung des Adriatischen – erzählt, mit einem Tempel der Artemis[776]. Mit diesem wurde wohl jenes Heiligtum der Göttin in Istrien gemeint, wo auch Herakles in der Verfolgung der kerynetischen Hindin angeblich hingelangt ist. Hier fanden sich die Argonauten von einem kolchischen Heer umkreist, dessen Befehlshaber Apsyrtos war. Eine andere Flotte der Kolcher umschiffte Griechenland und nahte von der anderen Seite her dem Ionischen Meer. Medeia sollte ihrem Schicksal im Heiligtum der

Artemis überlassen werden und die Heroenschar mit dem Goldenen Vlies unbehelligt weiterziehen. Das wäre die Vereinbarung gewesen, mit der Medeia ihren Bruder in den Hinterhalt lockte. Iason schlachtete ihn wie einen Stier nahe dem Tempel ab[777]. Das kolchische Heer zerstreute sich, und die Argo lief wieder in ein griechisches Meer ein, in das Ionische, vom Adriatischen her kommend, nicht nur mit dem Goldenen Vlies, sondern auch mit einem blutbefleckten Mörderpaar beladen. An der »Schwarzen Kerkyra«, der heutigen Insel Korčula, fuhr sie vorbei[778], schwer gefährdet, weil sie die beiden Sünder trug. Da erhob das Schiff selbst die Stimme[779] und mahnte die Heroen, die Richtung zum Sitz der Zauberin Kirke zu nehmen, die Iason und Medeia vom Mord des Apsyrtos entsühnen könnte.

So wählten die Argonauten einen Weg nördlich um die Apenninische Halbinsel herum, von der geglaubt wurde, daß sie eine Insel sei, von zwei mächtigen Strömen vom Norden her begrenzt: vom Eridanos, dem Po, und vom Rhodanos, der Rhône. Die Heroen fuhren auf dem einen hinauf, bis sie in den anderen Strom gelangten, von dem erzählt wurde, daß er außer dem Eridanosfluß noch zwei weitere Arme hatte und mit dem einen in den Okeanos, mit dem anderen in das Tyrrhenische Meer mündete[780]. Fast verfehlten sie den tyrrhenischen Arm. In der Erzählung des Apollonios stand ihnen indessen Hera in jedem Augenblick bei. Kirke hauste nach dieser Erzählung nicht im Osten, sondern im Westen: ebenda, wo sich der Monte Circeo erhebt, heute nicht mehr auf einer Insel, sondern auf einer Halbinsel der Tyrrhenischen Küste. Sie erkannte ihre Nichte am goldenen Glanz der Augen, einer Eigenheit aller Kinder und Enkel des Sonnengottes[781]. Und sie entsühnte nun das Paar[782], indem sie über die beiden ein neugeborenes Ferkel hielt und nachher mit den vom Blut des Tieres triefenden Händen zu Zeus, dem reinigenden Gott, betete. Dann wies aber Kirke die Medeia dennoch aus ihrem Haus, da sie den Vater verraten hatte[783].

Das Haus der Kirke haben die Argonauten – außer Iason – nicht betreten, und an den Felsen der Sirenen konnten sie vorbeifahren, weil Orpheus mit einem munteren Lied den gefährlichen Gesang übertönte. Zwischen Skylla und Charybdis und zwischen den Plankten, welche diese Erzählung von den Symplegaden – den »Dunkelblauen Felsen« am Bosporus – unterscheidet, half Thetis mit den Nereiden der Argo hindurch[784]. Die Heroen sahen die Rinder des Helios und hörten ihr Brüllen auf Trinakria[785], und nachdem sie Sizilien schnell hinter sich gelassen, landeten sie bald auf der Insel der Phaiaken[786]. Mit dem Namen Makris oder Drepane – »die Sichel« – wurde Korfu gemeint. Gleich nach den Argonauten gelangte auch das andere Heer der Kolcher dorthin und forderte von König Alkinoos die Herausgabe der Medeia, die Schutz von der Königin Arete erfleht hatte: so paßte sich die Geschichte in ihrer späten Form an die Abenteuer des Odysseus an, welche sich in der Reihenfolge der Heroengeschichten da später ereignen sollten.

213

Es heißt dann[787], daß Alkinoos den Entschluß faßte, die kolchische Königstochter ihrem Vater nur dann zurückzugeben, wenn sie noch nicht die Frau des Iason geworden. Den Entschluß erfuhr Arete in einem nächtlichen Gespräch vom König. Sie teilte ihn im geheimen den Argonauten mit. Noch in derselben Nacht feierten sie die Hochzeit, in der Höhle der Makris, der Inselnymphe. Dort wurde das Bett bereitet und auf dem Bett das mächtige Vlies ausgebreitet[788]. Hera, die Iason liebhatte, die Ehe wollte und als Ehegöttin Medeia auch in der Zukunft beschützen sollte, entsandte eine Schar von Nymphen zur Hochzeit, mit bunten Blumen in ihren weißen Busen. Der Glanz des Goldenen Vlieses, der auch sie umstrahlte, entfachte das Feuer der Sehnsucht in ihren Augen. Doch sie schämten sich, mit der Hand das Vlies zu berühren. Die Heroen sangen bekränzt das Hochzeitslied zu den Tönen der Leier des Orpheus. Iason und Medeia sollten glauben, ihre Ehe würde, wie es sich eigentlich ziemte, nicht da in einer Höhle, sondern zu Hause, in Iolkos, im Palast des Aison, vollzogen.

Aber sie waren damals noch weit entfernt von der Ankunft im Vaterland des Iason. Die Stürme warfen die Argo von Drepane in neun Tagen und Nächten[789] nach Libyen, in die seichte und gefährliche Syrtis, wo ihnen nichts anderes übrigblieb, als auszusteigen und durch die Wüste zu wandern. In der Mittagshitze erschienen da drei gespensterhafte göttliche Frauen[790], die Töchter der Libye[791], dem Iason und gaben ihm den Rat, sie sollten der Mutter, die sie so schwer im eigenen Leibe getragen, diese Wohltat mit Gleichem vergelten. Daraufhin geschah es[792], daß die Heroen die Argo auf ihre Schultern nahmen und das Schiff zwölf Tage und Nächte lang durch die Wüste trugen. Entsetzlich litten sie während dieser Zeit unter der Qual des Durstes. Als sie endlich ihre Last auf den Spiegel des Tritonissees abluden, rannten sie, um eine Quelle zu finden. So gelangten die Argonauten auf den heiligen Boden[793], wo die Schlange Ladon bis zum vorhergehenden Tage die Äpfel der Hesperiden gehütet hatte. Denn nur um einen Tag früher war Herakles da und tötete den Drachen. Er hatte die Äpfel mit sich genommen. Vor den Augen der Heroen verwandelten sich die trauernden Hesperiden in drei Bäume. Doch sie konnten sich auch zurückverwandeln[794], und sie zeigten ihnen die Quelle, die Herakles mit einem Fußstoß[795] aus einem Felsen hatte entspringen lassen. Den Sohn des Zeus konnten die Männer nicht mehr einholen. Nur Lynkeus wähnte, ihn in endloser Ferne das Land durchschreiten zu sehen[796].

Den Ausgang aus dem Tritonissee ins freie Meer hätten sie auch nicht gefunden, wenn der Triton ihnen nicht begegnet wäre, zuerst in Menschengestalt[797], dann als Gott mit dem Schwanz eines Seetieres. In Menschengestalt schenkte er den Argonauten eine Scholle, die der Heros Euphemos, Poseidons Sohn, dankbar entgegennahm. In seiner eigenen Gestalt führte und schob er dann die Argo ins Meer hinüber. Auf Kreta konnten die Helden nur landen, nachdem Me-

deia mit ihrem Zauber den ehernen Talos[798], der täglich dreimal die
große Insel umschritt, zu Fall brachte. Sie behexte mit feindlichen
Blicken die Augen des Riesen[799]: er ritzte sich unversehens mit
einem spitzen Stein den Knöchel, an der Stelle, die seine verwundbare
Ader barg, und stürzte verblutend mit großem Getöse zu Boden.
Die Argonauten errichteten damals, wie vorhin Altäre dem Poseidon
und seinem Sohne Triton[800], ein Heiligtum der Minoischen Athene[801].

In tiefster Nacht nahten sie endlich der griechischen Inselwelt,
die sie einst durch das Hadestor der »Dunkelblauen Felsen«, auf dem
Wege durch den Hellespontos und den Bosporus, verlassen hatten.
Diese Nacht war so tief, so bös und so finster, daß die Argonauten
nicht mehr wußten, ob sie durch den Hades oder über Gewässer
fuhren[802]. Iason erhob die Hände und rief mit lauter Stimme den
Phoibos. Da erschien der Gott, wie einst, als die Heroen durch die
»Dunkelblauen Felsen« gedrungen waren, wieder auf einer einsamen
Insel. Bei der ersten Epiphanie, auf der Insel Thynias, glänzte Apol-
lons Bogen silbern in seiner linken Hand[803]. Jetzt hielt er den goldenen
Bogen mit der Rechten[804] hoch und stand auf dem einen der beiden
Melantischen Felsen, die angeblich nach einem Menschen namens
Melas, dem »Schwarzen«, erst später so benannt wurden[805]. Im Glanz
des Gottes erblickten die Argonauten ein winziges Eiland, und als sie
da landeten, erhob sich das frühe Morgenlicht. Sie bauten da in einem
schattigen Hain einen Altar, nannten Apollon nach seinem Glanz
aigle, Aigletes, und die Insel Anaphe: ein Name, in dem für griechische Ohren das Wort für »aufleuchten«, aus *anapto*, enthalten ist.
Ein Fest des Apollon Aigletes wurde da fortan gefeiert[806].

Als die Heroen nach dem Fest Anaphe verließen, erinnerte sich
Euphemos eines Traumes, den er in derselben Nacht gehabt, und
erzählte ihn Iason. Es träumte ihm[807] von der Scholle, die er als Geschenk des Triton immer noch bewahrte. Er hielt sie im Traum an
der eigenen Brust, und es schien ihm, als wäre die Scholle ganz
durchtränkt von seiner Milch. Dann wäre sie aber zu einer Jungfrau
geworden, und er vereinigte sich mit ihr. Es reute ihn diese Tat, da
er das Mädchen doch selber gestillt hatte. Die junge Frau tröstete ihn
und gab sich als eine Tochter des Triton und der Göttin Libye zu
erkennen. Er solle sie den Nereiden gesellen, damit sie im Meer bei
Anaphe wohne und bald wieder zum Sonnenlicht auftauche als Wohnsitz für seine Nachkommen. Auf Iasons Weisung warf Euphemos
die Scholle ins Meer. Da erhob sich aus der Tiefe die Insel Kalliste, die
»Allerschönste«, die nachher Thera, der »Jagdgrund«, hieß und von
einem Geschlecht, das von Euphemos abstammte, bewohnt wurde.

Das war wohl eine Erzählung der Bewohner von Thera, dem
späteren Santorin. Auch die Aigineten hatten eine Geschichte von
der Landung der Argonauten auf ihrer Insel[808]: um den günstigen
Wind nicht zu verfehlen, hätten sie im Wettlauf das Wasser auf die
Argo getragen und so das Fest der Hydrophoria gegründet[809]. Doch
die große Erzählung von Iason und Medeia, die nicht mehr auch die

215

Geschichte der Argonauten war – diese endete mit der Ankunft der Argo im Golf von Pagasai –, sollte in Iolkos eine neue Wendung nehmen. Man sieht schon das Gemeinsame und den Unterschied im Schicksal des Iason und in dem des Theseus. Beide Heroen waren in einen Bezirk der Unterwelt eingedrungen – Iason in den Rachen der Schlange von Aia, Theseus in das Labyrinth –, und beide hatten da im göttlichen Mädchen jenes Bereiches eine gnädige Helferin gefunden: Theseus in Ariadne, der »Herrin des Labyrinthes«, die für ihn den Vater verriet und den Bruder dem Tode überlieferte, Iason in Medeia, die das gleiche tat. Den Weg nach der heimatlichen Welt des Heros hatte auch Ariadne angetreten, doch sie wurde zurückgeholt. Medeia, die gleichfalls da drüben, in der jenseitigen Welt zu Hause war und zur Sippe des Helios gehörte, hielt ihren Einzug mit Iason in dessen Heimat, und die Menschen bekamen nun bald die Macht einer Herrin des Jenseits zu spüren.

Man erzählte von ihr, sie vermochte durch Tötung und Zerstückelung Neugeburt und Verjüngung zu bewirken: etwas Ähnliches, wie jenes war, was Dionysos angeblich durch die Titanen erlitten hatte[810]. Es war eine düstere, unterweltliche Handlung, die man im Kultus mit einem Opfertier unternahm: in früheren Zeiten wohl öffentlich, später im geheimen. Medeia hatte schon ihren Bruder auf solche Weise geopfert. Noch schauerlicher mußte es erscheinen, wenn die Körperteile des zerstückelten Opfers, das den Gott darstellte, in einem Kessel, nach einem ausführlicheren Ritus, gekocht wurden[811]. Es war aber dann doch tröstlich, wenn erzählt wurde[812], daß die Sonne selbst an jedem Abend in einen Kessel – die Dichter nannten ihn zuweilen einen »goldenen Becher« – einging, mit ihm über den nächtlichen Okeanos fuhr und am Morgen verjüngt aus ihm hervortrat. Man kennt die Geschichte, wie Helios seinen Kessel dem Herakles für die Fahrt zu Geryoneus überlassen hatte. Die Geschichten vom Zauberkessel der Medeia schließen sich an die Reihe der Erinnerungen an ein solches Gefäß an: ein Opfergefäß im Kult, ein Wundergefäß für die Erzähler, aus dem einst Pelops und vor ihm sicher schon ein göttlicher Knabe[813] lebendig hervorsprang.

Als Iason mit den Argonauten in Iolkos ankam, war sein Vater Aison schon so alt, daß er nicht einmal am großen Fest teilzunehmen fähig war, mit dem das Volk und die übrigen Väter und Mütter die Heroen empfingen[814]. Da soll Medeia zuerst ihre Kunst gezeigt haben, mit der sie – so wurde es von Dichtern und Erzählern behauptet[815] – später auch Iason verjüngte. Es ist möglich, daß Pelias zur Zeit der Ankunft der Heroen schon tot war und sein Sohn Akastos, der doch mit Iason fuhr, eben rechtzeitig kam, um die gern dargestellten[816] und besungenen[817] Leichenspiele zu veranstalten, an denen dann auch die Argonauten teilgenommen haben, ehe sie sich zerstreuten. Es wurde aber auch erzählt, daß Pelias noch lebte, doch schon ein Greis war, der der Verjüngung bedurfte. Ihm gegenüber zeigte nun Medeia ihr anderes Gesicht. Denn umsonst war es, daß Pelias, nachdem er – so hieß es in dieser Erzählung[818] – Aison und seine Frau und einen jungen Bruder des Iason in den Tod getrieben hatte, jetzt noch das Goldene Vlies erhielt. Auch nach dem Orakel vom Mann mit der einen Sandale sollte es so werden, daß Iason mit Medeia das Verderben für Pelias brachte[819]. Die fremde Frau betörte die Töchter des Königs, daß sie den Verjüngungszauber am Vater vornehmen wollten. Nur eine von den Töchtern des Pelias – es waren nach einer Erzählung[820] fünf an der Zahl –, nur Alkestis, wollte Medeia keinen Glauben schenken, und sie wandte sich auch nach den Darstellungen als einzige ab von der Tat. Die übrigen vier – oder waren es doch nur zwei?[821] – ließen sich dazu verführen, als die Zauberin zuerst einen alten Widder zerschnitt, die Stücke in einem Kessel kochte und ein Lamm aus dem Gefäß hervorspringen ließ. Sie zerstückelten und kochten den Vater, der nie wieder auflebte.

Nach diesem Akt der Rache überließ Iason die Herrschaft in Iolkos dem Akastos, und er zog mit seiner Frau dorthin, wo die Enkelin der Sonne in Griechenland selbst eine ererbte Heimat hatte, wo sie die Königin war und den Thron mit dem Gatten teilen konnte[822]. Korinthos gehörte von allen Stätten des Festlandes als Besitz dem Helios an. Die Korinther verehrten ihn, den Sonnengott, unter allen Göttern als den höchsten. Sein heiliger Bereich war der hochragende Gipfel Akrokorinthos[823], den der Gott der Aphrodite überlassen hatte[824]. Seine Frau trug da den Namen Antiope wie die sonst als Gattin des Zeus geltende Mutter der thebanischen Dioskuren. Sie hatte dem Helios den Aietes geboren[825] und den Aloeus, der vom Vater der Aloaden[826] kaum verschieden war und als Geschenk des Sonnengottes das Land unten am Asoposfluß erhielt. Aietes bekam Korinthos bei der Teilung. Seinen Statthalter nannte man nach einer Anhöhe von Akrokorinth Bunos. Auf der Anhöhe stand – nicht so hoch wie das Heiligtum der Aphrodite Urania – der Tempel der Hera Akraia[827] oder mit dem korinthischen Beiwort: Bunia[828]. Dorthin schickten die Korinther ebenso viele Kinder zum Tempeldienst[829] wie die Athener in das Labyrinth von Knossos: sieben Knaben und sieben Mädchen, die das ganze Jahr im Heiligtum verbringen mußten, wie in der Verbannung oder im Tode. Man beweinte sie und brachte ihnen wie zürnenden unterirdischen Göttern Opfer dar.

Von Medeia wurde zwar berichtet, daß sie das Aphroditeheiligtum auf der höchsten Spitze gegründet hatte[830]. Ihr Tempel war indessen, auf die gleiche Weise wie in Aia der Hekatetempel, hier der Tempel der Hera. Es hieß[831], daß Zeus ihr Gatte werden wollte; da sie aber der Hera treu blieb, versprach die Göttin ihren Kindern die Unsterblichkeit. An dieser Unsterblichkeit nahmen die Söhne und Töchter der Korinther im Heraheiligtum teil. Daß nach der bekannten Erzählung die Kinder der Medeia dennoch sterben mußten und die sieben Knaben und sieben Mädchen an ihrer Statt den Tod in einer gemilderten Form zu erleiden hatten, daran war ursprünglich wohl nur der Kreislauf des Mondmonats schuld, in dem vierzehn Tage

217

dem Aufgang, dann aber auch dem Untergang geweiht sind. Sobald Medeia ein Kind gebar – so lautete eine Erzählung[832], die die Schuld zum Teil schon ihr zuschreiben wollte –, brachte sie es in das Heiligtum der Hera. Und sie hielt da alle verborgen, in der Hoffnung, daß sie unsterblich werden sollten. Was sie dort mit den Kindern vornahm, wird nicht gesagt, sondern nur, daß sie sich getäuscht und Iason sie bei der ungenannten Handlung ertappt hatte: etwas, das auch Demeter geschah, als sie Demophoon in Eleusis unsterblich machen wollte[833], oder der Thetis, als sie mit dem kleinen Achilleus dasselbe versuchte[834]. Iason verstand die Entschuldigung der Medeia nicht, verzieh ihr nicht und fuhr nach Iolkos zurück. Auch Medeia verließ darauf Korinth, und es wurde später erst entgegen anderen Geschichten[835] behauptet, daß Sisyphos, den sie liebte, von ihr das Königtum erhielt.

Man behauptete auch[836], daß es die Korinther waren, die die Herrschaft der fremden Zauberin nicht ertrugen und deren sieben Söhne und sieben Töchter ermordeten. Oder es waren die Angehörigen des Königs Kreon, des zweiten Nachfolgers des Bellerophontes[837], welche dies aus Rache taten, weil Medeia den König getötet hatte. Sie verbreiteten auch das Gerücht, daß sie die Mörderin ihrer eigenen Kinder war. Das muß eine alte Form der Erzählung von dem scheinbaren Untergang der Vierzehn gewesen sein. Es gehörte als Zug zu jenem anderen Gesicht der Medeia, das sie im Laufe dieser Geschichten schon dem Aietes und dem Apsyrtos, dem Pelias und seinen Töchtern gezeigt hatte und das Euripides durch seine Tragödie ›Medeia‹ weltbekannt machte. Durch ihn erschien die in ihrer Liebe und in der Würde der Königin und Ehefrau, der Vertreterin der Göttin Hera, beleidigte Medeia als eine sterbliche Frau auf der Bühne[838], als Trägerin des allgemeinen Frauenschicksals[839], die zudem noch die größte Ungerechtigkeit und Undankbarkeit erfuhr, die einer Retterin je zuteil geworden ist[840].

Die Korinther erzählten[841] von ihrer Quelle Glauke, die unweit von dem Marktplatz der Stadt aus einem riesigen Felsenwürfel entspringt, die Nymphe gleichen Namens sei eine Königstochter gewesen und sie habe sich in jene Wasser geworfen, um sich von den Qualen zu befreien, die ihr die Geschenke der Medeia gebracht hatten. Denn Iason soll ihretwegen die Tochter des Aietes in Korinth verlassen haben. Die erzürnte Zauberin schickte darauf der neuen Frau die Geschenke, an denen sie zugrunde ging. Überbringer waren die zwei Söhne, die Medeia dem Iason geboren hatte, Mermeros und Pheres. Sie wurden nach dieser Erzählung von den Korinthern gesteinigt. Auch ihre Denkmäler zeigte man in der Nähe der Quelle. Daß sie durch die Hand der Mutter starben, daran hält Euripides fest und erzählt uns noch von größeren Beleidigungen als der Wahl einer zweiten Frau und der Verstoßung der Medeia.

Nach ihm verwies Kreon, der Vater der Braut – dieser Königsname, der »Machthaber«, stand allen Dichtern und Erzählern immer und überall zur Verfügung –, die kolchische Frau des Landes. Damit wurde der Becher der Erniedrigungen voll[842]. Iason stand neben ihr nicht als Mitherrscher neben einer Königin aus dem Geschlecht der Sonne, sondern als unterwürfiger Flüchtling, der aus der Ehe mit der Tochter des Königs Nutzen ziehen will[843]. Da erscheint plötzlich ein wahrer König, Aigeus von Athen, noch kinderlos, auf dem Wege von Delphi zu Pittheus in Troizen[844]. Und mit ihm erscheint auch das Versprechen einer neuen Heimat[845], des irdischen Götterlandes Attika[846], für Medeia. Nichts kann die Wildheit der königlichen Frau aus dem Titanenland Aia[847] mehr bändigen. Iason soll kinderlos werden! Sie bittet ihn hinterlistig um die Gunst, der Braut durch ihre Kinder Geschenke schicken zu dürfen[848]. Die zwei Blondköpfe[849] überreichen das verhexte Gewand und den goldenen Kranz, an denen die Königstochter und ihr Vater verbrennen, und werden nachher von der eigenen Mutter abgeschlachtet, damit auch ihr Vater Iason, wie er es verdiente, vom alles vernichtenden Verhängnis getroffen wird.

Die Mörderin erscheint mit den Leichen der Knaben auf dem Wagen, den Vater Helios ihr geschickt[850]. Es ist ein Drachenwagen wie der des Triptolemos, der auf ihm dem Reich der Persephone entsteigt. Nur wird der Wagen der Medeia, wie ihn uns die Vasenmaler zeichnen, von noch mächtigeren Schlangen gezogen. Auf einem der Bilder bringt ihn als Lenker ein unterweltlicher Daimon, Oistros, die »Raserei«, benannt, mit Schlangen im Haar. Die toten Kinder nahm Medeia mit sich, in den heiligen Bezirk der Hera Akraia, und bestattete sie dort eigenhändig, damit sie in der Zukunft der mystischen Verehrung teilhaftig würden[851]. Dem Iason prophezeite sie den Tod, der ihn dort ereilen sollte, wo er die Argo der Göttin geweiht hatte. Auf dem Isthmos, im Heiligtum des Poseidon, soll sich dies ereignet haben[852]. Da legte sich der Heros in den Schatten des morschen Schiffes und wurde von einem Balken erschlagen[853]. Oder im Tempel der Hera wurde er getroffen, wo das Abzeichen der Argo der Göttin geweiht war.

Medeia war unsterblich[854]. Sie lebte mit Aigeus, bis Theseus kam und die Macht des Königs von Athen übernahm. Sie konnte dies nicht verhindern. Dem Aigeus gebar sie den Medos[855] und flüchtete angeblich mit diesem Sohn nach dem Orient, wo sie durch ihn die Namengeberin der Meder wurde. Diese und ähnliche Geschichten, die uns von Griechenland wiederum weit wegführen würden, schlossen sich leicht den älteren Erzählungen an, die von einer anderen letzten und endgültigen Ankunft der Enkelin der Sonne wußten. Im Elysion[856] oder, wenn man den Ort, wo auch Kadmos und Harmonia ewig lebten, lieber so nennt: auf der Insel der Seligen[857], wurde Medeia für immer mit Achilleus vermählt. Heiligtümer errichtete man dem Iason dort, wo man glaubte, daß die Argonauten hingelangt waren, sogar in Armenien und Medien[858]. In Griechenland indessen mußte sein Ruhm dem des jüngeren Heros, des eben Genannten, weichen, der zu dieser Zeit noch bei Chiron von den Nymphen genährt wurde[859].

III. Orpheus und Eurydike

Ohne Orpheus, den wunderbaren Sänger und Leierspieler, könnten
wir uns die Argo nicht mehr vorstellen. Alte Künstler stellten ihn
schon unter den Argonauten dar. Wenn irgend jemand, so konnte
er der Schar nützlich sein, die in das Jenseits eindringen wollte.
Orpheus wurde eben dadurch berühmt, daß er die gefährliche Fahrt
in die Unterwelt auch für sich allein zu unternehmen fähig war. In
den Götter- und Heroengeschichten ist nicht er der erste gewesen,
von dem erzählt wurde, er hätte mit Gesang und Leierspiel – beide
bildeten nur eine Kunst – Wunder gewirkt. Man weiß, daß Hermes
die Leier erfand und als erster zu ihren Tönen sang[860]. Unter den
Göttern schenkte er die Leier seinem Bruder Apollon, unter den
Heroen einem anderen Bruder, der nachher mit Apollon in Feindseligkeit geriet: Amphion. Wenn es von Orpheus heißt[861], in unend-
lichen Scharen kreisten die Vögel über dem Kopf des Sängers, und
hoch sprangen die Fische aus dem dunkelblauen Meere ihm entgegen, so wissen wir, daß es die Wirkung seines Gesanges war. Wir
sehen ihn, die Leier in der Hand, auf der Argo fahrend. Wenn wir
aber noch hören, daß sein Gesang die Steine und Bäume in Bewegung
brachte[862], so erinnern wir uns an die Mauer von Theben, die Amphions
Leier erstehen ließ. Die Tat, die Orpheus allein vollbracht hat, war,
daß er alles Wilde, sogar die wilden Mächte der Unterwelt, durch
seinen Gesang bezwang und bis zu Persephone gelangte. Das stellt
ihn neben Perseus und Herakles, Theseus und Iason in die Reihe der
Heroen der Griechen.

Seine Verehrung blieb durch eine große Gemeinde erhalten, die
sich im Besitz von Büchern glaubte, welche Offenbarungen des
Orpheus enthielten: Berichte über seine Fahrt in die Unterwelt und
über all das, was er dort gelernt und nachher gelehrt und gestiftet
hat. Zu keinem Stamm oder Geschlecht gehörte er enger als zur Gemeinde seiner Schüler und Anhänger. Sonst verbanden ihn die Geschichten – und auch Ortschaften seiner Verehrung – vor allem mit
der Landschaft des Olympos und erst danach mit Gegenden, die noch
nördlicher lagen. Nach allen Erzählungen war er der Sohn einer Muse,
nach den meisten[863] der Kalliope. Seinem Sohn[864] und Schüler[865] gab
man den Namen Musaios, oder man machte einen Musaios, den
»Mann der Musen«, zu *dessen* Sohn, der es als Vater vor dem Sohn
schon war. Und weil »musisch«, ist er wohl schon ursprünglich
»apollinisch« gewesen[866]. Als sein göttlicher Vater durfte Apollon
gelten[867]: so wurde seine apollinische Grundnatur doppelt, durch die
Mutter und durch den Vater, zum Ausdruck gebracht. Diejenigen
aber, die mehr von seiner Abstammung und Geburt wissen wollten,
nannten seinen Vater Oiagros[868]. Ob nun auch ein Fluß nördlich vom
Olymp so hieß[869], wie etwa auch Marsyas ein Flußname und zugleich

der Name eines wilden Waldbewohners und Rivalen des Apollon war, bleibe dahingestellt. Oiagros bedeutet einen »einsamen Jäger«, einen, der allein jagt. In Pierien[870], dem Land der olympischen Musen, wuchs Orpheus auf. Apollon soll sein Lehrmeister gewesen sein[871]. Auf jener Leier unterrichtete ihn der Gott, die Hermes dem Apollon und dieser dem Orpheus schenkte. In den waldigen Schluchten des Olympos[872] versammelte der Junge mit den Tönen seiner Leier und seines Gesanges zuerst die Bäume und die wilden Tiere um sich, dort zeigte sich der Sohn der Kalliope wie ein Doppelgänger des Apollon. Wilde Tiere, Luchs und Löwe und Reh, haben sich auch der Musik des Gottes hingegeben, als er die Herden des Admetos hütete[873]. Wäre der Name des Sängers nicht besonders genannt oder auf den Bildern, die Orpheus als Leierspieler darstellen, nicht beigeschrieben, so wüßte man nicht immer, welcher von den beiden in der geschilderten Szene gemeint ist.

Für die meisten Erzähler begann da, am Abhang des Olympos, schon das wilde Land Thrakien, obwohl Pierien noch zu Makedonien gehörte. Sie fabelten[874] von einem thrakischen Land Pierien und gaben Orpheus dort ein Königtum. Sie behaupteten, die Bäume wären ihm aus der wahren »Pieria« bis dorthin gefolgt, und stempelten ihn zu einem Thraker. Die späteren Vasenmaler glaubten ihnen, während die früheren noch an der Wahrheit festhielten, ohne die die Geschichte des Orpheus und der Heros selbst ohne Sinn dastünden. Wird er doch als Hellene inmitten der Thraker dargestellt, und er trägt denn auch keinen fremden Namen. »Orpheus« hätte im thrakischen Munde anders gelautet. Nicht so leicht verständlich ist er freilich wie Oiagros, der auch nicht der Name eines Thrakers in seiner Sprache sein kann. Es war aber vielleicht nicht ungereimt und nicht ohne Absicht, wenn ein später Schüler des Sängers das dunkle Gewand des Orpheus, in dem er für die Argonauten der Hekate opferte, mit einem Wort bezeichnete[875], das von *orphne*, »die Dunkelheit«, herstammt. Mit Dunkelheit hatte Orpheus zu tun, sowohl bei seiner Fahrt in die Unterwelt als auch nachher, wenn er seine Weihen, wie es sich ziemte, bei Nacht mitteilte.

Den Sohn der Muse führte die Sehnsucht nach Eurydike in das Jenseits. Darin unterschied er sich von Theseus und Iason, um nicht zu reden von Perseus und Herakles, die ihre Fahrten nicht aus Liebe zu einem weiblichen Wesen, sei es einem sterblichen oder einem göttlichen, unternahmen. Immerhin teilte Orpheus insofern das Schicksal des Theseus, als Eurydike ebensowenig wie Ariadne dem Geliebten in ständigem Besitz bis zu seiner Heimat folgen durfte. Es hieß zwar von ihr, sie sei bereits die Frau des Sängers gewesen, doch hatte Orpheus ebenso einen göttlichen Nebenbuhler wie Theseus einen in Dionysos gehabt. Diesem Nebenbuhler war die so frühe Verbindung der Eurydike mit dem Totenreich zu verdanken.

Nach ihren beiden Namen – denn zwei Namen sind auch von der Heroine dieser berühmten Geschichte überliefert, wie von Ariadne,

die außerdem Aridela hieß – könnte sie sogar die Beherrscherin des
Jenseits gewesen sein. Eurydike bedeutet die »weithin Richtende«:
ein Name, der ursprünglich nur der Unterweltskönigin zukam, wie
viele vornehme Frauen unter den Sterblichen ihn später auch getragen haben. Von ihrem anderen Namen ist nicht mehr sicher zu
wissen, ob er Agriope[876], »die mit dem wilden Gesicht«, oder vielmehr Argiope, »die mit dem hellen Gesicht«, lautete, wie die Mutter
des Sängers Thamyris hieß[877]. Für Argiope spricht, daß späte Schüler
des Orpheus[878], die den Musaios sonst für den Sohn ihres Meisters
hielten, ihm Selene, die Mondgöttin, zur Mutter gaben. Mondgleich
ist die geliebte Frau des Orpheus für die Erzähler wohl gewesen, selbst
wenn sie sie als Opfer und nicht als Königin der Unterwelt kannten.
Beides, Opfer und Königin, war freilich auch Persephone, die vom
Hades Geraubte, zu der Orpheus, von der Liebe zu Eurydike getrieben, in das Haus ihres Gatten hinabstieg.

Die Geschichte, wie sie uns erzählt wird[879], begann in Thessalien,
wo eine treue Gattin, Alkestis, die Frau des Königs Admetos, schon
aus den Krallen des Todes befreit wurde. Man kennt das Abenteuer
des Herakles, das er auf dem Wege zum Thraker Diomedes bestanden
hat. Wie früher Apollon bei Admetos[880], so führte damals Aristaios
ein Hirtenleben im schönen Tal Tempe unter dem Olympos: die
Nymphe Kyrene hatte ihn dem Sohn der Leto zu einem kleinen Zeus
und einem zweiten heiligen Apollon geboren[881]. Den Stolz des Aristaios bildeten bekanntlich seine Bienen. Seinem Namen nach war er
»vom Besten«, was es in der Welt gibt. Der »honigliche« Zeus der
Toten, der Zeus Meilichios, der in Schlangengestalt die Verehrung
der Lebenden zu empfangen pflegte, war freilich auch nicht anders
als Aristaios, wenngleich man von seinen Bienen nicht ausdrücklich
erzählte. Der göttliche Bienenzüchter hat Eurydike nachgestellt[882].
Die Neuvermählte floh und fiel im Fliehen hin: eine Schlange hatte
sie in den Knöchel gebissen[883]. Ihre Gefährtinnen, die Dryaden, beweinten sie in den Gebirgen, tief nach Thrakien hinein[884]. Als Orpheus herbeilief, war seine junge Frau schon vom Hades entrafft. Er
wanderte ihr nach, mit wehklagendem Gesang, durch ganz Griechenland, bis zur südlichsten Spitze des Peloponnesos, dem Tainaron.

Seiner Leier vertrauend[885], betrat er da den finsteren Weg nach
dem Totenreich[886], auf dem ihm nur wenige lebend vorausgegangen
waren: das Freundespaar Theseus und Peirithoos, das Persephone
rauben wollte, und Herakles, der den Kerberos heraufholte. Charon
erinnerte sich deren allzugut[887]. Dennoch bezwang auch ihn die Leier.
Es heißt sogar[888], er habe seinen Kahn verlassen und sei dem singen-
den Orpheus gefolgt, um seinem unerhörten Gesang vor dem unterirdischen Herrscherpaar zuzuhören. Während Orpheus sang[889],
bellte der Kerberos nicht. Ixions Rad blieb stehen. Tityos' Leber
wurde nicht zerfleischt. Die Töchter des Danaos hörten mit dem vergeblichen Wassertragen auf. Sisyphos setzte sich auf seinen Stein.
Tantalos vergaß Hunger und Durst. Die Erinyen staunten, und die

Totenrichter weinten. Es weinte die grenzenlose Schar der Seelen, die sich um Orpheus versammelt hatte. Nur Eurydike war noch nicht dabei. Sie weilte noch unter den neuangekommenen Schatten und schritt mit dem gebissenen Knöchel langsam heran[890]. Die Malerei eines Meisters aus Großgriechenland, wo die Vasen in den Gräbern oft das Bild der Unterwelt tragen, zeigt sie herangeführt von der Liebe in Gestalt eines fliegenden Eros. Man sieht auch Persephone, die, vom Gesang erweicht, Eurydike mit gnädiger Bewegung rufen ließ. Der Sänger steht zwischen den beiden. Er faßt schon die Hand der Geliebten, doch er blickt niemanden an, auf keinem dieser Bilder.

So war das Gesetz der Unterirdischen: niemand durfte sie anblicken. Mit abgewandtem Antlitz opferte man den Gottheiten der Toten. Kein Anblick – nur die Stimme war im Totenreich erlaubt. Sie wirkte Wunder, aber sie vermochte nicht den Tod, die Angehörigkeit an die Götter jenes anderen Reiches, ungeschehen zu machen. Das Gesetz der Unterirdischen war das Gesetz der Persephone[891]. Es wurde dadurch nur bestätigt, daß das Lebendige sich dagegen sträubte. Indem es sich an ihm verging, ließ es das Gesetz erst in Wirkung treten. Eurydike durfte dem liebenden Mann folgen: das hatte Orpheus mit seinem Gesang erwirkt. Doch er durfte sie auf dem schwierigen Wege, der aus dem Tode ins Leben führte, nicht anblicken. Warum tat es der Sänger doch? Was war der Grund, außer der großen, der endgültigen Trennung zwischen dem Lebendigen und dem Toten? War es Wahnsinn[892]? Wollte er sie küssen[893]? Oder nur sicher sein, daß sie ihm folgt[894]? Man sieht die Szene auf einem Werk hoher attischer Reliefkunst. Da sind es nicht mehr zwei, sondern drei: Orpheus wandte sich zurück, er blickt sie an. Eurydikes Hand legt Liebe und Abschied leicht auf seine Schulter. Ihre Rechte wird indessen schon von Hermes, dem Seelengeleiter, gefaßt. Wie es bei dem Verschwinden des Oidipus auf der Schwelle der Unterwelt vom Donnern des Zeus berichtet wurde, so soll auch damals, als Eurydike ins Totenreich zurückgerufen wurde, eine Donnerstimme ertönt sein, dreimal, die Stimme des unabänderlichen Schicksals[895].

Umsonst versuchte Orpheus der Entschwundenen nachzulaufen und in die Unterwelt zurückzukehren. Charon setzte ihn nicht wieder hinüber[896]. Zu kühn verglich man ihn im Altertum[897] mit Dionysos. Der Gott hat seine Mutter Semele aus dem Hades heraufgeholt. Was er vermochte, vermochte Orpheus nicht. Aber der Schatten, der von da an auf sein apollinisches Wesen fiel, war dionysisch. Zum einen Gott gehörte Orpheus nicht weniger als zum anderen. Nicht Gegner und Opfer des Dionysos ist er indessen geworden, sondern Gegner und Opfer jenes wilden Treibens der thrakischen Frauen, in das die Verehrung des Weingottes umschlagen konnte. Sieben Monate soll er unter einem mächtigen Felsen an der Mündung des makedonischen Flusses Strymon in einer Höhle verbracht haben[898], nachdem er, wie andere behaupteten[899], sieben Tage lang, ohne einen Bissen zu

223

sich zu nehmen, am Unterweltsfluß ausharrte. Von den Frauen hielt er sich zurück, keine Hochzeit wollte er mehr feiern[900]. Zu dieser Zeit kamen wohl die wilden Waldbewohner zu ihm[901], Männer aus Thrakien, wie Vasenbilder zeigen, oder Satyrn, Burschen und Knaben, wie ein späteres Reliefbild es festhielt. Es waren nicht die ganz kleinen Jungen – die waren noch nicht im Alter der höheren Weihen – sondern die Jünglinge. Orpheus erzog sie in der Enthaltsamkeit von Fleischgenuß, im »orphischen Leben«, sang ihnen vom Anfang der Dinge und der Götter und ließ sie der Weihen teilhaftig werden, die er von seinem Besuch bei der Unterweltskönigin mitgebracht hatte. Man erzählte später[902], Zeus hätte ihn mit seinem Blitz erschlagen, weil er die Menschen durch die Mysterien belehrte.

Doch die ältere Geschichte lautete so[903], die Thrakerinnen seien es gewesen, die es Orpheus übelnahmen, daß er sich seit drei Jahren schon der Liebe der Frauen enthielt. Er pflegte nur mit Jünglingen Umgang, und man sagte ihm nach[904], er hätte die Knabenliebe bei den Thrakern eingeführt. Er wurde eben dadurch, daß ihn nur junge Männer umgaben und nicht Frauen, wie den Sohn der Semele, Apollon ähnlicher. Aischylos ließ ihn[905] in der Tragödie ›Bassarai‹ – so hießen in Thrakien die Bakchantinnen – bei Nacht aufstehen und das Pangaiongebirge besteigen, um in der aufgehenden Sonne Apollon zu verehren. Dorthin wurden auch die thrakischen Mänaden bei ihren nächtlichen Dionysosfeiern in schwärmerischen Scharen von ihrem Gott hinaufgetrieben[906]. Sie wußten kaum um das Geheimnis, das Aischylos wohl in einer Tragödie der gleichen Trilogie, in den ›Jünglingen‹, aussprach, indem er seinen Chor Apollon selbst als Kisseus und Bakcheus, als »Efeubekränzten« und »Bakchanten«, anrufen ließ[907]. Und vielleicht ist Orpheus, nach der Ansicht des Dichters, in einer einseitigen Verehrung wirklich zu weit gegangen, seitdem er aus dem Totenreich zurückgekehrt war und den Göttern der Unterwelt grollte: unter jenen herrschte doch Dionysos als Hades und unterirdischer Zeus. Der Sänger geriet auf seiner Wanderung im Pangaiongebirge in die geheime Feier der thrakischen Bakchantinnen[908]. Sie erkannten ihn wohl, es war kein Wahn wie bei den Thebanerinnen, die den Pentheus für einen Löwen hielten. Und sie zerrissen den Sohn der Muse.

Ein Erzähler[909] wußte hingegen von einem großen, für geheime Riten eingerichteten Initiationshaus in der makedonischen Stadt Libethra – wohl einem ähnlichen wie jenes, das auf Samothrake ausgegraben wurde. Dorthin kamen an bestimmten Tagen zu Orpheus die Männer der Thraker und der Makedonen. Sie pflegten ihre Waffen vor den Türen niederzulegen. Die zürnenden Frauen griffen die Waffen auf, töteten die Männer, die in ihre Hände fielen, und warfen den zerstückelten Leib des Weihepriesters Orpheus Glied für Glied in das Meer. Nach dieser Erzählung schwamm der Kopf des Sängers in die Flußmündung des Meles bei Smyrna hinüber, wo später Homeros, der Dichter des Trojanischen Krieges, als Sohn des Flußgottes sollte geboren werden. Dort wurde das Haupt aufgehoben und ein Heroon des Orpheus, später ein Heiligtum, errichtet, das keine Frau betreten durfte.

Nach einer anderen Erzählung[910] zog Orpheus in ganz Thrakien herum wie die orphischen Weihepriester später in Griechenland, und die Männer schlossen sich ihm an. Zuerst wagten die Frauen nicht, ihn anzugreifen. Dann schöpften sie aber Mut aus dem Wein, und seitdem ziehen die Thraker betrunken in die Schlacht. Vasenbilder zeigen uns, wie die betrunkenen Thrakerinnen den zarten Sänger mit Speer und großen Steinen, mit allem, was ihnen zur Hand war, überfallen. Er hat nur seine Leier, mit der er sich, zu Boden stürzend, umsonst verteidigt. Die Stücke seines Leibes wurden überallhin zerstreut[911]. Die Musen sollen sie zusammengelesen und ihren Liebling in Libethra bestattet haben. Seine Leier, die nach Apollon und Orpheus keinen würdigen Besitzer finden konnte, wurde von Zeus als Lyra unter die Sternbilder gesetzt.

Vom Haupt und von der Leier gab es eine besondere Geschichte[912]. Die Mörderinnen sollen den Kopf des Orpheus abgeschnitten, an die Leier genagelt und so ins Meer geworfen haben oder vielmehr in den thrakischen Hebros[913], in dem er singend schwamm und die Leier weitertönte[914]. Der Strom trug das singende Haupt in das Meer und die Strömung des Meeres nach Lesbos, der Insel, die nachher die reichste an Liedern und an süßem Klang der Leier wurde. Den Kopf hat man da im Bakcheion, dem Heiligtum des Dionysos, bestattet, die Leier im Tempel des Apollon bewahrt[915]. So ziemte es sich, und so entsprach es dem dionysischen Schicksal und der apollinischen Natur des Orpheus. Man erzählte[916] viel später auch von seinem Orakel auf Lesbos, und schöne Vasenbilder und geschnittene Steine zeugen davon, daß Jünglinge Offenbarungen vom Haupt des Sängers erhielten, bis Apollon selbst ihm Schweigen gebot[917].

Wo immer Orpheus begraben lag, da sangen die Nachtigallen, die auf seinem Grab nisteten, süßer und mächtiger als sie sonst singen[918]. Zwei Gräber des Orpheus gab es in Makedonien, am Fuß des Olympos: eins in Libethra[919] und ein anderes bei Dion[920], der »Stadt des Zeus«, wohin die Gebeine übertragen werden mußten, nachdem sich das andere Grab durch den Umsturz der Säule geöffnet hatte. Säule und Urne wurden versehentlich von einer großen Menge umgeworfen, die zusammengelaufen war, um das Wunder mit eigenen Ohren zu hören: auf dem Grab war in der Mittagsstunde ein Hirt eingeschlafen, und im Traume sang er, süß und mächtig, die Gesänge des Orpheus, als wäre es dessen unsterbliche Stimme gewesen, die aus dem Totenreich tönte.

IV. Tereus, Eumolpos und Kephalos

Als wahrer Thraker erscheint Tereus in den Erzählungen und auf der attischen Bühne. Seine beiden Frauen, Prokne und Philomela, verbanden ihn ebenso mit der königlichen Familie der Athener wie einen zweiten Thraker, Eumolpos, dessen Mutter Chione, und wie den Kephalos, den Liebling der Eos, seine ungetreue Gattin Prokris. Die Geschichten von diesen drei Heroen und ihren Frauen führen uns nach Attika oder doch in dessen Nähe zurück, ehe wir den Faden der großen Begebenheiten in Theben und Mykenai wieder aufnehmen.

Denn Tereus herrschte angeblich nicht weit entfernt von Attikas Grenzen, in Daulis[921], am Fuß des Parnassos. Auch er war also ursprünglich kaum in Thrakien selbst heimisch. Erst in einer späten Erzählung heißt es[922], daß er seinen Schwiegervater, König Pandion, in Athen zu Schiff besuchte. Er gehörte vielmehr zu jenen Thrakern, die, wie ihre Verwandten in der Neuzeit, die Albaner, wilde Gebirgslandschaften mitten in Griechenland besiedelt haben und von denen die Athener in ihrer Urgeschichte zu berichten wußten. Man zeigte später das Grab des Tereus sogar in Megara[923] und erzählte da nicht etwa, wie sonst, von seiner Verwandlung in einen Wiedehopf oder in einen Habicht. Man behauptete nur, daß der Wiedehopf zuerst in jener Gegend gesichtet wurde. Die Verwandlung, durch die man die tragische Geschichte des Heros zu einer der vielen Vogelgeschichten gestaltete, ist vielleicht auch von ihm nicht überall erzählt worden. Sie wurde vor allem von seinen Frauen berichtet und noch früher als von diesen von der Gattin des Zethos, einer Tochter des Pandareos, mit Namen Aedon, was – wie man weiß – die Nachtigall bedeutet. Auf einer alten Darstellung heißen auch die Frauen des Tereus nicht Prokne und Philomela, sondern »Nachtigall« und »Schwalbe«, Aedon und Chelidon.

Der Thrakerkönig Tereus, der Sohn des Ares[924], erhielt von Pandion Prokne zur Frau. Sie war die eine der zwei Töchter des Königs der Athener, eine Enkelin des Erichthonios. So wurde Tereus für seine Hilfe belohnt, die er im Kriege gegen Labdakos, den König von Theben, leistete. Prokne gebar ihm als einzigen Sohn Itys, den bald und immer zu Beweinenden. Denn bald kam der Thraker wieder nach Athen, um auch die Schwester der Prokne zu holen: Philomela, die »Freundin der Herden« – ein Name, der zur Schwalbe paßt, die gern in den Ställen nistet, aber auch zur Unterweltsgöttin Hekate, die gleichfalls die Ställe und die Herden liebt[925].

Die Geschichte der Philomela war in der Tat unterweltlich. Tereus brachte die falsche Nachricht vom Tode der Prokne nach Athen[926], um auch die andere Königstochter zur Frau zu bekommen. Und als sie in seinem Besitz war, brachte er die Nachricht von ihrem Tod zu Prokne[927]. Der Wahrheit entsprach dies nicht. So erschien aber auch das Schicksal der Persephone den unkundigen Sterblichen, die nicht wußten, daß sie zur Unterweltskönigin wurde. Auch von ihr konnte dasselbe gesagt werden wie von Philomela: sie wurde vergewaltigt und ist stumm geworden wie eine Tote. Ebendas wurde in Italien von einer Unterweltsgöttin erzählt[928], nur in umgekehrter Reihenfolge: von Lara, die einst wie die Schwalben geschwätzig war, dann aber für immer verstummen und Mercurius, wie Hermes bei den Römern hieß, in den unterirdischen Hain der Toten folgen mußte. Unterwegs wurde sie vom Seelengeleiter gegen ihren Willen die Mutter der Laren.

Philomela fiel dem düsteren König, dem Mann ihrer Schwester, in einem tief im Wald verborgenen Stall zum Opfer[929]. Dorthin verschleppte Tereus seine Schwägerin, und damit sie seine Gewalttat nicht ausplaudere, schnitt der Barbar ihr die Zunge aus. In jenem Stall im Urwald wurde sie fortan gefangengehalten, und Prokne sollte die Schwester für tot halten. Aber Philomela war eine Weberin. Sie wob in ihrem Waldgefängnis ein Gewand mit den Bildern ihrer Leidensgeschichte und schickte es der Prokne. Die Königin erkannte den Frevel des Tereus. Es war die Zeit der nächtlichen Feier des Weingottes: sie raste mit den Bakchantinnen durch den Wald und riß Philomela in die schwärmende Schar mit. Und jetzt taten die beiden Schwestern mit dem Kind Itys dasselbe[930], was die Töchter des Minyas in ihrem von Dionysos verhängten Wahnsinn mit einem kleinen Sohn: sie zerstückelten den Knaben. Sie taten dies wissend und absichtlich, und sie zerrissen das Kind nicht, sondern sie zerschnitten es und kochten die Stücke in einem Kessel. So kam es auch in den Geschichten um Dionysos vor[931], um nicht zu reden von den schrecklichen Taten der Medeia. Wie zu einer geheimen heiligen Mahlzeit[932] lud Prokne ihren Mann ein. Es war die Mahlzeit der Titanen, zu der Zeus herangelockt kam[933], die Mahlzeit des Tantalos, zu dem die Götter geladen waren. Tereus aß und erkannte, was er verzehrt hatte, erst, als Philomela den Kopf des Sohnes ihm zuwarf. Mit gezücktem Schwert verfolgte er darauf die beiden Frauen. Und er hätte sie getötet, wenn Zeus nicht alle drei in Vögel verwandelt hätte. Doch zu einer eindeutigen Verwandlungsgeschichte wurde dies nicht. Man ist darüber nicht einig geworden, ob Tereus die Gestalt eines Habichts oder eines Wiedehopfes annahm und ob nicht Philomela, für die alten Erzähler die Schwalbe, doch als Nachtigall den Tod des Itys beklagt[934], wie dies im Ausklang der meisten Erzählungen Prokne tut.

Der Thraker Eumolpos wurde in Verbindung mit Erechtheus – auf der Königsliste der Nachfolger des Pandion – genannt. Von ihm leitete das vornehmste Geschlecht der Eleusinier, eben jenes, das ihnen jeweils den höchsten Priester der Mysterien, den Hierophanten – den »Eröffner der Heiligtümer« – gab, seine Herkunft ab. Es waren die Eumolpidai, ursprünglich wohl alle *eumolpoi*, »gute Sänger«, denn schön mußten sie alle singen können, die die geheimen

227

Begehungen in den heiligen Nächten leiteten. Eumolpos war kein ursprünglicher Personenname, sondern eine feierliche Bezeichnung, die der Mysterienpriester mit seinem Amt annahm, währenddessen er namenlos wurde[935]: er warf seinen alten Namen ins Meer[936], zu dessen Tiefen jener erste, thrakische Eumolpos in einer besonderen Beziehung stand. Dies wird aus seiner Geschichte erhellen.

Es ist fast die gleiche Geschichte wie die des Tereus. Nur vom tragischen Ausgang hören wir nicht, und auch von einer Verwandlung des Eumolpos in die Gestalt eines Vogels schweigen die Erzähler. Auf einem klassischen Vasenbild, wo er das Pendant zu seinem Vater Poseidon bildet, erscheint immerhin zu seinen Füßen der Schwan, ein Singvogel für die Alten, für die Athener ein thrakischer Vogel, in der Mündung des Strymon beheimatet. Möglich ist freilich, daß diejenigen, die Eumolpos einen Thraker nannten, ebenso wie im Fall des Tereus nicht an das nördliche Land dachten, sondern an die Gegend von Megara, die vom Süden her an Eleusis grenzt. Man erzählte von einem See Eschatiotis[937], dem See »am äußersten Ende«, der hinter dem Isthmos lag; und da sollen viele vom thrakischen Heere des Eumolpos, mit dem er den Eleusiniern im Krieg gegen die Athener half, beim Baden verschwunden sein.

Die Mutter des Eumolpos, Chione, die »Schneeweiße«, konnte an jenem See Eschatiotis und am Meer zwischen dem Isthmos, Salamis und Eleusis ebenso heimisch gewesen sein wie im fernen Norden am Thrakischen Meer. Durch sie war der priesterliche Sänger mit der königlichen Familie von Athen verbunden. Boreas[938], der sich im Nordwind offenbarende Gott, hatte sich Oreithyia, die Tochter des Erechtheus, eine Nichte der Prokne und Philomela, am Ilissos geraubt[939]. Oreithyia, die »im Gebirge Stürmende«, ihrem Namen nach eine Bakchantin wie ihre Tanten, gebar dem Windgott die geflügelten Söhne Kalais und Zetes, die an der Fahrt der Argo teilnahmen, und Chione, mit der Poseidon eine seiner zahllosen Hochzeiten hielt[940]. Im geheimen gebar diese dem Gott des Meeres Eumolpos und warf das Kind ins Meer. Es wurde erzählt, daß der Vater es aufnahm und nach Aithiopien brachte. Wo der Knabe erzogen wurde, verrät der Name seiner Pflegemutter, Benthesikyme, die »in der Tiefe der Wellen Weilende«. Da, im Wasserreich, spielte sich eine ähnliche Geschichte ab wie die des Tereus. Der zum Mann erwachsene Knabe erhielt eine Tochter der Benthesikyme zur Frau, und von dieser wurde ihm sein Sohn Ismaros oder Immarados (beide Namen sind thrakisch) geboren, der im Kampf gegen Erechtheus an der Seite der Eleusinier sterben sollte[941]. Eumolpos aber soll es gewagt haben, die Schwester der Gattin zur Liebe zu zwingen[942]. Wie es auch hier zur Ehe eines Mannes mit zwei Frauen kam, zur Verbindung eines Heros mit zwei Heroinen, ursprünglich wohl mit zwei Göttinnen, und wie es ausging, darüber wird uns nichts erzählt. Es waren Ereignisse in der Tiefe des Meeres, in einer Unterwelt, die Eumolpos mit seinem Sohn wegen seines Wagnisses verlassen mußte. Er wurde indessen aus Demeters Gnaden unter den ersten der Mysterien teilhaftig[943], welche er und seine Nachkommen in Eleusis den Eingeweihten zugänglich machen sollten.

Prokris, die »vor allen Auserwählte«, hieß eine der Töchter des Erechtheus, eine Schwester der Oreithyia, und daher auch sie eine Nichte der Prokne und der Philomela. Unter allen Frauen ihrer königlichen Familie glich sie am meisten der Mondgöttin. Auch Selene liebte nicht den Endymion allein, sondern sie ließ sich von Pan verführen. Wechsel ist für den Mond charakteristisch. Der Gatte, mit dem Prokris das Wechselspiel der Liebe und der Untreue trieb, war der »schöne Kopf«, Kephalos, von *kephale*, dem »Haupt«, so genannt, wie eine attische Gemeinde gleichfalls hieß. Der Name und die Gestalt des Jünglings sind aus den Göttergeschichten bekannt[944]. Man rechnete ihn sogar zu den Königen von Athen[945]. Thorikos, wo er nach den meisten Erzählungen herrschte, lag an der Ostküste des Landes, der Südspitze der Halbinsel nah und war von allen attischen Hafenstädten am meisten Kreta zugewandt: noch mehr als Prasiai, von dem man nach Delos und Naxos und erst von dort weiter nach Kreta fuhr. In den Bergen im Hintergrund erstreckten sich die Jagdreviere des Kephalos und der Prokris.

Denn nicht nur Kephalos war ein leidenschaftlicher Jäger[946], sondern auch Prokris eine große Jägerin. Sie besaß einen unfehlbaren Speer[947] und den schnellen, unsterblichen Hund, von dem in Verbindung mit dem Fuchs von Teumessos in den Heraklesgeschichten schon erzählt wurde. An ihr goldenes Stirnband knüpfte sich die Erzählung von ihrer ersten Untreue. Angeblich war es Pteleon, der Gründerheros von Ptelea, dem »Ulmendorf« in Attika, der sie mit dem Geschenk des Stirnbandes verführte. Kephalos ertappte sie bei der Liebe mit dem Fremden. Nach einer anderen Erzählung verbarg sich Kephalos selbst in der Gestalt des Fremden. Er verließ seine junge Frau, seine Jagdlust vorschützend[948] oder eine Blutschuld, die ihn zwang, die Gattin unberührt acht Jahre lang warten zu lassen[949]. Nach dieser Erzählung kam er selbst mit dem goldenen Schmuck in so schöner Gestalt an, daß Prokris ihn nicht mehr erkannte und sich von ihm verführen ließ. Oder er kam in der Nacht[950], nachdem er einen kupplerischen Boten mit vielem Gold vorausgeschickt, und bewog Prokris zum Abenteuer. Erst auf dem Liebeslager entdeckte er sich seiner irregeführten Frau. Prokris sprang auf, beschämt und beleidigt, und floh zu Minos hinüber, auf die große Insel.

Von dort kam sie zurück, nachdem sie den König von Kreta geheilt und von ihm den Speer und den Hund zur Belohnung erhalten hatte. Die Krankheit des Minos bestand darin – so wird sie wenigstens von den späten Erzählern angedeutet und ausgemalt –, daß er keiner Frau nahen konnte, da seinem Leib in der Umarmung Tiere entströmten: Schlangen, Skorpione, Tausendfüßler. Diese späten Erzähler waren sich weder darin einig, daß Pasiphae mit solchem bösem Zauber die Liebschaften ihres Mannes verhindern wollte[951] oder daß

229

das Übel einen anderen Ursprung hatte, noch darin, welches Heilmittel Prokris dagegen angewandt hat. Pasiphae galt keineswegs nur als eine unglückliche Königin, sondern auch als eine unsterbliche Göttin. Man weiß freilich, welches Ungeheuer sie geboren hatte. Es lebte darin eine geheimnisvolle alte kretische Geschichte fort, die man wohl oder übel mit der Abwesenheit der Prokris von Attika und mit verschiedenen Zauberkünsten verband, die mondgleichen Frauen eigneten.

Als Prokris in Attika wieder ankam, war sie in Kephalos immer noch verliebt und eifersüchtig auf die Liebschaften, die er bei seinen langen Abwesenheiten, angeblich auf der Jagd, haben mochte. Es wurde erzählt[952], daß sie nun ihrerseits den Gatten erproben wollte und den schönen jungen Mann in der Gestalt einer Fremden in die Versuchung führte. Nach dieser Erzählung gab sich Prokris dem Kephalos erst zu erkennen, als dieser der Versuchung nachgab. So wurde er beschämt, nachher aber auch beschenkt von der liebenden Frau mit dem Speer und dem Hund. Nach anderen Erzählern[953] traf der Jagdspeer des Kephalos, als Prokris ihm nachlief und sich in einem Gebüsch versteckte, versehentlich die eifersüchtige Jägerin: er glaubte mit dem Wurf ein Tier im Dickicht zu töten. Ob sie nun starb oder am Leben blieb – beides vermochte eine mondgleiche Gestalt in sich zu vereinigen –, Kephalos wurde ihr entrissen. Man hörte es in den Göttergeschichten: Eos, die Göttin des Morgenlichtes, auf deren Eifersucht späte Erzähler[953a] auch die Torheit des Kephalos zurückführten, war in seine Schönheit verliebt und raubte ihn.

V. Amphiaraos und die Heroen des Thebanischen Krieges

In Theben erfüllte sich der Fluch des Oidipus an den beiden Söhnen: an Eteokles, dem »mit dem wahren Ruhm«, und an Polyneikes, dem »mit dem vielen Hader«. Manche Könige und vornehme Leute trugen in den alten Zeiten den ersten Namen. Nicht alle Erzähler und Bühnendichter hielten sich daher immer vor Augen, daß ursprünglich nur Eteokles der brave und nur Polyneikes der böse Bruder sein konnte. Sophokles weiß es so[954], daß die Brüder anfänglich die Herrschaft ihrem Oheim Kreon völlig überlassen wollten, da sie beide sich vor dem Fluch fürchteten, dem Fluch, der auf der Familie des Oidipus lastete. Dann bemächtigte sich ihrer beider die Sucht nach Herrschaft und Zwist. Zuerst war Polyneikes, der ältere, König, anscheinend mit Kreon zusammen, da Oidipus den beiden den Vorwurf macht, sie hätten ihn in die Verbannung getrieben[954a]. Dann scheint es aber, daß Polyneikes Alleinherrscher war und daß Eteokles, der jüngere, ihn vertrieb[955].

Anders wußte es Euripides[956]. Nach ihm vereinbarten die Brüder, daß sie abwechselnd herrschen würden, jeder ein Jahr lang, während der andere in freiwillige Verbannung zöge. Eteokles, der der ältere war, begann mit dem Herrschen, Polyneikes, der jüngere, mit dem Exil. Doch nach Ablauf des Jahres hatte Eteokles keine Lust, den Thron zu verlassen, und verbannte Polyneikes endgültig. So suchte dieser Hilfe in Argos gegen den Bruder. Die älteste Erzählung scheint aber diejenige zu sein, der vielleicht auch Aischylos in seiner Tragödie ›Sieben gegen Theben‹ folgte, indem er Polyneikes, seines Namens würdig als den seit Geburt und Kindheit Hadernden, dem Eteokles gegenüberstellte[957]. In dieser alten Geschichte spielten die Brautgeschenke, die Kadmos von den Göttinnen erhielt und mit denen er die Harmonia schmückte, das Gewand der Athene und das Halsband der Aphrodite, ihre verhängnisvolle Rolle.

Denn – so lautete die Geschichte[958] – Polyneikes hatte die Wahl zwischen dem Königtum von Theben und den Schätzen aus dem Erbe des Kadmos, falls er in einer anderen Stadt zu herrschen wünschte. Aber er wollte beides – oder vielmehr den Bruder um jeden Preis vernichten. Daher wählte er die Schätze und zog mit ihnen nach Argos, wo damals Adrastos, der »Nicht-Entrinnende«, herrschte. Es sei ein Wort auch darüber gesagt, wie es da zum Königtum des Adrastos kam.

Nachdem Perseus seinen Großvater Akrisios ohne Absicht getötet hatte, überließ er Argos seinem Großoheim Proitos und nahm dafür Tiryns in Tausch. Man kennt die Geschichte von den zwei oder drei Töchtern des Proitos aus den Erzählungen um Dionysos[959]: da sie die geheimen Riten des Gottes nicht annehmen wollten, befiel sie die schlimme Raserei. Es war der Seher Melampus, ein Sohn des Amythaon und Vetter des Iason, der sie heilte, um den Preis von zwei Dritteln des Reiches von Argos. Ein Drittel blieb dem Megapenthes, dem Sohn des Proitos, ein Drittel behielt sich Melampus, und ein Drittel überließ er seinem Bruder Bias. Melampus war in allen Erzählungen der Helfer seines Bruders. Wir werden noch hören, wie er ihm die schöne Tochter des Neleus, Pero, zur Gattin gewann. Er selbst war mehr Prophet und Verbreiter der Verehrung des Dionysos, dessen phallische Riten er bei den Griechen angeblich einführte[960], als Herrscher in irgendeiner Stadt. Am meisten verbunden war er noch mit dem verborgenen Hafenort Aigosthena am Südfuß des Kithairon, wo man später sein Grab zeigte und ihm zu Ehren ein jährliches Fest beging[961]. In Argos herrschten Bias und dessen Nachkommen: sein Sohn Talaos und nach diesem Adrastos, des Talaos Sohn. Ehe Polyneikes nach Argos kam, erhielt Adrastos ein seltsames Orakel: er sollte seine zwei Töchter mit einem Löwen und einem Eber vermählen.

In der gleichen Nacht wie Polyneikes traf auch ein anderer Flüchtling in Argos ein: Tydeus, ein Halbbruder des unglücklichen Meleagros aus Aitolien, den Gorge, die Tochter des Oineus, ihrem eigenen Vater nach dem Willen des Zeus geboren hatte[962]. Der düstere Held mit solch unheimlicher Abstammung hatte zu Hause unter seinen Vettern, die angeblich nach dem Leben des Oineus trachteten, ein Blutbad angestellt[963]: der wildeste unter allen Kriegern der alten Zeiten. Schlaflos dachte Adrastos in seinem Bett über den Sinn des seltsamen Orakels nach[964], als Waffengetöse aus den Propyläen des Palastes zu ihm drang. Vor seinem Tor kämpften die beiden Flüchtlinge um den geschützten Platz für das Nachtlager. Adrastos trat aus dem Tor, und plötzlich verstand er das Orakel: einem Eber und einem Löwen waren die beiden gleich[965]. Späte Erzähler wollten es ihm noch leichter machen und behaupteten[966], die Kämpfenden führten einen Eber und einen Löwen als Wappentier in ihrem Schild, oder gar[967], daß Polyneikes mit dem Fell eines Löwen, Tydeus mit dem eines Ebers bekleidet war. Dessen bedurfte Adrastos sicher nicht. Er wußte schon, woran er war, als er die zwei Helden erblickte: er gab seine Tochter Deipyle dem Tydeus zur Gattin – aus dieser Ehe wurde Diomedes, der schreckliche Held des Trojanischen Krieges, geboren –, die andere Tochter, mit Namen Argeia, dem Polyneikes. Beiden versprach er, sie in ihre Heimat zurückzuführen, und zwar den Thebaner zuerst.

Hatte Polyneikes die Schätze der Harmonia als Brautgeschenk für das »Mädchen von Argos«, die Argeia, mitgebracht? Jetzt verwendete er das Halsband bei dem Sammeln des Heeres gegen seine Vater- und Mutterstadt. Sieben Heerführer waren gegen die sieben Tore Thebens notwendig. Und es durfte dabei auch Amphiaraos nicht fehlen, der Schwager und einst der mächtigste Feind des Adrastos, den jener sogar zeitweilig aus Argos vertrieb[968]. In Sikyon sollte Adrastos für seine Leiden eine ähnliche Verehrung erhalten wie an-

232

derswo Dionysos[969]. Amphiaraos, der Sohn des Oikles, stammte von Melampus ab wie Adrastos von Bias. Es hieß auch[970], daß der Vater des Adrastos, Talaos, »der Dulder«, von Amphiaraos, dem »zweifach Areischen«, getötet wurde, als dieser den Adrastos verjagte. Doch blieb Adrastos der Mächtigere. Er gewann Argos zurück, und die gewesenen Feinde einigten sich. Sie beugten sich dem Wort einer Frau. Denn zur Schiedsrichterin wählten sie Eriphyle, die Gattin des Amphiaraos, nach den meisten Erzählern[971] eine Tochter des Talaos. Man erkennt da die alte Dreiheit von einer Frauengestalt und zwei Männern. Die beiden Heroen waren jetzt durch sie verschwägert. Wie groß der Zwist zwischen ihnen auch sein mochte[972], sie gelobten der Eriphyle, sie würden ihrer Entscheidung folgen. Der Zwist bestand nun darin, daß Amphiaraos nicht in den Krieg ziehen wollte, den Adrastos gegen Theben vorbereitete. Er riet davon ab[973], da er, obwohl ein großer Krieger, auch jenen Zug der mit der Unterwelt verbundenen Wesen besaß – und vielleicht hieß er darum der »zweifach Areische« –, daß er die Zukunft sah. Er wußte, daß er im Krieg gegen Theben untergehen werde.

Nun sollte aber auch Eriphyle ihre unterweltliche Natur zeigen, durch die sie berühmt wurde[974]. Amphiaraos hatte sich nicht nur geweigert, gegen Theben zu ziehen, sondern – so hören wir von späteren Erzählern[975] – er hatte sich auch versteckt, und nur seine Frau wußte, wo er sich verborgen hielt. Zu ihr ging also Polyneikes. Ein berühmtes Vasenbild zeigt, wie er als Wanderer vor die schöne Eriphyle tritt – ein Kranich, der Verwandte des Schwans, steht zwischen den beiden–und wie er, das Halsband der Harmonia aus dem Schmuckkasten nehmend, die junge Frau in Versuchung bringt. Sie verriet ihren Mann und hieß ihn dem Adrastos gehorchen. Amphiaraos, der Seher, wußte auch um die Bestechung. Er zog in den Krieg, doch er befahl seinen Söhnen, die Mutter zu töten, wenn er aus dem Krieg nicht zurückkehren sollte.

Nicht nur den eigenen Untergang, sondern auch den der übrigen von den sieben Heerführern, die sich zusammenfanden, hatte Amphiaraos vorausgesehen. Damit drohte er auch dem Adrastos[976], der aber nicht nach allen Erzählungen persönlich vor den Toren von Theben erschien. In einer Erzählung entkam er allein dem Tode, mit zerrissenem Gewand[977], vom Roß Areion, einem Geschenk des Herakles, gerettet[978]. Auf ihn warteten noch die Leiden, die uns nicht erzählt werden. Es gab eine Geschichte[979], in der er und sein Sohn Hipponoos, der Weisung Apollons folgend, sich wie Herakles freiwillig auf den Scheiterhaufen warfen. Diese Geschichte ist indessen samt den epischen Dichtungen, die den Zug gegen Theben ausführlich erzählten, verlorengegangen. Man sieht aber, daß der Zug der Sieben der nutzloseste und tragischste Feldzug war, der je unternommen worden ist. Er diente nur dazu, daß Polyneikes und Eteokles sich gegenseitig umbringen konnten und die sieben Tore jedem Angriff standhielten.

Außer Polyneikes war Tydeus der heftigste Antreiber zu diesem Kriege[980]. Nach einer alten Erzählung[981] ging er als Bote nach Theben dem großen Heere voraus. Die Botschaft, die er Eteokles und den Kadmeern auszurichten hatte, ist leicht zu erraten: sie sollten die Herrschaft dem Polyneikes überlassen. Den Boten schützte Zeus, und Pallas Athene hütete Tydeus mit besonderer Liebe[982]. An Gestalt war er klein, er hatte aber die jungen Krieger der Thebaner nacheinander zu Wettkämpfen herausgefordert und alle leicht besiegt. Da ließen die Kadmeer fünfzig Männer ihm auflauern, als er den Rückweg betrat. Mit einer Ausnahme tötete er alle: jener eine durfte entkommen, weil die Götter ihn durch ein Zeichen retteten.

Die Zeichen der Götter waren alle warnend, als das ganze Heer aufbrach[983]. Zu diesen Zeichen rechnete man auch das Schicksal eines Kindes, dessen Leiden in Nemea auf ähnliche Weise wie die Leiden des Kindes Palaimon auf dem Isthmos[984] Anlaß zur Gründung berühmter Festspiele gaben. Es sind nur Beinamen und nicht eigentliche Personennamen, die uns von dem Kind überliefert sind. Man nannte es Opheltes[985], den »Fördernden«, oder Archemoros, den »Anführer des Todes«, wie ihn Amphiaraos gerufen haben soll, weil sein Tod nur der Anfang des Unterganges war. Es war angeblich ein Königssohn, der von einer Amme berühmten Namens gepflegt wurde: von Hypsipyle, der »von der hohen Pforte«. Für Euripides war sie der Königin von Lemnos, der Tochter des Dionysossohnes Thoas, gleich, als wäre sie von der fernen Insel als Sklavin hierher verschleppt worden, und dem Tragödiendichter folgten die späten Erzähler[986].

Der Name war auch der Unterweltskönigin würdig. Der Hypsipyle ist in Nemea das Kind des Königs anvertraut worden. Man erzählte von einem Orakel, das verboten hatte, das Kind auf den Boden zu setzen, ehe es gehen konnte[987]. Das Heer der Sieben zog durch das Tal von Nemea. Die Männer suchten eine Quelle und fragten die Amme danach, die ihnen zufällig mit dem Säugling entgegenkam. In ihrer Verwirrung setzte sie das Kind auf den Boden, wo eine üppige Pflanze reichlich wuchs: die Sellerie, mit der die Toten sicherlich nicht ohne Andeutung eines üppigen Loses nach dem Tode bekränzt wurden. Hypsipyle lief den Helden voran, um ihnen die Quelle zu zeigen, die fortan Adrasteia heißen sollte[988]. Das Kind wurde unterdessen fast völlig von einer großen Schlange verzehrt[989], die den Ort hütete. Die Heroen töteten den Drachen, bestatteten den Knaben und veranstalteten Leichenspiele zu seinen Ehren, die als Nemeische Spiele nachher in jedem zweiten Jahr wiederholt wurden.

Endlich standen die sieben Heerführer vor den sieben Toren: Tydeus, Kapaneus, Eteokles, Hippomedon, Parthenopaios, Amphiaraos und Polyneikes nach Aischylos[990], die gleichen bei Euripides[991], mit Ausnahme von Eteokles, da nach ihm doch auch Adrastos, der einzige Überlebende, dabei war. In der Tragödie des Aischylos, den ›Sieben gegen Theben‹, werden auch die thebanischen Helden ge-

234

nannt, die Eteokles ausgewählt und den Angreifern entgegengestellt hat. Berühmter wurden aber die draußen stehenden Sieben, besonders berühmt unter ihnen diejenigen, die bei dem Angriff einen besonderen Tod erlitten. Kapaneus, ein Enkel des Megapenthes, des Sohnes des Proitos, glaubte mit einer Leiter die Mauer erstürmen zu können[992]: der erste und einzige unter den Heroen der Griechen, der sich dazu verstieg und in seiner Vermessenheit Zeus herausforderte. Die Blitze würden ihm nun, rief er[993], nur wie heiße Sonnenstrahlen sein. Mit einem einzigen Blitzstrahl schleuderte ihn Zeus von seiner Leiter hinab.

Ein fürchterliches Beispiel war auch der Tod des Tydeus. Melanippos, der »mit dem schwarzen Roß«, Sohn des Astakos, des »Hummers«, angeblich einer aus dem Geschlecht der Spartoi[994], vielleicht eher ein poseidonischer Heros, traf den schrecklichen Liebling der Pallas Athene mit der Lanze in den Bauch[995]. Es ist nicht klar überliefert, ob er selbst dabei von Tydeus oder erst von dem herbeieilenden Amphiaraos tödlich verwundet wurde. Sein Feind lag schon am Sterben, und Athene nahte, um ihrem Schützling den Trank der Unsterblichkeit zu bringen. Da rief Tydeus, blutend und wütend wegen seiner Wunde, dem Amphiaraos, ihm den Kopf seines Gegners zuzuwerfen[996]. Der Seher wußte, was die Folge sein werde. Er verabscheute aber den Antreiber des Krieges und warf ihm das durchgeschnittene Haupt des Melanippos zu[997]. Wie ein Raubtier schlürfte Tydeus mit seinem letzten Atemzug das Gehirn des Feindes[998]. Athene wandte sich ab und ließ ihn sterben.

Amphiaraos sah nun Periklymenos, den »Weitberühmten«, ihm entgegentreten: einen Sohn des Poseidon mit einem Namen, der auch dem Hades ziemte. Er war es, der vorhin Parthenopaios, den Sohn der Atalante, mit einem Steinwurf von der Zinne des Tores getötet hatte[999]. Der Seher wandte sich vor ihm zur Flucht mit seinem Wagen. Der Sohn des Poseidon verfolgte ihn. Wie weit die Verfolgung ging, darüber wurden die Erzähler nicht einig. Denn es gab manche Ortschaften in der Nähe von Theben und auch etwas weiter entfernt, die den Amphiaraos als einen in der Tiefe der Erde hausenden Heros für sich beanspruchten. Um ihn vor der Schande zu bewahren[2000], daß der Speer des Feindes seinen Rücken träfe, spaltete Zeus mit seinem Blitz die Erde, und sie verschlang den Seher samt dem Wagen. Aber wo geschah dies? Die Bewohner von Oropos, einer kleinen Hafenstadt der attischen Nordküste an der böotischen Grenze, behaupteten, daß es sich bei ihnen ereignete: in einem schluchtartig abgeschlossenen, milden Tal, wo sich später ein Amphiaraion, ein Heiligtum des Amphiaraos, erhob. Da hatte fortan der große Krieger und Seher seine Orakelstätte, und da wurde er als heilender unterirdischer Gott, ein zweiter Asklepios, gleichfalls verehrt.

Bei ihm bewahrheitete sich schon der Spruch, der uns in der Geschichte des Telephos begegnen wird: der Verwundende heilt auch. So war es bei seinem Sohn, mit dem kriegerischen Namen Amphi-

235

lochos, »der vom zweifachen Hinterhalt«, ebenfalls: auch jener wurde nach seinem Tode zu einem heilenden Heros[1]. Der andere Sohn, Alkmaion, rächte den Tod des Vaters an der Mutter. Nach einer späteren Erzählung ließ sich Eriphyle abermals bestechen: von Thersandros, dem Sohn des Polyneikes, mit dem Gewand der Harmonia bezahlt, trieb sie seine Söhne in den Krieg der Epigonen, der Söhne der Sieben, die wiederum gegen Theben zogen. Alkmaion tötete Eriphyle, doch die verhängnisvollen Geschenke blieben in seiner Familie, und auch er ist schließlich ihretwegen ermordet worden[2].

Man weiß aus der Geschichte des Oidipus, daß die Brüder Eteokles und Polyneikes im Zweikampf, der eine von der Hand des anderen, fielen, und aus der Tragödie des Sophokles, die den Namen der ältesten Tochter des Oidipus trägt, daß sie, die hehre Jungfrau Antigone, gegen das Gesetz des Kreon den verbannten Bruder bestattete und deswegen sterben mußte. Es gab eine Erzählung auch von der Bestattung der Sieben oder, richtiger, nur der sechs, die begraben werden mußten, denn leer blieb jedenfalls der Scheiterhaufen des Amphiaraos[3]. Es hieß[4] – und so hat Euripides diese Geschichte in seiner Tragödie ›Hiketides‹, ›Die Flehenden‹, auf die Bühne gebracht –, die Thebaner hätten sich überhaupt geweigert, die Leichen der Gefallenen deren Müttern zur Bestattung herauszugeben. Und es war Theseus, der auf die Bitte des Adrastos und der Mütter hin, die Toten mit Heeresgewalt nach Eleusis und zum Kithairon brachte[5]. Von sechs mächtigen Gräbern der Frühzeit in der Nähe von Eleusis glaubte man im Altertum, daß sie die Gebeine der größten Heroen des Thebanischen Krieges bargen[7], und von eben diesen Gräbern glaubt man heute, daß man sie wiedergefunden hat.

Was den Vätern nicht gelang, gelang den Söhnen, den Epigonen. Zehn Jahre später zogen sie gegen Theben, wo damals Laodamas, der Sohn des Eteokles, herrschte. In diesem Krieg wurde Theben zum erstenmal erobert und – auch dieses wagte man schon zu behaupten – zerstört. Von den neuen sieben Heerführern fiel nur Aigialeus, der Sohn des Adrastos, im Gegensatz zu seinem Vater, der im ersten Thebanischen Krieg der einzige war, der nicht umkam[8]. Manche von ihnen kämpften bald vor Troja. Dort sollte auch der Sohn des Tydeus, Diomedes, seinen Ruhm erlangen.

VI. Atreus und seine Dynastie

Zwei Söhne des Pelops, Atreus und Thyestes, waren mit ihrer Mutter Hippodameia eng verbunden. Nach der Ermordung des Chrysippos fanden sie alle drei in der hohen Burg Midea im Reich der Nachkommen des Perseus unter König Sthenelos Aufnahme[9]. Es war sicher eine Flucht zu dritt nach der schrecklichen Tat gegen den jüngsten Bruder. Das Haus des Perseus ist in Mykenai mit Eurystheus untergegangen, als er zur Strafe für die Leiden des Herakles und seiner Nachkommen von Hyllos abgeschlachtet wurde. Doch den Herakleiden war es nicht erlaubt, sogleich nach dem Peloponnes zurückzukehren. Zeichen der Götter hinderten sie daran[10]. Atreus übernahm damals[11] das Königtum in Mykenai, und er führte ein Heer der Peloponnesier, darunter der Tegeaten, gegen die Herakliden. Hyllos, der Sohn des Herakles, fiel im Zweikampf gegen Echemos, den König von Tegea. Die Herakleiden zogen sich nach Trikorythos in Attika zurück, und erst nach fünfzig Jahren durften sie heimkehren[12]. Umsonst hatten Polyneikes und Tydeus Mykenai besucht, um für den Krieg gegen Theben zu werben, in dem Argos verbluten sollte: Zeus verhinderte die Teilnahme mit abschreckenden Zeichen[13]. So blieben die letzten fünfzig Jahre der Heroenmythologie der Griechen, vor der Rückkehr der Herakliden, dem Haus des Atreus und dessen Geschicken ausgespart. Das größte Geschick war der Trojanische Krieg.

Das Zepter eines Großkönigtums über Griechenland, das dem Königtum des Zeus auf dem Olymp hier auf Erden entsprach, hatte nicht Perseus erhalten, auch kein Herrscher von Theben und auch Herakles nicht, der hüben und drüben, in Theben und in Mykenai, den Königen unterworfen war. Pelops, der dem Opferkessel seines Vaters Tantalos entstieg, erhielt es als Erster. Man hört es von Homer[14]: Hephaistos hatte das Zepter verfertigt. Er gab es dem Zeus. Der Götterkönig gab es dem Hermes weiter und Hermes dem Pelops. Pelops gab es dem Atreus. Nachher haben es die Könige von Mykenai geerbt: Thyestes erbte es von Atreus, Agamemnon von Thyestes. Doch die beiden Brüder erhielten noch eine andere Erbschaft von ihrem Vater[15]: den Fluch des Pelops, da sie sein Lieblingskind Chrysippos ermordet hatten – ein Mord, dessen Geschichte verlorenging, der aber die Zerstückelung des Pelops und die der Söhne des Thyestes doch gewissermaßen verbindet. Und es gab noch einen verhängnisvollen Besitz in diesem Haus: den goldenen Widder[16], von dem die Herrschaft nicht weniger als vom Zepter des Zeus abhing. Das Goldene Vlies des Iason erscheint als die Andeutung und Abkürzung dieses Wundertieres, in einem anderen Kreis der Erzählungen.

In der Geschichte des Pelops opferte Oinomaos einen hellfarbigen

Widder – es war ein stellvertretendes Opfer –, während der künftige Herrscher dem Tod entkam. Das Opfer fand vor einer Statue der Göttin statt, die die Griechen Artemis nannten und die am Schwarzen Meer Menschenopfer zu erhalten pflegte. Nach dem Tode des Heros wurden wenigstens seine Gebeine in einem Artemisheiligtum beigesetzt. In der Geschichte des Phrixos trug der Widder, der ihn vom Opfertod errettete, das Goldene Vlies, das Iason vom Schwarzen Meer zurückholen sollte, um die Herrschaft über Iolkos zu erlangen. Wie Phrixos geopfert werden sollte, wird nicht erzählt, doch weiß man aus den Göttergeschichten[17], daß seine Stiefmutter Ino zwei Söhne des Athamas – ihre eigenen Kinder – in den Opferkessel warf. Aus dem Kessel der Medeia sprang in Iolkos ein verjüngter Widder hervor. Es war wohl eine alte orientalische Geschichte, in der an Stelle des künftigen Herrschers ein junger Widder das Leiden eines im Kessel gekochten, zerstückelten Gottes erlitt – oder ein goldenes Lamm, der Vorgänger des künftigen Symbols des himmlischen Königssohnes Christus. In Mykenai war sein Besitz das sichere Zeichen des rechtmäßigen Königs.

Wo die Geschichte vom Königtum des Atreus und seines Bruders Thyestes für uns beginnt[18], da bewohnen sie noch Midea, doch nicht mehr mit Hippodameia, ihrer Mutter, zu dritt. Es ist eine andere, verhängnisvolle Frauenfigur, die sie verbindet, wie Eriphyle Adrastos mit Amphiaraos verband. Sie trägt den Namen Aerope, »die mit dem nebelweißen Gesicht«. Sie soll eine Enkelin des Minos gewesen sein, die Frau des Atreus, die ihren Mann mit Thyestes betrog. Sie hütete das goldene Lamm in einer Truhe verschlossen – sicherlich in der Gestalt des Vlieses – und händigte es heimlich ihrem Liebhaber aus. Die Erzähler wußten, daß das Lamm als Opfertier der Artemis gehörte, und malten die Geschichte so aus, daß Atreus einst gelobte, das schönste Stück seiner Herden der Göttin darzubringen, und es doch nicht tat, als er das Goldene Vlies erblickte. Er wollte es für sich behalten und verbarg den Schatz in der Truhe. Andere glaubten zu wissen[19], daß Hermes, der Vater jenes unglücklichen Myrtilos, des Wagenlenkers, dem Pelops den Sieg über Oinomaos verdankte, das Wundertier unter die Schafe des Atreus mischte, um den Tod seines Sohnes an der Familie des Siegers zu rächen. Ein Hirt brachte das Lamm dem Atreus, und so gelangte es schließlich durch die treulose Aerope in den Besitz des Thyestes. Das alles geschah noch in Midea.

Als nun die Mykenäer ein Orakel erhielten[20], welches ihnen befahl, einen Sohn des Pelops zum König zu wählen, schickten sie nach Atreus und Thyestes. Es entstand ein Wettstreit darüber, wer von den beiden der König werden sollte. Thyestes schlug heimtückisch vor, den zu wählen, der im Besitz des goldenen Lammes wäre. Atreus, der sich in dessen Besitz wähnte, war damit einverstanden. Nun zeigte Thyestes das Vlies vor und wurde der König von Mykenai. Atreus mußte in die Verbannung ziehen[21]. Doch Zeus konnte dies nicht zulassen. Er veränderte den Gang der Gestirne[22]: ließ die

Sonne im Westen aufgehen und untergehen im Osten. Daran erkannten die Mykenäer, daß sie falsch gewählt hatten. Und daraufhin verjagte Atreus den Bruder[23]. Thyestes irrte als Verbannter herum. Aber auch der andere war seiner Herrschaft nicht sicher. Thyestes, der von Aeropes Gnaden in den Besitz des goldenen Lammes gelangt war, scheint doch mehr Recht darauf gehabt zu haben als sein Bruder. Seinem Namen nach war er der »Mann des Opfers«, wie wenig auch spätere Erzähler von diesem Opfer noch wußten. Er wurde dadurch zum König geweiht, und diese Weihe mußte rückgängig gemacht werden. Daher ersann wohl Atreus das Schrecklichste.

Die späten Erzähler haben große Mühe gehabt, für dieses Schreckliche einen Grund anzugeben. Sie behaupteten[24], Atreus hätte erst damals die Untreue seiner Frau entdeckt und Thyestes unter dem Vorwand der Aussöhnung zurückgerufen, damit er an ihm Rache nehme. In den älteren Erzählungen ist aber Thyestes vielleicht gar nicht in die Verbannung gegangen. Sondern es geschah wohl sogleich, nachdem Atreus in den Besitz des Throns gelangt war, daß er seinem Bruder das schreckliche Mahl vorsetzte. Dadurch geriet die von Mykenai aus beherrschte Welt unter dieser Dynastie in völlige Unordnung. Atreus tat, was von seinem Großvater Tantalos erzählt wurde. Doch nicht die eigenen Söhne schlachtete er ab, sondern die Kinder des Thyestes und lud den Bruder von allen anderen getrennt ein[25], von den gebratenen inneren Teilen und dem gekochten Fleisch[26] zu essen. Ähnlich hatten Prokne und Philomela den Tereus eingeladen. Dies war eine schreckliche Strafe im Orient[27], die unheilige Ausführung einer heiligen Handlung, die in Griechenland in der Form des Kochens und Bratens eines Zickleins, des stellvertretenden Opfertieres der Dionysosmysterien, erhalten blieb[28]. Unheilig wurde dieses Opfer schon durch Tantalos dargebracht, noch unheiliger jetzt durch Atreus, damit Thyestes, wenn er davon esse, selbst unheilig und völlig vernichtet werde. Als dieser merkte, was er gegessen[29], fiel er auf den Rücken, gab das Gegessene von sich, stieß mit einem Fußtritt den Tisch um und verfluchte sein Geschlecht: ähnlich sollte es hinstürzen. Es hieß auch[30], die Sonne hätte damals ihren Wagen zurückgewendet.

Atreus hatte zwei Söhne von Aerope: Agamemnon und Menelaos. Thyestes war nach der Abschlachtung seiner Söhne nur eine Tochter übriggeblieben. So wußten es die meisten Erzähler. Nur wer die Wiedergabe der Geburtsgeschichte des Aigisthos vermeiden wollte[31], behauptete, daß der Rächer damals schon geboren war und als Säugling von Thyestes in die Verbannung mitgenommen wurde. Wie der Rächer erst geboren werden sollte, darüber gab es zweierlei Darstellungen einer sicherlich sehr alten Überlieferung. Jene Überlieferung wollte anscheinend, daß der Rächer aus einer unterweltlichen Verbindung erstehe, aus der Verbindung des Vaters der Erschlagenen mit der eigenen Tochter, wie dies von Zeus und Persephone erzählt wurde[32]. Nach einer Darstellung erhielt Thyestes die Weisung vom Orakel in Delphi[33], daß er den Rächer auf diese Weise

239

erwecken sollte. Er hatte sich zum König Thesprotos am Rand der Unterwelt geflüchtet[34]. Und er wohnte nun seiner Tochter Pelopia bei, die sich als die frömmste dem Vater gegenüber erwies, indem sie von ihm den Rächer empfing[35]. Nach der anderen Darstellung erging es ihr ähnlich wie Auge, der Priesterin der Athene, in Tegea[36], die von Herakles den Telephos empfing – eine Geschichte, die bald erzählt werden soll. Pelopia hielt sich in Sikyon auf. Dort kam Thyestes in einer Nacht an, in der der Athene ein Opfer dargebracht wurde[37]. Seine Tochter führte den Reigen der Jungfrauen bei dem Fest. Sie glitt dabei aus und befleckte ihr Kleid mit dem Blut des Opfertieres. Da trennte sie sich von den Mädchen und ging zum Fluß, um ihre Kleider von den Blutspuren reinzuwaschen. Sie zog sich aus. Thyestes, der sich im Gebüsch versteckt hielt, fiel sie mit verhülltem Haupt an. So gebar sie einen Sohn und setzte ihn aus. Eine Ziege ernährte den Knaben, und daher hieß er Aigisthos[38]. Herangewachsen, erfuhr er, wer sein Vater war, erschlug Atreus und setzte Thyestes als König in Mykenai wieder ein[39].

Das Grab des Atreus wurde später in Mykenai selbst gezeigt[40], das Grab des Thyestes an der Straße, die nach Argos führte. Es war von einem steinernen Widder gekrönt[41]. Manche alten Gräber trugen eine solche Krönung; wenn aber gerade von diesem Denkmal erzählt wurde, daß es dem Thyestes gehörte, so glaubte man wohl auch daran, daß er und nicht Atreus der durch den Besitz des goldenen Lammes ausgezeichnete König war. Nach einer anderen Erzählung[42] wurde Thyestes von Agamemnon und Menelaos nach der Insel Kythera vertrieben. Diese waren nach allen Erzählern die Söhne des Atreus, sondern seine Enkel, Söhne des Pleisthenes[43], den die Genealogen nicht einstimmig im Stammbaum der Pelopiden untergebracht haben. Die Brüder, die die Dynastie fortsetzen sollten, wuchsen in der Verbannung auf. Tyndareos, der König von Sparta, führte sie später heim nach Mykenai. Thyestes flüchtete sich vor ihnen zum Altar der Hera[44] und rettete so sein Leben. Agamemnon wurde der Großkönig von Mykenai, Menelaos erbte von Tyndareos das Königtum von Sparta. Glücklich sollte ihre Herrschaft nicht werden. Doch der größere Fluch lastete auf dem älteren Bruder, der das Zepter des Pelops nach Thyestes trug.

VII. Das Vorspiel zum Trojanischen Krieg

Der schützenden und begünstigenden Macht großer Göttinnen entbehrten auch die älteren Heroen in Griechenland nicht. Die Zeustochter Pallas Athene stand den Söhnen des Zeus bei. Sie war es auch, die die Erzeugung des Theseus durch Poseidon eingeleitet hatte. Hera verhalf auf ihre Weise Herakles und Iason zu Ruhm. Als Mutter von göttlichen Zwillingen nahm eine himmlische Göttin unter verschiedenen Namen – Antiope, Melanippe, Tyro und Leda sind die berühmtesten – die Rolle der Ur-Frau auf sich, nicht zu reden von den göttlichen Mädchen, wie Harmonia, Ariadne oder Medeia, in deren Gestalt sie Bündnisse mit Erdenbewohnern einging. Es geschah indessen erst zu Anfang jener Heroenzeit, mit der die Weltgeschichte auf mythologische Weise begann, zur Zeit, als die Erde unter der Last der allzu zahlreich gewordenen Menschen schon litt[45], daß große Göttinnen gleichsam dazu verurteilt wurden, sterblichen Männern Söhne zu gebären. Durch diese sollte das Menschengeschlecht seinen letzten Höhepunkt erreichen. Man könnte sagen, daß die Heroengeschichten in die »Zeit« in unserem Sinne erst hier eintreten: alles Frühere war »Urzeit« oder »Zeit« noch mit »Urzeit« vermengt.

Auf der asiatischen Seite des griechischen Meeres gesellte sich die Liebesgöttin zum trojanischen Hirten Anchises[46], dem Neffen des von Herakles bestraften Laomedon, und gebar ihm Aineias, den sie nicht selbst großzog, sondern den Nymphen am Idagebirge anvertraute[47]. Der Sohn der Aphrodite sollte an Erscheinung den Göttern ähnlich werden[48] und in Troja allein durch die Himmlischen so geschützt sein[49], daß er für die zukünftige Geschichte der Menschheit aufbewahrt blieb. In ihm verehrten die Römer den Gründer ihrer Nation, den Urheber ihrer Macht, die alle Küsten des Mittelmeeres und noch mehr umfassen sollte. Seine Mutter und Phoibos Apollon retteten Aineias aus dem Kampf mit Diomedes[50], Poseidon aus der Niederlage, die er durch Achilleus fast erlitt[51]. Unter den Griechen war Achilleus der Sohn einer Göttin. Die Geburtsgeschichte des Aineias kennt man schon aus den Göttergeschichten. Wie es zur Geburt des Achilleus kam, soll jetzt erzählt werden.

Man weiß es aus den Göttergeschichten[52], daß neben Tethys, Eurynome und Amphitrite auch Thetis zu den großen Göttinnen des griechischen Meeres gehörte. Ehe sie zur Mutter des Achilleus wurde, hatten Zeus und Poseidon um sie gestritten. Hätte sie einem der beiden großen Götter den Sohn geboren, so wäre dieser noch mächtiger geworden als sein Vater, und es wäre anstatt der Kriege um Theben und Troja, in denen sich die Menschheit in und um Griechenland geschwächt hat, das Zeitalter einer neuen Götterherrschaft unter einem neuen Götterkönig angebrochen. Themis, die

241

Mutter der Horen, die nicht trügen und täuschen, sondern die Zeiten richtig zur Reife bringen, wußte um den drohenden Wandel in der Weltherrschaft. Sie warnte die streitenden Brüder[53]. Auf ihren Rat[54] beschloß Zeus, die Meergöttin gewaltsam mit einem Sterblichen zu vermählen[55]. Andere alten Erzähler haben noch hinzugefügt, einen den Göttern besonders lieben Mann hätte Hera für sie ausgewählt, da sie ja Thetis erzogen hätte[56] und diese ihr zuliebe vor der Hochzeit mit Zeus selbst geflohen wäre[57] – sicherlich in ihr Element, das Meer. Da fand sich wohl der Götterkönig plötzlich Poseidon gegenüber, und der Kampf der Brüder hätte schon begonnen, wenn das Wort der Themis die beiden nicht ernüchtert hätte.

Der auserwählte Bräutigam der Meergöttin weilte in Thessalien, bei dem Kentauren Chiron am Pelion[58]. Es ist nicht mehr zu sagen, ob sein Name ihn mit diesem mächtigen Berg oder mit der lehmigen Erde, dem *pelos*, verband oder ob Peleus etwas anderes, uns Verborgenes bedeutete. Aiakos, der Sohn des Zeus und der Inselgöttin Aigina, dem zuliebe der Götterkönig aus Ameisen Menschen, die Myrmidonen, entstehen ließ[59], zeugte den Peleus mit Endeis, der »in der Feindseligkeit«, der Tochter des unterweltlichen Skiron, den Theseus tötete. Andere, die daran festhielten, daß die Myrmidonen, die Achilleus nach Troja begleiten sollten, ein in Thessalien ansässiges Volk waren und nicht erst mit Peleus dorthin gewandert[60], behaupteten[61], der Vater der Endeis wäre Chiron gewesen. Zeus hätte seinen Sohn aus Aigina nach Thessalien geholt und am Pelion als König eingesetzt[62]. Sonst wurde die Frömmigkeit des Aiakos gerühmt[63]. Er hätte ganz Griechenland von der Unfruchtbarkeit geheilt, an der es wegen Pelops litt. Dieser hätte den König Stymphalos, Freundschaft heuchelnd, getötet und seine Glieder im ganzen Land zerstreut: wiederum eine Geschichte vom unheilig dargebrachten Opfer, von dem so oft schon die Rede war. Nicht nur von Zeus, auch vom König der Unterwelt wurde Aiakos geehrt: man weiß, daß er die Schlüssel des Hades erhielt.

Angeblich war Peleus nicht sein einziger Sohn. Man erzählte von Telamon[64], dem »Tragenden« oder »Ertragenden«, dem Vater des Salaminiers Aias, er wäre nicht nur der Freund des Peleus, sondern auch sein Bruder gewesen. Die beiden hätten auch einen Halbbruder, in der Person des Phokos[65], der »Robbe«, den Aiakos mit Psamathe, dem »Sandmädchen«, gezeugt, einer Tochter des Nereus, die sich in Robbengestalt vor ihm verbergen wollte. Diesen Phokos hätten die Brüder – absichtlich oder unabsichtlich[66] – getötet. Man zeigte sein Grab auf Aigina neben dem Heiligtum seines Vaters, des Hüters der Hadesschlüssel[67]. Telamon sei darauf nach der Insel Salamis ausgewandert, Peleus nach Thessalien. Er fand beim König von Phthia mit dem Kentaurennamen Eurytion Zuflucht. Von diesem wurde er entsühnt und als sein Eidam mit dem Drittel des Landes beschenkt[68]. Damals stand aber Peleus wie unter einem tiefen Schatten und brachte Verhängnis mit sich. Er zog mit Eurytion zur kalydonischen Jagd aus[69] und tötete, wie man aus der Geschichte jenes unglückseligen Unternehmens weiß, seinen Schwiegervater aus Versehen. Er mußte, anstatt nach Phthia zurückzukehren, nach Iolkos flüchten und dort von Akastos, dem Sohn des Pelias, entsühnt werden. Als Ringer nahm Peleus auch an den vielbesungenen Leichenspielen des Pelias teil[70]. Die Künstler schilderten gern sein Ringen, besonders mit der schönen Atalante: ein aufregendes Schauspiel, bei dem alle Vorkehrungen getroffen wurden, damit der Ringkampf nicht zum Liebeskampf werde. Denn schön war auch Peleus, und es ist nicht zu verwundern, daß seine Schönheit ebenso zum Verhängnis wurde wie die des Bellerophontes und des Hippolytos. Die Frau des Akastos verliebte sich in den Ringer, und da der Heros ihr nicht nachgab, suchte sie ihn zu verderben. Nach den späten Erzählern, die all diese Geschichten um Peleus vereinigt haben, war das erste Opfer ihrer Verleumdung die Tochter des Eurytion in Phthia, die sich von ihrem Mann verlassen fühlte und sich erhängte[71].

Akastos glaubte seiner Frau, wie die Ehemänner in dieser alten Geschichte immer, und handelte dementsprechend. Als Gastfreund wollte er den Gast, den er eben erst entsühnt, nicht selbst ermorden. Er schickte ihn auf die Jagd gegen die wilden Tiere des Pelion, zuerst nicht allein, sondern im Wettkampf mit anderen Jägern. Auch dies scheint eine alte Geschichte gewesen zu sein, mit der man einst die Sitte begründete, daß den Jagdgottheiten Artemis Agrotera und Apollon Agraios als Opfer nur die Zunge des Wildes dargebracht wurde[72]. Man erzählte[73], die übrigen Jäger hätten die Tiere heimgebracht, die Peleus erlegt hatte, und den Siegespreis für sich gefordert. Der Heros schlief unterdessen wohl auf dem Pelion. Er kam als letzter an, mit den Zungen der Tiere im Ranzen, und so bewies er seine Überlegenheit[74]. Akastos wollte dann den in einer Stallung schlafenden Heros dadurch verderben, daß er zuerst von seinem Messer Besitz ergriff[75]. Die Einzelheiten sind nicht erhalten geblieben, nur so viel wird uns verraten, daß Peleus das Messer, ein Kunststück des Daidalos, zur Belohnung seiner Tugend von den Göttern erhalten hatte[76] und daß dem Akastos, der das Wunderding in der Hand hielt, nichts anderes übrigblieb[77], als zu beten und die schöne Klinge, das Werk des Hephaistos, im Kuhmist zu verbergen[78], damit der Held sich wenigstens gegen die dort herumstreifenden Kentauren nicht verteidigen könne. Es scheint ein Wundermesser gewesen zu sein, und darum nannte man es ein Kunststück des Daidalos, weil es sich gegen den eigenen Herrn nicht gebrauchen ließ. Chiron suchte es aus dem Kuhmist hervor und gab es dem Heros wieder. In seiner Höhle[79] erreichte die Botschaft der Götter Peleus, daß er, der frömmste Sterbliche im ganzen Lande, seine Hochzeit mit Thetis feiern sollte.

Nach den Hochzeiten des Zeus und der Vermählung des Kadmos mit Harmonia war diese Hochzeitsfeier die bedeutendste, von der die Götter- und Heroengeschichten insgesamt zu erzählen wußten. Es wurde aber Peleus nicht so leicht gemacht, wie spätere Dichter es vorgaben[80], die Meergöttin aus dem Palast des Nereus zuerst in die Höhle des Chiron[81] und schließlich nach Phthia auf dem fruchtbaren Festland, wo früher Eurytion herrschte, heimzuführen[82]. Eine Vollmondnacht mußte erwartet werden[83], eine Nacht für die Hochzeiten[84]. Beim Vollmond betrat Thetis die Küste der Tintenfische, den Strand am steilen Ostabhang des Pelion, und führte den Reigen ihrer Schwester um den Altar, an dem sie, die Töchter des Nereus, ihre Opfer erhielten. Nicht anders trat wohl die Göttin mit den silbernen Füßen[85] aus den Wellen als in den Urzeiten Phoibe aus ihrem eigenen See auf der westlichen Seite des gleichen Gebirges[86]. Für den Heros galt es, mit Ausdauer zuzupacken und sie fest in den Armen zu halten[87]. Es war kein bloßer Wettkampf wie mit Atalante, sondern ein Ringen um die Liebe. Die widerstrebende Braut entfaltete darin alle Verwandlungskünste der alten Meergottheiten. Sie verwandelte sich in Feuer und Wasser[88], fletschte die Zähne eines Löwen[89] und versuchte, als Schlange sich gegen die Umarmung zu wehren[90]. In der Gestalt der allersüßesten Fische, nach denen jene Küste *Sepias Akte* hieß[91], ergab sie sich endlich. Kein Laut entschlüpfte aus dem Mund der Ringenden[92].

Am Morgen kamen die Götter zur Hochzeitsfeier. Es war ein alter Brauch unter Griechen, der durch diese Geschichte nur bestätigt wird, daß die Angehörigen am Tage nach der Hochzeitsnacht ihre Geschenke dem jungen Paar darbrachten: eine Fortsetzung der Feier, die *Epaulia* hieß[93], weil Braut und Bräutigam in ganz alten Zeiten zum erstenmal wohl in einem *aulion*, einer Hütte auf dem Felde, zusammen geschlafen haben. Es scheint, daß der alte Vasenmaler Klitias Thetis an jenem Morgen in einer solchen Behausung darstellen wollte: in einer runden Lehmhütte, die Peleus als Hochzeitskammer errichtet haben mag, die aber der Künstler auf dem Bilde, der Vornehmheit halber, mit Säulen und einem Giebel ausstattete. Davor stand der Heros, um den Götterzug zu empfangen. Der erste war Chiron, der ihn begrüßte. Neben ihm schritt Iris, die Botin, einher und führte die Göttinnen und Götter an: Hestia, Demeter und die Gattin des Kentauren, Chariklo, kamen als erste, Dionysos und die drei Horen ihnen auf den Fersen, sodann Zeus und Hera mit den Musen, von denen auch sonst überliefert ist[94], daß sie zum Feste sangen. Es folgten andere Götterpaare: Poseidon und Amphitrite, Aphrodite und Ares, Apollon und Artemis. Nereus und Doris, Hermes und seine Mutter Maia, und vor diesen beiden die Moiren, vier an der Zahl, vielleicht auch sie wie die Musen, um bei dem Mahl zu singen[95] und die Geburt des großen Sohnes zu prophezeien. Okeanos fehlte auch nicht, und mit ihm traf sicher Tethys ein: sie bildeten da das eine Großelternpaar, während Zeus auch in der Eigenschaft des Großvaters von Peleus erscheinen mochte. Sicher ist, daß auch die Chariten kamen: ohne sie wäre es keine wahre Hochzeit gewesen[96]. Als Geschenk brachte Dionysos den Wein mit: in einer Amphore auf dem Rücken, von der Künstler und Beschauer des Bildwerkes wußten, daß sie eine tragische Bestimmung haben sollte. Man erzählte[97], daß Poseidon damals die unsterblichen Rosse Balios und Xanthos, den »Schecken« und den »Fuchs«, dem Peleus geschenkt habe, welche Achilleus nach Troja begleiten und sich als tragische Propheten erweisen sollten. Chiron schenkte damals die Eschenlanze, die in der Hand des Sohnes, dessen Geburt gleichsam zum voraus gefeiert wurde, ebenfalls eine tragische Berühmtheit erlangen sollte[98] – wenn es nicht Peleus selbst war, der sie sich schnitt und dann mit ihr in der Hand allein gegen Iolkos zog und die Stadt eroberte[99].

Das geschah indessen etwas später. Die Götter kamen nicht nur um zu begrüßen und zu schenken, sondern auch zum Mahl[100]. In jenen Zeiten saßen und aßen Unsterbliche und Sterbliche noch oft zusammen[101]. Bei der Hochzeit der Thetis mit dem sterblichen Peleus ereignete sich dies zum letztenmal. Es waren da alle Götter beisammen, Zeus hatte sie alle dazu geladen, nur selbstverständlich – so könnte es wenigstens scheinen – Eris, die Göttin »Zwietracht«, nicht[102]. Vorher aber hatte er sich vermutlich mit Themis beratschlagt[103], der weisen Göttin, durch die es verhindert worden war, daß er selbst zum eigenen Verderben mit Thetis die Hochzeit hielt – oder kam doch eine große Göttin des Meeres mit Rat zu ihm? Nach einer anderen Überlieferung[104] war es Momos, der »Tadel«, der ihn damals beriet. Als er auf die Anklage der bedrängten Erde hin die Menschheit durch Blitz und Flut vernichten wollte, soll Momos Zeus getadelt haben. Er riet ihm dafür zum Zeugen der Helena und zur Hochzeit der Thetis und des Peleus, mit allen Folgen, die sich aus diesen beiden Ereignissen ergeben würden: auch mit der letzten, die darin bestand, daß das Geschlecht der Heroen danach verschwand[105]. Eris sollte bei dem hochzeitlichen Mahl doch erscheinen. Und da sie nicht zugelassen wurde[106], warf sie einen Apfel in die Mitte hinein, der bei der Nachwelt fast ebenso berühmt werden sollte wie jener, von dem die Hebräer zu erzählen wußten.

Ob nun der Apfel der Eris aus dem Garten der Hesperiden stammte, wie ein sehr später Dichter noch wissen wollte[107], oder nur golden war[108], weil es sich unter Göttinnen nicht anders ziemte: zugedacht wurde er mit einem eingeritzten[109] oder nur dazu gesprochenen[110], wenn nicht gar einem unausgesprochenen und doch von allen verstandenen Wort der Schönsten. Kalliste, die »Schönste«, war im Munde der Sterblichen ein göttlicher Name, den vor allen anderen Göttinnen Artemis trug[111]. Jetzt griffen die drei Mächtigsten nach dem unheilvollen Weihgeschenk: Hera, Athene und Aphrodite. Damit brach der Streit aus, der durch die Entscheidung eines Sterblichen zur Schwächung des Menschengeschlechts, zum Verschwinden Trojas und zur Auflösung des Reiches von Mykenai führen sollte. Der Götterkönig selbst bezeichnete den jungen Mann, bei dem die Entscheidung lag[112]. Zu ihm hatte Hermes den Apfel zu bringen und die drei Göttinnen zu geleiten, jenseits des Meeres, während Peleus mit seiner Lanze und den unsterblichen Rossen zuerst gegen Iolkos zog, um Akastos und seine Frau zu bestrafen, und dann mit Thetis und der Beute seinen Einzug in Phthia hielt[113]. Nach den späteren Erzählern[114] waren es die Städte Pharsalos und Thetideion, »Heiligtum der Thetis[115]«, die er bewohnte. Dort herrschte er, der sterbliche Gatte einer Göttin, die, wie man gleich hören wird, nicht allen Überlieferungen nach bei ihm blieb.

Jenseits des Hellespontos erhob sich das Idagebirge und unter diesem Götterberg, auf einem Hügel am Skamandrosflusse – in der Sprache der Götter dem Xanthos, dem »Blonden«[116] –, die feste Burg Troja. Poseidon und Apollon hatten sie für Laomedon erbaut, Herakles und Telamon, der Bruder oder Freund des Peleus, zum erstenmal zerstört: man hat die Erzählung darüber gehört. Jetzt herrschte Priamos da, der einzige Sohn des Laomedon, den Herakles verschont[117]. Ursprünglich hatte er Podarkes geheißen, »der mit den guten Füßen«; man kennt aber die Geschichte, wie er seinen berühmten Namen angeblich erhielt. Seine Schwester Hesione hatte ihn mit ihrem goldgewirkten Schleier von Herakles losgekauft. Sie selbst ist dem Telamon nach Salamis gefolgt und gebar ihm Teukros[118], der später mit seinem Halbbruder Aias am Trojanischen Krieg teilnahm. Denn was sie gehofft, daß Troja unter der Herrschaft ihres jüngsten Bruders wiedererstehen würde[119], ging in Erfüllung. In der neuerbauten Burg gründete Priamos die kinderreichste königliche Familie, von der die Heroengeschichten wissen. Fünfzig Söhne haben ihm seine Frau und die Kebsweiber geboren – um von den Töchtern nicht zu reden: von so vielen spricht er dem Achilleus[120], als die meisten schon gefallen waren. Wirklich bedeutet »Priamos« wohl so viel wie *perramos*: König[121]. Die Königin Hekabe trug hingegen einen göttlichen Namen, denn so mußte auf phrygisch der Name der Göttin lauten, die die attischen Bauern ihre Hekale nannten. Hinter beiden alten Frauen der Heroengeschichten ragt die unheimliche Gestalt der großen Göttin Hekate empor. Zum Vater gab man der Hekabe[122] den Fluß Sangarios oder, wenn Sterbliche, so darunter einen mit Namen Kisseus, den »Efeuträger«. Sie sollte auch nicht als Menschenfrau sterben, sondern sich in einen Hund verwandeln, eine Gespensterhündin mit feurigen Augen[123], und sich ins Meer stürzen[124]: würdig der »starken Göttin«, deren eine Erscheinungsform die Meerhündin Skylla war[125].

Bald nach der Geburt ihres ersten Sohnes, Hektors, des »Schirmers[126]«, der am erfolgreichsten die Griechen von Troja abwehren sollte, träumte es Hekabe in ihrer zweiten Schwangerschaft[127], daß sie eine brennende Fackel gebar. Das Feuer breitete sich über die ganze Stadt aus. Eine feuertragende, hundertarmige Erinys riß, nach den Worten eines Dichters[128], im Traumgesicht der Königin Troja nieder. Unter den Wahrsagern, die den Traum zu deuten hatten, wird uns auch Herophile genannt[129], »die der Hera liebe«, die erste und älteste der Sibyllen, Priesterin des Apollon Smintheus. Eine Wahrsagerin war aber auch Kassandra, die Tochter des Priamos, die ihre prophetische Gabe gleichfalls Apollon verdankte, doch, da sie die Liebe des Gottes zurückwies, nie Glauben fand[130]. Kassandra forderte, daß das Kind, das Hekabe gebären sollte, getötet werde[131]. Priamos ließ darauf den Knaben ins Idagebirge bringen und dort aussetzen[132]. Es war der Bereich der Herrin der wilden Tiere, von der man weiß[133], daß sie die Bärengestalt liebte. Dem Kind erging es wie Atalante: eine Bärin säugte es fünf Tage lang[134]. Die Hirten, die es fanden[135], nannten es zuerst Paris[134a], später aber Alexandros, »den Männer Abwehrenden und Beschützenden[136]«: Namen, die wohl beide einem Königssohn ziemten. War Oinone, die Nymphe mit dionysischem Namen, die Tochter eines Flußgottes, von der die späten Erzähler[137] nur als von der Frau des Paris in seiner Hirtenzeit wußten – war sie ursprünglich seine Amme? In welcher Gestalt und unter welchem Namen immer: eine göttliche Bewohnerin des Idagebirges hatte das Kind am Leben erhalten.

Zu dem trojanischen Prinzen und Hirten führte Hermes auf Geheiß des Zeus die drei Göttinnen, damit er die Wahl treffe, wem der Apfel gehöre. Er sollte sagen, welche die Schönste sei – nach den alten Dichtern und Erzählern, die mit diesen Worten kaum den bloßen Liebreiz meinten, sondern das Höchste von all dem Guten, was die Welt enthält. Denn es brauchte weder einen Königssohn noch einen Hirtenknaben, zu entscheiden, daß Aphrodite den meisten Liebreiz am Himmel, auf der Erde und im Meer besaß. Der Philosoph hatte recht, der behauptete[138], Paris hätte da zwischen kriegerischer Zucht, der Liebe gewidmetem Leben und Königtum zu wählen: das erste wäre das Geschenk der Athene, das letzte das der Hera gewesen. Drei Formen des in allen Formen göttlichen Seins sind ihm entgegengetreten, und die Vertreterinnen dieser Formen trugen deren Glanz. Sie waren alle drei schön. Um ihre Schönheit zu steigern, wuschen sie sich aber in den reich fließenden Quellen des Ida[139]. Doch nicht einmal Aphrodite entkleidete sich in den alten Erzählungen. Es ging in ihnen eben nicht um den Glanz eines schönen Leibes. Die Liebesgöttin ließ sich[140] von den Chariten und Horen ein Prachtgewand in allen Farben des Frühlings anlegen, sich mit duftenden Blumen bekränzen und mit Gesang zu Paris geleiten. Dennoch standen dem Hirten bei der Erscheinung der Göttinnen die Haare zu Berge[141], als sähe er Geister. Am liebsten wäre er weggelaufen. Da haben die Göttinnen ihre Gaben ihm angeboten[142]: Athene Sieg und Heldentum, Hera die Herrschaft über Asien und Europa, Aphrodite den Besitz der Zeustochter Helena.

Als Paris dessen inne wurde, welche Wahl er da treffen durfte, schalt er die anderen zwei Göttinnen aus[143]. Er beleidigte sie in seiner Torheit auf unnötige Weise und gab seiner Liebestollheit nach, ohne die schöne Schwester der Dioskuren je gesehen zu haben. Der Ruhm ihrer Schönheit hatte damals die ganze Welt erfüllt. Theseus hatte sie schon geraubt, doch ihre Brüder hatten sie aus Aphidna zurückgeholt, und sie verweilte in Lakonien. Dorthin sollte Paris hinüberfahren. Es sollten ihm Schiffe gezimmert werden[144]: daher geschah es wohl, was uns ein Vasenmaler zu erzählen scheint. Die Artemis vom Ida führte den Königssohn in das Elternhaus zurück. Es wurde auch erzählt[145], daß Paris selbst im Idagebirge mit dem Fällen der Fichten beschäftigt war, um das Schiff zu zimmern, das unvergleichlich mehr Leid verursachen sollte als jenes andere, das einst vom Pelion auf das Meer hinunterstieg.

Dort, in Thessalien, gebar Thetis dem Peleus einen Sohn und kehrte nachher, laut den meisten Erzählungen, auf den Meeresgrund zurück[145a], wenn auch vielleicht nicht für immer: sie mag ihr göttliches Dasein zwischen dem Haus des Peleus und dem Palast des Nereus geteilt haben. Es gab freilich Erzähler, die behaupteten[146], sie hätte sich nur ein einziges Mal mit dem Heros vereinigt, wie Aphrodite nach der bekannten Göttergeschichte[146a] mit Anchises. Vielleicht wurde Achilleus nach dieser Erzählung in der Tiefe des Meeres geboren und von der Mutter auf die Küste gesetzt, wohin er sich später so oft begab, um sie zu rufen[147]. Der Name Achilleus ist mit Namen von Flußgöttern, in der Tiefe des Wassers lebenden Wesen, wie Acheloos und Acheles, nächst verwandt. Man fabelte bei ihm auch von einem Namenwechsel[148]: er soll früher Ligyron, »der mit heller Stimme«, geheißen haben. Man erfand Verschiedenes, um das Natürliche zu begründen, daß Thetis ihr eigenes Element dem fruchtbaren Boden von Phthia vorzog. Peleus soll sie beleidigt haben[149]. Oder sie versuchte ihre Kinder – denn nach diesen späten Erzählern gebar sie mehrere – so zu erproben, ob sie unsterblich seien, daß sie sie in einen Kessel voll Wasser warf[150]. Sie wollte sie unsterblich machen wie Demeter den Demophoon und hielt sie ins Feuer[151]. Sie gingen alle zugrunde daran, nur den Achilleus rettete Peleus. Thetis aber zürnte wie Medeia, daß sie in ihren geheimen Handlungen gestört wurde[151a]: lauter Wiederholungen von bekannten Geschichten, die ursprünglich alle nicht Achilleus betrafen. Eine ältere, wenn auch nicht ganz alte Erzählung scheint es zu sein, daß die Göttin ihren Sohn in den Styx, den unterweltlichen Fluß, tauchte[152]. Dadurch sei Achilleus unverwundbar geworden, bis auf die Ferse, an der ihn seine Mutter gehalten hatte. Den fast unsterblich gemachten Sohn verließ sie aber dann auch. Peleus brachte den Knaben zu Chiron, und der Kentaur ernährte ihn in seiner Höhle mit den Eingeweiden von Löwen und Ebern und mit dem Mark von Bären[153]. Mit sechs Jahren begann er die Jagd auf wilde Tiere[153a]. Chiron verdankte er seine schlichte Art[153b], von ihm erlernte er die Heilkunst[153c]. Daß Achilleus von Chiron auch im Saitenspiel unterrichtet wurde, glaubte[153d] und stellte man später gerne dar.

VIII. Die Heroen des Trojanischen Krieges

Es gelang den alten Erzählern nie, die einzelnen Geschichten der Heroenmythologie zu einer einzigen großen Geschichte widerspruchslos zusammenzufügen. Besonders darin blieb eine Unsicherheit immer bestehen, was sich gleichzeitig, was früher, was später ereignete. Wer wüßte nicht, daß die zwei Söhne des Atreus, Agamemnon und Menelaos, die zwei gefährlichsten Töchter aus dem Hause des Tyndareos, der die Brüder heimgeführt hatte, zu Gattinnen wählten: Klytaimnestra und Helena? Wann geschah aber dies? Wie Helena einmal schon geraubt wurde, ehe sie Menelaos heiratete, hatte auch Klytaimnestra vor Agamemnon einen Gatten gehabt. Er war angeblich[154] ein Sohn des Thyestes, nach seinem Urgroßvater Tantalos genannt. Agamemnon muß in mächtiger Liebe zur Frau seines Vetters entbrannt gewesen sein. Und damals zeigte sich zum erstenmal auch seine keine Grenzen achtende Herrschernatur, der Charakter eines irdischen Zeus, in seiner Jugend sogar mit titanischen Zügen. Er schlug Tantalos tot, riß sein Kind von der Brust der Mutter, schmetterte es zu Boden und entführte mit Gewalt die junge Frau[155]. Seine frühe leidenschaftliche Verbindung mit Klytaimnestra, die nicht als Tochter des Zeus galt, erklärt es, daß Agamemnon um Helena, nachdem die Dioskuren sie befreit hatten, für seinen Bruder Menelaos freite. Denn vom Freien durfte der große König von Mykenai nicht fortbleiben, er mußte den Sieg davontragen.

Das Freien um Helena fiel also schon in die Zeit, als Agamemnon an der Stelle des Thyestes herrschte. Aber die Behauptung[156], Achilleus hätte damals über Menelaos nur deshalb nicht gesiegt, weil er noch ein Kind war und in der Obhut des Chiron lebte, oder gar die Prahlerei der Helena bei Euripides[157], der Sohn der Thetis sei bei dem Freien dagewesen, passen zum Verhältnis der Zeiten nicht. Wenn Helena, als sie von Paris entführt wurde, ihre kleine Tochter verließ[158], die vielleicht neun Jahre alt war[159], so muß ihre Verheiratung vor der Hochzeit des Peleus und der Thetis stattgefunden haben. Der Sinn des Brauches, um eine Königstochter durch würdige Freier aus dem ganzen Lande zugleich werben zu lassen, bestand nicht so sehr darin, dem Mädchen die Gelegenheit zur Wahl zu geben, als den Freiern die Möglichkeit zu bieten, alle Pracht und Macht zu entfalten, deren sie fähig waren. Sie konnten das tun, selbst wenn sie nicht selber kamen.

Es war dies jetzt eine Art Wettkampf um die berühmte schöne Tochter, ein Ebenbild der goldenen Aphrodite[160], die Leda, mindestens eine Okeanine – denn auch dafür wurde sie gehalten[161] –, dem Zeus und dem Tyndareos geboren hatte. Das Amt des Richters konnten außer dem irdischen Vater[162] die Brüder, die Dioskuren, übernehmen[163]. Es wurde erzählt[164], daß am Freien alle Heroen auf irgendeine

Weise teilgenommen haben, die wegen Helena um Troja kämpfen sollten: diejenigen, die nicht nur kleine Könige oder Gefährten von Königen waren und »Heroen« nur im Sinne von »edlen Herren«, sondern die ihre Geschichte und nach ihrem Tod eine besondere Verehrung haben sollten – Gestalten, auf denen der Schatten eines mit keinem anderen verwechselbaren Schicksals ruhte. Wenn man sie kennenlernen will, muß man auf jenes Schicksal vorausblicken.

Daß Agamemnon nicht für sich selbst, sondern für seinen jüngeren Bruder freite, wurde schon gesagt. Er sollte für Menelaos auch das Heer der Griechen gegen Troja führen und nach neun Jahren des Krieges doch fast die Ursache eines vollständigen Rückschlags werden, eben weil er so war, wie er sich immer zeigte: ein König durch und durch[164a], das Haupt und die Augen wie die des Zeus, den Gürtel wie der des Ares, die Brust wie die des Poseidon, schön und majestätisch[164b], doch immer verhängnisvoll mit einer Frau verbunden – unter den Mauern von Troja mit Chryseis, der Tochter des Apollonpriesters Chryses, seiner Kebse, deretwillen er den Gott beleidigte[165]. Damals hatte er für diese Frau eine größere Leidenschaft als für Klytaimnestra[166], die sich unterdessen[167] in Mykenai mit dem Rächer, dem Sohn des Thyestes aus seiner unterweltlichen Verbindung mit Pelopia, verbündete. Es wurde eine Geschichte für die tragische Bühne: der große König, der vom Geliebten seiner Frau wie ein Stier abgeschlachtet wird[168]. Das Bild des Stieres und der Kuh, wie Kassandra, die Prophetin, von Agamemnon nach Argos mitgeschleppt, das königliche Paar sah[169], war freilich in den ältesten Zeiten nicht einmal eines göttlichen Paares, des Zeus und der Hera, unwürdig. Ein Altar des Zeus Agamemnon[170], wie wenn der Heros nach seinem Tode tatsächlich mit dem Götterkönig identisch geworden wäre, stand in Sparta, dem Herrschersitz seines ihn überlebenden Bruders Menelaos. Den Ort seiner Verehrung als Heros erhielt uns die bergende Erde: auf dem äußeren Gebiet von Mykenai, wo auch Perseus seinen Kult besaß, bei einer alten Brücke an der Straße, die zur Burg führte.

Als erster[171] oder doch unter den ersten Freiern[172] wird uns Odysseus genannt. Er kam nicht selber und schickte auch Geschenke nicht, da er doch wußte, daß Menelaos siegen wird: ein König vom kleinen Ithaka konnte mit dem Bruder des großen Königs von Argos und Mykenai nicht wetteifern. Er beriet nur durch seine Botschaften, aus der Ferne, die Dioskuren[173]. Von ihm soll der Ratschlag stammen[174], daß Tyndareos die Freier vereidigen müsse, damit sie sich der Wahl der Helena unterwerfen und nachher dem Auserwählten helfen, wenn jemand die Frau ihm streitig machen wollte. Denn als sie zu freien kamen, waren sie gegeneinander von Mordgelüsten erfüllt[175]. So leisteten alle den Eid, auf einem geopferten Pferd stehend[176]. Das ist einer der Gründe geworden – der andre war die führende Macht des Agamemnon –, warum die damaligen Freier am Zug gegen Troja als Helfer des Menelaos teilnahmen.

Odysseus zog der Ehe mit Helena die mit Penelope vor[177], der Tochter des Ikarios, eines Bruders des Tyndareos, die das Sinnbild der Treue für alle Zeiten werden sollte. Sie hatte *penelops*, die »Ente«, in ihrem Namen[178], deren Bild auf alten, in Gräbern gefundenen Gefäßen so oft auf eine bergende gute Göttin hinweist. Die menschliche Gestalt der Frau des Odysseus gehört indessen in die heroische Dichtung, deren Grenzen hier fortwährend gestreift, und nur, wenn es für die Darstellung der Heroenmythologie unvermeidlich ist, durchbrochen werden.

Man sieht, daß Odysseus sich als der gescheiteste aller Menschen erweist, wenn auch nicht so gescheit – man wird auch dies bald hören –, daß er sich vom trauer- und leidensvollen Krieg, der ihn von Penelope trennen und für ihn schließlich mit der bekannten abenteuerlichen Fahrt enden sollte, hätte befreien können. Aber auch so war er seines Großvaters, des Meisterdiebes Autolykos, würdig, der nach alter Geschichte, die bereits erzählt wurde, seine Tochter Antikleia deswegen mit Sisyphos, dem Erzschelm, zusammenführte, damit die beiden ihm einen solchen Enkel zeugten. Als Odysseus im Hause des Laertes, als dessen Sohn er unter den Heroen des Trojanischen Krieges gelten sollte, geboren wurde, weilte Autolykos gerade als Gast bei seinem Schwiegersohn und seiner Tochter. Sie ließen das Kind auf die Knie des Großvaters legen und baten ihn, einen Namen für den Neugeborenen zu erfinden[179]. Der alte Räuber soll nun gesagt haben: »Da mich so vieler Menschen Haß hierher begleitet, soll er Odysseus gerufen werden.« Der »Gehaßte« heißt auf griechisch *odyssomenos*, und so erklärte der Dichter der Odyssee den Namen seines Helden, obwohl er bei ihm keineswegs eine dermaßen hassenswerte Gestalt war wie in anderen Erzählungen, die nicht bei Homer stehen. Wir erfahren hier aber auch, daß die Namen in jenen Zeiten eine Bedeutung haben mußten, bei den Griechen ebenso wie bei anderen Völkern.

Durch Autolykos, den Sohn des Hermes, stammte Odysseus von diesem Gott ab. Doch er gehörte zugleich zu jenen Heroen, die unter dem besonderen Schutz der Göttin Athene standen[180]. Er wurde angeblich[181] im Umkreis des Heiligtums der Athene Alalkomene in Böotien geboren, und daher hieß, so wurde weiter behauptet, eine Stadt auf Ithaka gleichfalls Alalkomenai. Ob nun vom einen oder vom anderen heiligen Ort der Alalkomene aus, die Göttin nahm ihn seit seiner Geburt in ihre Obhut. Im Trojanischen Krieg war er mit einem anderen Schützling der Pallas Athene, dem Diomedes, der unter den Freiern der Helena gleich nach ihm genannt wird[182], am meisten verbunden. Mit ihm unternahm er blutige Taten, und nicht nur solche, die zur Eroberung von Troja unerläßlich waren. Sie machten ihn bei vielen Menschen verhaßt, um nicht zu reden vom Haß des Aias gegen Odysseus. Man wird von all dem noch hören.

Unter den Sieben, die gegen Theben gezogen waren, ist der Vater des Diomedes, Tydeus, der Liebling der Athene gewesen, doch, wie

251

man sich erinnert, ein schrecklicher und unwürdiger Liebling. Ihre mütterliche Liebe übertrug die Göttin auf seinen Sohn. Dieser nahm, wie schon angedeutet, an der Zerstörung von Theben unter den Epigonen teil und herrschte als Eidam des Adrastos in Argos: nicht viel milderen Wesens als sein Vater, eher wie ein zweiter Ares, mit Athene verbunden. Unter den Mauern von Troja sollte er der mächtigste Krieger nach Achilleus werden und sich Ares gegenüber sogar als überlegen erweisen. Von Athene unterstützt, traf er mit seinem Speer den Kriegsgott, daß er hinfiel und aufschrie wie neun- oder zehntausend Kämpfer[183]. Vorher verwundete er schon Aphrodite, die ihren Sohn Aineias vor ihm gerettet hatte[184]. Ihm allein unter allen Kämpfenden hatte Pallas Athene den Nebel von den Augen genommen, damit er im Schlachtgetümmel die Götter erkenne[185].

Doch die Strafe des leidenschaftlichen Kriegers, der für sein blutiges Handwerk seine schöne Frau verließ, war schon bereit. Nicht lange sollte Aigialeia, die kluge Tochter des Adrastos, nachts in ihrem einsamen Bett aufschluchzen, so daß das ganze Haus aufwachte[186]! Sie suchte bald Trost bei den jungen Männern von Argos[187]. Ob nun Diomedes je heimgekehrt ist[188] und von den Geliebten seiner Frau vertrieben wurde[189] oder Argos vermied[190] und gleich Süditalien aufsuchte, es heißt[191], daß die blonde Göttin mit den Eulenaugen ihn zu einem unsterblichen Gott machte, der seine Verehrung in Großgriechenland genoß[192], vor allem auf einer der kleinen Inseln – heute Le Tremiti genannt – dem Monte Gargano gegenüber. Sie sollte seinen Namen tragen, während seine Gefährten zu Wildenten in den Sümpfen unterhalb des Garganos wurden[193], zu »Diomedesvögeln«. Oben auf dem Berg, wo heute der Erzengel Michael verehrt wird, sollte Kalchas, der Wahrsager der Griechen bei Troja, seine Orakelstätte erhalten[194].

Auch der künftige Feind des Odysseus, Aias, der Sohn des Telamon, war unter den Freiern der Helena[195]. Von seiner kleinen Insel Salamis aus konnte er nicht viel versprechen, er bot aber an – und dies schien ihm ein großzügiges Angebot zu sein[196] –, alle Herden von Troizen, Epidauros, Aigina, Megara, Korinthos, Hermione, Mases und Asine zusammenzurauben. Er wäre dazu mit seiner langen Lanze fähig gewesen. Ohne die schützende Nähe der Göttin Athene schritt er wie Ares in der Schlacht einher[197] und stand in der Erscheinung und in kriegerischen Taten nur dem Achilleus nach[198]. Riesenhaft an Gestalt[199], mit seinem turmhohen Schild[200], der mit ihm auch seinen Halbbruder Teukros ganz decken konnte[201], allein noch keinen Panzer tragend, ragte er wie aus älteren Zeiten in die Kämpfe um Troja hinein. Der Steinwurf der alten Heroen gehörte noch zu seiner Kriegskunst[202]. Den späteren Erzählern galt er wie Achilleus für unverwundbar[203] und Herakles als der Finder seines Namens[204]. Der Sohn des Zeus war bei Telamon eingetroffen, um ihn zu seinem Zug gegen Troja zu rufen, als er und seine Gefährten gerade bei dem Mahl waren. Mit dem goldenen Becher in der Hand betete Herakles zu

seinem Vater und bat für den Gastfreund, den Gatten der schönen
Eriboia, um einen kühnen Knaben, dessen Körper unverwundbar sei
wie sein eigenes Löwenfell und dessen Mut dementsprechend. Zeus
ließ seinen Adler zur Bestätigung dieser Worte heranfliegen und
darauf Herakles, wie ein Seher: »Es wird ein Sohn dir, Telamon, den
du wünschest, geboren werden. Nach dem *aietos*, dem Adler, sollst
du ihn Aias nennen!«

Nach einer anderen Erzählung[205] hatte Herakles den kleinen Aias
unverwundbar gemacht, indem er ihn in seine Löwenhaut wickelte,
nur in der Achselhöhle nicht, wo das Kind vom Fell unberührt blieb.
Denn sehr verwundbar war Aias in seiner unbändigen Natur, die
keine Grenzen, weder der Raublust noch der Großzügigkeit, kannte.
Bei den Leichenspielen zu Achilleus' Ehren sollte es mit ihm zum
äußersten kommen. Thetis setzte die Rüstung ihres Sohnes, die von
Hephaistos verfertigt war, zum Ehrenpreis des Heros, der im Krieg
um Troja die größten Verdienste hatte[206]. Es war eine schwere Entscheidung, die zwischen Odysseus und Aias getroffen werden mußte[207].
Als sie zuletzt, nach dem Willen der Pallas Athene[208], zugunsten des
Schlauen und nicht des Starken fiel, tötete sich Aias im Wahnsinn[209].
Er wurde ein unheimliches Beispiel dafür, wie die Götter eine Un-
bändigkeit bestrafen[210], die uns eher kindisch als sündhaft erscheint
und die für keinen unter den Heroen so bezeichnend war wie für diesen
Riesen mit der langen Lanze und dem turmhohen Schild. Er zürnte
in der Unterwelt noch dem Odysseus und erwiderte seine versöhn-
lichen Worte nicht[211]. Die Salaminier aber bauten ihm auf ihrem Markt
ein Heiligtum, stellten darin seine Statue aus Ebenholz auf, und die
Athener schlossen sich ihrer Verehrung an[212]. Alle Griechen beteten
vor der Schlacht von Salamis zu Aias und seinem Vater[213].

Angeblich war auch der andere Heros gleichen Namens, Aias, der
Sohn des Oileus aus Ostlokris, nördlich von Böotien, unter den
Freiern der Helena[214]. Mit ihm, dem viel kleineren an Statur[215], war
der Salaminier unter den Mauern von Troja so befreundet, daß sie
fast nur als ein Heroenpaar erschienen sind, die beiden Aias, wie zwei
Löwen, die das gleiche Zicklein erbeuten[216], oder wie zwei Stiere, die
am gleichen Pflug ziehen[217] – beide unersättlich im Kampfe[218]. Dafür,
daß er kleiner war, hatte der Sohn des Oileus schnelle Füße, um die
Feinde zu verfolgen[219]. Und er wurde ein wahrer Frevler gegen die
Götter. Als Troja fiel und Kassandra sich zur Statue flüchtete, in der
die Troerinnen Pallas Athene verehrten, riß Aias sie mit Gewalt fort.
Sie klammerte sich an das Bildnis der Göttin, so daß es umfiel[220].
Nicht achtete darauf der wilde Aias. Wenn es auch nicht wahr ist[221],
daß er die unglückliche Prophetin vergewaltigte und das Kultbild
beim Anblick des Frevels die Augen zum Himmel richtete[222], so wohl
nur darum, weil die Griechen selbst ihn daran hinderten und steinigen wollten[223].

Aias, der sich um die Götter nicht kümmerte, schwor seinen Versuch ab[224], Kassandra mußte Agamemnon folgen – der Zorn der

253

Athene verfolgte beide, doch mehr den Aias[225]. Die Flotte, mit der beide Sünder heimkehren wollten (Agamemnon mit Kassandra), wurde bei dem Kap Kaphareus, dem südöstlichen Vorsprung der Insel Euboia, von einem Sturm erfaßt[226]. Das Schiff des Aias ging unter, doch Poseidon ließ ihn selbst dem nahen Felsen schwimmend zutreiben[227]. Er hielt sich daran fest und rief aus, er rette sich gegen den Willen der Götter. Der Gott des Meeres zerschmetterte den Felsen, und Aias ertrank. Die Bewohner von Opus in Lokris verehrten dennoch den Heros[228], wohl in der Gestalt einer mächtigen Schlange, die ihn – so wußte es ein später Erzähler[229] – in seinem Leben wie ein Hund begleitet hatte. Die Lokrer mußten indessen zur Sühne seines Frevels[230] tausend Jahre lang[231], ja noch darüber hinaus[232] immer wieder Mädchen zum schwierigsten Dienst bei der Athene von Ilion in das einstige Land des Priamos hinüberschicken[223].

Angeblich[234] freiten auch die beiden Arzt-Heroen des Trojanischen Krieges, Machaon und Podaleirios, die Söhne des Asklepios, um Helena. Als Machaon, der Wundarzt, durch den Pfeil des Paris verwundet wird, ist es ein Tiefpunkt des Krieges für die Griechen[234a]. Vom Idomeneus, dem Enkel des Minos, heißt es ausdrücklich[235], daß er persönlich zu freien kam und nicht etwa Boten schickte. Es war aber auch ihm nicht beschieden, als Gatte der Helena berühmt zu werden, sondern nur durch kriegerische Taten um Troja und durch sein Schicksal, das ihn nach seiner Heimkehr ereilte. Auch er geriet auf der Heimfahrt in einen großen Sturm. In der Gefahr gelobte er, das erste Lebewesen, das ihm begegnen würde, dem Poseidon zu opfern[236]. Der ihm auf dem Lande als erster entgegenkam, war sein eigener Sohn. Oder, so wird die Geschichte ebenfalls überliefert, es war seine Tochter[237]. Ob er sein Kind wirklich geopfert hat, sagen die späten Erzähler nicht: vielleicht hat er sich geweigert. Er wurde von seinem Volk vertrieben, mußte deshalb nach Großgriechenland übersiedeln und nahm die äußerste Spitze des Landes, südlich vor Otranto, in Besitz.

Den Kranz, der dem Eidam des Zeus bestimmt war, reichte Helena dem Menelaos[238]. Der Bruder des Agamemnon sollte nicht viel anders in die Heroengeschichten eingehen als irgend einer der alten kleinasiatischen Könige aus Gnaden einer Göttin, nur daß ihn die Gottheit – in der Gestalt der Helena, nach dem Willen des Zeus und ihrer Mutter, der Nemesis – zum eigenen Gatten erkoren hatte. Sparta gegenüber, über dem östlichen Ufer des Eurotas, auf dem Gebiet von Therapne, stand seit alten Zeiten das Heiligtum der Göttin Helena, die da – so wurde erzählt[239] – auch persönlich erscheinen konnte, wenn es galt, ein häßliches Kind in ein schönes Mädchen zu verwandeln. Menelaos aber war es vorbehalten, von Helena zum Gott erhoben[240], bei lebendigem Leibe ins Elysion entrückt zu werden[241], während sie beide in Therapne an sogenannten Gräbern verehrt wurden[242]. Er sollte nicht als Letzter der Helden um Troja genannt werden[243], zugleich indessen für alle Zeiten durch eine Milde ausgezeichnet bleiben[244], wie es dem eher dienenden als fordernden Genossen der göttlichen Gattin ziemte. Gehörte der Name Menelaos – »der auf das Volk wartet« – einem Unterweltsgott, so doch einem milden Herrn der Toten. Blond war er, mit blauen Augen, mit dem Flaum der Jugend an den Wangen und mit feinen Füßen[244a]. Helena gebar ihm eine einzige Tochter, gleichsam ihre jüngere Doppelgängerin, wie Hebe die der Hera und sie selbst die der Leda oder Nemesis war. Die Götter verliehen ihr, laut der alten Überlieferung[245], keine Geburt mehr, nachdem sie das Kind voller Reize, Hermione, geboren.

Die Ehe wäre am besten mit der von Thetis und Peleus zu vergleichen, wenn wiederum, nach dem Willen des Zeus und jetzt auch nach dem der Aphrodite, Paris, der neue Auserwählte, nicht aufgetaucht wäre. Dies geschah wohl im zehnten Jahr, nachdem um Helena gefreit wurde. Man erinnert sich auch aus der Geschichte der spartanischen Dioskuren, daß der trojanische Prinz, der in der Begleitung von Aineias, dem Sohn der Liebesgöttin, nach Lakonien kam, von Kastor und Polydeukes empfangen wurde, nicht in Sparta selbst, sondern in Amyklai[246]. Man weiß ferner schon, daß die Dioskuren durch den Streit mit ihren messenischen Vettern bald abgelenkt wurden. In Sparta empfing Menelaos die Gäste. Am zehnten Tage[247] – zehn ist die bedeutsame Zahl in dieser Geschichte – mußte er nach Kreta fahren. Oft hatte er Idomeneus, den Enkel des Minos, zum Gast gehabt[248]. Helena verfiel der Macht der Aphrodite wie eine sterbliche Königin, als welche sie vom großen Homer geschildert wird[249]. Sie folgte Paris mit vielen Schätzen des königlichen Hauses in der Nacht[250]. Das Paar vereinigte sich auf dem »felsigen Eiland«, Kranae[251], welches immer dies von den zahllosen kleinen Inseln des Ägäischen Meeres sein mochte. Es war wie eine Wiederholung der Geschichte der Ariadne, nur daß Paris die Rolle des Theseus und des Dionysos zugleich spielte. Die Hochzeit feierten sie in Troja[252].

Die Götterbotin Iris brachte die Nachricht dem Menelaos nach Kreta[253]. Menelaos begab sich zu seinem Bruder nach Mykenai[254]. Er beriet sich auch mit König Nestor in Pylos[255], dem einzigen überlebenden Sohn des Neleus – die übrigen hatte Herakles getötet –, und es scheint, daß die Aufgabe des damals schon alten Weisen dies war: mit Odysseus bei Peleus zu erreichen, daß er seinen Sohn Achilleus nach Troja ziehen lasse[256]. Das Schicksal des Sohnes der Thetis war mit Troja verbunden: darüber müssen die Moiren mit hohen und dunklen Worten bei der Hochzeit seiner Eltern gesungen haben. Ganz Griechenland scheint von diesem Schicksal, wenn auch nicht wie die göttliche Mutter, gewußt zu haben. Aber mit Freierschwur war Achilleus nicht verpflichtet, am Zuge teilzunehmen. Zu den einstigen Freiern schickte Agamemnon Boten aus[257], erinnerte sie an ihren Eid und auch daran, daß von nun an kein König in Hellas seiner Frau sicher sein könne, wenn sie den Verführer nicht bestraften. Auch so brauchte es zehn Jahre[257a], um sie alle zuerst zur

Versammlung ihrer Mannschaften und Schiffe in Aulis zu bewegen und dazu, in der Richtung nach Troja abzufahren.

Odysseus war gescheit genug – er allein[258] außer Peleus, der um das Schicksal seines Sohnes von Thetis wußte[259] und ihn daher nicht hinschicken wollte –, den Ruf von sich fernzuhalten. Man behauptete[260], ein Orakel hätte ihm vorausgesagt, er würde, wenn er mitzöge, erst nach zwanzig Jahren allein zu den Seinigen heimkehren. Zehn Jahre lang sollte tatsächlich der Trojanische Krieg und weitere zehn sollten die Irrfahrten des Odysseus dauern. Als nun Agamemnon[261] mit einer großen Gefolgschaft, in der sich außer Menelaos auch Palamedes, der Sohn des Nauplios und Enkel der Danaide Amymone, befand, auf Ithaka eintraf, führte sich der Schlaue wie ein Wahnsinniger auf. Seit kurzem erst war er mit Penelope verheiratet. Sie hatten einen kleinen Sohn, den sie bald mit Recht Telemachos nennen sollten: denn damals entschied es sich, daß sein Vater ein »in der Ferne Kämpfender« werden sollte. Als wäre er ein reiner Tor, spannte er seinem Pflug ein Pferd und einen Ochsen vor und trug eine Kopfbedeckung[262], die eines Königs keineswegs würdig war, sondern ihn einem lächerlichen Kabiren oder Hephaistos ähnlich machte.

Palamedes, der Heros »von den Handgriffen und Kunststücken« – *palamai* –, durchschaute ihn. Er legte den kleinen Telemachos vor dem törichten Pflüger auf die Erde. »Komm doch in unseren Bund«, sagte er ihm[263]. Odysseus blieb nichts anderes übrig, wollte er die Furche nicht durch seinen eigenen Sohn hindurch ziehen. Er zeigte aber bald seine verhaßte Seite dem Palamedes. Nicht nur als ein großer Erfinder sollte dieser für die Zukunft gelten[264] – Erfinder von Buchstaben, von bezeichneten Würfeln und von Zahlen[265] –, sondern auch als der erste unschuldig Verurteilte. Die Griechen steinigten ihn unter den Mauern von Troja, nachdem Odysseus Gold und einen gefälschten Brief des Priamos in sein Zelt geschmuggelt hatte[266].

Bei Homer ist von all dem nichts zu erfahren, wie auch jene Geschichte nicht erzählt wird, wie Achilleus, ehe ihn Nestor und Odysseus hätten holen können, von Thetis in Sicherheit gebracht wurde[267]. Sie schickte den neunjährigen Knaben[268] zu jenem König Lykomedes nach der Insel Skyros, bei dem Theseus seinen grundlosen Tod fand: dem Namen nach einem König »mit Wolfsgedanken«. Achilleus selbst nennt bei Homer[269] den König von Skyros Enyeus, ein Name, der einen »guten Krieger« bedeutet. Sonst heißt es indessen von diesem Enyeus[270], daß er ein Sohn des Dionysos und der Ariadne war. Dem Achilleus erging es auf Skyros ähnlich wie dem kleinen Dionysos im Hause des Athamas[271]: er wurde da als Mädchen erzogen. Er lebte unter den Töchtern des Königs und hieß von der Farbe seines Haares Pyrrha, die »Rotblonde[272]«.

Das Gerücht verbreitete sich, Achilleus sei bei Lykomedes verborgen. Der König von Skyros war sicher, daß man den Knaben nicht finden werde, und sandte den Königen um Agamemnon die Botschaft: »Kommt und sucht ihn!« Odysseus erschien im Palast des

Lykomedes und brachte Frauengewänder mit. Er wünschte sie den Töchtern des Königs anzubieten. So wurde er in den *parthenon*[273], den Wohnraum der Jungfrauen, hereingelassen. Unter den Gewändern lagen ein Schild und ein Speer verborgen. Während Odysseus den Mädchen all das zeigte, ließ er wie zur Schlacht eine Trompete ertönen. Achilleus griff nach den Waffen, und so wurde er entdeckt. Damals indessen war schon die Königstochter Deidameia – »die Feinde Bezwingende« – vom Heros schwanger[274]. Sie gebar ihm – und Achilleus war stolz auf seinen Sohn[275] – den künftigen Krieger mit dem doppelten Namen: Pyrrhos, »der Rotblonde«, und Neoptolemos, »der Erneuerer des Krieges«. Odysseus sollte dereinst auch ihn von Skyros holen[276], damit die Griechen Troja einnehmen könnten.

Wie Homer uns die Geschichte erzählt[277], lief Achilleus aus dem Hause seines Vaters dem Odysseus und dem Nestor entgegen, führte die beiden Kriegshelden voller Bewunderung an der Hand herein, und Peleus brachte es nicht über sich, ihn zurückzuhalten. Er gab dem Sohn seine unsterblichen Pferde – das Geschenk des Poseidon –, denen Hera menschliche Stimmen verleihen sollte[278], damit sie ihren jungen Herrn warnten – oder sein frühes Ende prophezeiten –, und die mächtige Lanze, deren Schaft bei seiner Hochzeit geschnitten wurde.

IX. Iphigeneia und ihre Geschwister

Als Agamemnon zur Versammlung der verbündeten Könige nach Aulis zog, um das Heer der Griechen gegen Troja zu führen, ließ er mit Klytaimnestra, seiner unheilvollen Frau, drei Töchter und einen blühenden Sohn[279], den kleinen Orestes, in seiner Burg zurück. Die Töchter hießen nach Homer[280] Chrysothemis, Laodike und Iphianassa. Die beiden, die namentlich durch die Tragödiendichter sollten berühmt werden, heißen für uns anders: Laodike Elektra und Iphianassa Iphigeneia[281]. Nicht für alle Dichter galten freilich Iphigeneia und Iphianassa nur als zwei Namen für dieselbe Heroine[282], obwohl sie ursprünglich sicher wechselweise zur Anrufung des gleichen göttlichen Wesens dienten, das nicht seit jeher zur Familie des Agamemnon gehörte. Iphianassa bedeutet die »mit Stärke Herrschende«, Iphigeneia vielleicht die »mit Stärke über die Geburten Herrschende«, und Iphigeneia war ein Beiname der Artemis[283]. Mit ihr trat neben Helena eine andere, viel strengere Erscheinungsform der vielgestaltigen Mondgöttin, artemisgleich und nicht aphroditegleich, in engste Verbindung mit dem Haus des Atreus.

Man weiß aus den Erzählungen um Theseus, daß Iphigeneia sogar als Tochter der Helena galt, die sie nach der Befreiung aus Aphidna in Argos gebar und zur Erziehung ihrer Schwester übergab. Laut der Geschichte, die jetzt folgt, war Iphigeneia die erstgeborene, schönste Tochter des Agamemnon und der Klytaimnestra. Während sich das Heer und die Flotte, die es hinüberführen sollte, in Aulis versammelten – ja nach dem zyprischen Dichter, der das Vorspiel und die Ereignisse des Trojanischen Krieges bis zu denjenigen der Ilias erzählte und die Geschichte des Telephos vor die Geschichte der Iphigeneia einschob, zum zweitenmal versammelten[284] –, versündigte sich der große König und Heerführer der Griechen gegen Artemis. Die große Bucht, in der die Schiffe warteten, lag wohl zwischen Hyria und Aulis – diese beiden Ortschaften nennt Homer an erster Stelle[285] –, Euboia gegenüber in Böotien, in einer Gegend, in der heute keine Wälder mehr sichtbar sind, die aber damals außer dem Tempel der Göttin[286] auch einen heiligen Hain der Artemis barg[287]. Dort wurde die Sünde des Agamemnon begangen, und dort mußte sie gesühnt werden.

Die Geschichte der Versündigung des Agamemnon ist nicht leicht zu wiederholen, da die späten Erzähler sie sehr gekürzt und vereinfacht[288], wenn nicht gar entstellt haben[289] und die Tragödiendichter nur in Andeutungen sie berühren. Es scheint, daß damals das günstige Wetter für die Schiffahrt ungewöhnlich lange Zeit ausblieb. Da versprach Agamemnon von sich aus das Schönste, was das Jahr hervorgebracht hatte, der Göttin zu opfern[290]. Dies scheint Artemis angenommen zu haben. Es geschah indessen, daß der König zufällig[291] im Hain der Göttin ein Hirschkälbchen aufscheuchte, mit sprießendem Geweih und mit geflecktem Fell[292]. Wünschte die Göttin dieses schöne Geschöpf für sich als Opfer? Dem Mund des Königs entschlüpfte das unbedachte Wort[293]: »Nicht einmal Artemis selbst...[294]!« Er meinte wohl[295]: »Nicht einmal Artemis selbst, wenn sie es wollte, könnte das Tier mehr retten!« Denn er schlachtete das Hirschkalb sogleich ab[296], gut zielend, im heiligen Hain. Wenn er in seinem allzugroßen Selbstvertrauen nur die Macht der Göttin nicht in Zweifel gezogen hätte!

So hörte das günstige Wetter wieder auf, ob nun ein Sturm ausbrach[297] oder die Winde nunmehr völlig ausblieben[298]. Kalchas, der Wahrsager des Heeres, wurde befragt, und er offenbarte[299], daß die erstgeborene Tochter des Agamemnon müßte geopfert werden, um den Zorn der beleidigten Göttin zu beschwichtigen: für das verfehlte Opfer wäre sie der einzige Gegenwert[300]. Man mußte nach ihr schicken, um sie von ihrer Mutter zu holen. Aber wie wird Klytaimnestra ihre Tochter zur Opferung hergeben? Odysseus soll die Lüge erfunden haben[301], Iphigeneia sollte zur Vermählung mit Achilleus nach Aulis kommen. Hochzeit und Tod, wie in der berühmten Klage der Tochter des Oidipus[302], waren immer verwandte Gedanken, seitdem Hades die Persephone geraubt hatte. Eine Gesandtschaft wurde zu Klytaimnestra geschickt. Odysseus führte das Wort bei ihr[303]. Und sie selbst begleitete die Tochter wie zur Hochzeit[304].

Doch wurde dann Iphigeneia nicht bei den blonden Haaren zur Opferung geschleppt[305]. Ein pompejanisches Wandgemälde zeigt uns, wie Odysseus und Diomedes sie in ihren Armen in die Höhe heben[306] und zum Altar tragen. Das safrangelbe Gewand[307], das die Dienerinnen der Artemis in Brauron trugen[308], fiel von ihr herab, der Busen war frei dem Messer[309]. Agamemnon wandte sich ab und bedeckte das Gesicht. Sie breitete die Arme zu ihrer Göttin aus. Kalchas, der Opferpriester, sah indessen schon, was bevorstand. Artemis wachte über der Szene und zeigte ihre rettende Macht, die Agamemnon bezweifelt hatte. Im Augenblick der Schlachtung[310] vertauschte sie das Mädchen mit einer Hindin und entrückte Iphigeneia durch die Luft nach der Taurischen Halbinsel – heute Krim genannt –, damit sie ihr bei den Barbaren als Priesterin diene. Ihr wurden dort Menschen geopfert: die dorthin verschlagenen Griechen. Diese hatte die Priesterin in Besitz zu nehmen für die Göttin[311], die da als Parthenos, »die Jungfrau«, oder gar Iphigeneia genannt[312], solche unmenschliche Verehrung genoß. Und doch sollte Iphigeneia als der Artemis dienende Heroine und *alter ego* der Göttin in Brauron auf attischem Boden ihre griechische Heimat wiederfinden[313].

Die Griechen waren im Glauben, daß sie Iphigeneia geopfert hatten[314], und umsonst wußte es anders – wenn sie es anders wußte – Klytaimnestra. Ihr mütterlicher Stolz wurde durch den Betrug und den Verlust ihrer Tochter beleidigt, ihre wilde Natur gegen den Gatten bis zum äußersten aufgebracht. So kam es im Haus des Agamemnon nach seiner Rückkehr aus dem Krieg zu den blutigen Taten, welche die älteste Tochter erst viel später erfahren sollte. Wie ein Stier abgeschlachtet wurde Agamemnon laut den Erzählungen der Odyssee nicht in seinem eigenen Palast, sondern bei Aigisthos, der ihn nach seiner Ankunft bewirtet hatte[315]. Er ahnte nicht, daß seine Frau dem Rächer und Verführer schon längst in dessen Haus gefolgt war[316]. Die einzige, die ihn hätte warnen können, Kassandra, fiel der Hand der Klytaimnestra zum Opfer, die zuerst an der Kebse ihres Mannes zur Mörderin wurde[317]. Die unbarmherzige Frau[318] tobte in der Ausführung der längst geplanten Rache – und dies erfolgte nach Aischylos im Palast des Agamemnon. Zweimal, ja noch zum drittenmal schlug sie mit dem Beil[319] zu, als der große König, aus der Wanne tretend, in das Badetuch verwickelt, sich nicht wehren konnte. So schildert sie es selbst[320] in der Tragödie, die den Namen ›Agamemnon‹ als Titel trägt. Und zum Racheplan hätte es auch gehört, den künftigen Rächer zu ermorden, ihren eigenen Sohn, Orestes.

Diesen hatte Elektra, die Schwester mit dem Namen einer großen Göttin, die man aus der Geschichte des Kadmos kennt, gleichsam eine zweite Pallas Athene, beschützt und aus dem Herrschaftsbereich des Aigisthos in Sicherheit gebracht[321]. Orestes war wohl in der Zeit, während er in Phokis aufwuchs, und nachher, als er nach der Ermordung der Mutter, von den Erinyen verfolgt, umherirrte, seines Namens – »der Mann der Berge« – würdig. Phokis umfaßt die hohe Gebirgslandschaft um Delphi. Der Knabe wurde da, am Fuß des Parnassos, wohl in der Stadt Krisa, vom alten Strophios, dem Gastfreund[322] und Verwandten seines Vaters[323], aufgenommen und gewann in dessen Sohn Pylades den treuen Freund, der ihn auf seinen Wanderungen begleiten sollte. Zusammen wuchsen sie auf, zwei Jünglinge, sicherlich dem Apollon lieb und von ihm beschützt, dem Gott des Orakels, in dessen Umkreis sie lebten. Wenn Orestes das Orakel befragte[324], ob er den Mord seines Vaters rächen sollte, so ziemte ihm dies noch mehr als die Fragen anderer Heroen an den Gott in Delphi. Er wäre wohl als erwachsener Sohn seines Vaters auch von sich selbst aus zur Rache ausgezogen. Durfte aber der Sohn den Mord des Vaters an der eigenen Mutter rächen? Wer mochte die Verantwortung dafür übernehmen? Apollon schenkte dem Jüngling, laut einer alten Erzählung, einen Bogen, damit er sich vor den Erinyen, den Rachegeistern der Mutter, verteidigen könne[325]. Die Weisung des Gottes war nicht zweifelhaft.

Sieben Jahre lang herrschte Aigisthos über das Reich von Argos und Mykenai. Im achten Jahr kehrte Orestes heim, aus Phokis von Athen her[326]. Er kam anscheinend im Schutz der Pallas Athene, der Vaterstochter, die in der Familie des Agamemnon gleichsam von Elektra vertreten war, in der königlichen Burg seiner Ahnen an. Homer hält sich da von jeder Ausführlichkeit zurück und vermeidet die Schilderung der Rache des Sohnes an der Mutter und ihrem Buhlen. Ihm wollen wir schweigsam folgen und nicht den großen tragischen Dichtern, die die Mordszenen jeder auf seine eigene Weise abspielen lassen: Aischylos in den ›Choephoroi‹, den ›Trägerinnen der Totenspende‹, Sophokles und Euripides in den Tragödien, die beide ›Elektra‹ heißen. Man mag sie zu Führern auf diesem blutigen Felde nehmen. Am Tage[327], an dem Orestes das Leichenmahl über seiner schrecklichen Mutter und dem feigen Aigisthos veranstaltet hatte, kam auch Menelaos mit Helena von ihren Irrfahrten nach dem Trojanischen Krieg in Argos an und fuhr weiter auf dem Festland nach Sparta. Orestes war noch weit entfernt davon, seine Ruhe in einem arkadischen Heroengrab zu finden[327a].

Es sind zwei von den großen Tragödiendichtern, die uns seine Verfolgung durch die Erinyen schildern: Aischylos in den ›Eumeniden‹ und Euripides in seinem ›Orestes‹. Der Bogen, den ihm Apollon schenkte, ja der Pfeil des Gottes, den er selbst in seinem delphischen Tempel gegen die uralten Göttinnen, die Rächerinnen des Muttermordes, richtete[328], nützten dem Verfolgten wenig. Selbst das oberste Gericht der Athener, vor dem Apollon die Verantwortung auf sich nahm und Athene ihren Stein für Orestes einlegte[329], sprach mit seiner Stimmengleichheit den Muttermörder nicht nach der ganzen Überlieferung frei. Die Wanderungen des Orestes sollten noch nicht aufhören. Nicht alle Erinyen haben ihn freigelassen, manche verfolgten ihn weiter[330]. Da warf er sich vor dem Altar des Gottes in Delphi auf den Boden und bat um einen letzten Rat: sonst könnte er nicht am Leben bleiben[331].

So erhielt Orestes die Weisung, die aus dem Himmel gefallene Statue der Artemis aus dem Land der Taurer zu holen[332]. Bei diesem Kultbild diente Iphigeneia. Zu ihr hatte der Gott – ohne es zu sagen – Orestes und Pylades geschickt. Als sie ankamen, sollten die beiden griechischen Jünglinge von ihr zum Opfer geweiht werden. Es erfolgte die Wiedererkennung und die Rettung aller: der Raub der Statue und die Heimführung der Priesterin, eine Geschichte für alte und neue Dichter. Von den Alten hatte sie Euripides ausgeführt und nach ihm ein Neuer, der kaum verschleierten göttlichen Gestalt der Iphigeneia, so will es uns heute scheinen, doch würdiger.

X. Telephos

Nicht nur der Trojanische Krieg ist von Aulis ausgegangen. Die Folgen von Iphigeneias Aufopferung führten weit darüber hinaus in die Zukunft. Und die erste Ausfahrt der Griechen wurde zu einem ungewollten Feldzug, dessen Schilderung auf früheres Geschehen zurückgreifen muß. Man erzählte, daß die in Aulis versammelte griechische Flotte schon im zweiten Jahr nach dem Raub der Helena in See stach[333], doch daß sie irrtümlicherweise nicht in Phrygien, im Reich des Priamos, landete, sondern etwas südlicher, in der Küstenlandschaft von Mysien, die nach König Teuthras[334] Teuthrania hieß. Da fanden die Griechen Verwandte als Gegner, die sie aufhalten wollten, und als Hauptgegner sogar einen Heros, der nach den Erzählern aus Arkadien hierher verschlagen worden war, dessen Verehrung aber, sowohl da drüben, am arkadischen Partheniongebirge, wie in Kleinasien, namentlich in der Stadt Pergamon, auf sehr alten Geschichten zu beruhen scheint. Er galt nicht nur als Sohn des Herakles, sondern als derjenige, den von allen Heraklessöhnen seine Mutter als dem Vater ähnlichsten geboren hatte[335]. Sein Name lautete Telephos oder ausführlicher wohl – so scheint man ihn verstanden und wieder gebraucht zu haben – Telephanes, der »weithin Leuchtende«.

Seine Mutter heißt in den meisten Erzählungen Auge, ein immer gebrauchtes Wort für das Licht. So hieß sie wohl auch in jener alten Geschichte[336], in der Herakles sie auf dem Wege zu Laomedon traf, sicherlich bei dem König Theutras, der sich der Mutter des Telephos nach allen Erzählungen angenommen hatte. Nach dieser Geschichte wurde Telephos als Sohn des Herakles in Kleinasien gezeugt und wanderte nicht erst mit Arkadern da ein[337]. In Arkadien selbst war es eine heilige Geschichte, mit dem Tempel der Athena Alea und dem heiligen Bezirk des Telephos auf dem Parthenion verbunden, die von der Empfängnis und Geburt des Heros erzählt wurde. Alea, dieser Beiname der Athena der Tegeaten, bedeutet die bergende Wärme, die man im Süden in der Kälte und Feuchtigkeit gewisser Jahreszeiten eifrig sucht. Danach nannte man auch den Vater der Auge[338] und den Gründer des Tempels[339] Aleos. Auge galt als Priesterin der Athena[340] in Tegea. Sie war eher ihr *alter ego* bis auf jenen Unterschied, daß sie das Gebären auf sich nahm und dementsprechend in Tegea als »Auge auf den Knien«, in der Stellung der gebärenden Frauen alter Zeiten, ihre Statue besaß[341].

Eine heilige, weil mit einem Tempel verbundene, doch nichtsdestoweniger eine düstere Geschichte war es, wie sie ihr Kind empfing, verwandt mit der Erzählung von der Vergewaltigung der Pelopia durch den eigenen Vater. Sie ereignete sich kaum bei Vollmond, in einer Nacht, in der man die Hochzeiten hielt und Achilleus empfangen wurde, obwohl die Erzähler von einem nächtlichen Chortanz wissen[342]. Solche aber wurden für Athene bei dem neuen Mond aufgeführt. Es war auch die Zeit, in der die Mädchen ihre Kleider wuschen, blutbefleckte Kleider laut der Geschichte der Pelopia. Und es heißt ausdrücklich[343], daß Auge bei der Quelle am Tempel der Athena Alea von Herakles überrascht wurde. Pompejanische Wandgemälde zeigen, daß sie gerade ihr Kleid wusch. Zur Entschuldigung des Herakles wird angeführt[344], daß er betrunken war. Er kam damals von Sparta[345], wo er den Tyndareos als König wieder eingesetzt hatte[346], und es geschah da etwas Seltenes in der Laufbahn des Frauendieners: er wurde als Werkzeug der göttlichen Macht, die diese Geburt wollte, zum Vergewaltiger.

Nach einer Überlieferung verbarg Auge ihr heimlich geborenes Kind zuerst im heiligen Bezirk der Athena[347]. Die Göttin wollte dies nicht, sie schickte mahnende Zeichen, Aleos entdeckte das Geheimnis, setzte Telephos auf dem Parthenion aus und schickte Auge durch Nauplios, den Sohn des Poseidon, übers Meer[348]. So oder gar in einer Kiste, wie uns eine Münze der teuthranischen Hafenstadt Elaia zeigt, kam sie zu König Teuthras. Telephos wurde auf dem Parthenion, wo nach einer anderen Überlieferung sein Geburtsort war[349], von einer Hindin gesäugt. Sie trug das Geweih[350] wie die wunderbaren Hindinnen der Artemis. Den Knaben schützte die große Göttin, die hier oben wohl Parthenos und unten, auf der Hochebene von Tegea, Alea hieß und vielleicht diese Geburt wollte. Auch Herakles kam zurück und staunte über das Wunderkind, das im Parthenion-Gebirge einen Gefährten fand: Parthenopaios, den Sohn der Atalante[351].

Das ist die hellere Geburtsgeschichte, die auf die düstere Empfängnisgeschichte folgte, von Dichtern und Malern ausgeschmückt. Der von der Hindin ernährte Knabe, ein dem Vater gleicher Sohn des Herakles, mußte zu einem Wanderer werden. Von anderen herumstreichenden Heroen nicht sehr verschieden im Schicksal, wuchs er bei den Hirten[352] des Königs Korythos in Arkadien auf und wurde von diesem selbst als Sohn angenommen[353]. Korythos hieß mit Beinamen auch Apollon, und zwar als heilender Gott[354], dessen Telephos später sehr bedurfte. Als Jüngling wurde er Mörder an seinen Oheimen, den Brüdern der Auge[355], und wurde stumm. Denn es war ein Gesetz für die Mörder, daß sie die Stimme verlieren mußten[356]. Das Orakel wies den verstummten Telephos[357] zu den »äußersten Mysen«[358]. Lautlos fuhr er über das Meer nach Teuthrania hinüber. Es hieß auch[359], daß Parthenopaios ihn begleitete. König Teuthras war von einem Feind bedrängt. Die beiden Helden retteten ihn, vor allem Telephos. Teuthras reinigte ihn sicherlich vom Mord. Hatte er aber auch seine Stimme wiedererlangt? War er aus Vorsatz oder wirklich stumm geworden? Da erging es ihm fast wie dem Oidipus[360]. Teuthras gab ihm Auge, die er als Tochter angenommen hatte, zur Frau. Sie lagen schon beieinander, als eine mächtige Schlange zwischen ihnen erschien. Wenn nicht früher, so erlangte Telephos seine

263

Stimme in diesem Augenblick wieder, und die Mutter erkannte ihren Sohn.

Nach allen Erzählungen wurde Telephos der Thronfolger des Teuthras. Seiner Frau werden verschiedene Namen gegeben. Sie heißt Argiope[361], die »mit dem weißen Gesicht«, aber auch Hiera, »die Heilige«, eine hehre, amazonenhafte Gestalt, die in der großen Schlacht gegen die Griechen auf der Kaikos-Ebene fallen sollte[362]. Sein Sohn war Eurypylos, der »mit dem breiten Tor«, der Anführer der Keteioi[363], eines Volkes, das die Griechen später so gut wie ganz vergaßen[364], das aber wohl noch aus dem Reich der Hettiter übriggeblieben war. Zu den Söhnen des Telephos rechnete man auch Tarchon und Tyrsenos, zwei Gründerheroen der Etrusker[365], die in Italien eine Heimat fanden, und schließlich auch[366] den in eine Zypresse verwandelten Geliebten des Apollon, Kyparissos[367]. Telephos, der mit Kleinasien verbundene Heros aus Arkadien – vielleicht ein Heros aus jener Zeit, in der Griechen noch zum Hettiterreich gehörten –, lieferte den Griechen, die sich in Troja wähnten Teuthrania verheerten, eine Schlacht.

Das Schlachtfeld war die Ebene an der Mündung des Kaikosflusses[368]. Telephos warf da die Ankömmlinge bis auf ihre Schiffe zurück[369]. Achilleus und Patroklos leisteten allein noch Widerstand[370]. Patroklos war von Peleus als ein älterer[371] dienender Gefährte[372] Achilleus mitgegeben worden. Doch von nun an, seit der Gefährte seinen Mut gezeigt, wollte der jüngere Heros sich nie mehr auf dem Schlachtfeld von ihm trennen. Denn Patroklos, der auf Achilleus achtgeben sollte, war damals schon unvorsichtig. Er wurde von Telephos verwundet. Das Vasenbild des Meisters Sosias zeigt uns, wie er, der von Achilleus die Behandlung der Wunde gelernt hat[373], von diesem verbunden wird. Telephos floh zurückgeschlagen vor Achilleus. In der Flucht verwickelte er sich in die Reben, die die Kaikos-Ebene bedeckten[374]. So erhielt er von Achilleus eine tiefe Wunde am Oberschenkel, eine Wunde, die nicht heilen wollte.

Die Griechen hatte er doch nicht umsonst zurückgeworfen. Sie segelten nach Argos zurück[375] und versammelten sich wiederum nur langsam in Aulis. Für Telephos aber begann die schmerzliche Wanderung zu dem, der ihn verwundet hatte. Vom Orakel des Apollon im lykischen Patara[376] erhielt er als Weisung das Wort: der Verwundende wird auch der Heilende sein[377]. Er mußte Achilleus suchen und von ihm erlangen, daß er ihn heilte: eine Geschichte, der sich die Tragödiendichter noch mehr bemächtigt haben als der früheren Schicksale des Telephos. Als einen Bettler mit dem mysischen Filzhut[378] im Kreise der Könige der Griechen ließ ihn Euripides auf der Bühne erscheinen[379]. Die Redekünste und die Mittel, die er verwendet hatte, um sein Ziel zu erreichen, gehörten nicht zur alten Geschichte. Achilleus, der den Patroklos geheilt, heilte ihn. Doch man erzählte auch, die Heilung müßte nicht durch den verwundenden Heros, sondern durch die verwundende Waffe erfolgen[380]. Von der

264

Spitze der berühmten Lanze wurde das Heilmittel abgeschabt[381] und in die Wunde gestreut. Geheilt und befreundet mit den Griechen durfte Telephos heimkehren, wenn er nicht gar, wie behauptet wurde[381a], selber sie gegen Troja geleitete.

Nicht zu ihm, sondern zu seinem Sohn Eurypylos, der das Reich nach ihm übernahm[382], schickte Priamos eine Botschaft und bat um seine Hilfe. Eurypylos wagte zuerst nicht, dem Ruf Folge zu leisten – wegen der Mutter. Da sandte ihr Priamos einen goldenen Weinstock[383], wohl zur Entsühnung der Wunde, die Telephos einst in die Weinreben verwickelt bekam. So zog der Sohn in den Krieg. Seine Mutter war sicher nicht jene Hiera, die gegen die Griechen gefallen ist. Dem Telephos wurden später in Pergamon Heroenopfer dargebracht. Wer von diesen Opfern kam, durfte den Tempel des Asklepios nicht betreten, ehe er sich gewaschen hatte[384]. In den Hymnen, die dem Heilgott im Asklepieion ertönten, besang man dennoch zuerst Telephos[385]. Nur des Eurypylos durfte niemand im Heiligtum Erwähnung tun, da er unter den Mauern von Troja den Arzt-Heros Machaon getötet hatte.

XI. Protesilaos und Laodameia

Acht Jahre sind nach dem ersten Aufbruch der Griechen vergangen, bis sie sich wieder in Aulis versammelten[386] und zur Ausfahrt bereit waren. Sie wußten, daß ihnen mindestens neun Jahre des Krieges bevorstanden. Nur zwei oder drei Tage lang waren sie in Aulis versammelt, als das Zeichen sich ereignete, das Homer in der Ilias erzählt[387]. Sie beschäftigten sich eben mit der Darbringung des Opfers von Hunderten der schönsten Kühe, an Altären bei einer reichfließenden Quelle, welche wie so viele in Griechenland unter einer mächtigen Platane hervorströmte. Viele Jahrhunderte später zeigte man noch ein Stück vom Holz dieses Baumes im Tempel der Artemis[388]. Während des Opfers erschien da eine Schlange mit blutrotem Rücken. Vom Altar, unter dem sie hervorgekrochen, warf sie sich auf die Platane. Auf dem höchsten Zweig nistete ein Sperling mit seiner Brut. Die acht Sperlinge verschlang die Schlange sogleich, dann als neunten die Mutter. Sie selbst, das Ungeheuer, wurde von Zeus in Stein verwandelt. Daraus ersah man, daß es kein natürliches Ereignis war. Kalchas, der Seher, legte es aus: neun Jahre lang würde der Krieg dauern, erst im zehnten würde Troja fallen.

Troja, auch Ilios oder Ilion genannt, erwies sich bereits durch dieses Zeichen als ein Ort des Todes für die Griechen, wo für sie alle so viele Jahre des Lebens und so viele Leben gänzlich verschlungen werden sollten. Apollon mit dem silbernen Bogen[389], in seiner tödlichsten Erscheinung, verteidigte die Burg. Troja stand unter dem Schutz jenes Bogens, ob nun der Gott selbst oder, von ihm gelenkt, eine sterbliche Hand die Pfeile des Todes schickte. Lanzen und Schwerter, ja Schilde und Panzer nutzten da wenig. Nur *ein* Bogen hätte dagegen aufkommen können. Man erinnert sich wohl, daß Herakles seinen Bogen, mit dem er so oft den Tod bekämpfte, auf dem Scheiterhaufen einem Wanderer schenkte, der seinen Weg über den Oitaberg genommen hatte. Ob Poias oder Philoktetes, Vater oder Sohn – der Beschenkte war in Thessalien zu Hause, in der Nachbarschaft von Phthia, wo früher Eurytion und nach ihm Peleus herrschte. Mit jenem Bogen ist jetzt Philoktetes in Aulis erschienen: »der Liebhaber des Besitzes« – das ist die Bedeutung seines Namens – trennte sich von diesem Besitz nie. Von seinen Leuten, die ihm mit sieben Schiffen folgten – und sie waren alle gute Schützen[390] –, sollte er sich bald trennen und der Bogen den Griechen, die nun die Richtung nach Troja nahmen, lange noch von keinem Nutzen sein.

Es lag eine kleine Insel im weiteren Umkreis von Ilion, in der Nähe von Lemnos[391]. Sie blieb lange bekannt[392], man zeigte auf ihr den Altar, der durch Philoktetes berühmt wurde, die Waffen des Heros und eine aus Erz nachgebildete Schlange. Man nannte diese

266

kleine Insel auch Nea[393], die »Neue«, einem vulkanischen Eiland ziemend, das auch wieder leicht verschwinden konnte, wie es von diesem schließlich berichtet wird[394]. Für die alten Erzähler hieß die Insel Chryse, die »Goldene«, nach der güldenen Kultgenossin des Gottes mit dem silbernen Bogen, der auch mit einem goldenen Bogen erscheinen konnte[395]. Apollon stand als schützender Herr über dem Eiland[396], er hatte da seinen Altar, an den die Griechen neun Jahre später eine sühnende Hekatombe schicken sollten[397]. Damals, als sie die Insel Chryse zum erstenmal anliefen und damit die Grenze überschritten, durch die das weitere Gebiet von Troja umschrieben werden könnte, führte sie angeblich Philoktetes dorthin, um ein Opfer der Göttin darzubringen, eine Vorbedingung der Eroberung von Ilios[398]. Iason hatte den Altar errichtet[399] – und Philoktetes war nach späten Erzählern[400] einer der Argonauten – oder Herakles auf seiner Fahrt zu Laomedon[401].

Ob nun Philoktetes sie zum Altar führte oder die Griechen von sich selbst aus das Heiligtum besuchen wollten, die Göttin Chryse vollbrachte da etwas, mit dem verglichen das Zeichen von Aulis höchstens eine blasse Nachahmung sein könnte. Ihre heilige Schlange, die Hüterin des Tempels[402], griff vor allen Herannahenden den Träger des Bogens von Herakles an. Sie biß ihn in den Fuß[403]. Nach dem Biß blieb eine eiternde Wunde zurück, die alle Griechen zurückstieß[404]. Die Gefährten trugen den Verwundeten nach Lemnos hinüber und ließen ihn da mit seinem Bogen liegen. Philoktetes war das erste Opfer. Das zweite, tödliche, folgte, als die Griechen den trojanischen Boden zum erstenmal betraten. Dieses zweite Opfer war vielleicht ein Vetter des Philoktetes, der Sohn des Iphiklos, nach einer Überlieferung[405] eines Bruders des Poias.

Iphiklos war in Phylake zu Hause, gleichfalls in der Nachbarschaft von Phthia, ein Sohn des ob seiner Herden berühmten Phylakos, des »Wächters[406]«. Er selbst – der »durch seine Stärke Berühmte« – hatte keine Kinder, da er keine zu zeugen fähig war. Da kam der Seher Melampus, den man als den Erben des Proitos und den Heiler seiner Töchter kennt[407], nach Phylake, um die Kühe des Phylakos zu stehlen. Damit wollte er um die schöne Pero, die Tochter des Neleus, für seinen Bruder Bias, freien. Er wurde zuerst ertappt. Da er aber sogar die Sprache der Würmer in den Balken verstand, gelang es ihm, zur großen Verwunderung des Phylakos und der Seinigen, sich aus dem einstürzenden Gefängnis zu retten. Der Preis seiner Freiheit und der Kühe war indessen die Heilung des Iphiklos. Er ließ zwei Stiere schlachten und lockte mit dem Fleisch die Raubvögel an. Es kam auch ein alter Geier herangeflogen, und von diesem erfuhr Melampus die Ursache der Krankheit des Iphiklos. In seiner Kindheit hatte er gesehen, wie sein Vater Widder verschnitt und nachher das Messer neben ihm hinwarf. Der Knabe entfloh, der Vater wurde wütend und schlug das Messer tief in eine heilige Eiche hinein. Mit der Zeit verdeckte es die wachsende Rinde. Der Seher ließ das Messer aus dem

267

Baum hervorholen, schabte es ab und gab den Rost dem Iphiklos zu trinken.

So wurde Iphiklos geheilt. Er zeugte zuerst Podarkes, den »mit den guten Füßen«. Er gab ihm diesen Namen, weil er selbst so schnell über die Ährenfelder laufen konnte, daß er keinen Halm knickte[408]. Als zweiten und besseren[409] zeugte er Protesilaos, der den Anspruch im Namen trug, der erste zu sein: »der erste, der das Kriegsvolk losläßt«. Als erster sprang er auf das Land, sobald die Schiffe den Strand von Troja anliefen. Ein unbekannter Trojaner tötete ihn, der doch eine junge Frau im halb vollendeten Haus ließ[410]. »Voll-Endung« aber, wie die vollkommene Ausführung einer Opferhandlung oder die Teilnahme an einer Weihe, die den Eingeweihten mit den Unterirdischen in engere Beziehung brachte, *telete*, war in jenen Zeiten auch der Krieg[411]. Es hieß später[412], Protesilaos habe Ilios die erste Weihe verliehen, und die Griechen errichteten ihm in Elaius, auf der anderen Seite des Hellespontos, einen besonders hohen Grabhügel. Von dessen Gipfel fiel der Blick auf Troja[413]. Im Inneren wurde der Heros wie in einem Tempel verehrt[414]. Man glaubte[415], daß die Ulmen, die um dieses Heroon standen[415a], verdorrten und wieder wuchsen, wenn sie so hoch waren, daß ihre Wipfel die feindliche Burg erblicken konnten.

Eine große Gunst der Unterweltsgötter war aber Protesilaos noch vorbehalten. Von der kaum begonnenen Ehe und von den höchsten Ehren, die ein gefallener Held erhalten konnte, blieb seine junge Frau nicht befriedigt. Nur einen einzigen Tag war sie wirklich die Frau des Protesilaos[416]: Polydora, die Tochter des Meleagros[417], oder – wie sie durch alte und neue Dichter berühmt wurde[418] – Laodameia, die Tochter des Akastos. Als Laodameia trug sie selber einen Namen der Unterweltskönigin: »die Völker Bezwingende«, als Polydora, »die Geschenkereiche«, eher einen dionysischen Namen. Was sie unternahm, war auch des Hauses ihres Großvaters Oineus würdig, das einst von Dionysos besucht wurde. Denn aus dem halb vollendeten Haus des Protesilaos kehrte sie dorthin zurück – eher als in das Haus des Akastos, wie andere wollten[419] – und sollte zum zweiten Mal verheiratet werden[420]. Sie aber zog nächtliche Weihen des Dionysos vor, geheime Handlungen, die uns Darstellungen auf späten Sarkophagen andeuten. So ist es ihr zuteil geworden, daß ihr nicht Dionysos, sondern ihr eigener Gatte aus der Unterwelt erschien und sie sich mit ihm für ein ewiges Zusammensein vereinigte.

Die Götter der Unterwelt haben dem Protesilaos diese Gunst erwiesen. Sie entließen ihn für einen Tag[421] – oder waren es nur drei Stunden[422] – zu seiner Frau, nicht als Schatten, sondern in seiner leiblichen Blüte, als wäre er nicht gestorben[423]. Man erzählte von einem Abbild, das sie von ihrem Mann verfertigte und das sie eben ansprach, als Hermes den Protesilaos zu ihr geleitete[424]. Die Darstellung auf einem Sarkophag zeigt den Kopf in einem Schrein für dionysische Heiligtümer. Sie brachte dem Ebenbild ein Opfer von Früchten

268

dar[425], in der Getreideschwinge, wie man es auf einem anderen Sarkophag sieht. Jetzt gehörte sie wieder ganz dem Gatten, und nachdem Protesilaos verschwunden, war auch sie tot. Sie starb in seiner Umarmung[426], oder sie nahm sich das Leben[427]. Mit dem Abbild und den dionysischen Geräten wurde sie verbrannt[428]. In seiner Vaterstadt Phylake feierte man den Protesilaos auch mit Wettkämpfen[429], am Hellespontos erhielt er Trauben und Früchte und im Frühjahr Milch als Opfer[430].

XII. Achilleus und der Ausklang des Trojanischen Krieges

Schwer hatte seine Mutter Achilleus gegen Ilios ziehen lassen. Alles hatten Agamemnon und seine Verbündeten getan, um ihn in den Krieg zu locken und Peleus zu bewegen, damit er seinen Sohn mit ihnen schicke. Sie waren sich der Abstammung des Achilleus, des einzigen Sohnes einer Göttin unter ihnen, bewußt. Thetis hingegen sah das Schicksal ihres Sohnes klar voraus: daß er nicht ungestraft Hektor, den Schirmer der von Apollon beschützten Burg, werde stürzen können. Und wer würde fähig sein, ihn von einer Tat zurückzuhalten, zu der seine große Seele ihn triebe? Ein anderes Schicksal war dies als das Schicksal des »Gottheros« Herakles. Achilleus, der schönste der um Troja versammelten Heroen[430a], der so sehr »für kurze Zeit Geborene«[431], daß er vor allen anderen der »sterbliche Heros« genannt werden müßte, behauptete angesichts des Todes, ihn auf sich nehmend, seine düstere Schatten tragende halbgöttliche Gestalt.

Das Urteil des Paris und seine unnötig beleidigenden Worte hatten vom Anfang an zwei Göttinnen – selbst wenn sie nicht auch sonst die Beschützerinnen von Heroen der Griechen gewesen wären – auf die Seite der Angreifer gestellt: Athene und Hera. Es waren nicht völlig den Pfeilen Apollons ausgelieferte Sterbliche, die Troja erobern wollten, sondern Heroen mit eigenen Schicksalen. Sie hatten den freien Spielraum des Kampfes gegen die Krieger, die ihnen entgegentraten. Nicht einem jeden von diesen lenkte der Gott die Hand. Nach den alten Erzählern war auch jener Kyknos, der die Landung der Griechen schon in der Meerenge zwischen dem Festland und Tenedos[432] oder dann auch auf dem Strand[433] verhindern wollte, kein Sohn des Apollon, ebensowenig wie jener andere Kyknos, den Herakles, vom thrakischen Diomedes kommend, tötete. Erst von einem dritten Kyknos heißt es bei einem späten Erzähler[434], er sei ein Sohn des Apollon gewesen, und von einem vierten, einem König der Ligurer und Verwandten des Phaethon, daß er sich, um den Sohn des Helios trauernd, in einen Schwan verwandelte[434a] – was freilich nicht hindert, daß in einer verlorenen ganz alten Geschichte von einem einzigen Kyknos, einem Apollonsohn mit Namen »Schwan«, die Rede war und wahrscheinlich immer von einem Thraker.

Ein thrakischer Verbündeter des Priamos mag jener Kyknos gewesen sein, der die Griechen als erster angriff, angeblich ein Sohn des Poseidon und der Kalyke, einer Nymphe mit Namen »Blumenkelch«. Von Schwänen war das Kind umkreist, als die Fischer es am Strand fanden[435]. Nicht wie ein Mensch, sondern wie eine Schreckgestalt, ganz weiß[436] und unverwundbar[437], ging er auf Achilleus zu, der als zweiter nach Protesilaos das Land betrat. Er bedrohte den Sohn der Thetis mit Riemenschlägen[438]. Achilleus erschlug mit einem Stein das Urwesen[439], eine Tat, die von den Dichtern lange noch besungen wurde[440]. Kyknos ließ einen Schrei ertönen[441] wie die Schwäne in ihrer Sterbestunde; die Trojaner aber, als sie ihn stürzen sahen, zogen sich in die Mauer zurück, und die Belagerung begann[442]. Nur zu einem gewissen Brunnen, vor dem vielgenannten Skäischen Tor, in der Nähe des Heiligtums des Apollon Thymbraios – nach der duftenden *thymbra*, der Saturei, so genannt[443] –, kamen die Frauen aus der Stadt. Sie holten Wasser in der Begleitung eines berittenen Jünglings. Und das führte zu einer entsetzlichen Tat des Achilleus, die die Dichter in späteren Zeiten kaum mehr besungen haben. Um so häufiger stellten sie die alten Künstler auf Gefäßen, die für Gräber bestimmt waren, an Tempelgiebeln und Waffen oder an den Wänden von Grabkammern dar. Den Charakter des Opfers an eine schreckliche Gottheit bewahrte diese Tat für immer.

Wie wäre es anders auch zu begreifen, daß Achilleus hinter dem Brunnenhaus auflauerte[444], nicht etwa um die Frauen gefangenzunehmen, sondern um den Jüngling am nahen Altar des Gottes abzuschlachten? Die Jünglinge gehörten in Griechenland dem Apollon an, wenn auch nicht als blutige Opfer. Für sich selbst pflegten sie Widder darzubringen. Doch man weiß, daß ein schöner Jüngling, wie Hyakinthos[445] oder Kyparissos[446], oft genug seinen Tod dem ungestümen Gott verdankte. Es scheint, daß Achilleus den tödlichen Apollon der Trojaner durch dieses Menschenopfer besänftigen wollte. Er ließ die Frauen und Mädchen fliehen – unter ihnen eine Tochter des Priamos und der Hekabe, die Polyxena – und warf sich dem davonjagenden Jüngling nach, fast noch einem Knaben. Es war Troilos, ein Bruder der Polyxena und vielleicht sogar ein Sohn des Apollon, den Hekabe vom Gott empfing[447]. Es ist uns überliefert[447a], daß sein Tod als eine Vorbedingung der Eroberung von Ilion galt. Damals erwies es sich, wie sehr Achilleus seines Beinamens »der Schnellfüßige[448]« würdig war. Er holte den auf seinem hohen Roß davonstürmenden Knaben ein, riß ihn an den Haaren herab und zerrte ihn zum Altar des Apollon Thymbraios, auf dem man – nach dem Zeugnis einer alten Darstellung – Hähne darzubringen pflegte. Da eilten schon die Brüder dem Troilos zu Hilfe, Hektor voran. Sie vermochten die Abschlachtung nicht mehr zu verhindern: man sieht auf Vasenbildern den Leib des Knaben auf dem Altar liegen und Achilleus den Kopf des Opfers den Trojanern zuschleudern. Allzufrüh war die Freude des Troilos am Reiten[449], unnütz die grausame Annäherung des Achilleus an den thymbräischen Apollon.

Die vorausgesagten neun Jahre vergingen mit der Plünderung des Landes um Troja und der Eroberung mancher Städte durch die Hand des Achilleus. Sogar auf die große Insel Lesbos führte er Raubzüge und brachte kunstfertige Frauen als Beute mit. Fast alle schenkte er dem Agamemnon[450]. Für sich behielt er die schöne Diomede[450a], die nur die zweite Stelle behaupten konnte nach Briseis, der Tochter des Briseus[451]. Dieser hieß so, wie mit Beinamen Dionysos selbst auf Lesbos und wohl auch in Mysien, wo Briseus sein Priestertum inne-

271

hatte[452]. Briseis glich der goldenen Aphrodite[453], Achilleus hatte sie im mysischen Lyrnessos erbeutet[454], in der Stadt des Mynes, ihres Mannes, den er samt ihren drei Brüdern im Kampf erschlug[455]. Sie hätte ihn gern als Ehefrau nach Phthia begleitet[456].

Auf dem gleichen Raubzug[457], bei der Eroberung der festen Stadt Thebe unter dem bewaldeten Plakos, fiel Chryseis, die Tochter des Chryses, in die Hand der Griechen[458]. In diesem Thebe war Eetion zu Hause, der Vater der Andromache, der Gattin des Hektor mit dem Amazonennamen, die »von der männerbekämpfenden Schlacht«. Eetion wurde von Achilleus im Kampf getötet und mit heroischen Ehren bestattet[459]. Es fielen auch die sieben Brüder der Andromache, alle am selben Tag, von der Hand des Achilleus[460]. Andromaches Mutter, die als Königin in Thebe herrschte[461], wurde seine Gefangene, doch er entließ sie gegen Lösegeld. Die Tochter des Chryses, des Apollonpriesters von Chryse, wurde bei der Verteilung der Beute dem Agamemnon zugesprochen[462]. Sie war die einzige, die als Kebse sich mit Briseis messen konnte. Umsonst kam nachher Chryses – da es wohl Zeit brauchte, bis er auf der entlegenen Insel die Nachricht von der Gefangennahme seiner Tochter erhielt – in priesterlicher Tracht[463] zum König, um sie gegen großes Lösegeld zurückzuerbitten. Man weiß schon, daß Agamemnon nicht derjenige war, der sich von einer Frau leicht trennen konnte. Er wies den Priester grob zurück[464], und so brach der Zorn des Gottes – wie von Chryse, der unheilvollen Insel her – auf das Heer der Griechen los.

Seine Pfeile schickten vom silbernen Bogen[465] die Seuche zuerst auf die Maultiere und Hunde der Griechen, dann auf diese selbst. Daraus entstand der Zwist zwischen Agamemnon, der nun die Tochter des Chryses zurückschicken mußte, und dem Achilleus, dem der große König dafür die Tochter des Briseus wegnahm. Der Sohn der Thetis zog sich grollend von den Kämpfen zurück – man kennt die Geschichte all dieser düsteren Tage und bitteren Nächte im zehnten Jahre des Krieges aus der Ilias –, und er wäre bereits mit seinen Myrmidonen nach Hause gefahren, wenn der leichtsinnige Patroklos, dem er in der Schwäche seines Herzens die eigene Rüstung überließ, sich nicht vermessen hätte, die Mauer von Troja zu ersteigen, wo Apollon schützend stand[466]. Dreimal betrat Patroklos die Zinne, dreimal stieß ihn der Gott zurück. Und als er dann noch dreimal den Angriff versuchte und dreimal neun Trojaner tötete[467], schlug ihn Apollon mit der bloßen Hand, daß die Rüstung des Achilleus von ihm fiel. Von den Menschen schoß Euphorbos, der Sohn des Panthus, des trojanischen Apollonpriesters[468], den Pfeil auf ihn ab. Als dritter gab ihm Hektor mit der Lanze den Gnadenstoß[469].

Achilleus hatte dem Freund seine Waffen mit der Bedingung überlassen, daß er sich nicht ohne ihn zu einem Angriff gegen Ilion fortreißen lasse, denn allzusehr liebte Apollon die Trojaner[470]. Was aber geschah, hatte Thetis seinem Sohn vorausgesagt[471]. Und sie prophezeite ihm auch jetzt, als er, seinen Groll vergessend, sogleich auf Hektor losstürzen wollte, um Patroklos zu rächen: »Nach Hektor gleich wirst auch du sterben[472]!« »Gleich soll ich sterben . . .!« – war seine Antwort[473]. So nahm er den Tod auf sich. Es bedeutete ihm nichts, daß die schöne Tochter des Briseus zurückerhielt, mit einem großen Eid des Agamemnon, daß er sie nicht berührt hatte[474]. Homer schildert ausführlich genug die prachtvollen Waffen, die Hephaistos auf Thetis' Wunsch für Achilleus geschmiedet[475]. Die Gedanken des Beschenkten sind aber sogleich wieder bei der Leiche des Gefährten, und er wünscht nur, daß die Mutter sie vor den Fliegen schütze[476].

Es wäre unmöglich gewesen, daß Hektor seinem Ansturm hätte standhalten können, und nichts war natürlicher, als daß er vor dem Wütenden, den nicht einmal die Götter aufhalten konnten, zuerst die Flucht ergriff[477]. Pallas Athene, die Feindin der Trojaner und Beschützerin des Achilleus, stand über dem sehr ungleich gewordenen Zweikampf. Apollon erschien dem Hektor damals zum letztenmal[477a]. Doch die Augen des Sterbenden sahen den Gott in der Zukunft zurückkehren, um ihn zu rächen[478]. Durch keine Prophezeiung ließ sich Achilleus zurückschrecken und war im Begriff, den Sturm über Hektors Leiche sogleich gegen Troja zu führen. Er stockte in der anfeuernden Rede[479]. Der Gedanke an die noch nicht bestattete Leiche des Freundes hielt ihn zurück. Es stand ihm noch bevor, das grausamste Totenopfer, die Abschlachtung von zwölf trojanischen Jünglingen am Scheiterhaufen des Patroklos, zu vollführen[480] und sich vom alten Priamos, der zum Schlächter so vieler seiner Söhne durch die Nacht in das Griechenlager vorzudringen wagte, erweichen zu lassen. Er gab die geschändete Leiche seines Feindes Hektor zu heroischer Bestattung heraus[481].

Es warteten auf ihn auch Kämpfe, die Homer nicht mehr besang: mit Verbündeten der Trojaner, berühmten Gegnern, die nach dem Fall des Hektor ankamen und die Verteidigung von Ilios übernahmen. Es kam die Amazone Penthesileia. Sie soll Hippolyte, die Mutter des Hippolytos, oder wie immer die Amazonenkönigin hieß, aus Versehen getötet haben. Dies wurde in Verbindung mit Theseus erzählt. Priamos sollte die Arestochter von diesem Mord reinigen[482]. In seiner Jugend hatte freilich der alte König selbst am Fluß Sangarios gegen die Amazonen zu kämpfen[483]: es war eine Schlacht zwischen großen Heeren auf beiden Seiten. Man behauptete[484], die kriegerischen Frauen müßten sich in einem Kampf gegen Männer auszeichnen, ehe sie einen Geliebten auswählen durften, und daher wäre nun die jungfräuliche Penthesileia mit ihren Gefährtinnen zu den Mauern von Troja geeilt. Sie erschien bei der Bestattung des Hektor mit einem Heer von Amazonen[485]. Achilleus hatte elf Tage Frist dem Priamos gewährt, damit er seinen Sohn begrabe[486]. Dies war also der zwölfte Tag, und der Heros hatte sich selbst aus seiner tiefen Trauer noch kaum wiedergefunden. Da stürmte schon die schöne Penthesileia, die in ihrem Namen das *penthos*, das Leid der Trauer, trug, als wäre sie eine Verkörperung der Unterweltskönigin, gegen ihn los. Wie schön sie war, wie sehr die Tochter des Briseus zu ersetzen würdig – doch eher der Artemis gleich[487] als der Aphrodite –, erkannte Achilleus erst, als seine Lanze sie bereits an der Brust getroffen hatte[488] und sie sich vom Boden kaum erheben konnte[489]: dann fielen von ihr die Waffen, von ihrem edlen Haupt der Helm[490]. Auf dem Bild des großen Vasenmalers, den man nach Penthesileia benannt hat, senkt Achilleus das Schwert in das Herz der Amazone wie eines waffenlosen Knaben.

Achilleus gab die Leiche der Penthesileia den Trojanern heraus zur Bestattung. Ebenso unerwartet wie sie eilte der schöne Memnon[491] in seinen von Hephaistos geschmiedeten Waffen, der Sohn der Göttin Eos, aus dem Land der Aithiopen herbei, um Ilion zu entsetzen[492]. Und ebenso wie die Amazone fiel der junge morgenländische Heros, in einem berühmten Zweikampf von Achilleus besiegt[493]. Zwei Göttinnensöhne standen einander gegenüber. Da war es nun notwendig, daß Zeus die goldene Waage in die Hand nahm[494], wie er es zuletzt getan[495], als noch die Schicksale des Achilleus und des Hektor in Schwebe standen. Vasenmaler setzten ein geflügeltes Wesen auf jede der beiden Schalen, den Tod, die Keren[496] der beiden Helden. Es war aber zugleich eine *psychostasia*[497], die Wägung der Seele, deren Besitz das Leben bedeutete[498]. In der Tragödie des Aischylos, die so hieß, wurden wohl zwei junge Männergestalten gewogen, deren eine die Jugend und die Männlichkeit bald wehklagend[499] verlassen sollte. Die Ker des Memnon zog die Schale in die Tiefe, und die Göttin des Morgenlichtes hatte ihren toten Sohn zu beweinen[500].

In der ›Seelenwägung‹ des Aischylos entraffte sie[501], die die Jünglinge so gern raubte, jetzt die schöne Leiche, denn Zeus hatte ihr schließlich doch erlaubt, den Sohn unsterblich zu machen[502]. Man zeigte indessen am Marmarameer, an der Mündung des Aisepos[503], den Grabhügel des Memnon, zu dem alljährlich die Memnonvögel kamen – die Schnepfenart, die sonst Kampfläufer heißt – und zu Ehren des Heros blutige Kämpfe aufführten[504]. Und man hielt den einen der beiden Kolosse im ägyptischen Theben, der bei dem Erscheinen der Morgenröte angeblich ertönt, für seine Statue. »Töne nur, Sohn der Leto« – sagen die Verse eines späten Dichters, die man auf das Riesenbein geschrieben hat[505] – »es sitzt ein Teil von dir selbst da, den die Feuerstrahlen treffen.« Danach wäre es schwer, zu entscheiden, wer da eigentlich tönt: Apollon oder Memnon, der als ein Teil von ihm angeschaut wird, und sicher auch schon ursprünglich wie ein junger Sonnengott vor Troja erschien.

Durch den Sieg über diesen Göttinnensohn noch mehr erhöht, als ihn bereits der Fall Hektors erhöht hatte, trieb Achilleus unwiderstehlich die Trojaner in die Stadt zurück[506] und drang selbst in das Skäische Tor nach den Fliehenden ein. Dort traf ihn von hinten in die Ferse[507] der Pfeil, den Paris abschoß, mit sicherer Hand: sie wurde von Apollon gelenkt[508]. Lag schon nach dieser alten Erzählung Paris im Hain des thymbräischen Apollon im Hinterhalt, ganz nah dem Stadttor, wie dies sonst Odysseus tat[509]? Beruht vielleicht die späte Geschichte[510], die die Tötung des Achilleus ganz dorthin versetzte, eben darauf? Achilleus fiel im Skäischen Tor, wie der sterbende Hektor es sah und prophezeite[511]. In die rechte Ferse getroffen, wälzte sich der Heros noch einmal um, und da traf ihn ein zweiter Pfeil in die Brust. So zeigt es eine alte Vasenmalerei. Der Salaminier Aias hob den Leichnam auf den Rücken und trug ihn unter einem Regen von Geschossen aus der Schlacht[512]. Odysseus deckte den Aias gegen die Angriffe der Trojaner[513]. Es fehlte nicht viel, und der tote Achilleus wäre in die Hände des Feindes geraten. Glaukos, der Lykier, der Enkel des Bellerophontes, hatte ihm schon einen Riemen durch die Ferse gezogen, er wurde aber von Aias getötet[514]. Der Kampf um die Leiche hielt den ganzen Tag an. Zeus hat ihm mit seinem Gewitter ein Ende gesetzt[515].

Thetis kam zu ihrem aufgebahrten Sohn, von allen Göttinnen des Meeres begleitet[516]. Die Stimmen der klagenden Nereiden waren schon von weitem zu hören, und die Griechen wären alle vor Schreck entflohen, hätte Nestor sie nicht zurückgehalten und aufgeklärt, was die Töne bedeuteten. Mit den Töchtern des Nereus kamen die Musen und sangen den Klagegesang[517]. Siebzehn Tage lang dauerte die Totenklage der Unsterblichen und der Sterblichen über der Leiche. Am achtzehnten Tage wurde Achilleus, wie ein Gott gekleidet und mit Salben und Honig begossen, auf den Scheiterhaufen gelegt. Schafe und Rinder wurden geschlachtet, und die Krieger waren fortwährend in Bewegung zu Fuß und zu Roß mit großem Getöse ihrer Waffen um das gewaltige Feuer. Am Morgen, nachdem die Flammen erloschen, suchte man die Knochen zusammen und setzte sie in der goldenen Amphora bei, dem Geschenk des Dionysos zur Hochzeit der Thetis und des Peleus, in Wein und Salbe, mit den Überresten des Patroklos vereinigt, wie die beiden Freunde es gewünscht[518]. Den Grabhügel errichtete das ganze geweihte Heer[519] auf einem weithin sichtbaren Vorsprung der Küste am Eingang des Hellespontos, hoch aufgeschüttet, damit die Seefahrer ihn aus der Ferne erblickten für alle Zeiten. Da stand das Riesengrabmal, auf dem Kap Sigeion, von den Späteren noch mit Totenopfern verehrt[520] und bekränzt von Alexander dem Großen[521].

So war der Tod, den Achilleus auf sich genommen. Fast alle alten Dichter schwiegen von der Abschlachtung der Polyxena an seinem Grabmal nach der Eroberung von Troja[522]. Sie ist ihm damals, als er auf Troilos jagte, entkommen. Man behauptete später[523], der Heros sei auf seinem Grabmal erschienen und habe als seinen Anteil an der Beute die Opferung der Tochter des Priamos gefordert. Die Dichter erzählten lieber, Thetis hätte ihren Sohn, wie Eos die Leiche des ihren, vom Scheiterhaufen entrafft und nach Leuke, die »weiße Insel«, gebracht[524]. Das war doch eine Art der Unsterblichkeit, wenn auch nicht die der Götter oder des Herakles auf dem Olymp. Man suchte

275

das ferne, weiß leuchtende Eiland im Pontos Euxeinos, dem Schwarzen Meer[525], und glaubte es in einer kleinen Insel vor den Mündungen der Donau gefunden zu haben oder vielmehr noch in der Insel Borysthenitis vor der Dnjeprmündung, wo die griechischen Siedler dem Achilleus als Pontarches, »Herrn des Pontos«[526], einen Tempel bauten[527] und, wie es dem Kult eines Heros entsprach, auch sein Grab zeigten[527a].

Hier soll er mit einer großen Herrin des Pontos, mit Medeia, vereinigt gewesen sein[528]. Oder man erzählte[529], Iphigeneia wäre nicht mit Orestes heimgekehrt, sondern zu Achilleus gestoßen als seine Gattin unter dem Namen der Göttin Orsiloche[530] oder Orsilocheia, die »zum Überfall Anstachelnde«, wie die Parthenos der Taurer auch hieß. Schließlich behauptete man[531], Helena sei auf Leuke mit Achilleus vermählt worden. Bereits unter den Mauern Ilions hätte Thetis mit der Hilfe der Aphrodite sie ihm zugeführt, da er die schönste Frau, um die er kämpfte, wenigstens sehen wollte[532]. Seiner Gestalt treu, weilte er indessen als Schatten unter den Schatten der Unterwelt[533]. Nicht ließ er sich von Odysseus über die Wirklichkeit des Todes hinwegtrösten. »Lieber wollte ich auf dem Acker eines armen Bauers wie ein Knecht arbeiten, als der König des Totenreiches sein.« So sprach er, mit großen Schritten durch die Asphodelen schreitend, und freute sich nur darüber, was Odysseus von seinem Sohne gesagt, der im Trojanischen Krieg in die Spuren seines Vaters getreten war.

Denn die heilige Stadt Ilios mußte einmal doch untergehen. Hektor wußte es[534], und die Griechen versuchten auch durch Wahrsager und Orakel zu erfahren, wie sie sie endlich erobern könnten. Es hieß sogar[534a], daß sie die Gebeine des Pelops aus Olympia nach Troja holen sollten. Ernstere und noch nicht erfüllte Bedingungen waren, Philoktetes mit dem Bogen des Herakles von Lemnos[535] und Neoptolemos, den Sohn des Achilleus, von Skyros herbeizuholen[536]. Leichter konnte diese zweite Bedingung erfüllt werden. Odysseus fuhr hinüber nach Skyros[537]. Ob nun seine Überredungskünste es bewirkten oder die des alten Phoinix, des väterlichen Freundes des Achilleus, der ihn begleitete[538], oder die Traumerscheinung des Achilleus selbst[539] den Ausschlag gab: Neoptolemos trug bald die Rüstung seines Vaters in den Kämpfen um Troja. Odysseus, der sie einst vor Aias gewonnen hatte, überließ sie ihm[540]. Ärger verhielt es sich mit Philoktetes, der den Griechen nicht verzieh, daß sie ihn auf Lemnos mit seiner eiternden Wunde liegen gelassen. Es brauchte dazu die Schlauheit und Gewaltsamkeit des Ithakesiers, des Sohnes des Sisyphos. Als Helfershelfer begleitete ihn Diomedes[541], im ›Philoktetes‹ des Sophokles Neoptolemos. Welche Qualen des kranken und betrogenen Heros füllen jene Tragödie! Nachdem aber die Erscheinung des Herakles[542] Philoktetes zum Mitfahren bewogen und die Künste der Asklepiossöhne ihn geheilt hatten[543], traf ein Schuß vom fatalen Bogen im Zweikampf den Paris[544]. Es fiel der verhängnisvolle Königssohn, der Besitzer der Zeustochter Helena von

276

Aphrodites Gnaden, und mit seinem Fall nahm der Untergang Trojas seinen Anfang.

Ilion besaß ein vom Himmel gefallenes Gottesbild. Ilios, der Vater des Laomedon, fand es eines Morgens vor seinem Zelt, von Zeus als Zeichen seiner Einwilligung zur Gründung der Stadt dorthin geworfen[545]. Das Bild war ein Palladion: es stellte Pallas dar, nach einer Geschichte über die Jugend der Pallas Athene[546] nicht sie selbst, sondern ihre Gefährtin Pallas, die im Kampfspiel mit der Göttin getötet wurde. Diese altertümliche Statue maß drei Ellen in der Höhe, hatte zusammengeschlossene Füße, in der Rechten den Speer, in der Linken Rocken und Spindel[547] wie eine Todes- und Schicksalsgöttin. Nach diesem Bilde wurden mehrere Ebenbilder verschiedener Größe verfertigt[548], damit niemand wüßte, welches das Echte sei. Denn vom Besitz des Palladions hing das Bestehen der Stadt ab: fiel es in die Hände der Feinde, so fiel auch Ilios hin. Odysseus und Diomedes nahmen es auf sich, diese Bedingung zu erfüllen und das Palladion zu rauben.

Odysseus schlich zuerst als Bettler verkleidet, von Schlägen verunstaltet[549] allein in die Stadt hinein. Es galt, den Weg durch die Straßen und die vielen Räumlichkeiten des königlichen Palastes zum verborgenen Heiligtum zu finden, wo das Bild samt den Abbildern verwahrt wurde. Unerkannt und unbeabsichtigt gelangte er plötzlich zu Helena. Sie war nach dem Tode des Paris einem anderen Sohn des Priamos zur Frau gegeben, Deiphobos, mit dem kriegerischen Namen »Furcht für die Feinde«, der aber für sein kurzes Glück bald büßen mußte. Helena erkannte den Bettler[550], und sie sehnte sich nach der Heimat, nach der Tochter und nach dem verlassenen Gatten[551]. Sie schwor dem Odysseus, ihn nicht zu verraten, und sie war es[552], deren Weisungen den Raub des echten Palladions – des kleinsten von allen[553] – ermöglichte. In der Nacht kehrte Odysseus mit Diomedes zurück[554]. Sie mußten die Mauern der Stadt erklettern[555], durch die Abwasserschleuse[556] des Palastes dringen und die Wächter erschlagen[557]. Man erzählte, daß sie mit dem Palladion, aber nicht mehr als Freunde ins Lager der Griechen zurückgekehrt sind[558].

Noch bevor diese Vorbedingung erfüllt war, begann angeblich schon der Bau des Riesenpferdes[559], eine List des Odysseus[559a] nach dem Sinn der Pallas Athene[560] und zugleich ein Geschenk für sie zur Ersetzung des Palladions. Sie trug doch den Beinamen Hippia[561], die »Pferdegöttin«, und tummelte sich gern mit ihren Rossen[562]. Man weiß, daß Bellerophontes ihr das Geschenk des Zaumzeuges und die Bändigung des Pegasos verdankte[563]. Das hölzerne Pferd, das jetzt erbaut wurde, soll die Inschrift getragen haben: »Die Griechen der Athene zum Dank[564].« Es war so hoch gebaut, daß die Trojaner, wenn sie das Weihgeschenk[565] in die Stadt ziehen wollten, den Türsturz des Skäischen Tores selber durchbrechen mußten. Auch dies soll eine Vorbedingung zur Einnahme der Stadt gewesen sein[566]: die Entfernung des riesigen Steinbalkens, den die ältesten Erzähler sich wohl so vorgestellt haben, wie jene sind, die man über mykenischen Torgängen auch heute noch bewundert. Odysseus stieg mit erlesenen Kriegern in den Bauch des Rosses[567]. Das übrige Heer verbrannte die Zelte [568] und verschwand mit der Flotte hinter der Insel Tenedos.

Außer Kassandra, auf die niemand hörte[569], versuchte nur ein einziger Mensch zu verhindern, daß die dem Untergang geweihten Trojaner in ihrer Freude und Betörung täten, was von ihnen erwartet wurde. Es war Laokoon, damals durch das Los zum Priester des Poseidon erwählt[570], doch wie die Kenner der trojanischen Altertümer später noch wußten[571], ein Priester des thymbräischen Apollon, der ihn haßte, weil er die Liebe mit seiner Frau im Heiligtum des tödlichen Gottes gepflegt und Söhne gezeugt hatte[572]. Er schleuderte seinen Speer in das Brettergefüge des Pferdes. Als er dann mit seinen zwei Söhnen das Stieropfer dem Gott des Meeres darbringen wollte, erschienen zwei Riesenschlangen von den Inseln her[573], zu denen auch Chryse gehörte, verschlangen die beiden Jungen, töteten nachher den Vater und zogen sich dann zu den Füßen der angebeteten Statue der Athene in der Burg zurück[574]. Es ist sichtbar geworden, daß sich die beiden Gottheiten, der Verteidiger von Ilios und die Feindin der Trojaner, im Untergang der Stadt geeinigt haben. Nach einer Überlieferung[575] zog sich Aineias mit den Seinigen damals schon, und nicht erst, als die Stadt in Flammen stand, in das Idagebirge zurück. Laokoons Schicksal sollte indessen als Beispiel des sinnlosen Widerstandes gegen die göttliche Fügung, dereinst von großen Bildhauern verewigt, unter den Weihgeschenken eines Athene-Tempels stehen.

Die Trojaner waren blind. Sie gaben sich der Schwelgerei hin[576] und wurden bald vom Schlaf überwältigt[577]. Die großen Krieger im Bauch des Pferdes weinten und zitterten während der ganzen Zeit[578]. Denn Helena setzte sie noch einer schrecklichen Probe aus[579]. Es ist nicht überliefert, ob dies damals geschah, als das hölzerne Roß noch außerhalb der Stadt stand oder nachdem es schon mit großer Mühe auf die Burg hinaufgefördert wurde. Helena wußte wohl durch Odysseus von dieser List. Dreimal umkreiste sie, vom Deiphobos begleitet, die Kriegsmaschine und rief die Namen der vornehmsten Griechen mit der Stimme ihrer Frauen. Menelaos, Diomedes und die Jüngeren wären schon hinausgebrochen, wenn Odysseus sie nicht mit Gewalt zurückgehalten hätte. Zu diesen und zu den Zitternden gehörte aber Neoptolemos nicht[580]. Auch ihn mußte Odysseus zurückhalten, doch nur, weil er kaum die vereinbarten Zeichen erwarten konnte, die die Rückkehr der Flotte und den Anfang des Überfalles meldeten.

Er wurde der Held der blutigen Nacht. Ein Heros wohl, da er mit dem Namen Pyrrhos zum Ahnherrn der Könige des epirotischen Stammes der Molosser werden[581] und in Delphi ein Heroengrab erhalten sollte[582], doch mit dem zweifelhaften Ruhm, daß ihn die tödliche Strafe für das, was er in Troja angerichtet, im Heiligtum des reinigenden Gottes selbst erreichte[583]. In jener letzten Nacht Trojas hatte er Priamos, den alten König, den Achilleus verschont hatte, am

Zeusaltar seines Palastes hingemordet[584]. Das tat er auch mit dem Sohn des Hektor, den dieser selbst Skamandrios genannt hatte, als wäre das Kind ein Geschenk des Flußgottes Skamandros gewesen, die Trojaner aber Astyanax, den »Stadtherrn«, weil sein Vater ihnen die Stadt beschirmte[585]. Pyrrhos entriß den Kleinen der Brust der Amme und warf ihn von den Stadtmauern hinunter, während er seine Beute von Sklavinnen, und als die wertvollste unter ihnen Andromache, zu den Schiffen vor sich hintrieb[586]. Damit erfüllten sich die düstersten Prophezeiungen sowohl von Hektor selbst[587] als auch der unglücklichen Mutter seines Sohnes[588]. Das Haus des Priamos erlosch.

Inmitten solcher Greuel wartete Helena auf ihren verlassenen Gatten. Odysseus führte Menelaos zu ihr, in die Wohnräume des Deiphobos[589], wohl im großen königlichen Palast, neben dem Heiligtum für das Palladion, wohin er den Weg schon kannte. Menelaos stürzte auf sie, die Ursache des langen Krieges und dieser schrecklichen Nacht, mit gezücktem Schwert. Brauchte sie ins Heiligtum hinüber zu flüchten, wie Künstler und Dichter die Szene später ausgeschmückt haben, Aphrodite als Retterin einführend oder die Begegnung sogar in ihren Tempel versetzend[590]? Helena entblößte ihre Brüste, als wollte sie den Schlag empfangen, und das Schwert fiel zu Boden[591]. Es küßten sich die beiden[592]. Fiel Deiphobos, von Menelaos erschlagen, vorher schon oder erst nachher? Sie eilten zu den Schiffen[593], und dem Gatten der Helena lag es von nun an nur daran, die Heimfahrt mit der wiedererlangten göttlichen Frau so schnell als möglich anzutreten[594].

Die Heimfahrt der Heroen des Trojanischen Krieges nahm ihren Anfang. Man weiß, daß sie für Agamemnon in mörderischen Händen, für den lokrischen Aias mit tödlichem Schiffbruch, für Diomedes und Idomeneus in der Verbannung an den südlichsten Küsten Italiens endete. Nur wenigen, wie dem alten Nestor in Pylos, war eine glückliche Heimkehr beschieden. Helena und Menelaos sind schließlich auch in ihrem Palast in Sparta angelangt. Dort empfingen sie im zehnten Jahre nach ihrer Wiedervereinigung Telemachos, den Sohn des Odysseus, der auf die Suche nach seinem immer noch nicht heimgekehrten Vater ausgegangen war[595]. Aber auch sie waren erst vor kurzem angekommen, im achten Jahre ihrer Irrfahrten[596]. Nach einem Schiffbruch bei Phaistos[597], an der Südküste von Kreta, wo sie fünfundfünfzig von ihren sechzig Schiffen[598] verloren hatten, führte die Reise sie gegen ihren Willen nach Zypern, Phönizien, Ägypten und Libyen[599]. Von der kleinen sandigen Insel Pharos, wo es Menelaos gelungen war, wie man aus den Göttergeschichten weiß[600], den Meergreis festzuhalten und von ihm Rat zu erlangen, schickte Proteus sie zum Nil zurück, damit sie versäumte Opfer für Zeus und alle Götter nachholten[601]. Es wurde später behauptet[602], daß Menelaos von Pharos und Ägypten aus seine wahre Frau, die echte Zeustochter, heimholte, die ihn seit ihrem Raub dort erwartet hatte. Die beleidigte

Hera hatte ein lebendiges Ebenbild der Helena in die Arme des Paris gelegt und ließ sie selbst durch Hermes zu Proteus führen[603]. Für eitlen Schein, ob einer eitlen Wahl, floß das Blut in Strömen um Troja.

Manche Abenteuer, die Odysseus auf seiner Heimfahrt erlebte, kennt man aus den Göttergeschichten[604]. Denn der Unglückliche, für seine Kriegslisten keineswegs belohnt, schwebte fortwährend über Schlünden und Abgründen, immer dem Tode nah, der sich ihm oft in den Schreckgestalten uralter göttlicher Wesen zeigte. Es ist ihm ähnlich ergangen wie Herakles: aus der Unterwelt ist er schließlich heimgekehrt, im zehnten Jahr seiner Irrfahrten, nach gefährlichen Begegnungen mit dem vielgestaltigen Tod. Er ist ihm aber, dem großen Feind, eben nur entschlüpft, mit großer Mühe und Not, nicht als siegreicher Held, sondern als alter, schiffbrüchiger Bettler. Ein greisenhafter Leib barg den Heros in sich. Die Göttin Athene allein vermochte ihm wieder Glanz zu verleihen[605]. Er hatte seinen mächtigen Bogen daheimgelassen: den konnte außer ihm niemand mehr spannen. Bei einem Neumond[606], dem Fest des Apollon[607] – des mit dem silbernen Bogen –, stand er wiederum in seinem Palast und durfte den Bogen ergreifen: man tat es an jenem Tag zu Ehren des Gottes[608]. Odysseus traf ins Ziel, erschoß danach die übermütigen Freier, die seine Frau bedrängten, und wurde wiederum der Herr seines Hauses und seiner Insel.

Für ihn kam der Tod aus dem Meer, durch die Hand des Sohnes, den ihm Kirke gebar, des »in der Ferne Geborenen«, Telegonos. Dieser landete in Ithaka[609], auf der Suche nach seinem Vater, als Odysseus sich schon den Gefahren entronnen wähnte. Man brachte ihm die Nachricht von einem Räuber, der seine Herden zu stehlen kam. Er rannte, um ihn zu bestrafen, an die Küste und fiel von der Lanze des Telegonos, einer Waffe, deren Spitze ein Rochenstachel bildete[610]. Zu spät erkannte der Sohn den Vater, doch nicht zu spät seinen Bruder Telemachos. Die beiden Söhne brachten den toten Odysseus und die ewig junge Penelope mit sich zu Kirke[611]. Dort lebten sie als zwei Paare, Telegonos mit Penelope, Telemachos mit Kirke, auf Aiaia, der Zauberinsel, die, wie man aus der Geschichte der Argonauten weiß, sehr wohl jenes schön aus dem Tyrrhenischen Meer emporragende Vorgebirge, den würdigen Sitz einer Sonnentochter, bedeuten kann: Monte Circeo.

Anhang

1. Stammbäume

Konkordanz

Die in einem Rechteck ☐ genannten Heroen und Heroinen wurden im Kapitel ausführlicher behandelt.

~ bedeutet Ehe- und Liebesverbindung

Kapitel		Stammbaum
Buch I	1	A
	2	B
	3	A
	4	A
	5	B
	6	B
	7	C
	8	C
	9	C
	10	D
	11	F
	12	G
Buch II		H
Buch III	1	I, L
	2	C
	4	I
	5	C
	6	K
	7	E
	8	E, G, K
	9	K
	12	E

A

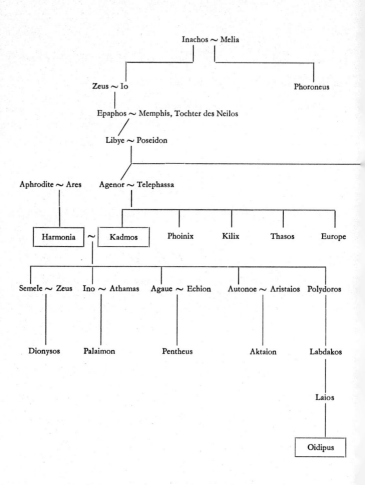

Zu Buch I 1. 3. 4

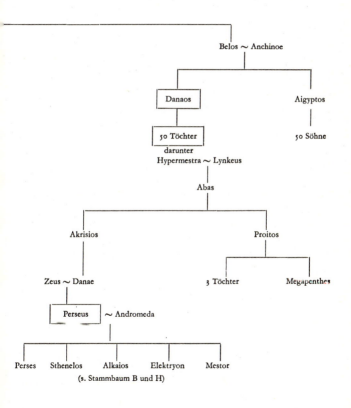

B

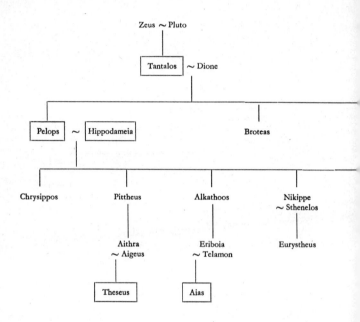

Zu Buch I 2. 5. 6

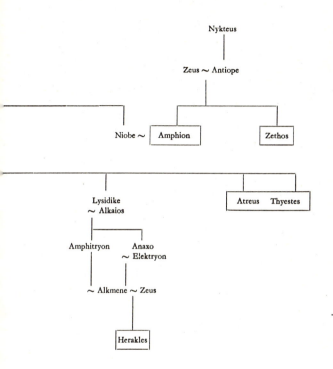

C

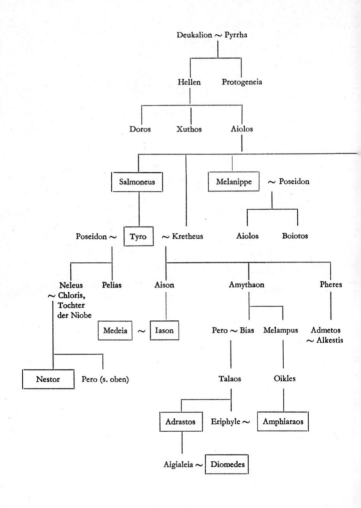

Buch I 7. 8. 9. III 2. 5

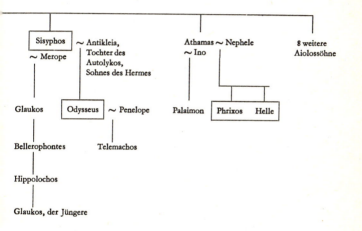

D   Zu Buch I 10

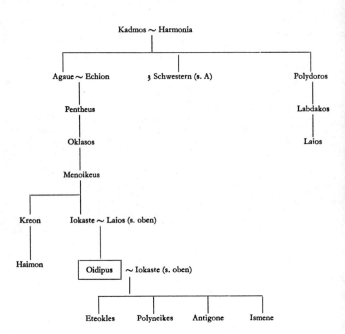

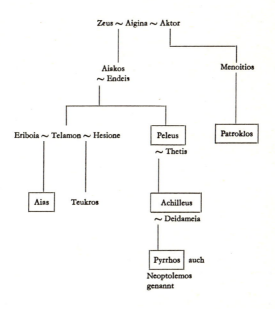

F

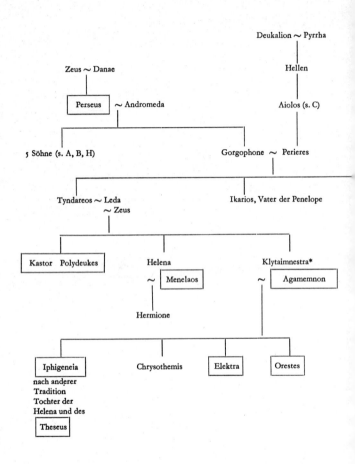

* Klytaimnestra wird als Tochter des Tyndareos, nicht als Tochter des Zeus betrachtet.

Zu Buch I 11

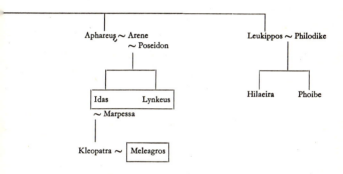

G

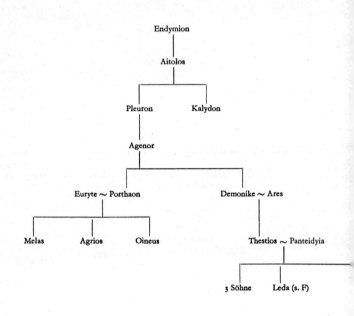

Zu Buch I 12

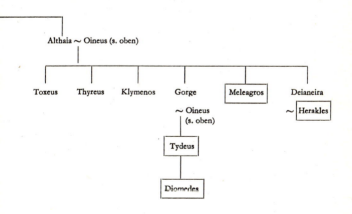

H

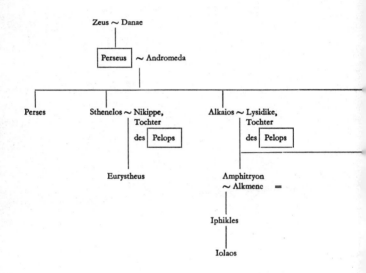

Zu Buch II

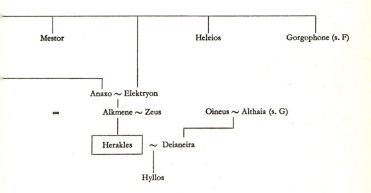

I

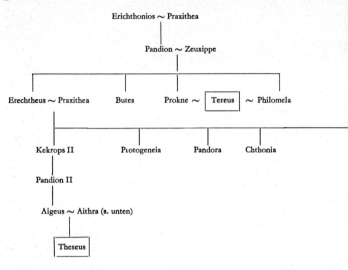

K

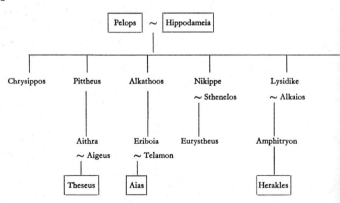

Zu Buch III 1. 4

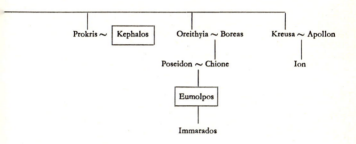

Buch III 6. 9

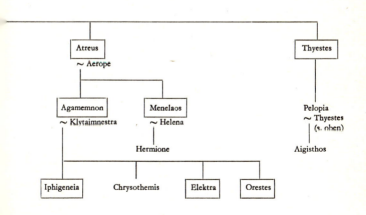

L

Liste der athenischen Könige bis zum Trojanischen Krieg

Kekrops
Kranaos (der »Steinige«)
Amphiktyon (der »Umwohner«)
Erichthonios
Pandion
Erechtheus
Kekrops II
Pandion II
Aigeus
Theseus
Menestheus, der die Athener im Trojanischen Kriege führt

2. Anmerkungen zur Einführung

[1] Im Sinne der prinzipiellen Ausführungen in meinem ›Umgang mit Göttlichem‹, Göttingen 1955. Manches im folgenden ist nicht besonders beabsichtigt, doch faktische und sachliche Kritik an dem Buch von A. Brelich über die Heroen, dessen Grundkonzeption und Verfahrungsweise aus der ersten Form seiner Veröffentlichung mir bekannt war.

[2] ›Die Götter Griechenlands‹, Frankfurt a. M. 1947, 183.

[3] André Jolles: Einfache Formen, Halle/Saale 1930, 238.

[4] ›Einfache Formen‹, 82.

[5] Plut. Gen. Socr. 577e.

[6] ›Apollon‹, 3. Ausg. Düsseldorf 1953, 162; Spengler in der Zeitschrift ›Die Welt als Geschichte‹, Stuttgart 1935, 197.

[7] Vgl. meine ›Griechischen Miniaturen‹, Zürich 1957, 109; T. B. L. Webster in der Zeitschrift ›Classica et Mediaevalia‹, Kopenhagen 1956, 149.

[8] Vgl. G. E. Mylonas in ›Studies Robinson‹ 1951, 64.

[8a] Vgl. meine Ausführungen darüber in A. Randa's Handbuch der Weltgeschichte I, Olten und Freiburg i. Br. 1954, 434.

[9] ›On Heroes‹, erste Vorlesung.

[10] Plut. Qu. Gr. 36.

[11] Mythologie der Griechen‹ 246 und 250; über Asklepios in meinem ›Göttlichen Arzt‹, 2. Ausg. Darmstadt 1956, XI.

[12] Plut. Qu. Gr. 12.

[13] ›Mythologie der Griechen‹ 251; Paus. 2. 37. 5.

[14] Schol. Towl. Il. 14. 319.

[15] Plut. Is. Os. 35.

[16] Fr. 15, 60 und 61 Diels.

[17] ›Mythologie der Griechen‹ 244; Abb. 58.

[18] Tode-Wace: A Cat. of the Sparta Museum, Oxford 1906, 102.

[19] Veröffentlichung von Ch. A. Christu vorbereitet.

[20] Aristoph. Eccl. 1031; Athenische Mitteilungen 1893, 165, 184.

[21] Vgl. ›Dramatische Gottesgegenwart in der griechischen Religion‹, Eranos-Jahrbuch, Zürich 1951, 13.

[22] In der Zeitschrift ›Maia‹, Firenze 1951, 12.

[23] W. F. Otto: Dionysos, Frankfurt a. M. 1939, 62.

[24] Schol. Ap. Rhod. 1. 916.

[25] Vgl. Hesych: κέρσαι· κόψαι, τεμεῖν, κεῖραι, γαμῆσαι. Zuerst in Erwägung gezogen von N. Fréret 1761; zur Form E. Schwyzer: Griech. Gramm. 1. 516. 6; zum Sinn V. Magnien in ›Mélange Cumont‹.

[26] Paus. 9. 12. 4 nach dem überlieferten Text.

3. Schlüssel der Abkürzungen

A.: Aeschylus
  A.: Agamemnon
  Ch.: Choephori
  Eu.: Eumenides
  Pe.: Persae
  Pr.: Prometheus
  Se.: Septem contra Thebas
  Su.: Supplices
AAmbr.: Anonymus Ambrosianus in Studemundi Analectis I p. 224
Acc.: Accius Tragicus
  M.: Medea
Ach. Intr.: Achillis Introductio in Aratum
Ae.: Aelianus
  NA.: De Natura Animalium
  VH.: Varia Historia
Al.: Alcaeus
ALib.: Antoninus Liberalis Mythographus
Alcid.: Alcidamantis Ulisses
Am. M.: Ammianus Marcellinus Historicus
Ant.: Antigonus Carystius Paradoxographus
Ap.: Apollodorus Mythographus
APal.: Anthologia Palatina
Apost.: Apostolius Paroemiographus
App.: Appianus Historicus
  M.: Bellum Mithridaticum
Ar.: Aristophanes
  Ach.: Acharnenses
  Av.: Aves
  Eq.: Equites
  Ly.: Lysistrata
  N.: Nubes
  Pax
  Th.: Tesmophorizusae
  Ve.: Vespae
Arat.: Aratus Epicus
Archil.: Archilochus Lyricus
Ari.: Aristoteles
  EN.: Ethica Nicomachea
  HA.: Historia Animalium
  MA.: De Motione Animalium
  Po.: Poetica
  Pr. an.: Problemata anecdota
Aristid.: Aristides Rhetor
Arn. AN.: Arnobius Adversus Nationes
Arr. A.: Arriani Anabasis
Art.: Artemidori Onirocriticus
Athenag.: Athenagoras Apologeta
Aug. CD.: Augustinus De Civitate Dei

B.: Bacchylides
Batr.: Batrachomyomachia
Bion Bucolicus
BKT.: Berliner Klassikertexte

c.: cum
Ca.: Callimachus
  Ap.: Hymnus in Apollinem
  Ce.: Hymnus in Cererem
  De.: Hymnus in Delum
  Di.: Hymnus in Dianam
  Die.: Diegemata
  He.: Hecale
  Io.: Hymnus in Iovem
  LP: Lavacrum Palladis
Cat.: Catullus
CG.: Kaibel, Comicorum Graecorum Fragmenta
Chr.: Chrysippus Stoicus
Ci.: Cicero
  Le.: De Legibus
  ND: De Natura Deorum
  TD: Tusculanae Disputationes
CIA: Corpus Inscriptionum Atticarum
CIG: Corpus Inscriptionum Graecarum
Cl : Clemens Alexandrinus
  Pr.: Protrepticus
  Str.: Stromateis
Cla. RP: Claudianus De Raptu Proserpinae
Co.: Coluthus Epicus
c. s.: cum scholiis

D. Chr.: Dio Chrysostomus
Diog. Ep.: Diogenes Cynicus in Epistolographis Graecis
D. H.: Dionysius Halicarnassensis
  AR: Antiquitates Romanae
  Op.: Opuscula
DM.: Ventris-Chadwick, Documents in Mycenaean Greek
D. P.: Dionysius Periegeta
D. S.: Diodorus Siculus

E.: Euripides
  Al.: Alcestis
  An.: Andromache
  B.: Bacchae
  Cy.: Cyclops
  E.: Electra
  He.: Hecuba
  Hel.: Helena
  Her.: Heraclidae
  HF: Hercules Furens
  Hi.: Hippolytus
  IA: Iphigenia Aulidensis
  Ion
  IT: Iphigenia Taurica
  Me.: Medea
  Or.: Orestes
  Ph.: Phoenissae

Rh.: Rhesus
Su.: Supplices
Tr.: Troades
EGr.: Kaibel, Epigrammata Graeca ex lapidibus collecta
Enn.: Ennius
Ep.: Epimenides Philosophus
ep.: epitoma
Er. C.: Eratosthenis Catasterismi
Et. Gen.: Etymologicum Genuinum
Et. Gud.: Etymologicum Gudianum
Et. M.: Etymologicum Magnum
Eud.: Eudoxiae Violarium
Eu. Il.: Eusthatius ad Iliadem
Eu. Od.: Eusthatius ad Odysseam
Euph.: Euphorio Epicus
Eus.: Eusebius Caesariensis
 Chr.: Chronica
 PE: Praeparatio Evangelica

Fe.: Festus Grammaticus
FGH: Jacoby, Fragmente der griechischen Historiker
fr.: fragmentum

GArat.: Germanici Aratus
Gra. Cy.: Grattii Cynegetica

h. Ap.: Homeri hymnus in Apollinem
h. C.: Homeri hymnus in Cererem
h. Ho.: Homeri Hymni
h. M.: Homeri hymnus in Mercurium
h. Ve.: Homeri hymnus in Venerem
Harp.: Harpocratio Grammaticus
Hdt.: Herodotus
He.: Hesiodus
 Sc.: Scutum Herculis
Her.: Herodas Mimographus
Him.: Himerii Orationes
Him. E.: Himerii Eclogae
Hi. RH: Hippolyti Refutatio Omnium Heresium
Hor.: Horatius
 AP: Ars Poetica
 C.: Carmina
 Epi.: Epistulae
Hsch.: Hesychius Lexicographus
Hy.: Hygini Fabulae
Hy. A.: Astronomica
Hyp.: Hyperides
hyp.: hypothesis

Ib.: Ibycus
ICo.: Inscriptions of Cos
IG.: Inscriptiones Graecae
Il.: Homeri Ilias
Io.: Iosephus Historicus
 BI: Bellum Iudaicum
Is.: Isocrates Orator
Iust.: Iustinus Historicus

La. Inst.: Lactantii Institutiones
Li.: Libanii Orationes
Li. N.: Libanii Narrationes
Li. Pr.: Libanii Progymnasmata
Lic.: Licymnius Lyricus
Lu.: Lucianus
 Am.: Amores
 Ba.: Bacchus
 Charid.: Charidemus
 Cy.: Cynicus
 DD.: Dialogi Deorum
 DMar.: Dialogi Marini
 DMo.: Dialogi Morturum
 Ind.: Adversus Indoctum
 ITr.: Iuppiter Tragoedus
 Lex.: Lexiphanes
 Ph.: Philopseudes
 Sa.: De Saltatione
 SyrD.: De Syria Dea
Ly.: Lycophron
Lycurg.: Lycurgus Orator

Ma.: Macrobius
 S.: Saturnalia
 So.: Somnium Scipionis
Mal. Chr.: Malalas Chronographus
Me.: Menander Comicus
MG: Kerényi, Die Mythologie der Griechen
Mi.: Mimnermus
Mo.: Moschus Bucolicus
Mo. Chor. Pr.: Mosis Chorenensis Progymnasmata in Eusebii Chronica ed. Mai
MVat.: Mythographus Vaticanus

N. Al.: Nicandri Alexipharmaca
N. D.: Nonni Dionysiaca
N. N.: Nonnus commentator Gregorii Nazianzeni
N. Pr.: Nicolai Progymnasmata
N. Th.: Nicandri Theriaca

Od.: Homeri Odyssea
Op.: Hesiodi Opera et Dies
Opp.: Oppiani Halieutica
Or.: Kern, Orphicorum Fragmenta
Or. A.: Orphei Argonautica
Or. H.: Orphei Hymni
Ori. C.: Origenes contra Celsum
Ov.: Ovidius
 AA: Ars Amatoria
 Am.: Amores
 F.: Fasti
 Ib.: Ibis
 M.: Metamorphoses

Pa.: Pausanias Periegeta
Pac.: Pacuvius Tragicus
Par.: Parthenius Mythographus
Ph.: Philostratus Sophista
 Her.: Heroicus

Im.: Imagines
VA: Vita Apollonii
Pha.: Phanocles Elegiacus
Phi.: Philemo Comicus
Phil.: Philo Iudaeus
Ph. iun.: Philostrates iunior
Phot.: Photii Lexicon
Phot. B.: Photii Bibliotheca
Phr.: Phrynichus Tragicus
Pi.: Pindarus
  I.: Isthmia
  N.: Nemea
  O.: Olympia
  P.: Pythia
Pl.: Plato
  Ax.: Axiochus
  Epi.: Epinomis
  Ethd.: Euthydemus
  Ethph.: Euthyphron
  Le.: Leges
  Mx.: Menexenos
  Phd.: Phaedo
  Phdr.: Phaedrus
  Pr.: Protagoras
  Sy.: Symposium
  Ti.: Timaeus
Pla.: Plautus Comicus
  Am.: Amphitruo
  B.: Bacchides
  Ru.: Rudens
Pli. NH: Plinii Naturalis Historia
Plu.: Plutarchi Moralia
Plu. Ro.: Plutarchi Romulus
Plu. Ser.: Plutarchi Sertorius
Plu. Ti.: Plutarchi Timoleon
Plu. Th.: Plutarchi Theseus
PMag.: Preisendanz, Papyri Magici Graeci
PO.: Oxyrhynchus Papyri
Po. M.: Pomponius Mela Geographus
Pr. Chr.: Procli Chrestomathia; quae ad Homerum pertinent ed. Allen, caetera ed. Bekker
Prop.: Propertius
PSI: Papiri della Sicietà Italiana

Q. S.: Quintus Smyrnaeus

Rh. Gr.: Spengel, Rhetores Graeci

s.: scholium in (Servius vel Probus in Vergilium)

S.: Sophocles
  Ai.: Aiax
  An.: Antigone
  E.: Electra
  OC: Oedipus Coloneus
  OT: Oedipus Tyrannus
  Ph.: Philoctetes
  Tr.: Trachiniae
Sa.: Sappho
Scy.: Scythinus Lyricus
Se.: Seneca Tragicus
  HF: Hercules Furens
  HOe.: Hercules Oetaeus
  Thy.: Thyestes
  Tr.: Troades
SEmp.: Sextus Empiricus Philosophus
Si.: Simonides Lyricus
Sol.: Solinus Historicus
Sosi.: Sositheus Tragicus
St. B.: Stephanus Byzantinus Lexicographus
Ste.: Stesichorus Lyricus
Str.: Strabo Geographus
St. Th.: Statii Thebais
Su.: Suidas Lexicographus
Sup. E.: Supplementum Euripideum ed. Arnim
Syll.: Dittenberger, Sylloge Inscriptionum Graecarum ed. 3.

Terp.: Terpander Lyricus
Tert. Val.: Tertullianus contra Valerianos
Th.: Hesiodi Theogonia
The.: Theocritus
Thgn.: Theognis
Thu.: Thucydides
Tz.: Tzetzes
  Chil.: Chiliades
  Co.: de Comoedia
  Ly.: ad Lycophronem
  Posthom.: Posthomerica

Va. LL: Varro De Lingua Latina
Ve.: Vergilius
  A.: Aeneis
  Cu.: Culex
  E.: Eclogae
  G.: Georgica
V. Fl.: Valerii Flacci Argonautica

Zen.: Zenobius Paroemiographus

4. Nachweis

[7] MG 112
[8] s. Pi. P. 3. 153
[9] MG 252
[10] MG 33
[11] Hdt. 2. 51. 2
[12] Lu. Charid. 9
[13] Ap. 3. 1. 1
[14] Il. 14. 321
[15] s. E. Rh. 29
[16] Ap. 3. 1. 1
[17] D. S. 5. 48. 2
s. E. Ph. 7
s. A. Rh. 1. 916
[18] D. S. 5. 49. 1
[19] s. E. Ph. 7
[20] D. S. 5. 49. 1
[21] s. Il. 2. 494
Ov. M. 2. 8
[22] Ap. 3. 4. 1
[23] Hdt. 4. 147. 5
s. Ly. 1206
[24] s. E. Ph. 638
[24a] s. Ca. Io. 3
[25] Pa. 9. 12. 2
[26] s. Il. 2. 494
[27] Ov. M. 3. 26
[28] s. S. An. 126
[29] Phot. B. 2 277. 6
[30] Pa. 9. 5. 1
[31] s. A. Rh. 3. 1178
[32] E. Ph. 663
[33] s. E. Ph. 662
[34] E. Ph. 667
[35] s. E. Ph. 670
[36] s. A. Rh. 3. 1178
[37] E. Ph. 939
[38] Ari. Po. 16
Hy. 72
[39] Ap. 3. 4. 2
[40] s. A. Rh. 1. 916
[41] N. D. 3–4
[42] MG 73
[43] Pa. 9. 16. 4
[44] Ap. 3. 4. 2
[45] Pi. P. 3. 90
Ap. 1. 4. 2
s. Il. 2494
[46] N. D. 5. 120
[47] Ap. 1. 9. 15
[48] Thgn. 15
E. B. 881; 901
[49] Pi. P. 3. 91
Ca. fr. 11. 4
[50] s. Il. 2. 494
Pa. 3. 18. 12

[51] Ap. 3. 4. 2
[52] s. Pi. P. 3. 167
Ap. 3. 4. 2
[53] MG 109
[54] MG 250
[55] MG 254
[56] MG 144
[57] MG 257
[58] Pa. 9. 5. 3
[59] E. B. 1333
[60] E. B. 1330; 1334
[61] St. B.
[62] s. V. Ae. 1. 243
[63] Ca. fr. 11. 4
[64] E. B. 1338
[65] Pi. O. 2. 77
[66] Ap. 3. 5. 4
[67] E. Ph. 822
[68] MG 151
[69] MG 204
[70] Ca. De. 80
[71] s. Ly. 1211
[72] PO. 1241. IV. 6
[73] s. Pi. P. 9. 5
[74] Pa. 9. 10. 5
[75] Od. 11. 260–5
[76] Pa. 2. 6. 1
[77] s. Pi. O. 13. 74
[78] s. A. Rh. 4. 1090
[79] Pa. 2. 6. 2
[80] St. B.
[81] Hsch.
[82] E. HF 29
[83] Pa. 1. 38. 9
[84] Sup. E. p. 11
[85] E. fr. 1023
Ph. Im. 1. 10
[86] Hor. Epi. 1. 18. 41
[87] Pac. fr. XIII
[88] Pa. 9. 17. 6
[89] Pa. 9. 5. 7
[90] MG 217
[91] s. E. Ph. 159
[92] Hy. 9
[93] Pa. 9. 17. 4
[94] Pa. 9. 17. 6
[95] Pa. 10. 32. 10
[96] MG 217
[97] Ap. 2. 1. 4
[98] s. A. Rh. 3. 1186
[99] s. E. He. 886
[100] Ap. 2. 1. 4
[101] s. Il. 1. 42
[102] Ath. 651 f
[103] Cl. Str. 4. 19. 120. 4

[104] A. Su. 250
[105] Pa. 2. 19. 3
[106] Ap. 2. 1. 5
[107] Pa. 2. 19. 6
[108] A. fr. 44
[109] Pa. 2. 25. 4
[110] Ap. 2. 1. 5
[111] Pi. P. 9. 112
[112] s. E. He. 886
[113] Pl. Ax. 371e
[114] Hy. 169
[115] Pa. 2. 15. 5
[116] Ap. 2. 1. 4
[117] Pa. 2. 38. 2
[118] Str. 8. 6. 8
[119] Ap. 2. 2. 1
[120] Pa. 2. 25. 7
[121] Pa. 2. 16. 2
[122] Ap. 2. 2. 1
[123] Str. 8. 6. 11
[124] MG 253
[125] s. Il. 14. 319
[126] s. A. Rh. 4. 1091
[127] S. An. 944
[128] Si. 27
[129] PSI. 1209
[130] PO. 2161. I. 23
[131] s. A. Rh. 4. 1091
[132] s. A. Rh. 4. 1515
[133] h. C. 9 et 17
[134] Pi. P. 12. 15
[135] Hy. 63
[136] MG 127
[137] Ap. 2. 4. 2
[138] s. A. Rh. 4. 1515
[139] MG 182
[140] s. A. Rh. 4. 1515
[141] Art. 4. 63
[142] Er. C. 22
[143] N, D. 25. 32
[144] Et. Gud. 462
[145] Th. 275
[146] MG 50
[147] A. Pr. 796
[148] Ov. M. 4. 778
[149] A. Pr. 791
[150] Hy. A. 1. 12
[151] N. D. 31. 17
[152] Er. C. 22
[153] A. fr. 261
[154] MG 53
[155] s. A. Rh. 4. 1515
[156] Ap. 2. 4. 2
[157] Lu. DMo. 14. 2
[158] Ap. 2. 4. 3

305

159 Ov. Am. 3. 11. 24
160 He. Sc. 220
161 Pi. P. 10. 31
162 Pa. 4. 35. 9
   Str. 16. 2. 28
   Io. Bl. 3. 9. 3
163 Ar. R. 52
164 E. fr. 125
165 E. fr. 132
166 Ap. 2. 4. 3
167 Ov. M. 5. 180
168 Er. C. 15–17; 22
169 Ap. 2. 4. 3
170 s. Pi. P. 72
171 s. A. Rh. 4. 1515
172 Ap. 2. 4. 4
173 s. A. Rh. 4. 1091
174 Hy. 244
174a Ap. 2. 4. 4
175 Pa. 2. 16. 4
176 Od. 2. 120
   s. N. Al. 103
177 s. Il. 15. 302
178 Pa. 2. 16. 3
179 A. Pe. 79
180 s. Il. 14. 319
181 Pa. 2. 20. 4
182 Pa. 2. 22. 1
183 N. D. 47. 666
184 Pa. 2. 23. 7
   N. D. 47. 714
185 Pa. 2. 23. 8
186 s. Il. 14. 319
187 Plu. 364f
187a MG 251
188 Pa. 2. 18. 1
189 MG 216
190 Pa. 3. 22. 4
   s. E. Or. 5
191 Pa. 5. 13. 7
   8. 17. 3
192 Pa. 7. 24. 13
193 Pa. 2. 22. 3
194 Pa. 2. 22. 2
195 St. By.
196 Aristid. 15
197 E. Or. 5
198 s. E. Or. 5
199 s. Pi. O 41
200 N. D. 48. 730
201 Hy. 83
202 A. fr. 158
203 St. B.
204 Him. E. 3. 11
205 Pl. Ethphr. 11 e
206 Apost. 16. 16
207 MG 157
208 E. Or. 9
209 E. Or. 8
210 Plu. 607f

211 Pi. O. 1. 38
212 E. IT 386
213 Se. Th. 144
214 MG 247
215 s. Ly. 152
216 E. Hel. 389
217 Pi. O. 1. 48
218 s. V. G. 3–7
219 Or. 36
220 B. fr. 42
221 s. Pi. O. 1. 40
222 Pi. O. 1. 26
223 Ap. ep. 2. 3
224 Pi. O. 1. 27
225 s. Ly. 152
226 s. Ly. 152
227 Ari. Po. 16
228 Pi. O. 1. 43
229 Pi. O. 1. 47
230 Pi. O. 1. 65
231 E. Or. 10
232 Ov. AA 2. 606
233 D. S. 4. 74. 2
234 Pi. O. 1. 60
235 MG 109
236 MG 206
237 ALib. 36
238 Eus. Chr. 2 p. 40
239 s. Il. 20. 234
240 Ath. 281b
241 s. Od. 11. 582
242 s. E. Or. 982
243 E. Or. 7 cum s.
244 N. D. 18. 32; 35. 295
245 E. Or. 982 cum s.
246 MG 157
247 MG 133
248 Od. 11. 582
249 Pa. 10. 31. 12
249a Il. 2. 101
250 s. Il. 2. 104
251 MG 198
252 s. A. Rh. 1. 752
253 Pi. O. 10. 49
254 Ap. ep. 2. 4
255 Hy. 253
256 Pa. 5. 22. 6
257 Ly. 166
258 s. A. Rh. 1. 752
259 Ap. ep. 2. 5
260 D. S. 4. 73. 5
261 Pi. O. 1. 79
262 s. Pi. O. 1. 127
263 Pi. O. 1. 67
264 Pi. O. 1. 71
265 Ci. TD 2. 27. 67
266 Pa. 5. 13. 7
267 Pa. 8. 14. 10
268 Pa. 8. 14. 11
269 s. Ve. G. 3. 7

270 Hy. 84
271 MG 171
272 s. S. E. 504
273 S. fr. 433
274 Hy. 84
275 D. S. 4. 73. 4
276 s. A. Rh. 1. 752
277 Ap. ep. 9. 2. 7
278 E. IT 823
279 S. E. 504
   E. Or. 987; 1547
280 Ap. ep. 9. 2. 8
281 Pa. 8. 14. 12
282 Pa. 5. 20. 6
283 MG 84
284 Pa. 5. 7. 10
285 Pi. O. 1. 94
286 B. 7. 53
287 Pi. O. 1. 93
288 Pa. 6. 22. 1
289 Pa. 5. 13. 2
290 Pa. 5. 13. 3
291 s. Pi. O. 1. 149
292 Pa. 5. 10. 6
293 Pa. 5. 16. 4
294 Pi. O. 1. 89
295 s. E. Or. 4
296 s. Il. 2. 105
297 Pa. 6. 20. 7
298 MG 222
299 Ap. 1. 7. 2
300 Od. 10. 2
301 MG 200
302 Er. C. 1. 18
303 Ov. M. 2. 639
304 MG 143
305 MG 216
306 E. fr. 481. 15
307 Hy. A. 1. 18
308 MG 181
309 Rh. Gr. 7. 1313. 6
310 MG 22
311 D. H. Op. p. 346. 19
312 Hor. C. 1. 2. 17
313 s. Ly. 722
314 Od. 11. 238
315 s. Ar. Ly. 139
316 s. Il. 10. 334
317 Ae. VH 12. 42
318 Ap. 1. 9. 8
319 S. fr. 648 Pearson
320 D. S. 6. 6. 5
321 Pi. P. 4. 136
322 Pol. 4. 141
323 S. fr. 598
324 s. E. Or. 1691
325 Ap. 1. 9. 8
326 Od. 19. 109
327 Pi. I. 5. 14
328 Ap. 1. 9. 7

[329] Ve. A. 6. 586
E. fr. 14
[330] Hy. 61
D. S. 4. 68. 2
[331] V. Fl. 1. 665
[332] s. Ve. A. 6. 585
[333] Ap. 1. 9. 7
[334] Od. 10. 608
[335] Ap. 1. 9. 9
[336] Ap. 1. 9. 9
[337] MG 136
[338] MG 253
[339] Il. 6. 146
[340] Hy. 60
[341] s. Il. 6. 153
[342] MG 164
[343] Ap. 1. 9. 3
[344] s. Ly. 174
[345] MG 205
[346] Pa. 2. 5. 1
[347] s. Il. 6. 153
[348] Thgn. 703
[349] MG 243
[350] A. fr. 220
[351] Hy. 200
s. Od. 19. 432
[352] Od. 19. 396
[353] He. fr. 136
[354] Hy. 201
[355] Tz. Ly. 344
[356] Polyae. 6. 52
[357] s. S. Ai. 190
[358] A. fr. 175
S. Ai. 189
S. Ph. 417
S. fr. 142
E. Cy. 104
IA 524
Ly. 344; 1030
[359] s. Ve. G. 3. 267
[360] A. fr. 39
[361] s. Il. 6. 153
[361a] Pa. 2. 2. 2
[362] Pa. 2. 1. 3
[363] MG 257
[364] Od. 11. 593
[365] Hy. 157
[366] MG 99
[367] MG 98
[368] Ap. 1. 9. 3
[369] MG 54
[370] MG 110
[371] s. Il. 155
[372] St. By. Mylasa
[373] Str. 8. 6. 21
[374] MG 105
[375] St. Th. 4. 61
[376] s. Il. 155
[377] Pi. O. 13. 63
[378] MG 111

[379] Pa. 2. 4. 1
[380] Pi. O. 13. 86
[381] MG 136
[382] Ap. 2. 3. 1
[383] Pa. 10. 30. 5
s. Od. 11. 326
[384] Il. 6. 160
[385] s. Il. 6. 170
[386] Il. 16. 328
[387] MG 110
[388] s. Il. 16. 328
[389] Il. 6. 181
Th. 319
[390] Ap. 2. 3. 2
[391] s. Il. 6. 200
[392] MG 109
[393] E. fr. 664
[394] s. Ar. Pax 141
[395] Pi. I. 7. 45
[396] E. fr. 285
[397] E. fr. 286
[398] E. fr. 306-8
[399] Pi. I. 7. 44
[400] Il. 6. 201
[401] Th. 286
[402] s. Il. 6. 155
[403] Pi. O. 13. 92
[404] MG 257
[405] Str. 9. 5. 8
[406] Ap. 1. 9. 1
[407] s. Ar. N. 357
[408] MG 157
[409] MG 256
[410] Hy. 2
[411] s. Pi. P. 4. 288
[412] Hdt. 7. 197. 2
s. A. Rh. 2. 654
[413] MG 180
[414] Pa. 9. 34. 5
[415] s. A. Pe. 71
[416] s. Ly. 22
[417] s. A. Rh. 1. 256
[418] A. Rh. 2. 1151
[419] Pa. 9. 16. 5
[420] MG 249
[421] Pa. 9. 12. 4
[422] E. B. 11
[423] E. Ph. 651 c. s.
[424] s. E. Ph. 8
[425] Ap. 3. 5. 5
[426] MG 104
[427] Od. 19. 518
[428] MG 64
[429] Od. 19. 522
[430] s. Od. 19. 518
[431] Pa. 9. 5. 9
[432] Ap. 3. 5. 5
[433] Th. 1. 9. 2
[434] Ath. 603a
[435] Ae. NA 6. 15;

V. H. 13. 5
[436] Ap. 3. 5. 5
[437] Hy. 85
[438] Plu. 750b
D. S. 4. 64. 2
[439] hyp. E. Ph.
[440] s. E. Ph. 1760
[441] Plu. 313e
[442] s. Il. 2. 105
[443] s. E. Ph. 1760
[444] s. E. Ph. 1010
[445] A. Se. 745
[446] A. Se. 750; 802; 842
[447] A. Se. 756
[448] A. fr. 122
[449] A. Se. 691
[450] s. E. Ph. 1760
[451] s. E. Ph. 1760
[452] A. fr. 173
[453] E. Ph. 14
[454] E. Ph. 18
[455] E. Ph. 22
[456] E. Ph. 38
[457] S. OT 713
[458] hyp. S. OT III
[459] DM. PY 40 Palmer
[460] Ar. R. 1190
[461] s. E. Ph. 1760
[462] hyp. E. Ph. I 104
[463] E. Ph. 26
[464] E. Ph. 32
[465] s. E. Ph. 26
[466] MG 256
[467] s. E. Ph. 26; 28
Hy. 66
[468] s. E. Ph. 26
[469] Pa. 2. 6. 6
FGH 90. 8
[470] Ath. 296b
[471] Hy. 66
[472] s. E. Ph. 1760
S. OT 775
[473] E. Ph. 24
[474] S. OT 1157
[475] S. OT 1022
[476] S. OT 774
[477] E. Ph. 40
[478] E. Ph. 41
[479] E. Ph. 42
[480] S. OT 809
[481] Hy. 67
[482] S. OT 811
[483] E. Ph. 44
[484] S. OT 806
[485] Et. Gen.
[486] FGH 90. 8
[487] Od. 11. 271
[488] Pa. 9. 5. 11
s. E. Ph. 1760
[489] s. E. Ph. 53

490 Il. 23. 675
491 FGH 90. 8
492 s. E. Ph. 934; 1031
493 E. Ph. 810
494 Th. 326
495 MG 56
496 Pa. 5. 11. 2
497 s. E. Ph. 1760
498 s. E. Ph. 45
499 Ap. 3. 5. 8
500 E. Ph. 48
501 s. E. Ph. 50
502 s. E. Ph. 50
503 D. S. 4. 64. 4
504 Ap. 3. 5. 8
505 S. OT 60
506 Ap. 3. 6. 7
507 Ca. LP 70
508 Ap. 3. 6. 7
509 Hy. 75
510 ALib. 17
511 s. Ly. 683
512 Ap. 3. 6. 7
513 s. Od. 10. 494
514 Ov. M. 326
515 s. Od. 10. 494
516 s. Ly. 372
517 Od. 10. 493
518 Od. 11. 91
519 S. OT 372
520 A. Se. 783
    Se. OT 1270
521 s. E. Ph. 61
522 E. Ph. 303
523 E. Ph. 1457
524 S. OT 1426
525 S. OT 1429
526 E. Ph. 63
527 A. Se. 709; 725; 781
528 Ath. 465 e
529 A. Se. 727; 788; 815
    E. Ph. 66
530 s. S. OC 1375
531 E. Ph. 1543
532 MVat. 2. 230
533 E. Ph. 1693
534 S. OT 420
535 E. Ph. 1705
536 S. OC 3
537 S. OC 88
538 S. OC 95
539 S. OC 1456
540 S. OC 1548
541 S. OC 1590
542 S. OC 1621
543 S. OC 1644
544 s. Ari. EN 1111a 7
545 S. OT 421
546 s. S. OC 91
547 EGr. 1135

548 MG 105
549 Pa. 4. 2. 4
550 Pa. 2. 21. 7
551 Pa. 3. 1. 4
552 Ap. 3. 10. 4
553 Ap. 3. 10. 5
554 Mal. Chr. IV O 100
555 Pa. 3. 1. 4
556 s. A. Rh. 1. 146
557 h. Ho. 33. 4
558 MG Abb. 23
559 s. Ly. 506
560 Pa. 3. 26. 2
561 Pa. 3. 26. 3
562 Pa. 4. 2. 4; 7
563 s. Il. 9. 557
564 Ap. 3. 10. 3
565 Il. 9. 558
566 s. Il. 9. 557
567 Il. 9. 564
568 Ap. 1. 7. 9
569 Il. 9. 559
570 MVat. 1. 77
571 s. Il. 9. 557
572 Ap. 1. 7. 9
573 Il. 9. 562
574 Pa. 3. 16. 1
575 Hy. 80. 1
576 Pa. 3. 16. 1–3
577 The. 22. 137
578 Ap. 3. 11. 2
579 Od. 11. 300
580 Pr. Chr. 103. 13
    Ly. 535–52
    s. Ly. 536–52
    Pi. N. 10. 55
    s. Pi. N. 10. 114
    Ap. 3. 11. 2
581 Pi. N. 10. 79
582 Od. 11. 301
583 E. Hel. 140
584 Er. C. 10
585 SEmp. 9. 37
586 h. Ho. 33. 8
587 Ap. 1. 8. 1
588 MG 199
589 He. fr. 120
590 N. D. 43. 60
591 Hy. 175
592 Ap. 1. 7. 7
593 Ap. 1. 7. 6
594 Ath. 35 ab
595 Ap. 1. 8. 1
596 MVat. 1. 87
597 s. Ve. G. 1. 9
598 Ve. G. 1. 9
599 Hy. 129
600 He. fr. 135
601 Hy. 171
602 Hy. 171

603 Ap. 1. 8. 2
604 Il. 9. 533
605 Il. 9. 544
606 Il. 9. 547
607 MG 84
608 Ap. 1. 8. 2
609 Ap. 2. 6. 3
610 s. A. Rh. 1. 188
    s. Ly. 488
611 A. Rh. 1. 169
    E. fr. 530. 5
612 Pa. 8. 45. 7
613 Ari. fr. 640. 44
614 Il. 21. 482
615 Thgn. 1288
616 Ae. VH 13. 1
617 MG 112
618 He. fr. 20; 21
619 Pa. 8. 35. 10
620 Ap. 3. 9. 2
621 Ae. VH 13. 1
622 MG 144
623 Thgn. 1291
624 MG 152
625 Ca. Di. 221
625a MG 199
626 Thgn. 1291
627 Ov. M. 10. 560
628 Hy. 185
629 Ov. M. 10. 578
630 s. The. 2. 120
631 The. 2. 120
632 The. 3. 42
633 Ov. M. 10. 687
634 Gra. Cy. 490
635 Ov. M. 10. 686
636 MG 88
637 s. Ve. A. 3. 113
638 Ap. 3. 9. 2
639 Ap. 3. 9. 2
640 Ar. Ly. 781
641 Pa. 5. 19. 2
642 Prop. 1. 1. 9
643 Xe. Cyn. 1. 7
643a Ov. AA 3. 775
644 Ap. 3. 9. 2
645 Ap. 1. 8. 2
646 E. fr. 520
647 Ap. 1. 8. 2
648 B. 5. 113
649 Il. 9. 548
650 Ap. 1. 8. 2
651 Ap. 1. 8. 2
652 Il. 9. 549
    Pa. 10. 31. 3
653 Il. 9. 566
654 Il. 9. 553
655 Il. 9. 571
656 Pa. 10. 31. 3
657 Pa. 10. 31. 4

658 ALib. 2
659 Ap. 1. 8. 3
660 Ae. NA 4. 42
661 B. 5. 89
662 MG 264
663 Syll. 1027
664 Hdt. 2. 44. 3-5
665 Pa. 2. 10. 1
666 Pa. 2. 6. 6-7
667 Pa. 6. 21. 6
668 Pa. 5. 7. 7
669 Pa. 9. 27. 8
670 Ci. ND 3. 42
671 Plu. 304c-e
672 Pa. 8. 31. 3
673 Pi. N. 3. 22
674 Is. 5. 32
675 D. S. 4. 10. 1
676 Pi. fr. 301
677 Ae. VH 2. 32
678 The. 24. 1
679 s. St. Th. 4. 147
679a D. S. 4. 10. 2
679b E. HF 388
679c E. Al. 481; 491
680 s. Ly. 932
681 s. A. Rh. 1. 747
682 He. Sc. 12
683 Ap. 2. 4. 6
684 Pa. 19. 1. 1
685 Ap. 2. 4. 7
686 MG 109
687 ALib. 41
688 s. Ly. 932
689 MG 109
690 s. Od. 11. 266
  Pa. 5. 18. 2
  Pla. Am. 760
691 Ath. 498c
692 Ap. 2. 4. 8
693 MG 162
694 APal. 9. 441
695 s. Od. 11. 266
696 Ap. 2. 4. 8
697 Hy. 29
698 Ap. 2. 4. 8
699 Il. 19. 100
700 s. Il. 19. 119
  ALib. 19
  Ov. M. 9. 397
701 Ae. NA 12. 5
702 Pa. 9. 11. 3
702a Hsch. tetradi
703 The. 24. 2
704 He. Sc. 89
705 Pi. I. 5. 32
706 D. S. 4. 9. 5
707 D. S. 4. 9. 6
708 Hy. A. 2. 43
  Er. C. 44

Ach. Intr. 24
709 Pi. N. 1. 33
710 The. 24. 1
711 Ap. 2. 4. 9
712 Pa. 1. 43. 7
713 Su.
714 s. Il. 18. 570
715 Zen. 4. 45
716 Ap. 2. 4. 9
  D. S. 3. 67. 2
717 Ap. 2. 4. 9
718 The. 24. 37
719 Plu. 271b
720 Pa. 9. 10. 4
721 IG. 14. 1293 B
722 Pa. 9. 27. 8
723 Ap. 2. 4. 9
724 s. The. 13. 6
725 The. 25. 207
726 Pa. 2. 31. 10
  Ap. 2. 4. 11
727 Ap. 2. 4. 10
728 Pa. 9. 27. 7
729 D. S. 4. 29. 3
730 Pa. 9. 27. 6
731 Ap. 2. 4. 10
732 Pi. I. 6. 47
733 Ap. 2. 4. 9
734 Ap. 2. 4. 11
735 Pa. 9. 37. 1
736 D. S. 4. 10. 4
737 E. HF 220
738 Ap. 2. 4. 11
739 Od. 11. 269
740 E. HF 11
741 D. S. 4. 10. 6
742 Ap. 2. 4. 11
743 E. HF 1
744 Pi. P. 9. 81
745 Pa. 9. 11. 1
746 Plu. 577f
747 MG 136
748 D. S. 4. 10. 6
749 E. HF 16
750 Pa. 2. 15. 3
751 D. S. 4. 11. 3
752 The. 25. 200
753 Th. 326
754 MG 56
755 Ep. fr. 2 Diels
756 Pa. 9. 17. 2
757 Il. 21. 483
758 MG 199
759 Ca. fr. 54-59
760 Ap. 2. 5. 1
761 St. B.
762 The. 25. 256
763 D. S. 4. 11. 4
764 s. Ve. G. 3. 19 Keil
765 Plu. Tim. 26

765a Plu. 676f
766 Ca. fr. 59. 18
767 Ap. 2. 5. 1
768 The. 25. 277
769 Er. C. 12
770 Pa. 2. 36. 8
771 Th. 313
772 E. HF 420
773 Th. 311
774 Hy. 30
775 Pa. 2. 37. 4
776 Ap. 2. 5. 2
777 MG 56
778 Al. fr. 118 Bergk
779 Si. fr. 203 Bergk
780 E. HF 1190
781 Ap. 2. 6. 2
782 Ap. 2. 5. 2
782a Er. C. 11
782b Ma. So. 1. 12. 2
783 Ap. 2. 4. 12
784 MG 136
784a Ap. 2. 5. 11
785 Ap. 2. 5. 3
786 Ap. 2. 5. 5
787 Ca. Di. 109
788 E. HF 377
789 E. Hel. 382
790 s. Pi. O. 3. 53
791 Pi. O. 3. 30
792 MG 152
793 Hy. 30
794 E. HF 378
795 Ap. 2. 5. 3
796 Pi. O. 3. 26
797 Str. 5. 1. 9
798 Pi. O. 3. 31
799 MG 57
800 Ap. 2. 5. 3
801 Od. 6. 103
802 FGH 1. 6
803 Ap. 2. 5. 4
804 The. 7. 149 c. s.
805 MG 158
806 Ap. 2. 5. 4
807 s. The. 7. 149
808 D. S. 4. 12. 3
809 Ap. 2. 5. 4
810 Ap. 2. 5. 6
811 D. S. 4. 13. 2
812 Se. HF 243
813 Ve. A. 6. 511
814 S. OT. 175
815 Pa. 8. 22. 7
816 Pa. 8. 22. 4
817 s. Ve. A. 8. 299
818 A. Rh. 2. 1036
819 D. S. 4. 13. 2
820 Ap. 2. 5. 6
821 Pa. 8. 22. 4

D. S. 4. 13. 2
822 Ap. 2. 5. 6
823 A. Rh. 2. 10. 30
824 s. A. Rh. 1. 172
825 Ap. 2. 4. 5
D. S. 4. 13. 3
826 Pa. 5. 1. 9
s. Ve. A. 8. 299
827 Ap. 2. 5. 5
828 Pa. 5. 1. 9
829 Ap. 2. 7. 8
830 Ap. 2. 5. 5
831 Ath. 412a
832 Ap. 2. 5. 5
833 s. Ca. De. 102
833a Ap. 2. 5. 3
833b Er. C. 28
833c Ap. 2. 5. 2
833d D. S. 4. 33. 1
834 Hy. 33
835 s. Ve. G. 3. 267
835a E. HF 382
836 Il. 11. 445
837 Se. HF 451
838 s. Pi. P. 4. 126
839 Il. 2. 763
840 Il. 2. 715
841 Ap. 1. 9. 15
842 Ap. 1. 9. 15
843 Ap. 1. 9. 15
843a MG 38
844 Ap. 1. 9. 15
845 E. Al. 24
846 E. Al. 476
847 E. Al. 1142
848 E. Al. 1140
848a Pl. Sy. 179b
849 Phr. 2 Nauck
850 D. S. 4. 15. 3
851 D. S. 4. 15. 4
852 Ap. 2. 5. 8
853 D. S. 4. 15. 4
854 MG 177
855 A. Rh. 1. 1275
856 The. 13. 75
857 A. Rh. 1. 1317
858 E. Al. 499
859 He. Sc. 319
860 He. Sc. 70
861 E. HF 591
He. Sc. 479
862 He. Sc. 338
863 He. Sc. 120
864 MG 182
865 s. Il. 23. 347
866 Pa. 8. 25. 10
867 Ap. 2. 5. 11
868 Hy. 31
869 He. Sc. 477
870 Ap. 1. 7. 4

871 Pl. Phd. 84e
872 MG 110
873 Ap. 2. 5. 7
874 BKT 5. 2. 73. 24
Ap. 2. 5. 7
875 BKT 5. 2. 73. 26
876 Ap. 2. 5. 7
876a D. S. 4. 13. 4
877 Plu. Th. 14
878 Ap. 2. 5. 9
879 E. HF 409
880 Pi. N. 3. 38
881 s. Pi. N. 3. 64
882 Pi. I. 6. 28
883 Pi. N. 3. 37
884 Il. 5. 266
885 Il. 21. 448
886 Il. 21. 448
887 Ov. M. 11. 203
888 Il. 7. 453
889 Il. 21. 453
890 Il. 5. 640
891 s. Il. 20. 146
Ap. 2. 5. 9
s. Ly. 34
892 D. S. 4. 42. 3
893 s. Ly. 34
894 Il. 20. 145
895 s. Il. 20. 146
896 s. Ly. 34
897 Il. 5. 650
898 Il. 5. 642
899 S. Ai. 435
900 S. Ai. 1301
Xe. Cy. 1. 9
D. S. 4. 32. 5
Ap. 2. 6. 4
901 Ap. 2. 6. 4
902 Ly. 337 c. s.
Ap. 2. 6. 4
903 Pi. N. 3. 38
904 Ap. 2. 5. 9
905 Ap. 2. 5. 9
906 A. Rh. 2. 966
907 D. S. 4. 16. 4
908 Ap. 2. 5. 9
909 Plu. Th. 12a
910 Ath. 557a
911 Ly. 1329
912 Ap. ep. 1. 16; 5. 2
St. Th. 12. 534
913 E. HF 416
914 IG. 14. 1293 D
915 Il. 15. 30
916 Il. 14. 250
917 Plu. 304c
918 Ap. 2. 6. 7
919 s. Il. 14. 78
920 Hsch.
921 Ap. 2. 7. 1

922 Plu. 304c
923 s. The. 7. 5
924 Il. 14. 256; 15. 18
925 MG 154
926 Th. 293
927 Th. 309
928 Ap. 2. 5. 10
929 Th. 287
930 MG 54
931 Il. 6. 328
932 Il. 5. 859
933 s. Th. 293
934 Th. 287
935 Ve. A. 6. 289
935a s. Th. 287
936 Is. 6. 19
937 s. Il. 11. 690
938 Pa. 6. 25. 3
938a Il. 5. 392
939 s. Il. 11. 690
940 Pi. O. 9. 31
940a Il. 5. 394
941 He. Sc. 359
942 Il. 5. 397
943 MG 141
944 Il. 11. 690
945 s. A. Rh. 1. 159
s. Il. 2. 336
946 Hy. 10
947 D. S. 4. 17. 4
948 Or. b. 41
949 Hsch.
950 Pi. P. 9. 105
951 Pi. I. 56
952 Ap. 2. 5. 11
953 Ph. Im. 2. 22
954 D. S. 4. 18. 1
955 s. A. Rh. 4. 1396
956 s. Lu. ITr. 21
957 Ap. 2. 5. 11
958 D. Chr. 8. 32
959 Po. M. 1. 26; 10. 105
960 Pi. N. 3. 21; 4. 69
s. Pi. O. 3. 79
961 Str. 3. 2. 11
962 Ath. 470c
963 Ap. 2. 5. 10
964 MG 187
965 Ath. 470f
966 s. A. Rh. 4. 1399
967 Ath. 470d
968 Ap. 2. 5. 10
969 A. fr. 74
970 Ath. 469e
971 Plu. Ser. 9
972 Hdt. 4. 8
973 A. fr. 199
974 Ap. 2. 5. 10
975 Str. 4. 1. 7
Po. M. 2. 78

[976] Ve. A. 8. 194
[977] Prop. 5. 9. 10
[978] Ve. A. 8. 243
[979] Ve. A. 8. 260
[980] D. H. AR 1. 35. 2
[980a] Ap. 2. 5. 0
[981] MG 42
[982] Pa. 3. 35. 2
[983] s. Pi. N. 4. 43
[984] MG 34
[985] D. S. 4. 21. 5
[986] Cla. RP 3. 184
[987] Pi. I. 6. 32
[988] Ap. 5. 6. 1
[989] s. Pi. I. 6. 32
[990] Pi. N. 4. 25
[991] Su.
[992] s. Pi. N. 4. 25
[993] Ap. 2. 5. 10
[994] Ap. 2. 5. 11
[995] s. A. Rh. 4. 1396
[996] MG 37
[997] MG 58
[998] Ath. 469 d
[999] s. A. Rh. 4. 1396
[1000] Ap. 2. 5. 11
[1] MG 49; 184
[2] Th. 529
[3] Ap. 2. 5. 11
[4] Il. 11. 1
[5] A. fr. 192
[6] MG 215
[7] Th. 522
[8] MG Abb. 52
[9] MG Abb. 51
[10] E. fr. 594
[11] Ap. 2. 5. 11
[12] A. fr. 195–8
[13] s. Ve. A. 8. 299
[14] Se. HF 324; 535
[15] E. Hi. 742
[16] E. Hi. 748
[17] s. A. Rh. 4. 1396
[18] MG 57
[19] Hy. A. 2. 6.
[20] Ap. 2. 5. 11
[21] Ep. fr. 11 Diels
[22] Od. 1. 52
[23] s. A. Rh. 4. 1396
[24] Hy. A. 2. 6
[25] Er. C. 2. 3
[26] s. Ve. A. 4. 484
[27] Od. 1. 50
[28] MG Abb. 11
[29] A. Rh. 4. 1396
[30] s. A. Rh. 4. 1396
[31] Ap. 2. 5. 11
[32] Ap. 2. 5. 12
[33] Od. 11. 603
[34] Ap. 2. 5. 12

[35] Ap. 2. 5. 12
s. Il. 8. 368
[36] h. Cer. 475
[37] Euph. fr. 95
[38] Ve. A. 6. 260
[39] Ve. A. 6. 304
[40] s. Ve. A. 6. 392
[41] Ve. A. 6. 413
[42] Se. HF 775
[43] St. Th. 5. 401
[44] Ve. A. 6. 392
[45] s. Ve. A. 6. 392
[46] MG 39
[47] Th. 770
[48] Th. 311
[49] Th. 312
[50] S. Tr. 1098
[51] Ve. A. 6. 421
[52] Th. 313
[53] Ve. A. 6. 396
[54] Ap. 2. 5. 12
[55] s. Il. 21. 194
[56] B. 5. 71
[57] B. 5. 172
[58] Od. 11. 633
[59] Ap. 2. 5. 12
[60] MG 125
[61] Ap. 2. 5. 12
[62] D. S. 4. 26. 1
[62a] E. HF 613
[63] Ap. 2. 5. 12
[64] Ap. 2. 5. 12
[65] s. A. Rh. 101
[66] Ve. A. 6. 617
[67] Ap. 2. 5. 12
[68] Pa. 2. 31. 2
[69] Pa. 2. 35. 10
[70] Euph. fr. 62
[71] Ap. 11. 5. 12
[72] Hsch.
[73] Pa. 9. 34. 5
[74] Archil. 119
[75] Diog. Ep. 36
[76] Ap. 2. 6. 4
[77] s. Ly. 469
[78] Ap. 2. 7. 7
[79] Ap. 2. 7. 4
[80] MG 151
[81] Il. 2. 620
[82] Ib. 2
[83] Il. 23. 641
[84] s. Il. 23. 641
[85] Pl. Phd. 89 c c. s.
[86] Pi. O. 10. 33
[87] Pa. 8. 14. 9
[88] Ap. 2. 7. 2
[89] Pi. O. 10. 26
[90] Pa. 5. 2. 2
[91] Ap. 2. 7. 2
[92] Pi. O. 2. 3

[93] Pi. O. 8. 3. 11
[94] Pa. 5. 14. 2
[95] Pa. 5. 13. 2
[96] Ap. 2. 7. 2
[97] D. S. 4. 14. 1
[98] Ap. 2. 4. 12
[99] Pi. I. 4. 69
[100] E. HF 526
[101] E. HF 615
[102] E. HF 575
[103] E. HF. 572
[104] Pa. 9. 11. 2
[105] E. HF 937
[106] s. Pi. I. 4. 104
[107] Ap. 2. 6. 1
D. S. 4. 31. 1
[108] Ar. Th. 108
[109] s. S. Tr. 354
Pa. 4. 33. 5
[110] Od. 8. 224
[111] A. Rh. 1. 88
[112] s. Il. 5. 392
[113] Pa. 4. 2. 2
[114] Od. 21. 32
[115] Od. 21. 15
[116] Od. 21. 258
[117] Ap. 2. 6. 1
[118] s. S. Tr. 354
[119] The. 24. 107
[120] s. The. 13. 56
[121] s. Ly. 50; 458
[122] Ap. 3. 12
[123] Ap. 2. 6. 1
D. S. 4. 31. 2
[124] S. Tr. 268
[125] Od. 21. 22
[126] D. S. 4. 31. 2
[127] s. Od. 21. 22
[128] Od. 21. 26
[129] Ap. 2. 6. 3
[130] Od. 21. 28
[131] Ap. 2. 6. 2
D. S. 4. 31. 3
[132] s. Pi. I. 4. 104
[133] Ap. 2. 6. 2
[134] Od. 8. 226
[135] Il. 1. 53
[136] Plu. 557 d
[137] s. Pi. O. 9. 43
[138] Ap. 2. 6. 2
Hy. 32
s. Ve. A. 8. 299
[139] Pa. 10. 13. 8
[140] Ap. 2. 6. 2
[141] Pa. 3. 21. 8
[142] Hy. 32
s. Ve. A. 8. 299
[143] s. Ve. A. 8. 299
S. Tr. 275
[144] Ap. 2. 6. 3

311

[145] D. S. 4. 31. 6
[146] s. Od. 21. 22
[147] Lu. DD. 23. 2
[148] s. A. Rh. 1. 1289
[149] Plu. 301 f
[150] ICo. 36c
[151] Plu. 304c
[152] Hdt. 1. 7. 4
[153] St. By.
[154] D. S. 4. 31. 5
[155] Ap. 2. 6. 3
[156] D. S. 4. 31. 5
[157] Hdt. 1. 93. 4
[158] Ath. 516a
[159] Ov. F. 2. 305
[160] Ov. Her. 9. 73
[161] D. S. 4. 31. 5
[162] Hy. A. 2. 14
[163] Ap. 2. 6. 3
[164] Su.
[165] Su.
[166] MG 85
[167] Eud. 72
[168] s. Ly. 9
[169] MG 27
[170] Ap. 2. 6. 3
[171] Hdt. 7. 216
[172] s. Ar. N. 1050
[173] Su.
[174] Eud. 72
[175] App. BC 5. 69
[176] Ap. 2. 6. 3
[177] FGH 26. 1. 17
[178] Ap. 2. 6. 3 cum
   Tz. Chil. 2. 434
[179] Hdt. 7. 115
[180] Ap. 2. 6. 3 cum
   Tz. Chil. 2. 432
[181] E. fr. 688
[182] E. fr. 689
[183] E. fr. 690
[184] Ap. 2. 6. 3
[185] Tz. Com. 3. 27
[186] Philo II 461 M.
[187] E. fr. 691
[188] E. fr. 693
[189] FGH 26. 1. 17
[190] s. The. 10. 4
[191] The. 10. 41
[192] Pol. 4. 54
[193] Su.
[194] s. The. 10. 4
[195] Ath. 415b
[196] s. Ve. E. 8. 68
[197] Sosi. fr. 2. 1
[198] Sosi. fr. 3
[199] s. Il. 24. 616
[200] MG 157; Abb. 36
[201] Ap. 1. 8. 1
[202] Ap. 1. 8. 1

[203] S. Tr. 18
[204] S. Tr. 10
[205] MG Abb. 14
[206] MG 59
[207] MG 59
[208] s. Il. 21. 194
[209] S. Tr. 523
[210] S. Tr. 21
[211] S. Tr. 26; 516
   N. D. 43. 13
[212] Ov. M. 9. 85
[213] Ap. 2. 7. 5
[214] S. Tr. 569
[215] Il. 16. 115
[216] Ap. 1. 7. 10
[217] Str. 10. 2. 5
[218] Th. 341
[219] S. Tr. 559
[220] Ap. 2. 7. 6
[221] D. S. 4. 35. 4
[222] D. Ch. 60. 1
[223] Ap. 2. 7. 6
[224] S. Tr. 565
[225] S. Tr. 556
[226] He. fr. 135. 19 cum
   PO. 2075. 9
[227] S. Tr. 38
[228] S. Tr. 259
[229] S. Tr. 354
[230] S. Tr. 360
[231] S. Tr. 1160
[232] S. Tr. 750
[233] Ap. 2. 7. 7
[234] S. Tr. 1157
[235] D. S. 4. 37. 3
[236] S. Tr. 735
[237] S. Tr. 780
[238] S. Tr. 930
[239] S. Tr. 1191
[240] S. Tr. 1219
[241] S. Tr. 1255
[242] S. Tr. 200
[243] Ca. Di. 159
[244] Hdt. 7. 198
[245] S. Tr. 1214
[246] D. S. 4. 38. 4
[247] S. Ph. 801
[248] Ap. 2. 7. 7
[249] S. Ph. 802
[250] Lu. Am. 54
[251] Lu. Am. 1
[252] Ca. Di. 159
[253] Li. 36. 30
[254] Ap. 2. 7. 7
[255] Il. 23. 252
[256] D. S. 4. 38. 5
[257] s. Ve. G. 1. 34
[258] Ap. 2. 7. 7
[259] D. S. 4. 39. 2
[260] Pi. N. 10. 118

[261] MG 98
[262] Th. 950
[263] Pi. I. 4. 67
[264] PO. 2075. 16
[265] Od. 11. 601
[266] Er. C. 4
[267] Arat. 63
[268] Aristid. 40. 16
[269] Hdt. 6. 52. 1
[270] E. Her. 12
[271] FGH 1. 30
[272] Pi. P. 9. 80
[273] s. Pi. P. 9. 137
[274] E. Her. 6
[275] Ap. 2. 8. 1
[276] E. Her. 851
[277] E. Her. 403
[278] E. Her. 41
[279] Pa. 1. 32. 6
[280] MG 205
[281] MG 122
[282] Ap. 3. 14. 1
   s. Ar. Ve. 438
[283] s. Ar. Pl. 773
[284] Ath. 555c
[285] FHG 2. 319
   Iust. 2. 6. 7
[286] Su.
[287] Str. 9. 20
[288] Pl. NH 7. 194
[289] MG 123
[290] s. Pi. O. 9. 68
[291] Ci. Le. 2. 63
[292] Ar. Ve. 438
[293] Ath. 555c
[294] Aug. CD 18. 9
[295] Pa. 2. 15. 5
[296] MG 217
[297] Ap. 3. 14. 1
[298] s. Il. 17. 54
[299] Hdt. 5. 82
[300] Ap. 3. 14. 1
[301] Ov. M. 6. 72
[302] Ap. 3. 14. 1
[303] Ap. 3. 14. 2
[304] Su.
[305] Pa. 8. 2. 3
[306] Eus. PE 10. 9. 22
[307] Su.
[308] Athenag. 1
[309] MG 123
[310] Ap. 3. 14. 2
[311] MG 124
[312] E. Ion. 496
[313] Ap. 3. 14. 2
[314] Pa. 6. 20. 2-5
[315] MG 124
[316] Hdt. 8. 41. 2
   Ar. Ly. 759
[317] MG 121

318 Ap. 3. 14. 6
319 Hy. A. 2. 13
320 Ap. 3. 14. 6
321 Ap. 3. 14. 7
322 Il. 2. 547
323 Od. 5. 8
324 E. Me. 824
325 IG. 12. 444. 24
326 Plu. 843b
327 E. Ion 23
328 E. Ion 281
329 Athenag. 1
330 Pa. 1. 26. 5
331 Pa. 1. 5. 2
332 Thu. 2. 15. 1
333 Str. 9. 1. 17
334 Thu. 1. 20. 2
335 Ae. VH 12. 28
336 Ap. 3. 15. 8
337 FGH 328. 105
338 Su.
339 Hy. 46
340 Lycurg. 98
341 E. fr. 360
342 Ap. 3. 15. 4
343 Ap. 3. 15. 5
344 Hy. 46
345 E. fr. 357
346 Ap. 3. 15. 5
347 Art. 2. 12
348 MG 30
349 E. Hi. 30; D. S. 4. 62. 2
350 E. Me. 683
351 Pa. 2. 31. 9
352 Pa. 2. 33. 1
353 Pa. 2. 33. 1
354 Hy. 37
355 Ap. 3. 15. 7
356 Ap. 3. 15. 6
357 Ap. 3. 15. 6
     Plu. Th. 2c
358 s. E. Hi. 11
359 Ap. 3. 15. 7
360 Plu. Th. 2c
361 Ap. 3. 15. 7
362 Pa. 2. 32. 9
363 Ap. 3. 15. 7
364 Pa. 1. 27. 7
365 Plu. Th. 2e
366 Pa. 1. 27. 8
367 Lu. Cy. 14
368 Ap. 3. 16. 1
369 Plu. Th. 4b
370 Ap. 3. 16. 1
371 Plu. Th. 4b
372 Pa. 2. 1. 3
373 B. 18. 20
374 Ap. 3. 16. 2
375 Str. 9. 1. 4
376 Pa. 2. 1. 3

377 Plu. Th. 4c
378 Pa. 2. 1. 3
379 Ap. ep. 1. 1
380 B. 18. 23
381 Pa. 1. 44. 8
382 Ap. ep. 1. 2
383 CG p. 114
384 s. E. Hi. 979
385 Plu. Th. 4 f
386 Ly. 111
387 Pa. 1. 36. 1
388 Str. 9. 1. 9
389 MG 205
390 Ap. 3. 12. 6
391 Pl. Ap. 41a
392 D. S. 4. 59. 5
393 Pa. 1. 39. 3
394 Ap. ep. 1. 3
395 Pa. 1. 39. 3
396 Hy. 38
397 D. S. 4. 59. 5
398 B. 18. 28
399 Ap. ep. 1. 4
400 MG 85
401 B. 18. 27
402 s. Ve. G. 1. 399
403 Ov. Ib. 407
404 Pa. 1. 38. 5
405 Pa. 1. 38. 5
406 D. S. 4. 59. 5
407 S. fr. 19
408 Ap. ep. 1. 4
409 D. S. 4. 59. 5
410 Plu. Th. 5 b
411 Ap. ep. 1. 5
412 Plu. Th. 5 c
413 Pa. 1. 37. 2
414 Pa. 1. 37. 4
415 Plu. Th. 5 d
416 Plu. Th. 17 d
417 Plu. Th. 5 d
418 B. 18. 30
419 Plu. Th. 5 d
420 Pa. 1. 19. 1
421 Ap. ep. 1. 5
422 B. 18. 46
423 Ov. M. 7. 420
424 Plu. Th. 5 e
425 Ap. ep. 1. 6
426 Ca. fr. 233
427 s. Il. 11. 741
428 Plu. Th. 5 e
429 Ap. ep. 1. 6
430 Plu. Th. 5 f
431 S. fr. 872
432 Hy. 244
433 Ap. ep. 1. 11
434 s. E. Hi. 35
435 E. Hi. 35
436 Ca. Di. 10. 21

437 Pa. 1. 27. 10
438 s. Ve. A. 6. 20
439 Ca. fr. 238. 15
440 Plu. Th. 6b
441 Th. 411
442 Ca. fr. 231
443 Ca. fr. 258
444 APal. 16. 105. 3
445 Ca. fr. 259
446 Ca. fr. 260. 4
447 Ca. fr. 262
448 Ca. Di. 11. 5
449 Plu. Th. 6b
450 Plu. Th. 6c
451 Ap. 3. 15. 7
452 Ap. 3. 15. 7
     D. S. 4. 60. 5
453 Ap. 3. 15. 7
454 MG 110
455 Ap. 3. 15. 8
456 Ap. 3. 15. 8
457 Ov. M. 8. 145
458 Plu. Th. 6c
459 Plu. Th. 7c
460 B. 17. 2
461 Ap. ep. 1. 7
462 Plu. Th. 7c
463 s. Ve. A. 6. 21
464 Pa. 1. 17. 3
465 D. S. 4. 72. 7
466 B. 17. 8
467 B. 17. 102
468 Hy. A. 2. 5
469 Plu. Th. 7d
470 Si. fr. 33
471 s. Ve. G. 1. 222
472 Hsch.
473 MG 261
474 Hy. 42
475 Ap. 3. 1. 4
476 Pa. 2. 31. 1
477 Hy. 255
478 Od. 11. 323
479 Ap. ep. 1. 8
480 Plu. Th. 8b
481 s. Od. 11. 322
482 Ap. ep. 1. 11
     Ov. M. 8. 188
483 Hy. A. 2. 5
484 s. Ve. G. 222
485 s. Pi. N. 5. 89
486 Plu. Th. 8a
487 D. S. 4. 61. 5
488 D. S. 4. 61. 5
489 Od. 11. 322
490 Plu. Th. 9a
491 Plu. Th. 8f
492 Pa. 2. 23. 7
493 Plu. Th. 9c
494 Il. 18. 591

313

495 DM. KN 205 Palmer
496 D. S. 4. 61. 5
497 Pr. Chr. p. 322 Bek.
498 MG Abb. 65
499 D. S. 5. 51. 4
500 Hy. 43
501 D. S. 5. 51. 4
502 s. The. 2. 45
503 The. 2. 46
504 Plu. Th. 9c
505 Plu. Th. 9d
506 Plu. Th. 10d
507 Plu. Th. 9e
508 Ap. ep. 1. 10
509 Plu. Th. 13e
Plu. Ro. 38e
Ath. 557a
510 Plu. Th. 8f
511 D. S. 4. 62. 1
512 Pa. 9. 35. 5
513 MG 142
514 N. D. 14. 221
515 D. S. 5. 52. 2
516 MG 263
517 Ath. 557a
518 Plu. Th. 14e
519 Hy. 155
520 MG 157
521 Il. 14. 317
522 Hy. 14. 6
523 MG 158
524 s. Il. 1. 263
525 He. fr. 200
526 s. Il. 1. 264
527 A. Rh. 1. 59
528 Pi. fr. 150. 5
529 Ve. A. 6. 449
530 Ap. ep. 1. 21
531 Plu. Th. 14c
532 Prop. 2. 2. 9
533 Od. 21. 295
534 Ov. M. 12. 210
535 Ov. M. 12. 227
536 Il. 1. 265
Plu. Th. 14d
537 Il. 2. 742
538 Plu. Th. 14b
539 S. OC 1539
540 Plu. Th. 14c
541 s. Il. 3. 144
Pi. fr. 227
542 Ap. ep. 1. 23
543 D. S. 4. 63. 2
s. Ly. 513
544 Is. 10. 19
545 Pa. 1. 41. 5
546 Plu. Th. 14f
547 Plu. Th. 15a
D. S. 4. 63. 3
548 Pa. 5. 17. 6

549 Il. 3. 143
550 Il. 3. 236
551 Pa. 2. 21. 6
552 s. Ar. Ly. 645
553 s. Il. 3. 242
554 s. A. Rh. 1. 101
555 Pa. 1. 17. 4
556 Plu. Th. 15a
557 Ve. A. 6. 397
558 Hy. 79
559 Se. HF 662
560 Pa. 10. 28. 2
561 Ve. A. 6. 393
562 Ap. ep. 1. 24
563 Pa. 10. 29. 9
564 Ap. 2. 5. 12
565 Ap. ep. 1. 24
566 Hor. C. 4. 7. 27
567 Ap. 2. 5. 12
568 Ap. ep. 1. 24
569 Hor. C. 3. 4. 79
570 Pa. 10. 29. 9
571 s. Ar. Eq. 1368
572 Hy. 79
573 Ve. A. 6. 617
574 Ve. A. 6. 601
575 Hor. C. 4. 7. 28
576 D. S. 4. 6. 4
577 Hy. 43
578 Thu. 2. 15
Plu. Th. 10f
579 Plu. Th. 11a
580 Plu. Th. 13f
581 Plu. Th. 14a
582 Pa. 1. 2. 1
583 Pa. 1. 41. 7
584 Pa. 1. 2. 1
585 Plu. Th. 12a
Pa. 1. 2. 1
586 Q. S. 13. 496
587 Ap. ep. 1. 16
588 Plu. Th. 13a
589 Ar. Ly. 679
590 Plu. Th. 13a
591 Pa. 1. 17. 2
592 Pa. 1. 15. 2
593 Plu. Th. 13d
594 Ap. ep. 5. 2
595 Ap. ep. 1. 17
596 D. S. 4. 28. 4
Pa. 1. 2. 1
Plu. Th. 13b
597 Ca. Di. 239; 266
598 D. S. 4. 62. 2
599 IG. 1^3. 310. 280
600 E. Hi. 31
601 E. Hi. 24
602 E. Hi. 953
603 Pa. 2. 32. 3
604 E. Hi. 72

605 Ap. ep. 1. 18
606 E. Hi. 888
607 E. Hi. 1197
608 Pa. 2. 32. 1
609 Pa. 1. 22. 1
610 Pa. 2. 32. 10
611 Pa. 10. 29. 3
612 Pa. 2. 32. 1
613 E. Hi. 1425
614 Ve. A. 7. 769
615 Pa. 2. 27. 4
616 Pa. 2. 32. 1
617 Ve. A. 7. 774
618 Plu. Th. 17b
619 Plu. Th. 15b
620 Plu. Th. 16f
621 He. fr. 18
622 Ap. 1. 9. 16
623 A. Rh. 1. 232
624 He. fr. 19
Pi. N. 3. 54
625 Pi. P. 4. 119
626 A. Rh. 1. 554
627 MG 112
628 Od. 12. 72
629 A. Rh. 3. 67
630 V. Fl. 1. 83
631 Hy. 13
632 Hy. 13
633 Hy. 12
634 A. Rh. 1. 12
635 A. Rh. 1. 5
636 s. Pi. P. 4. 133
637 Ap. 1. 9. 16
638 Pi. P. 4. 71
639 Pi. P. 4. 120
640 Mi. 11. 5
641 MG 190
642 Od. 10. 139
643 Th. 957
644 A. Rh. 2. 1194
3. 191; 337
645 Acc. M. fr. I
646 s. A. Rh. 1. 4
647 A. Rh. 1. 19
648 A. Rh. 1. 551; 721
649 s. E. Me. 1
D. S. 4. 41. 3
650 E. Me. 3
651 Hy. A. 2. 37
652 Ly. 1319
Ca. fr. 16
653 Ap. 1. 9. 16
654 Pi. P. 4
655 s. A. Rh. 1. 230
656 Od. 13. 59
657 A. Rh. 2. 596
658 s. A. Rh. 2. 596
659 A. Rh. 4. 786
660 Od. 13. 70

[661] Pi. P. 4. 169
[662] Th. 995
[663] A. Rh. 112
Ap. 1. 9. 16
V. Fl. 1. 124
[664] Ap. 1. 9. 6
[665] A. Rh. 1. 109
[666] A. Rh. 2. 854
[667] Pi. P. 4. 171
[668] A. Rh. 1. 137
[669] A. Rh. 1. 151
[670] Pi. P. 4. 176
[671] s. A. Rh. 1. 23
[672] s. Od. 19. 432
[673] Pi. P. 4. 178
[674] A. Rh. 1. 54
[675] A. Rh. 1. 142
[676] A. Rh. 1. 172
[677] A. Rh. 1. 65
[678] A. Rh. 1. 93-4
[679] A. Rh. 1. 49
[680] A. Rh. 1. 323
[681] Ap. 1. 9. 16
[682] Hy. 14
[683] A. Rh. 1. 359
[684] A. Rh. 1. 494
[685] A. Ch. 631
[686] Ap. 1. 9. 17
[687] s. Il. 7. 468
[688] Pa. 3. 24. 3
[689] Phot.
[690] Hdt. 6. 138. 4
[691] s. A. Rh. 1. 769
[692] A. Rh. 1. 635
[693] A. Rh. 1. 855
[694] Pi. P. 4. 253
[695] Pi. O. 4. 30
[696] A. fr. 96
[697] A. Rh. 1. 861
[698] V. Fl. 2. 367
St. Th. 5. 460
Ov. H. 6. 56
[699] A. Rh. 1. 850
[700] A. Rh. 1. 886
[701] Il. 7. 468
[702] Hy. Pi. N.
[703] D. S. 5. 49. 6
[704] D. S. 4. 49. 8
[705] A. Rh. 1. 917
[706] Od. 10. 108
[707] A. Rh. 1. 936
[708] s. A. Rh. 1. 1117
[709] A. Rh. 1. 1221
MG 177
[710] A. Rh. 1. 1317
[711] A. Rh. 2. 1
[712] The. 22. 27
[713] s. A. Rh. 2. 178
[714] s. A. Su. 317
[715] Ap. 1. 9. 21

[716] s. A. Rh. 2. 178
[717] A. Rh. 2. 180
[718] s. Od. 12. 69
[719] A. Rh. 2. 191
[720] A. Rh. 2. 194
[721] MG 65
[722] A. Rh. 2. 299
[723] E. Me. 432
[724] A. Rh. 2. 609
[725] A. Rh. 2. 345
[726] A. Rh. 2. 752
[727] A. Rh. 2. 673
[728] A. Rh. 2. 598
[729] A. Rh. 2. 674
[730] A. Rh. 2. 911
[731] A. Rh. 2. 904
[732] A. Rh. 2. 946
[733] A. Rh. 2. 970
[734] A. Rh. 2. 1007
[735] A. Rh. 2. 1011
[736] A. Rh. 2. 1018
[737] A. Rh. 2. 1030
[738] A. Rh. 2. 1231
[739] MG 158
[740] A. Rh. 2. 1235
[741] A. Rh. 3. 598
[742] A. Rh. 3. 245
[743] Th. 960
[744] s. A. Rh. 3. 240
[745] A. Rh. 3. 957
[746] s. A. Rh. 3. 445; 834
[747] Pi. P. 4. 244
[748] A. Rh. 2. 465
[749] s. Ve. G. 2. 140
[750] Enn. fr. sc. 274
[751] A. Rh. 2. 270
Pi. P. 4. 224
[752] Pi. P. 4. 232
[753] Ap. 1. 9. 23
[754] A. Rh. 3. 1182
[755] A. Rh. 3. 1365
[756] s. A. Rh. 4. 87
[757] s. A. Rh. 4. 86
[758] A. Rh. 4. 11
[759] A. Rh. 4. 54
[760] A. Rh. 4. 57
[761] A. Rh. 4. 167
[762] s. A. Rh. 4. 1053
[763] A. Rh. 3. 862
[764] D. S. 4. 45
[765] A. Rh. 3. 1035
[766] A. Rh. 3. 1013
[767] A. Rh. 3. 845
[768] A. Rh. 4. 245
[769] Ap. 1. 9. 24
[770] MG 246
[771] s. A. Rh. 3. 1236
[772] A. Rh. 3. 242
[773] Pa. 5. 1. 3
[774] s. A. Rh. 4. 223

[775] E. Me. 1334
[776] A. Rh. 4. 331
[777] A. Rh. 4. 466
[778] A. Rh. 4. 571
[779] A. Rh. 4. 581
[780] A. Rh. 4. 631
[781] A. Rh. 4. 727
[782] A. Rh. 4. 702
[783] A. Rh. 4. 745
[784] A. Rh. 4. 930
[785] A. Rh. 4. 965
[786] A. Rh. 4. 982
[787] A. Rh. 4. 1104
[788] A. Rh. 4. 1141
[789] A. Rh. 4. 1234
[790] A. Rh. 4. 1309
[791] A. Rh. 4. 1324
[792] A. Rh. 4. 1384
[793] A. Rh. 4. 1396
[794] A. Rh. 4. 1428
[795] A. Rh. 4. 1446
[796] A. Rh. 4. 1478
[797] A. Rh. 4. 1551
[798] MG 109
[799] A. Rh. 4. 1670
[800] A. Rh. 4. 1621
[801] A. Rh. 4. 1691
[802] A. Rh. 4. 1699
[803] A. Rh. 2. 678
[804] A. Rh. 4. 1709
[805] s. A. Rh. 4. 1707
[806] A. Rh. 4. 1730
[807] A. Rh. 4. 1733
[808] A. Rh. 4. 1765
[809] Ca. fr. 198
[810] MG 246
[811] MG 247
[812] MG 187
[813] MG Abb. 64
[814] Ov. M. 7. 159
[815] s. Ar. Equ. 1321
s. Ly. 1315
[816] Pa. 3. 18. 16
5. 17. 9
[817] Ath. 172d
[818] Ap. 1. 9. 27
[819] Pi. P. 4. 250
[820] Hy. 24
[821] Pa. 8. 11. 3
[822] s. E. Me. 9; 19
[823] Pa. 2. 1. 6
[824] Pa. 2. 4. 6
[825] s. Pi. O. 13. 74
[826] MG 151
[827] s. E. Me. 264
[828] Pa. 2. 4. 6
[829] s. E. Me. 264
[830] s. Pi. O. 13. 32
[831] s. Pi. O. 13. 74
[832] Pa. 2. 3. 11

833 MG 230
834 A. Rh. 4. 869
835 s. Pi. O. 13. 74
836 s. E. Me. 264
837 s. E. Me. 19
838 E. Me. 383
839 E. Me. 230
840 E. Me. 476
841 Pa. 2. 3. 6
842 E. Me. 271
843 E. Me. 551
844 E. Me. 663
845 E. Me. 725
846 E. Me. 824
847 A. Rh. 4. 131
848 E. Me. 947
849 E. Me. 1141
850 E. Me. 1321
851 E. Me. 1382
852 Ap. 1. 9. 28
853 s. E. Me. 1387
854 s. E. Me. 9
855 Ap. 1. 9. 28
856 A. Rh. 4. 814 c. s.
857 Ap. ep. 5. 5
858 Str. 1. 2. 39
859 A. Rh. 4. 812
860 MG 161
861 Si. 27
862 Ap. 1. 3. 2
E. IA 1212
E. B. 562
863 Ap. 1. 3. 2
A. Rh. 1. 23
Or. h. 24. 12
864 D. S. 4. 25. 1
865 Su.
866 Ov. M. 11. 8
867 s. Pi. P. 4. 313
868 Pi. fr. 126. 9
869 s. Ve. A. 6. 645
870 Ti. Pers. 234
871 Hy. A. 2. 7
872 E. B. 560
873 E. Al. 579
874 A. Rh. 1. 34
875 Or. A. 965
876 Ath. 597b
877 Ap. 1. 3. 3
878 s. Ve. A. 6. 667
879 Ve. G. 4. 317
880 MG 136
881 MG 140
882 Ve. G. 4. 460
883 Ov. M. 10. 8
884 Ve. G. 4. 460
885 Or. A. 42
Ve. A. 6. 120
886 Or. A. 41
Ve. G. 4. 457

887 Ve. A. 6. 892 c. s.
888 Se. HOe 1072
889 Ve. G. 4. 471
Ho. C. 21
Ov. M. 10. 40
Se. HOe. 1067
Se. HF 578
890 Ov. M. 10. 49
891 Ve. G. 4. 487
892 Ve. G. 4. 488
893 Ve. Cu. 299
894 Ov. M. 10. 56
895 Ve. G. 4. 493
896 Ve. G. 4. 502
897 D. S. 4. 25. 4
898 Ve. G. 4. 507
899 Ov. M. 10. 73
900 Ve. G. 4. 516
901 Ho. AP 391
902 Pa. 9. 30. 5
903 Ov. M. 10. 78
904 Ov. M. 10. 83
Pha. fr. 1. 9
905 Er. C. 3. 26. 8
906 Ho. C. 3. 26. 8
907 Ma. S. 1. 18
908 Ve. G. 4. 521
909 FGH 26. 45
910 Pa. 9. 30. 5
911 Er. C. 24
912 Pha. fr. 1. 11
913 Ve. G. 4. 524
914 Ov. M. 11. 52
915 Ph. Her. 5. 3
916 Lu. Ind. 109
917 Ph. VA 4. 14
918 Pa. 9. 30. 6
919 Pa. 9. 30. 9
920 Pa. 9. 30. 7
921 Thu. 2. 29
922 Ov. M. 6. 444
923 Pa. 1. 41. 8
924 Ap. 3. 14. 8
925 Th. 444
926 Ap. 3. 14. 8
927 Ov. M. 6. 565
928 Ov. F. 2. 607
929 Ov. M. 6. 521
930 MG 253
931 MG 247
932 Ov. M. 648
933 MG 247
934 Hy. 45
935 Lu. Lex. 10
936 CIA 3. 900
937 Et. M.
938 MG 200
939 Pl. Phdr. 229b
940 Ap. 3. 15. 4
941 Pa. 1. 38. 3

942 Ap. 3. 15. 4
943 h. C. 476
944 MG 196
945 Hy. 48
946 Hy. 189
947 Ap. 3. 15. 1
948 ALib. 41
949 s. Od. 11. 321
950 ALib. 41
951 Ap. 3. 15. 1
952 A. Lib. 41
953 Ap. 3. 15. 1
953a Ov. M. 7. 713
954 S. OC 367
954a S. OC 770; 1356
955 S. OC 375
956 E. Ph. 71
957 A. Se. 664
958 s. E. Ph. 71
959 MG 253
960 Hdt. 2. 49. 2
961 Pa. 1. 44. 5
962 Ap. 1. 8. 5
963 Ap. 1. 8. 5
964 PO. 852 V 8. 9
965 E. Ph. 420
E. Su. 146
966 Ap. 3. 6. 1
967 Hy. 69
968 Pi. N. 9. 13
969 Hdt. 5. 67. 5
970 s. Pi. N. 9. 30
971 s. Od. 11. 326
972 s. Pi. N. 9. 30
973 Ap. 3. 6. 2
974 Od. 11. 326
975 s. Ve. A. 6. 445
s. St. Th. 3. 274
976 E. Su. 158
977 Pa. 8. 25. 8
978 s. Il. 23. 346
979 Hy. 242
980 A. Se. 572
981 Il. 4. 348; 5. 803
982 Il. 5. 802
983 Pi. N. 9. 18
984 Pa. 8. 48. 2
MG 257
985 Ap. 3. 6. 4
986 hy. Pi. N.
987 Hy. 74
988 Pa. 2. 15. 3
989 Hy. 74
990 A. Se. 375
991 E. Ph. 1104
992 E. Ph. 1179
993 A. Se. 430
994 A. Se. 412
995 Ap. 3. 6. 8
996 s. Pi. N. 10. 12

[997] Ap. 3. 6. 8
[998] s. Il. 5. 126
[999] E. Ph. 1156
[2000] Pi. N. 9. 24
[1] Pa. 1. 34. 3
[2] Ap. 3. 7. 5
[3] Pi. O. 5. 15
[4] E. Su. 16
[5] Plu. Th. 14a
[6] Pa. 1. 39. 2
[7] Ap. 3. 7. 3
[8] Hy. 71
[9] Pa. 6. 20. 7
   Ap. 2. 4. 6
[10] Ap. 2. 8. 2
[11] D. S. 4. 58. 2
[12] D. S. 4. 58. 5
[13] Il. 4. 381
[14] Il. 2. 101
[15] s. Il. 2. 105
[16] Se. Th. 223 et 226
[17] MG 257
[18] Ap. ep. 2. 10
[19] s. E. Or. 995
[20] Ap. ep. 2. 11
[21] s. E. Or. 998
   Se. Th. 237
[22] E. El. 726
[23] A. A. 1583
[24] Ap. ep. 2. 13
[25] A. A. 1595
[26] Se. Thy. 765
[27] Hdt. 1. 119. 3
[28] Ari. Pr. anecd. 3. 43
[29] A. A. 1598
[30] Hy. 88
[31] A. A. 1605
[32] MG 245
[33] s. E. Or. 15
[34] Hy. 88
[35] Hy. 254
[36] Mo. Chor. Pr. p. 294
[37] Hy. 88
[38] Hy. 87
[39] Ap. ep. 2. 14
[40] Pa. 2. 16. 6
[41] Pa. 2. 18. 1
[42] Tz. Ch. 1. 461
[43] He. fr. 98
[44] Tz. Ch. 1. 460
[45] MG 220
[46] MG 77
[47] h. Ve. 256
[48] h. Ve. 279
[49] Il. 20. 92
   Il. 20. 347
[50] Il. 5. 309; 344
[51] Il. 20. 318
[52] MG 218
[53] Pi. I. 8. 37

[54] Pi. I. 8. 39
[55] Il. 18. 433
[56] Il. 24. 60
[57] He. fr. 80
[58] Pi. I. 8. 41
[59] MG 205
[60] Str. 9. 5. 9
[61] s. Il. 16. 14
[62] s. Ve. A. 4. 402
[63] Ap. 3. 12. 6
[64] Ap. 3. 12. 6
[65] Th. 1004
[66] D. S. 4. 72. 6
[67] Pa. 2. 29. 9
[68] Ap. 3. 13. 1
[69] Ap. 3. 13. 2
[70] Hy. 273
[71] Ap. 3. 13. 3
[72] Pa. 1. 41. 3
   s. A. Rh. 1. 517
[73] Ap. 3. 13. 3
[74] Ap. 3. 13. 3
[75] Pi. N. 4. 59
[76] s. Ar. N. 1063
[77] He. fr. 79
[78] Ap. 3. 13. 3
[79] Pi. I. 8. 45
[80] Cat. 64. 20
[81] Al. 74. 7
[82] He. fr. 81
[83] Pi. I. 8. 48
[84] E. IA 716
[85] Il. 1. 538
[86] MG 141
[87] Pi. N. 3. 35
[88] S. fr. 154
[89] Pi. N. 4. 62
[90] Pa. 5. 18. 5
[91] s. E. An. 1265
[92] S. fr. 561
[93] Hsch.
[94] Pi. N. 5. 22
[95] Cat. 64. 305
[96] MG 158
[97] Ap. 3. 13. 5
[98] Il. 19. 390
[99] Pi. N. 3. 33
[100] s. Il. 16. 140
[101] He. fr. 82
[102] Hy. 92
[103] Pr. Chr. 102. 13
[104] s. Il. 1. 5
[105] Ap. ep. 3. 1
[106] Hy. 92
[107] Col. 59
[108] s. Ve. A. 1. 27
[109] s. Ly. 93
[110] Hy. 92
[111] MG 144
[112] Pr. Chr. 102. 16

[113] He. fr. 81
[114] s. Pi. N. 4. 81
[115] Et. M.
[116] Il. 20. 74
[117] Ap. 2. 6. 4
[118] Ap. 3. 12. 7
[119] s. Ly. 337
[120] Il. 24. 495
[121] Hsch.
[122] Ap. 3. 12. 5
[123] E. He. 1265
[124] E. He. 1259
[125] MG 41
[126] Il. 24. 730 c. s.
[127] Ap. 3. 12. 5
[128] Pi. fr. 43. 11
[129] Pa. 10. 12. 5
[130] Hy. 93
[131] E. An. 296
[132] E. Tr. 921
[133] MG 143
[134] Ap. 3. 12. 5
[135] s. Il. 3. 325
[135a] s. E. An. 293
[136] Ap. 3. 12. 5
[137] Ap. 3. 12. 6
   Par. 4
   FGH 23
   Ov. H. 5
[138] s. E. An. 276
[139] E. An. 284
   Hel. 676
[140] Ath. 682e
[141] Ov. H. 15. 67
[142] E. Tr. 925
   IA 1304
   Ap. ep. 3. 2
   Hy. 92
[143] Il. 24. 29
[144] Il. 5. 62
[145] E. Hel. 631
[145a] Ar. N. 1068
[146] s. Ly. 178
[146a] h. Ve. 291
[147] Il. 348
[148] Ap. 3. 13. 6
[149] s. A. Rh. 4. 816
[150] s. A. Rh. 4. 816
[151] A. Rh. 4. 869
[151a] s. Ar. N. 1068
[152] s. Ve. A. 6. 57
   Hy. 107
[153] Ap. 3. 13. 6
[153a] Pi. N. 3. 49
[153b] E. IA 927
[153c] Il. 11. 832
[153d] Ov. AA 1. 11
[154] Pa. 2. 22. 3
[155] E. IA 1150
[156] He. fr. 96. 51

317

157 E. Hel. 109
158 Il. 3. 175
159 Ap. ep. 3. 3
160 He. fr. 94. 5
161 He. fr. 92
162 s. Il. 2. 339
163 He. fr. 94. 13
164 Ap. 3. 10. 8
164a Il. 2. 478
164b Il. 3. 169
165 Il. 1. 28
166 Il. 1. 113
167 Od. 3. 272
168 Od. 11. 411
169 A. A. 1125
170 s. Ly. 1123
171 Ap. 3. 10. 8
172 He. fr. 94. 21
173 He. fr. 94. 26
174 Ap. 3. 10. 9
175 E. IA 54
176 Pa. 3. 20. 9
177 Ap. 3. 10. 9
178 s. Pi. O. 9. 79
179 Od. 19. 403
180 Il. 10. 244; 279
181 Plu. 301d
182 Ap. 3. 10. 8
183 Il. 5. 860
184 Il. 5. 311
185 Il. 5. 127
186 Il. 5. 412
187 s. Il. 5. 412
188 Od. 3. 180
189 s. Il. 5. 412
190 s. Ve. A. 8. 9
191 Pi. N. 10. 7
192 s. Pi. N. 82
193 Pli. NH 10. 126
194 Str. 6. 3. 9
195 Ap. 3. 10. 8
196 He. fr. 96. 5
197 Il. 7. 208
198 Il. 17. 279
199 Il. 3. 229
200 Il. 7. 219
201 Il. 8. 331
202 Il. 7. 208
   14. 410
203 s. Pi. I. 6. 67
204 Pi. I. 6. 35
205 s. Il. 23. 821
206 Od. 11. 546
   Ap. ep. 5. 5
207 s. Ar. Eq. 1056
   Plu. 337e
208 Od. 11. 547
209 Pi. N. 7. 25
   s. Il. 11. 515
210 S. Ai. 127

211 Od. 11. 563
212 Pa. 1. 35. 3
213 Hdt. 8. 64
214 Ap. 3. 10. 8
   Hy. 81
215 Il. 2. 528
216 Il. 13. 198
217 Il. 13. 703
218 Il. 12. 335
219 Il. 14. 521
220 Pr. Chr. 108. 3
   E. Tr. 70
221 E. Tr. 324; 453
222 Ap. ep. 5. 22
223 Pr. Chr. 108. 4
224 Pa. 10. 26. 3
225 E. Tr. 77
   Ve. A. 1. 39
226 E. Tr. 99
227 Od. 4. 500
228 s. Pi. O. 166
229 Ph. H. 8. 1
230 s. Ly. 1159
231 Ap. ep. 6. 20
232 s. Ly. 1159
233 Plu. 557d
234 Ap. 3. 10. 8
234a Il. 11. 508
235 He. fr. 96. 16
236 s. Ve. A. 3. 121
   11. 264
237 MVat. 1. 195
238 Hy. 78
239 Hdt. 6. 61. 4
240 Is. 10. 62
241 Od. 4. 563
242 Pa. 3. 19. 9
243 Il. 4. 181
244 Ph. Im. 2. 7. 2
244a s. Il. 4. 147
245 Od. 4. 12
246 Se. Tr. 70
247 Ap. ep. 3. 3
248 Il. 3. 232
249 Il. 3. 173; 420
250 Ap. ep. 3. 3
251 Il. 3. 445
252 Pr. Chr. 103. 12
253 Pr. Chr. 103. 17
254 Ap. ep. 3. 6
255 Pr. Chr. 103. 20
256 Il. 11. 769
257 Ap. ep. 3. 6
257a s. Il. 9. 668
258 A. A. 841
259 Hy. 96
260 Hy. 95
261 Od. 24. 115
262 Hy. 95. 2
263 Hy. 277

264 Alcid. 22
265 S. fr. 399; 438
266 Ap. ep. 3. 8
267 Hy. 96
268 Ap. 3. 13. 8
269 Il. 9. 668
270 s. Il. 9. 668
271 MG 257
272 Hy. 96
273 s. Il. 9. 668
274 E. fr. 682
275 Il. 19. 326
276 Od. 11. 508
277 Il. 11. 777
278 Il. 19. 407
279 Il. 9. 143
280 Il. 9. 145
281 s. Il. 9. 145
282 S. E. 157
283 Pa. 2. 35. 1
   Hsch.
284 Pr. Chr. 104. 12
   Ap. ep. 3. 21
285 Il. 2. 496
286 Pa. 9. 19. 6
287 S. E. 566
   E. IA 185
288 Ap. ep. 3. 21
289 s. Il. 1. 108
   s. E. Or. 658
   Pr. Chr. 104.13
290 E. IT 20
291 S. E. 567
292 S. E. 568
293 S. E. 569
294 Ap. ep. 3. 21
295 Ap. ep. 3. 21 Sabb.
296 S. E. 568
297 A. A. 192
   Pr. Chr. 104. 15
298 S. E. 564
   E. IT 15
299 E. IT 17; 209
300 S. E. 571
301 Hy. 98
302 S. An. 899
303 S. fr. 284
304 E. IA 610
305 E. IA 1366
306 E. IT 27
307 A. A. 239
308 Ar. Ly. 645
309 E. IA 1579
310 E. IT 26
311 E. IT 40
312 Hdt. 4. 103
313 E. IT 1462
314 Ae. NA 7. 39
315 Od. 4. 529
   11. 410

316 Od. 3. 172
317 Od. 11. 422
318 Pi. P. 11. 22
319 Se. Ag. 897
320 A. A. 1377
321 S. E. 12
    A. A. 881
322 Pi. P. 11. 34
323 E. IT 918
324 Ap. ep. 6. 24
325 s. E. Or. 268
326 Od. 3. 307
327 Od. 3. 311
327a Ap. ep. 6. 28
328 A. Eu. 179
329 A. Eu. 738
330 E. IT 970
331 E. IT 973
332 E. IT 977
    Ap. ep. 6. 26
333 Ap. ep. 3. 18
334 Str. 13. 1. 69
335 Pa. 10. 28. 8
336 PO. XI 1359
337 Pa. 1. 4. 6
338 Ap. 2. 7. 4
339 Pa. 8. 4. 8
340 Ap. 3. 9. 1
341 Pa. 8. 48. 7
342 Mos. Ch. Pr. p. 294
343 Pa. 8. 47. 4
344 E. fr. 265
    Alcid. 15
345 D. S. 4. 33. 7
346 Ap. 2. 7. 3
347 Ap. 3. 9. 1
348 Ap. 2. 7. 4
349 E. fr. 696. 4
350 Ae. VH 7. 39
351 Hy. 99
352 Ap. 3. 89. 1
353 D. S. 4. 33. 11
354 Pa. 4. 34. 7
355 Hy. 244
356 A. E. 488
357 Ari. Po. 24
358 s. E. Rh. 251
359 Hy. 100
360 Ae. NA 3. 47
361 D. S. 4. 33. 12
362 Ph. Her. 3. 34
363 Od. 11. 521
364 Str. 13. 1. 69
365 s. Ly. 1249
366 s. Ve. A. 3. 680
367 MG 138
368 Pa. 9. 5. 14
369 Pi. O. 9. 72 c. s.
370 Pi. O. 9. 71
371 Il. 11. 787

372 Il. 23. 90
373 Il. 11. 831
374 Pi. I. 8. 54
    Ap. ep. 17
375 s. Il. 1. 59
376 E. fr. 700
    Pa. 9. 41. 1
377 s. The. 12. 25
378 Ar. Ach. 439
379 E. fr. 697; 698
380 Hy. 101
381 E. fr. 724
381a Pr. Chr. 104. 11
382 s. Od. 11. 520
383 s. E. Or. 1391
384 Pa. 5. 13. 3
385 Pa. 3. 26. 10
386 Ap. ep. 3. 18
387 Il. 2. 303
388 Pa. 9. 19. 7
389 Il. 1. 49
390 Il. 2. 720
391 S. fr. 353
392 App. M. 1. 77
393 St. B.
394 Pa. 8. 33. 4
395 A. Rh. 4. 1709
396 Il. 1. 37
397 Il. 1. 439
398 D. Chr. 59. 9
399 Ph. iun. 17
400 V. Fl. 1. 391
401 s. S. Ph. 194
402 S. Ph. 1327
403 Hy. 102
404 Ap. ep. 3. 27
    Pr. Chr. 104. 22
405 s. Il. 2. 695
406 Ap. 1. 9. 12
407 MG 253
408 He. fr. 117
409 Il. 2. 701
410 Il. 2. 701
411 Batr. 303
412 APal. 7. 385. 1
413 APal. 7. 385. 9
414 Hdt. 9. 116
415 Pli. NH 16. 238
415a Ph. Her. 3. 1
416 s. Aristid. p. 671
417 Pa. 4. 2. 7
418 Cat. 68. 74
419 Hy. 104
420 Eu. Il. 325. 29
421 s. Aristid. p. 671
422 Hy. 103
423 Lu. DMo. 23. 3
424 Ap. ep. 3. 30
425 Hy. 104
426 s. Ve. A. 6. 447

427 Ap. ep. 3. 30
428 Hy. 104
429 s. Pi. I. 1. 83
430 Ph. Her. 3. 6
430a Il. 2. 674
431 Il. 1. 352
432 s. Pi. O. 2. 147
    Thom.
433 Ap. ep. 3. 31
434 ALib. 12
434a Hy. 154
435 s. Ly. 237
436 s. The. 16. 49
437 S. fr. 500 Pearson
438 S. fr. 460
439 Ap. ep. 3. 31
440 Pi. O. 2. 83
    I. 5. 39
441 S. fr. 499 Pearson
442 Ap. ep. 3. 31
443 s. Ve. A. 3. 85
444 Ap. ep. 3. 72
445 MG 137
446 MG 138
447 Ap. 3. 12. 5
447a Plau. B. 953
448 Il. 1. 58
449 Il. 24. 257
450 Il. 9. 129
450a Il. 9. 664
451 Il. 1. 392
452 Hy. 106
453 Il. 19. 282
454 Il. 2. 690
455 Il. 19. 291
456 Il. 19. 298
457 Il. 2. 691
458 Il. 1. 366
459 Il. 6. 414
460 Il. 6. 422
461 Il. 1. 425
462 Il. 1. 368
463 Il. 1. 14
464 Il. 1. 25
465 Il. 1. 49
466 Il. 16. 700
467 Il. 16. 785
468 Ve. A. 2. 319
469 Il. 16. 850
470 Il. 16. 96
471 Il. 18. 8
472 Il. 18. 96
473 Il. 18. 98
474 Il. 19. 258
475 Il. 18. 478
476 Il. 19. 21
477 Il. 22. 136
477a Il. 22. 203
478 Il. 22. 359
479 Il. 22. 385

[480] Il. 23. 175
[481] Il. 24. 560
[482] Ap. ep. 5. 1
[483] Il. 3. 189
[484] Tz. Posthom. 14
[485] s. Il. 3. 189
[486] Il. 24. 670
[487] Q. S. 1. 664
[488] Q. S. 1. 594
[489] Pa. 5. 11. 6
[490] Prop. 3. 11. 15
[491] Od. 11. 522
[492] Pr. Chr. 106. 1
[493] Pi. 2. 83
[494] MG 37
[495] Il. 22. 209
[496] MG 38
[497] Plu. 17a
[498] Il. 22. 161
[499] Il. 16. 857
[500] MG 195; Abb. 45
[501] Pol. 4. 130
[502] Pr. Chr. 106. 6
[503] Pa. 10. 31. 6
[504] Ae. NA 5. 1
[505] EGr. 987
[506] Pr. Chr. 106. 7
[507] Ap. ep. 5. 3
[508] Ve. A. 6. 57
[509] E. Rh. 508
[510] s. Ve. A. 3. 85
[511] Il. 22. 359
[512] s. Ar. E. 1056
[513] Ap. ep. 5. 4
[514] Ap. ep. 5. 4
[515] Od. 24. 47
[516] Od. 24. 47
[517] Od. 24. 60
[518] Il. 23. 91; 244
[519] Od. 24. 81
[520] Str. 13. 1. 32
[521] Arr. A. 1. 12. 1
[522] Pr. Chr. 108. 7
[523] E. Hec. 37
[524] Pr. Chr. 106. 14
[525] Pi. N. 4. 49
    E. An. 1262

[526] CIG 2. 2076
[527] D. Chr. 36. 9
[527a] Pli. NH 4. 83
[528] A. Rh. 4. 814 c. s.
[529] ALib. 27
[530] Am. M. 22. 8. 34
[531] Pa. 3. 19. 13
[532] Pr. Chr. 105. 9
[533] Od. 11. 467
[534] Il. 6. 448
[534a] Ap. ep. 5. 10
[535] Ap. ep. 5. 8
[536] Ap. ep. 5. 10
[537] Od. 11. 509
[538] Ap. ep. 5. 11
[539] Pr. Chr. 106. 30
[540] Pr. Chr. 106. 30
[541] Ap. ep. 5. 8
[542] S. Ph. 1408
[543] Pr. Chr. 106. 26
    Ap. ep. 5. 8
[544] Ap. ep. 5. 8
[545] Ap. 3. 12. 3
[546] MG 120
[547] Ap. 3. 12. 3
[548] FGH 26. 34. 2
[549] Od. 4. 244
[550] Od. 4. 250
[551] Od. 4. 261
[552] Ap. ep. 5. 13
[553] FGH 26. 34. 2
[554] Pr. Chr. 107. 7
[555] FGH 26. 34. 3
[556] s. Ar. Ve. 351
[557] s. Ve. A. 2. 166
[558] FGH 26. 34. 4
[559] Pr. Chr. 107. 2
[559a] Ap. ep. 5. 14
[560] Od. 8. 493
[561] Pa. 1. 30. 4
    5. 15. 6
[562] Ca. LP 2
[563] Pi. O. 13. 65
[564] Ap. ep. 5. 15
[565] Od. 8. 509
[566] Plau. B. 953
[567] Ap. ep. 5. 15

[568] Od. 8. 501
[569] Ap. ep. 5. 17
[570] Ve. A. 2. 201
[571] s. Ve. A. 2. 201
[572] Hy. 135
[573] Ap. ep. 5. 18
[574] Ve. A. 2. 227
[575] Pr. Chr. 107. 25
[576] Pr. Chr. 107. 22
[577] Ap. ep. 5. 19
[578] Od. 11. 527
[579] Od. 4. 274
[580] Od. 11. 530
[581] Ap. ep. 6. 12
[582] Pa. 10. 24. 6
[583] Pi. N. 7. 40
    fr. 40. 112
    Pa. 4. 17. 4
[584] Ap. ep. 5. 21
[585] Il. 6. 402
[586] s. Ly. 1268
[587] Il. 6. 455
[588] Il. 24. 735
[589] Od. 8. 517
[590] s. E. An. 631
[591] Ar. L. 155 c. s.
[592] E. An. 630
[593] Pr. Chr. 108. 1
[594] Od. 3. 141
[595] Od. 4. 1
[596] Od. 4. 82
[597] Od. 3. 299
[598] Il. 2. 587
[599] Od. 4. 83
[600] MG 47
[601] Od. 4. 472
[602] Ste. 11
[603] E. Hel. 31
[604] MG 42; 61; 201; 241
[605] Od. 23. 156
[606] Od. 14. 162. 19. 306
[607] Od. 21. 258
    s. Od. 20. 155
[608] Od. 21. 259
[609] Ap. ep. 7. 36
[610] Ly. 796
[611] Pr. Chr. 109. 23

5. Index

Die Buchstaben A–L beziehen sich auf die Stammbäume

1. *Namen und Beinamen*

Abas 137, A
Abderos 128
Acheles 158, 248
Acheloos 159 f, 248
Achilleus 193, 218 f, 241 f, 245 f, 248 f, 252 f, 255–257, 259, 262, 264, 270–280, E
Admete 130, 132
Admetos 34, 66, 97, 115, 127 f, 131, 197, 199, 202, 221 f, C
Adrasteia 234
Adrastos 129, 231–234, 236, 238, 252, C
Aedon 76, 226
Aeneas s. a. Aineias 144 f, 201
Aerope 238 f, K
Agamedes 114
Agamemnon 16, 57, 190, 237, 239 f, 249 f, 253–256, 258–260, 270–273, 279, F, K
Agaue 34, 78, A, D
Agenor 30 f, 40, 205, A, G
Aglauros 171, 174
Agraulos 171
Agriope 222
Agrios 57, 95, G
Aiakos 67, 178, 202, 242, E
Aias, Sohn des Oileus 253 f, 279
Aias, Sohn des Telamon 183, 242, 246, 251–253, 275 f, B, E, K
Aigaion 174
Aigeus 174–176, 179–183, 187, 192, 219, B, I, K, L
Aigialeia 252, C
Aigialeus 236
Aigimios 148
Aigina 67, 242, E
Aigisthos 239 f, 260 f, K
Aigle 187 f
Aigletes 215
Aigyptos, Aigyptiaden 40 f, A
Aineias s. a. Aeneas 93, 241, 252, 255, 278
Aiolos 62–65, 67, 71, 74, 89, 197–200, C, F
Aiolos Hippotades 62
Aison 65 f, 197, 199, 214, 216 f, C
Aithalides 202
Aithra 175 f, 190, 193, B, I, K
Aitolos 95, G
Akamas 193
Akastos 197, 202, 216 f, 243, 246, 268
Akmon 156
Akrisios 44 f, 50, 71, 231, A

Aktaion 34, A
Aktor, Aktorionen 148 f, E
Alalkomene 251
Alalkomeneus 53
Alea 262 f
Aleos 263
Alexander d. Große 11, 275
Alexandros (Paris) 247
Alexidamos 135
Alexikakos 148
Alkaios 51, 107, 111 f, A, B, H, K
Alkathoos B, K
Alkeides 107, 111
Alkestis 34, 127, 135, 158, 197, 217, 222, C
Alkimede 197
Alkinoos 213 f
Alkmaion 236
Alkmene 16, 51, 101, 105–112, 114 f, 151 f, 165, B, H
Alkyone 91, 129
Alkyoneus 138 f
Aloaden 120, 198, 217
Aloeus 98, 217
Althaia 90, 95–97, 100 f, 159, G, H
Amaltheia 160
Amisodaros 72
Amnisos 186
Amphiaraos 97, 231–236, 238, C
Amphiktyon L
Amphilochos 235 f
Amphion 36–39, 53, 57, 61, 76 f, 113, 220, B
Amphitrite 184, 186, 241, 244
Amphitryon 61, 107–112, 114, 150, 152, 164 B, H, K
Amykos 204
Amymone 42 f, 46, 118 f, 201, 256
Amyntor 148
Amythaon 66, 197, 199, 231 f, C
Anaxo B, H
Anchinoe A
Anchises 241, 248
Androgeos 182
Andromache 272, 279
Andromeda 49–51, 200, 205, A, F, H
Ankaios 97, 99 f
Antagoras 132 f, 135
Antaios 132, 135 f, 178
Anteia 44, 71 f
Antigone 84, 86, 236, D
Antikleia 69, 176, 251, C

321

Antiope 36–39, 76 f, 89, 113, 132, 192–194, 217, 241, B

Antiopeia 188, 192

Apaturia 175

Aphareus 42, 89, 91–93, F

Aphidnos 190

Aphrodite 29, 33–35, 42, 59, 69, 92 f, 98, 142, 145, 155, 186 f, 194, 202 f, 211, 217, 231, 241, 244 f, 247–249, 252, 255, 258, 272, 274, 276 f, 279, A

Aphrodite Urania 217

Apollon 21, 30, 33 f, 36, 39, 50, 60, 66–68, 71, 74, 78, 81, 88, 91 f, 100, 112, 115, 119, 121 f, 127–131, 134, 151–154, 162 f, 176, 187 f, 197 f, 201–203, 205, 207 f, 215, 220–225, 233, 241, 244, 246 f, 260 f, 263 f, 266 f, 270–275, 280, I

Apollon Agraios 243

— Aigletes 215

— Delphinios 179, 182

Apollon Embasios 202

— Ismenios 36, 112

— Korythos 263

— Lykios 41

— Smintheus 246

— Thymbraios 271, 275, 278

Apsyrtos 209, 212 f, 218

Archemoros 234

Areion 233

Arene 91, F

Ares 29, 32–35, 57, 60, 67, 91, 96, 124, 127–130, 133 f, 137, 198, 210 f, 226, 244, 250, 252, 273, A, G

Arete 213 f

Argeia 232

Argeiphontes 70

Argiope 30, 222, 264

Argo 128, 145, 200–202, 204, 207, 209–214, 216, 219 f

Argos, der Argobauer 200 f, 204, 208

Argos, der Vieläugige 70

Ariadne 33, 51 f, 184–188, 191 f, 200, 216, 221, 241, 255 f

Ariadne Aphrodite 186

Aridela 184, 188, 222

Arion 129

Aristaios 222, A

Artemis 39, 60, 91 f, 96–99, 120–122, 127, 144, 153 f, 163, 185 f, 194 f, 212 f, 238, 244 f, 248, 258 f, 261, 263, 274

Artemis Agrotera 243

— Eukleia 116

— Kordaka 60

— Orthia 190

— Orthosia 120

— Saronia 195

Artemis Stymphalia 123

Askalaphos 144, 146

Asklepios 21, 62, 105, 188, 195, 235, 254, 265, 276

Asopos 36, 67

Astakos 235

Asterios 184

Asterodeia 212

Astyanax 279

Astymedusa 82

Atalante 95–101, 202, 235, 243 f, 263

Ate 109 f

Athamas 84 f, 197, 200, 209, 238, 256, A, C

Athene, Pallas Athene 32, 42 f, 46–48, 50, 53, 71, 84 f, 92, 111, 114 f, 124, 129, 131, 134, 139, 142, 150, 154, 156, 163, 169–175, 187, 200 f, 207, 210, 231, 234 f, 240 f, 245, 247, 251–254, 260–263, 270, 273, 277 f, 280

Athene Alalkomene 251

— Alea 262

— Apaturia 175

— Hippia 71

— Minois 215

— Polias 171 f

Atlas 33, 53, 55, 140, 142

Atreus, Atreiden 15–17, 53, 57, 61, 77 f, 107, 237–240, 249, 258, B, K

Atropos 96

Auge 151, 240, 262 f

Augeias 124–126, 148 f, 151 f, 202

Autolykos 68 f, 112 f, 153, 197, 251, C

Autonoe 34, A

Axieros 24

Axiokersa 24 f

Axiokersos 24 f

Baal 40

Bakcheus 224

Balios 245

Bateia 89

Bellerophon 49, 70

Bellerophontes 44, 66–73, 175, 194, 218, 243, 275, 277, C

Belleros 70

Belos 40, 205, A

Benthesikyme 228

Berekyntisch 53

Bias 232 f, C

Boiotos 32, 62 f, C

Boreas, Boreaden 62, 126, 202, 205 f, 228, I

Briareos 174

Brimo 212

Briseis 271–273

Briseus 271–273

Broteas 53, B

Bugenes 22 f

Busiris 135 f

Butes I

Cacus 137

Castor und Pollux s. Kastor und Polideukes

Chalkiope 75, 133, 209

Chalkoarai 150

Chalkodon 132

Chariklo 84 f, 199, 244
Chariten 36, 182, 188, 244, 247
Charon 144 f, 147, 191, 222 f
Charops 147, 150
Charybdis 213
Chelidon 226
Chilon 22
Chimaira 72 f
Chione 68, 226, 228, I
Chiron 62, 84, 122 f, 126, 140, 189, 197, 199,
   209, 219, 242–245, 248 f
Chloris 61, 66, C
Choreia 52
Christus 238
Chrysaor 48, 70 f, 133
Chryse 267
Chryseis 250, 272
Chryses 250, 272
Chrysippos 61, 77–80, 83, 237, B, K
Chrysothemis 258, F, K
Chthonia 174, 205
Chthonios 33, 172
Ciris 182

Daidalos 182, 185 f, 243
Daktylen 19, 60, 80, 89, 105 f, 113, 154, 163, 179
Daktylos Idaios 105
Damastes 178 f
Damnameneus 179
Danae 44–47, 50, 66, 109, A, F, H
Danaiden, Töchter des Danaos 41–44, 46, 118,
   192, 202, 256
Danaos 29, 40–44, 135, 222, A
Daphnis 158
Dardanos 31, 75
Deianeira 96, 125, 145, 158–162, 164, G, H
Deidameia 189, 257, E
Deimos 128
Deiphobos 153, 277–279
Deipyle 232
Delphyne 71
Demeter 19, 31, 54, 87 f, 106, 129, 135, 144,
   146, 150, 173, 178 f, 197 f, 218, 229, 244, 248
Demeter Chthonia 150
Demonike G
Demophon 193, 218, 248
Deukalion 62, 95, 187, C, F
Dexamenos 125, 134, 159
Dia 188
Diana 195
Dikaios 157, 160
Dike 183
Diktys 45 f, 50
Diomede 271
Diomedes 126–129, 195, 222, 232, 236, 241,
   251 f, 259, 270, 276–279, C, G
Dione 53
Dionysos 19, 21–25, 29 f, 33–35, 38 f, 44, 49,
   51 f, 54, 71, 74, 76, 80, 83, 95 f, 98, 105, 107,
   113, 118, 122, 129, 138, 152, 155, 159 f,

185–188, 191, 198, 203, 208, 212, 216, 221,
   223–225, 227, 231–234, 239, 244, 247, 255 f,
   268 f, 271, 275, A
Dionysos Kadmos 25, 76
Dios Kuroi 89
Dioskuren 36–39, 51, 62, 76, 89–94, 97, 148,
   190–192, 203, 217, 247, 249 f, 255
Dirke 38 f
Doris 244
Doros C
Dryaden 222

Echemos 237
Echidna 83, 116, 118, 141
Echion 33, 78, 202, A, D
Eetion 31, 272
Eileithyia 109 f
Elatos 123, 189
Elektra 31, 33, 260 f, F, K
Elektryon 51, 107 f, A, B, H
Elektryone 31
Endeis 242, E
Endymion 95, 229, G
Enipeus 64
Enyeus 256
Eos 73, 140, 183, 200, 226, 230, 274 f
Epaphos 29
Epikaste 78, 82, 125
Epimetheus 62
Epopeus 37
Erebos 100
Erechtheus, Erechtheiden 169–196, 227–229,
   I, L
Erginos 114, 203
Eriboia 183, 253, B, E, K
Erichtho 205
Erichthonios 172, 192, 226, I, L
Erinyen 87, 100, 126, 134, 222, 246, 260 f
Eriphyle 233, 236, 238, C
Eris 245
Eros 143, 223
Erysichthon 171 f
Erytheia 136
Erytos 202
Eteokles 84, 86, 231, 234–236, D
Eteoklos 234
Eubule 173
Euenos 91, 203
Eukleia 116
Eumeniden 87
Eumolpos 144, 173 f, 226–230, I
Euphemos 201, 214 f
Euphorbos 80, 272
Europa, Europe 29–31, 34, 39, 73, 108 f, A
Eurotas 94, 254
Eurybates 156
Eurydike 220–225
Euryganeia 82
Eurylyte 211
Eurymeda 70

323

Eurymedon 70
Eurynome 36, 70, 241
Eurypylos 132–134, 264 f
Eurystheus 61, 107, 110 f, 115, 117–120, 123 bis 131, 135, 139, 142–144, 147, 149 f, 155 f, 164 f, 195, 237, B, H, K
Euryte 160, G
Eurytion 97, 100, 125 f, 133 f, 137, 189, 242 bis 244, 266
Eurytos 112, 125, 148, 151–154, 161, 189

Galinthias 110
Ganymedes 55, 77
Gelanor 41
Geryoneus 125, 133–139, 146, 216
Giganten 112, 138 f, 180
Glauke 218
Glaukos der Jüngere 67, 70, 275, C
Glaukos der Ältere 67, 69 f, 90, 126, C
Glaukos der Kretische 71
Gorge 232, G
Gorgo 47–50, 52, 69, 126, 145
Gorgophone 51, 89, 91, F, H
Graien 47 f, 50

Hades, s. a. Totenreich, Unterwelt 22, 25, 42, 58, 65, 68, 82, 100, 127, 134, 137, 143–147, 160, 177, 179, 191, 200, 205, 207, 210 f, 215, 222–224, 235, 242, 259
Haimon 83, D
Haliai 52
Harmonia 24 f, 29–36, 76, 127, 200, 210, 219, 231–233, 236, 241, A, D
Harpinna 58
Harpyien 58, 69, 76, 126, 134, 141, 205 f
Hebe 164 f, 255
Hekabe 246 f, 271, 275
Hekale, Hekaline 181 f, 246
Hekate 110, 135, 181, 211 f, 221, 226, 246
Hektor 246, 270–276, 279
Heleios 108, H
Helena 90, 92 f, 94, 188, 190–193, 245, 247, 249–255, 258, 261 f, 276–280, F, K
Helios 37, 75, 80, 124, 136–138, 140, 183, 185, 188, 197, 200, 202, 205, 209–211, 213, 216 f, 219, 270, 274
Helle 74 f, C
Hellen 62 f, C, F
Heoos 208
Hephaistos 19, 34, 57, 133, 137, 172, 176, 210, 237, 243, 253, 256, 273 f
Hera 36, 42, 65, 74 f, 78 f, 81, 83, 85, 105 f, 109–111, 113, 115 f, 119, 128 f, 132–134, 139, 141–143, 150 f, 154, 158–161, 163 f, 170, 197, 201, 213 f, 217 f, 241 f, 244–247, 250, 255, 257, 270, 280
Hera Akraia 217, 219
— Bunia 217
— Telcia 163
Herakles 11, 13, 16, 19 f, 41, 49, 51, 57, 60, 65,
67, 89, 96 f, 101, 105–165, 176, 178, 181 f, 189, 191–193, 195, 197, 201–204, 208, 210, 212, 214, 216, 220–222, 229, 233, 237, 240 f, 246, 252 f, 255, 262–264, 266 f, 270, 275 f, 280, B, G, H, K
Herakles Kallinikos 148 f
Hermes 19, 30, 38, 42, 47, 54, 57, 59 f, 67 f, 70, 80, 85, 87, 90 f, 109, 111, 113, 139, 141, 146, 154, 157, 159, 163, 202, 220 f, 223, 227, 237 f, 244 f, 247, 251, 268, 280, C
Hermione 255, F, K
Herophile 246
Hesione 131 f, 158, 246, E
Hesperiden 47, 121, 136 f, 139–143, 201, 214, 245
Hestia 244
Hiera 175, 264 f
Hilaeira 92, F
Hippia 277
Hippo, Hippe 62, 194
Hippodameia 46, 57–61, 77 f, 80, 95, 175, 189, 237 f, B, K
Hippokoon 89, 148
Hippolochos C
Hippolyte 130–132, 154, 192, 194, 273
Hippolytos 72, 89 f, 132, 153, 192–195, 243, 273
Hippomedon 234
Hippomenes 98 f
Hipponoos 70, 233
Historis 110
Homeros 224
Homonoia 208
Horen 36, 242, 244, 247
Hyaden 174
Hyakinthos, Hyakinthiden 30, 89, 173, 271
Hylas 128, 204
Hyllos 158, 162, 165, 237, H
Hymenaios 59
Hypatos 171
Hyperenor 33
Hypermestra 41 f, 44, A
Hypnos 132 f, 139
Hypsipyle 202 f, 234

Iardanos 155
Iasion 31, 197
Iasios 98, 197
Iason 66, 75, 97, 128, 197–219, 221, 232, 237 f, 241, 267, C
Idas 91–93, 97, 100, 201, F
Idmon 202, 207, 211
Idomeneus 254 f, 279
Idyia 209
Ikarios 251, F
Ikaros 185
Ilios (Vater d. Laomedon) 277
Illyrios 35
Immarados 173, 228, I
Ínachos 29, 40–42, 51, A
Ino 29, 34, 74 f, 238, A, C

324

Io 29 f, 39 f, A
Iobates 72
Iokaste 78–80, 83 f, 86, D
Iolaos 111, 114, 119 f, 129 f, 143, 151, 164 f, H
Iole 152, 154, 161 f
Ion I
Iphianassa 258
Iphigeneia 190, 258–262, 276, F, K
Iphikles 97, 109, 111, 114, 149
Iphiklos 267 f
Iphitos 151–154, 161
Iris 91, 150, 206, 244, 255
Ischomache 189
Ismaros 228
Ismene 84, 87, D
Ismenos 36
Itylos 76
Itys 76, 226 f
Ixion 54, 56, 74, 188 f, 191, 222

Kaaithos 36
Kaanthos 36, 39
Kabiren 19, 25, 90, 111, 156, 203, 256
Kadmilos 24, 30
Kadmos 24 f, 29–37, 57, 67, 74, 76, 85 f, 105, 112, 119, 127, 200, 205, 210 f, 219, 231, 243, 260, A, D
Kaineus 189
Kainis 189
Kalais 202, 206, 228
Kalchas 252, 259, 266
Kallinikos 148 f
Kalliope 220
Kalliroe 133
Kalliste 245
Kalydon G
Kalyke 57, 270
Kalypso 142
Kandaules 154
Kapaneus 234
Kassandra 246 f, 253 f, 260, 278
Kassiopeia 49 f
Kastor 37, 89–94, 97, 112, 149, 188, 190, 201, 255, F
Kekrops, Kekropia, Kekropidai 169–196, I, L
Kekrops II., I, L
Kentauren 61–63, 74, 84, 98, 122 f, 125 f, 134, 144, 159–163, 188 f, 197, 199, 209, 242–244, 248
Kentauros 74
Kephalos 108, 226–230, I
Kepheus 49 f
Kephisos 179
Kerberos 118, 133, 141, 143, 145 f, 150, 222
Kerkopen 156
Kerkyon 178
Keuthonymos 146
Keyx 129, 161, 164
Kilix 30, A
Kirke 75, 200 f, 206, 212 f, 280

Kisseus 224, 246
Kleite 204
Kleopatra 91, 100, F
Klotho 54, 96
Klymenos 105, 160, G
Klytaimnestra 90, 190, 240, 249 f, 258–260, F, K
Komaitho 108
Kopreus 118
Korone 188
Koronis 21, 188
Koryne 187
Korynetes 176
Korythos 263
Kranaos L
Kreon 78, 82 f, 86, 107, 112, 114, 218, 231, 236, D
Kretheus 65, 197, 199, 209, C
Kreusa I
Kronos 53, 57, 60, 81, 179, 189, 209
Kteatos 148
Kychreus 178
Kyklopen 44, 71
Kyknos 128 f, 139, 270 f
Kynortas 89
Kyparissos 264, 271
Kytissoros 208

Labdakos, Labdakiden 34, 76–79, 84, 226, A, D
Lachesis 96
Ladon (Schlange) 121, 141 f, 214
Laertes 69, 251
Laios 34, 77–84, 86, 88, 182, A, D
Laistrygonen 203
Laodamas 236
Laodameia 73, 266–269
Laodike 258
Laokoon 278
Laomedon 77, 130 f, 241, 246, 262, 267, 277
Lara 227
Laren 277
Leda 37, 89 f, 92, 95, 190, 192, 241, 249, 255, F, G
Leos 173, 180
Lepreus 125
Lethe 191
Leto 207, 222, 274
Leukippos, Leukippiden 89, 92 f, F
Leukothea 29, 74
Libye 40, 214 f, A
Ligyron 148
Linos 112
Lityerses 158
Lykaon 128
Lykomedes 15, 196, 256 f
Lykos 37 f, 77, 150, 207
Lynkeus 41 f, 91 ff, 97, 201, 214, A, F
Lyrkeus 42, 44
Lysidike 61, B, H, K
Lyssa 150

325

Machaon 254, 265
Maia 38, 244
Makaria 165
Makris 214
Mania 151
Maria 110
Marpessa 91, 100, F
Marsyas 220
Medeia 34, 75, 142, 179, 185, 197–219, 227, 238, 241, 248, 276, C
Medos 219
Medusa 47–50, 70 f, 146, 153
Megapenthes 44, 51, 71, 232, 235, A
Megara 114, 150–152, 161, 164
Melampus 66, 197, 199, 231 ff, 267, C
Melampygos 156
Melaneus 151
Melanion 99
Melanippe 62–66, 132, 241, C
Melanippos 235
Melas 151, 208, 215, G
Meleagros 90 f, 95–101, 122, 145, 159 f, 202, 232, 268, F, G
Melia 36, 39 f, 204, A
Melikertes 29, 69, 74
Memnon 274
Memphis A
Menelaos 93, 239 f, 249 f, 254–256, 261, 278 f, F, K
Menestheus L
Menoikeus 78 D
Menoites 137, 146
Menoitios E
Mercurius 227
Mermeros 218
Merope 68 f, 80, C
Merops 55
Mestor 107 f, A, H
Michael, Erzengel 252
Midas 158
Midea 51, 61, 107, 147, 237 f
Minos 37, 71–73, 108, 129 f, 173, 181–187, 206, 229, 238, 254 f
Minotauros 159, 182–186
Minyaden 197
Minyas 200, 227
Mnemosyne 17 f, 36
Moira, Moiren 48, 54, 96, 110, 127, 139, 183, 244, 255
Molione, Molionen 148 f, 151
Molorchos 117
Molpadie 194
Momos 245
Mopsos 202, 204
Musaios 220, 222
Musen 34, 36, 76, 83, 112, 220 f, 224 f, 244, 275
Mykene 51
Mynes 272
Myrtilos 59–61, 175, 238

Najaden, Neides 47
Nauplios 43, 46, 201, 256, 263
Neaira 209
Neilos A
Neleus 64, 66, 134, 197, 201, 232, 255, 267, C
Nemesis 90, 188, 190, 254 f
Neoptolemos 257, 276, 278, E
Nephele 74 f, C
Nereiden 49, 183 f, 213, 215, 275
Nereus 139 f, 242, 244, 248, 275
Nessos 160–162
Nestor 16 f, 61, 66, 134, 197, 255–257, 275, 279, C
Nike 143
Nikippe 61, 110, B, H, K
Niobe 59 f, 53, 66, 76, B, C
Nisos 182
Nykteus 37, 77, B
Nymphen 36, 40, 43, 47, 50, 53, 57, 89, 95, 128, 139, 158, 204, 209, 214, 218 f, 222, 241, 247, 270

Odysseus 23, 69, 85, 146, 151, 164, 176, 201, 203, 206, 213, 250–253, 255–257, 259, 275–280, C
Ogygos 32
Oiagros 220 f
Oibalos 89
Oidipus 11, 34, 76–88, 106 f, 112 f, 195, 223, 231, 236, 259, 263, A, D
Oidyphallos 80
Oikles 233, C
Oileus 253
Oinatis 120
Oineus 57, 95–97, 99, 145, 159 f, 232, 268, G, H
Oinomaos 46, 57–62, 91, 95, 152, 237 f
Oinopion 57, 95
Oistros 219
Okeanos 36, 47, 133, 136, 140, 156, 160, 209, 213, 216, 244, 249
Oklasos D
Olos 156
Omphale 97, 133, 154–158, 176
Opheltes 234
Ophiuchos 156
Orchomenos 114, 116, 188, 200 f, 209
Oreithyia 228 f, I
Orestes 95, 258, 260 f, 276, F, K
Orestheus 95
Orion 19, 57, 95, 116
Orista 95
Orpheus 63, 194, 201–203, 207 f, 213 f, 220–225
Orsiloche 276
Orthia 121
Orthos 83, 116, 133, 137, 141
Orthosia 121
Osiris 136

Paian 182, 208
Paieon 134

Palaichthon 41
Palaimon 29, 34, 74, 234, A, C
Palamedes 256
Palinurus 201
Pallas, Pallantiden 180 f
Pallas (Gefährtin der Athene) 277
Pallas Athene s. Athene
Pan 143, 229
Pandareos 55, 76, 226
Pandion 180, 182, 226 f, I, L
Pandion II. I, L
Pandora I
Panopeus 108, 187 f
Panteidyia 90
Panthus 272
Paris 93, 193, 247–249, 254 f, 270, 274, 276 f, 280
Parthenoi 174
Parthenopaios 99, 234 f, 263
Parthenos 259, 263, 276
Pasiphae 75, 129 f, 182, 184 f, 200, 229 f
Passalos 156
Patroklos 264, 272 f, 275, E
Pegasos 48 f, 70–75, 133, 277
Peirithoos 61, 97, 146, 188–191, 193, 195, 202, 222
Pelagon 31 f
Pelargos 59
Pelasgos 41
Peleus 15, 34, 93, 97, 100, 202, 242–246, 248 f, 255–257, 264, 270, 275, E
Pelias 34, 64–66, 69, 126 f, 197–202, 216–218, 243, C
Pelopia 240, 250, 262 f, K
Pelops, Pelopiden 53–55, 57–61, 73, 75, 77–80, 107, 110, 149, 175, 189, 216, 237 f, 240, 242, 276, B, H, K
Pelor 33
Penelope 65, 151, 251, 256, 280, C, F
Penthesileia 193, 273 f
Pentheus 37, 44, 51, 78, 224, A, D
Periboia 80, 183
Perieres 89, F
Perigune 177
Periklymenos 134, 201, 235
Periphas 59
Periphetes 176
Pero 232, 267, C
Perse 200
Perseis 200
Persephone 21 f, 25, 31, 58, 68, 85, 92, 100, 105, 146, 165, 179, 188, 191 f, 195, 197, 205, 208, 211 f, 219 f, 222 f, 227, 239, 259
Perses 51, A, H
Perseus 11, 14, 16, 21 f, 41, 44–52, 53, 67, 70 f, 80, 89, 107 f, 110 f, 116, 118, 200, 203, 205, 220 f, 231, 237, 250, A, F, H
Phaethon 73, 209, 212, 270
Phaia 177
Phaiaken 211, 213

Phaidra 72, 187, 193–195
Pheres 65 f, 197, 199, 218, C
Philammon 202
Philodike F
Philoktetes 162 f, 266 f, 276
Philomela 226–229, 239, I
Philyra 199, 209
Phineus 49 f, 205–208
Phix 82
Phobos 128
Phoibe 92, 244, F
Phoibos s. Apollon
Phoinix 30, 100, 183, 276, A
Phokos 39, 242
Pholos 122 f, 126
Phorkys 47 f
Phoroneus 40, 42, 53, 116, 170, A
Phrixos 74 f, 197, 199–201, 205, 208 f, 238, C
Phrontis 208
Phylakos 267
Phyleus 125, 149
Phytalos 179
Phytios 95
Pinakos 76
Pittheus 174–176, 183, 194, 219, B, K
Pityokamptes 177
Pleiaden 53, 201
Pleistheus 240
Pleuron G
Pluto 53 f, B
Podaleirios 254
Podarkes 131, 246, 268
Poias 162 f, 266 f
Polybos 80–82
Polydegmon 46, 125
Polydektes 46 f, 50, 125
Polydeukes 37, 89–94, 97, 149, 188, 190, 201, 204, 255, F
Polydora 268
Polydoros 34, 76, A, D
Polygyios 113
Polyidos 71 f
Polymede 197
Polyneikes 84, 86, 231–234, 236 f, D
Polypemon 177, 179
Polypoites 189
Polyxena 271, 275
Polyxenos 108, 142, 372,
Porthaon G
Portheus 160
Poseidon 29, 40, 42 f, 46–49, 55, 58, 60, 62–65, 69–72, 75, 86, 91, 98, 107, 109, 114, 129–131, 134, 137 f, 148, 151, 170 f, 173–177, 179, 183–185, 187, 189 f, 195, 197–199, 201, 204 f, 214 f, 228, 235, 241 f, 245 f, 250, 254, 257, 263, 270, 278, A, C, F, I
Poseidon Erechtheus 173
Praxithea 173 f, I
Priamos 131, 246 f, 254, 256, 262, 265, 270 f, 273, 275, 277–279

327

Proitos 44, 51, 66, 71–73, 197, 231 f, 235, 267, A
Prokne 76, 226–229, 239, I
Prokoptas 178 f
Prokris 108, 226, 229 f, I
Prokrustes 178 f
Prometheus 19, 54–56, 62, 123, 137, 140 f, 209
Protesilaos 266–269
Proteus 279 f
Protogeneia C, I
Psamathe 242
Psylla 58
Pterelaos 107 f
Pygmäen 135
Pylades 260 f
Pylaochos 22
Pylartes 22
Pylios 144
Pyrrha 62, 256, C, F
Pyrrhos 257, 278 f, E
Pythia 79, 153

Reitia 121
Rhadamanthys 73, 152
Rhea, Rhea Kybele 54, 92, 204, 209
Romulus und Remus 63

Salmoneus 62–66, 74, 197, C
Sangarios 156, 246
Sarpedon 73
Satyr 37, 43, 163, 224
Schoineus 98
Selene 95, 116, 222, 229
Semele 21–24, 29, 34, 52, 76, 105, 113, 223 f, A
Sibylle 246
Sidero 64 f
Silen 46, 159, 197
Sinis 177, 179
Sirenen 83 f, 124, 141, 159, 213
Sirius 95
Sisyphos 62, 67–73, 74, 90, 113, 126, 176, 218, 222, 251, 276, C
Skamandrios 279
Skiron 177–179, 242
Skylla 138, 182, 213, 246
Sosipolis 171
Spartoi 33, 235
Sphairos 175
Sphinx 78, 82–84, 116
Staphylos 95
Sterope 61 f
Sthenelos 107 f, 110, 208, 237, A, B, H, K
Sthenoboia 44, 72 f
Strophios 260
Sylea 177
Syleus 156 f, 160

Talaos 232 f, C
Talos 215
Tantalos 39, 53–56, 57 f, 62, 77, 154 f, 191, 212, 222, 227, 237, 239, 249, B

Tarchon 264
Taurominion 186
Tauros 185
Taygete 120
Teiresias 79, 84–86, 109 f, 112
Telamon 97, 130–132, 139, 148, 183, 202, 242, 246, 252 f, B, E, K
Telegonos 280
Telemachos 256, 279 f, C
Telephae 30
Telephanes 262
Telephassa 30 f, A
Telephos 151, 235, 240, 258, 262–265
Teneros 36
Tereus 76, 226–230, 239, I
Tethys 36, 241, 244
Teukros 246, 252, E
Teuthras 262–264
Thamyris 222
Thanatos 67 f, 127
Thasos 30, A
Theia 156
Themis 36, 139, 155, 241 f, 245
Theope 173
Thersandros 236
Theseus 15, 41, 72, 87, 93, 97, 130, 132, 146, 151, 169–196, 200, 202, 216, 219–222, 236, 241 f, 247, 255 f, 258, 273, B, F, I, K, L
Thespios 113, 164
Thestios 89 f, G
Thetis 34, 93, 213, 218, 241, 243–246, 248 f, 253, 255 f, 270, 272 f, 275 f, E
Thoas 203, 234
Thyestes 53, 57, 61, 77 f, 107, 237–240, 249 f, B, K
Thyreus 160, G
Tiberinus 64
Tiphys 201, 207
Titan, Titanin 19, 29, 53, 120, 137, 140–142, 156, 189, 209, 211 f, 216, 219, 227, 249
Tithonos 140
Tityos 56, 198, 222
Tmolos 155
Toxeus 95, 160, G
Triptolemos 219
Triton 140, 159, 184, 214 f
Troilos 271, 275
Trophonios 114
Tydeus 232, 234–237, 251, G
Tyndareos 89–93, 148, 190, 240, 249–251, 263, F
Tyndaridai, s. a. Dioskuren 89
Typhoeus 29
Tyro 51, 62–66, 67, 197–199, 241, C
Tyrsenos 264

Udaios 33, 84
Urania 112
Uranos 81

Virbius 195
Volcanus 137

Xenodike 157f
Xuthos C

Zagreus 68
Zetes 202, 206, 228
Zethos 36–39, 76 f, 113, 226, B
Zeus 21, 29–31, 33–35, 36–39, 42, 44–46, 52 f,
55, 57, 59–62, 65, 67 f, 73–77, 79, 83, 85–87,
89–94, 97, 101, 105–112, 115–118, 120, 122 f,
129, 131–134, 136 f, 139–141, 143, 146, 148 f,
153 f, 156 f, 161–165, 171, 174, 178, 183 f,
188–190, 192, 197, 199–202, 205–209, 213 f,
217, 222–225, 227, 232, 234 f, 237–245, 247,
249 f, 252, 254 f, 266, 274, 276 f, 279, A, B,
E, F, H
Zeus Agamemnon 250
— Hekaleios 182
— Herkeios 59
— Laphystios 74, 201
— Meilichios 179, 222
— Phyxios 75
— Soter 117
Zeuxippe I

2. Geographische Namen; Wörter und Sachen

Abdera 128
Achaia 122
Acheles 158
Acheloos 96, 159 f
Acheron 123, 145 f, 149, 191, 207 f
Acherusischer Teich 145
Adler 134 f, 140, 182, 209, 253
Adriatisches Meer 121, 212 f
Affe 156
Ägäisches Meer 174, 187, 192, 255
Agnus 180
Ägypten, ägyptisch 135 f, 274, 279
Aia 200 f, 208 f, 216 f, 219
Aiaia 200 f, 280
Aigina 67, 130, 178, 215, 242, 252
Aigosthena 232
aigle 215
Aigyptos 40
Aisepos 274
Aison 197, 199
Aithiopien 49 f, 78, 83, 136, 140, 228, 274
Aitolien, Aitoler 57, 90 f, 95, 97, 100, 151, 159,
232
Aix 174
Akarnanien 107
Akrai 92
Akrokorinthos 67, 69, 217
Akropolis 169, 174, 187, 192–194, 196
Alalkomenai 251
Albanerberge 195
Albaner 226
Aleion 73
alke 107, 111
Alkyonische Bucht 139
Alpheios 57, 62, 65, 122, 125
Amazonen 41, 43, 72, 130–133, 154, 181, 188,
192–194, 202, 208, 272–274
Ambrosia 55, 201, 206
Ameisen 67, 134, 242
Amyklai 153, 173, 255
Amymone 43
Anaphe 215

anapto 215
Anauros 198
Andania 89
Anthedon 80
Anthemos 137
Antimacheia 132 f
Äolien, Äoler 62
apate 175
Apesas 116
Apfel 98 f, 121, 139–143, 214, 245, 247
Aphidna 93, 188, 190, 247, 258
Apenninische Halbinsel 213
Arabien 40, 140
Ara Maxima 138
Arche s. Truhe 45
archon basileus 96
Areia 32
Ares-Insel 208
Ares-Quelle 38
Argonauten 12 f, 49 f, 65 f, 75, 92, 97, 124,
128, 130, 142 f, 145, 154, 201–216, 219–221,
228, 267, 280
Argos 21, 29, 40–44, 50–53, 57, 71, 73, 97, 107,
110 f, 115–118, 120 f, 126, 129, 133, 137,
146, 165, 170, 181, 186, 190, 195, 231–233,
237, 240, 250, 252, 258, 260 f, 264
Aricia 195
ari-hagne 184
Arimoi 116
Arkadien, Arkader 92, 97, 120–123, 145, 153,
261–264
Armenien 219
Artakia 203
Artemision-Gebirge 120 f
Asine 252
Asopos 36, 217
Asphodelos 88, 276
Athamaner 74
Athen, Athener 23, 86 f, 96 f, 99, 144, 146, 165,
169–183, 187 f, 191–195, 219, 226, 228 f,
253, 261, L
Atlas 140 f

Attika, attisch 14, 37, 43, 93, 108, 165, 169–171,
180, 182, 189 f, 192, 195, 203, 219, 226, 229,
235, 237, 246, 259
Auge 48, 213, 215, 240
aulion 244
Aulis 190, 256, 258 f, 262, 264, 266 f
Aventin 137

Bakchantinnen 224, 227 f
Bakcheion 225
Ball 45, 175
Bär (astrologisch s. Sternbild) 98, 247 f
Bäreninsel 204
Bärenquelle 203
Baum 38, 56, 121, 141, 143, 149, 214, 220 f,
266 f
Bebryker 204
Becher 136 f, 140 f, 179 f, 216, 252
Berg 53, 95, 122, 155
Bestattung 88, 170, 225, 236, 273
Biene 134 f, 222
Bistonen 127 f
Bithynien 204 f, 207
Blind, Blindheit, Erblindung 84–87, 95, 109 f,
205
Blitz 21, 34, 60, 62, 65, 73, 76, 87, 93, 129, 154,
174, 181, 183, 224, 235, 245
Blume 212
Bock, s. a. Ziege 23
Bogen 65, 112, 124 f, 130, 136, 139, 145, 151 f,
162–164, 207, 215, 260, 266 f, 272, 276, 280
bomos 13
Böotien, Boiotia 16, 29, 31 f, 37, 53, 62, 67,
74, 80, 84, 88, 107, 114 f, 147, 150, 152, 156,
200, 209, 235, 251, 258
Borysthenitis 276
Bosporos 205, 207, 213, 215
Brauron 190, 259
Brautraub s. Mädchenraub
Brot 157 f
brotoi 53
Bruderpaar, s. a. Zwillinge u. Dioskuren 46,
57, 77, 92, 156, 160, 231
Brunnen 51, 67, 147, 165, 271
Bunos 217
Budva 35
Buthoe 35
Busiris 136

Cadiz 136
Chalkidike 138
Chalyber 208
Chios 95
Chryse 267, 272, 278
Crau, Plaine de la 137
Cumae 138

Daimon 59, 128, 146, 219
Danaoi, -ae 40
Dardanellenstraße 75
Daulis 226

Delos 187, 229
Delphi 21, 31, 33 f, 44, 74, 78 f, 81, 83, 87 f,
107, 113, 122, 128, 153–155, 162, 170, 174
bis 176, 199, 219, 239, 260 f, 278
Delphin 184
Delphinion 179 f
Dia 186
Diebstahl, Raub 68, 82, 92, 109, 153 f, 157, 261,
267, 277, 279
Dindymene 204
Dindymon 204
Dion 225
diphyes 169
Dirke 39
Diskos 50
Dnjepr 276
Dodona 200
Dolionen 204
Donau 141, 212, 276
Donner 65, 87, 223
Doppelbeil, Doppelaxt 97, 154
Dorier 148, 164
Drache 29 f, 32 f, 57, 71, 78, 142, 200, 208, 210,
214, 219, 234
Dreifuß 112 f, 122, 153
Dreiheit, s. a. Zahl »3«, 36
Dreileib 134, 137
Dreiweg 156
Dreizack 43, 72, 171, 173
Drepane 213
Drios 187
Dryopen 148
Dyros 162

Eber 34, 96 f, 100 f, 122 f, 127, 147, 248
Efeu 76, 224, 246
Ehe, Ehegottheit 78, 92, 106, 109, 155, 169, 214
ehern 21, 44 f, 76, 90, 95, 115, 117, 128, 133,
141, 161, 210, 215
Ei 90, 148
Eiche 75, 93, 200, 210 f, 267
Eisen, eisern 65, 80, 208
Eisvogel 129, 139, 204
Elaia 263
Elaius 119, 268
Eleusis, Eleusinier 14, 143 f, 146, 173, 178 f,
194, 218, 227–229, 236
Eleutherai 37
Eleutheron Hydor 147
Elfenbein 54, 180
Elis, elisch 21 f, 57 f, 64, 108, 122, 124–126,
148 f, 151, 202
Elymoi 138
Elysion 219, 254
Emathion 140
enagismos 13
Encheleis 34
Engonasin 164
Enipeus 64, 198
Ente, Wildente 251 f

Enthaltsamkeit 224
Epaulia 244
Ephesos 156, 194
Ephyra 67
Epidauros 44, 176, 195, 252
Epiphanie 15, 215
Epirus 145, 191, 278
Epope 37
eranos 46, 50
Erdbeben 87, 146, 195, 212
Erde 31, 33, 36, 38, 42, 56, 135, 138, 169, 172 f,
   178, 189, 204, 242, 245
Erdgöttin 54, 141, 172
Erechtheion 171–173
erhängen 86, 195, 204, 243
Eridanos 139, 213
Erineos 179
Ernte 158
Erymanthos 122 f, 147
Erytheia 133, 136, 138–141
Eryx 138
eschara 13
Eschatiotis 228
Esche 36, 40
Eteonos 88
Etrurien, Etrusker 137, 163, 179, 264
Euboia 80, 151, 162, 254, 258
Euenos 91, 160 f
Eule 210
eumolpoi 227
Euripos 80

Fackel 65, 246
Farben rot, purpur 134, 140 f, 180, 182, 184
— safrangelb 259
— schwarz 68, 184, 187, 192, 215
— weiß 29–31, 64 f, 68, 89 f, 92, 184
Feigenbaum 179
Felsen 55 f, 67, 69, 84, 87, 138, 171, 173, 175
   bis 178, 187, 191, 196, 201, 204, 206 f, 210,
   213–215, 223, 254
Feste 60 f, 66, 114, 152, 163, 169, 172, 192, 215,
   232, 280
Feuer 19, 138, 140, 150 f, 163, 181, 210, 244,
   246, 248
Fichte 177, 189, 248
Fisch 131, 220, 244
Fischer 45–47, 50
Fliegen 185
Flöte 29, 114, 182
Flügel, geflügelt 70 f, 73, 84, 90, 94, 133 f,
   139, 206, 228, 274
Fohlen s. Pferd
Freundschaft 189 f, 260
Fruchtbarkeit, Unfruchtbarkeit 39, 74, 141
Fuchs 62, 108, 229
Füllen s. Pferd

Gabier 141
Gadeira 136

gale 110
Gargettos 180 f
Geburt, Geburtsgeschichte 21, 23 f, 29 f, 46,
   70, 96, 105, 107 f, 109–113, 163 f, 171 f, 176,
   182, 188, 208, 239 f, 244 f, 257 f, 262 f
Gedächtnis 36
Genethlion 176
Geraneios-Gebirge 177
Gericht 261
Gesang 76, 84, 129, 141, 158, 213, 220–225, 227
Geschlechtswechsel 85, 189
Geschwisterpaar 74
Getreideschwinge 269
Gift 119, 123, 161 f, 179 f
Gigantomachie 139
Glauke 218
Gold, golden, s. a. Goldener Regen, Goldenes
   Vlies, Goldener Widder 33, 53, 55, 58, 61,
   71, 77, 80, 85 f, 98, 107–109, 120 f, 131, 133,
   136 f, 139–143, 145, 154 f, 184, 197, 199, 207,
   213, 215 f, 219, 229, 238, 245 f, 252, 256, 265,
   267, 274 f
Goldener Regen 45 f
Goldenes Vlies 75, 128, 197–200, 203, 209–211,
   213 f, 217, 237 f
Goldener Widder 197, 237–240
Gorgopotamos 162
Göttermutter 53, 99, 106, 209
Göttliches Kind 29 f, 45, 51, 80, 111, 172, 208,
   216
Gottwerdung 140, 164, 200, 254
Grab 16–18, 21, 24, 35, 39, 44 f, 52 f, 60, 69,
   76, 87 f, 93 f, 112, 114, 116 f, 129, 135 f,
   158, 164, 172, 175, 181, 186 f, 192, 194–196,
   208, 225 f, 232, 236, 240, 242, 254, 261, 268,
   276, 278
Granatapfel 22
Große Göttin 15, 54, 115, 120, 144
Großes Jahr 33, 41, 119, 127
Große Mutter 53, 80, 92, 156, 204
Gründung, Gründerheros s. a. Stadtgründung
   19, 21, 33, 44, 51, 57, 61–63, 67, 89, 169,
   174, 192, 229, 241, 264
Guadalquivir 7, 136
Gürtel 130–133, 175, 197, 250
Gythion 154

Haar, Haartracht 107, 109, 176, 182, 195
Hadesfahrt 144, 196, 220 f
Hadu pylai 134
Hahn 271
Haliartos 16, 115
halkyonische Tage 139
Halos 74 f
Halsband 34, 231–233
Halys 212
Hammer 178 f
harpe 48
Hase 99, 113

Hebros 225
Heilige Straße 179
Heiligtum d. Achilleus 276
— Amazonen 193
— Amphiaraos 235
— Aphrodite 186, 194, 217
— Apollon 36, 83, 121, 154, 179 f, 225, 271, 278
— Ares 71
— Artemis 116, 190, 194 f, 212 f, 238, 258, 266
— Asklepios 265
— Athene 171–173, 175, 215, 262 f, 278
— Demeter 76
— Dionysos 52, 186, 225, 268
— Hekate 217
— Helena 94, 254
— Hera 42, 60, 109, 115, 132, 147, 159, 163, 217–219, 240
— Herakles 113 f, 148, 158
— Hippodameia 61
— Hippolytos 195
— Kabiren 25, 36
— Memnon 274
— Orpheus 225
— Poseidon 58, 70, 135, 219
— Tantalos 54
— Zeus 60 f, 117
Heilung 21, 197, 248, 263–265, 267 f, 276
Hekale, Demos 182
Hekatombaion 179
Hekatombe 267
Helene 188
Helikon 70, 84, 113 f
Hellespontos 75, 203, 215, 246, 268 f, 275
Hengst s. Pferd
Hengsthochzeit 63, 75, 189
Herme 30
Hermione 146, 150, 252
Heroenkult, Heroenverehrung 8, 13 f, 16–21, 23 f, 53, 60, 94, 105, 110, 138, 149, 155, 163, 173, 181, 187, 195 f, 219 f, 232, 249 f, 252 f, 262, 268, 275 f
heros theos 106
Herrin der wilden Tiere 15, 247
Hetären 155
Hettiter 264
Hierophantes 144, 173, 227
Himmel, H.skönig, H.skönigin 29, 36, 38, 42, 50, 54 f, 73, 76, 94 f, 111, 118 f, 142, 159, 164, 181, 184, 186, 188 f, 191, 195, 201
Himmelfahrt 163, 186
Hinken 73
hippos 70
Hippukrene 70, 84
Hirsch, Hindin, Reh 43, 74, 99, 120–122, 139, 141, 153, 212, 221, 259, 263
Hirt, Herde 29–32, 37 f, 41, 46, 63 f, 66, 68, 72, 80 f, 85, 93, 95, 112 f, 131–134, 137 ff, 146, 158, 222, 225 f, 238, 241, 247, 263
Hochzeit 15, 24 f, 31, 33 f, 36, 42, 45–47, 59, 61, 75, 92 f, 98, 109, 113, 125, 127, 133, 137,

155, 164, 175, 187–190, 193, 195, 211, 214, 228, 242–245, 255, 257, 259, 262, 275
Hochzeitsgott 106
Hochzeitskammer 114, 244
Höhle 29, 32, 37 f, 47 f, 108, 116 f, 119, 122 f, 137–139, 144, 199, 209 f, 214, 223, 243, 248
Holz 96, 100 f
Hölzernes Pferd 277 f
Honig 71, 222, 275
Horn, Geweih, gehörnt 31, 68, 120–122, 159 f, 263
Hund 22, 55, 64, 83, 89, 95, 99, 108, 116, 118, 133, 137, 141, 143–147, 229 f, 246
Hundertarmig 174, 246
Hut, Kappe, Mütze, Pilos 32, 47–50, 90, 94, 180, 264
Hydra 118 f, 123, 133, 141, 145, 156
Hydrophoria 215
Hyllos 158
Hymettos 181
Hyperboreer 49, 121, 141, 149, 207
Hyria 258

Iardanos 155
Ida-Gebirge, Idäisch 53, 60, 105, 183, 241, 246 ff, 278
Ikarisches Meer 185
Ilion, Ilios s. Troja
Ilissos 228
Illyrien, Illyrier, illyrisch 24, 34 f
Inachos 29, 40 f, 170
Insel 186, 200, 202, 207, 214 f, 255, 266 f, 275 f
Insel der Abendröte 136 f
Insel der Seligen 24, 35, 141, 219
Iolkos 66, 69, 127, 197–199, 201 f, 214, 216 bis 218, 238, 243, 245
Ionier, ionisch 35, 106
Ionisches Meer 212 f
Irasa 135
Ischia 156
Ismenion 36
Ismenos 36
Ister 141
Isthmos 57 f, 60 f, 67–69, 130, 138 f, 144, 149, 176 f, 195, 219, 228, 234
Isthmische Spiele 69, 117, 149, 151, 234
Istria 121, 212
Istros 212
Italien, italisch 138, 163, 195, 227, 279
Ithaka 250, 256, 280
Ithyphallisch s. Phallos, phallisch

Jaffa 49
Jagd, Jagen, Jäger 16, 19, 32, 38, 95–101, 113, 116, 121, 160, 181, 194, 197 f, 208, 221, 229 f, 243
Jenseits s. Hades, Unterwelt, Totenreich

Kabirion s. Heiligtum
Kadmeia, Kadmeer 25, 29, 32, 37, 82 f, 115, 150, 234

332

Kaikos 264
Kalb s. Rind
Kallichoros 208
Kalliste 215
Kalydon, k.ische Jagd 95–101, 159, 201, 242
Kaphareus, Kap 254
Karien 73
Kaukasos 7, 141, 197, 200, 209, 212
Kelainai 158
Kelenderis 176
Kenaion 162
Kenchreai 177
Keos 88
Kephale 229
Kephalos 229
Ker 274
Kerkyra, Melaina 213
Keryneia 120, 139, 141, 153, 212
Kessel 54, 153, 161, 216 f, 227, 238, 248
Keteioi 264
Keule 83, 108, 113 f, 117, 119, 130, 137, 139,
    150, 152, 154 f, 157, 159 f, 177, 186
kibisis 47–50
Kilikien 30
Kiste s. Truhe
Kisthene 48
Kithairon 37, 79, 81, 85, 88, 113 f, 232, 236
Kleinasien 44, 53, 59, 71–73, 75, 106, 130, 156,
    158, 192, 241, 254, 262–264
Kleite 204
Kleonai 117, 149
klytopolos 126
Knabenliebe 77, 79, 224
Knäuel 185
Knossos 16, 37, 181, 183 f, 217
Kolchis 66, 75, 128, 197, 200, 208 f, 212–214,
    218
Kolonos 87, 190
König, Königtum 65, 68, 96, 237 f, 246
Korb 144, 172
Korčula 213
Korfu 213
Korinth, Korinther 34, 37, 57, 67, 69–73, 80 f,
    116, 138, 176, 217 f, 252
Korn 19, 170
Korydallos 179
Korykisch 212
Kos 105 f, 132–135, 138, 154 f
kosmos 33, 39
Kranae 255
Kranich 177, 181, 233
Kranz, Bekränzung 117, 143, 149, 182, 184 f,
    219, 254
Krebs 119
Kreta, kretisch 16, 29, 37, 51 f, 55, 71, 73, 97 f,
    105, 108, 129 f, 152, 181–184, 186, 191,
    193 f, 198, 200, 206, 209, 214, 229 f, 255, 279
Kriegsgott s. Ares
Krim 259
Krisa 260

Krokus 212
Krommyon 177
Kuh, kuhgestalt 29–32, 34 f, 41, 63, 108,
    114, 124, 134, 157, 250, 266 f
Kult 11, 13–15, 17, 20 f, 24, 216
Kultgegenstand 144, 154
Kuppelgräber 17
Kureten 90, 97, 100
Kydonia 105
Kyllene 85
Kyrene 135, 222
Kythera 240
Kyzikus 203 f

laas, laos 169
Labyrinthos 181 f, 184–186, 191, 217
Ladon 121
Laketer, Kap 132
Lakonien 90–93, 154, 190, 247, 255
Lamm s. Schaf
Lanze 58, 117, 129, 133 f, 177, 245, 252 f,
    257, 265, 272, 274, 280
Lapithen 61, 122, 148, 188 f
Lapithos-Gebirge 61
Larissa 40, 42, 50, 71
Laute 36, 38
Leber 140, 209, 222
Lechaion 70
Leier 36, 38, 57, 187, 214, 220–222, 225
Lemnos 180, 202 f, 234, 266 f, 276
    Lemnisches Übel 202 f
Leokorion 173
Lerna 21–23, 41–43, 52, 118–120, 121, 133, 141,
    145
Lesbos 53 f, 225, 271
Leuke 275 f
Libethra 224 f
Libyen 40, 135 f, 139, 214, 279
Ligurien, Ligurer, ligurisch 137, 270
Lindenbaum 209
lithos sophronister 150
Lokris 253 f, 279
Lokroi 35
Lorbeer 137
Löwe (im Tierkreis s. Sternbild) 34, 72, 83 f,
    98 f, 113 f, 116–118, 119 f, 126 f, 155, 157,
    210, 221, 224, 232, 244, 248
Löwenfell 114, 118, 135, 141, 146, 176, 253
Lucus Nemorensis 99
Lydien, Lyder 39, 53, 73, 77, 154 f, 157 f
Lykabettos 169
Lykien 44, 71–73, 207, 264, 275
Lykormos 91, 160
Lyrkeia 42
Lyrnessos 272

Mäanderfluß 158
Mädchenraub, Frauenraub, Knabenraub 54 f,
    58, 77 f, 91–93, 125, 151, 160 f, 181, 187 f,
    190 f, 193, 228, 271

333

Magnesia 198
Mahl, Gastmahl, Totenmahl 46, 54, 93, 100, 112, 170, 180, 203, 227, 239, 244 f, 252, 261
Makaria 165
Makedonien 128, 138, 157, 221, 223 f
Makris 213
Malis, malisch 162
Malea, Kap 122
Malve 88, 95
Mänaden 37 f, 52, 143
Marathon 130, 165, 180–183, 189
Märchen 14 f
Mariandyner 207 f
Marmarameer 128, 204, 274
Mases 252
Maultier 82, 117
Mauretanien 137
Meder 219
Meer, Meergott 22, 47, 64, 69 f, 73–75, 80, 90 f, 94, 142, 174, 178, 182–184, 195, 206 f, 215, 224 f, 228, 242, 246, 248, 254, 263, 275, 278–280
Meerungeheuer 49, 131
Megara 177 f, 182, 192, 226, 228, 252
Melantische Felsen 215
Meles 224
Melos 73
Memphis 136
Mensch, Menschengeschlecht (mythologisch) 23, 63, 67, 84, 95, 140, 169, 241 f, 245
Meroper 133
Messenien 89–93, 97, 151, 199, 201, 255
Metall 19
Metapont 63
Milch 64, 111, 215, 269
Milchstraße 111
Minya 200
Minyer 114, 200–202, 209
Molorchia 117
Molosser 191, 278
Mond, Neumond, Vollmond 30–32, 37, 41, 47, 92, 94 f, 109, 116, 192 f, 211 f, 217, 222, 229 f, 244, 258, 263, 280
Monosandalos 198
Monte Circeo 213, 280
Monte Gargano 252
Mord, Brudermord, Kindermord 36, 41, 58, 63, 65, 72, 77 f, 81 f, 93, 100, 151–154, 161, 179 f, 202 f, 212 f, 219, 237 f, 242 f, 260 f, 263, 273 f
Mossyner 208
Muttermal 33, 55, 64
Mütze s. Hut
Mykenai, Mykenäer, mykenisch 14–17, 21, 29, 43 f, 51–53, 57, 107 f, 110 f, 115–118, 120, 122–126, 128, 130, 132, 139, 143, 147, 164 f, 226, 237–240, 245, 249 f, 255, 260, 278
mykes 51
Myli 42
Myrmidonen 242, 272

Myrte, Myrtenholz 59, 175, 194
Myrtoisches Meer 60
myrtos 59
Mysien 204, 262–264, 271 f
Mysterien 24 f, 30 f, 87 f, 143 f, 171 f, 194, 203, 224, 227–229, 239
Mythos 14 f, 18, 20

Nacht 41, 47, 90, 109, 133, 140 f, 190, 211, 221, 244, 262
Nachtigall 76, 225–227
Nauplia 43
Naxos 186 f, 229
Nea 267
Nektar 55
Nemea 77, 114, 116–118, 119 f, 126, 156, 210, 234
    Nemeische Spiele 117, 234
Nemisee 99, 195
Nektar 55
Nil 29, 40, 135, 279
Nordafrika 135

odyssomenos 251
Ohr-Empfängnis 110
Oichalia 89, 151 f, 154, 156, 161
oichomenoi 151
Oinoe 37, 120 f
Oinone 67, 247
Oita 148, 161–163, 266
Ölbaum, Olivenzweig 113, 121, 149, 170–172, 195
Olenos 125
Olympia 57, 60 f, 66, 73, 77, 105, 117, 121, 124 f, 132, 142, 149, 171, 276
Olympische Spiele 149
Olympos 11, 65, 73, 94, 105, 110, 112, 129, 134, 138, 163 f, 206, 220–222, 225, 237, 275
Omphalos 142, 155
Onchestos 67, 114
Opfer 13, 22 f, 32, 38, 42, 54, 59 f, 63, 65, 68, 71, 74 f, 85 f, 96, 99, 105–107, 110, 116 f, 130, 133, 136, 149, 157, 162, 165, 173 f, 179–183, 185, 187, 195, 198, 200 f, 208, 212, 216 f, 221, 223, 237–240, 242–244, 254, 258 f, 261, 265–269, 271, 273, 275, 278 f
Opus 254
Orakel 31 f, 44, 49, 58, 74, 78 f, 81, 83, 87, 107, 131, 136, 153, 161, 170, 173–175, 198 f, 217, 225, 232, 234 f, 238 f, 252, 256, 260, 263 f, 276
Ordnung, Regel, Gesetz 36
Ormenion 148
Oropos 235
orphne 221
Ortygia 91
Otranto 254

Paestum 109, 159
Pagasai 128, 197, 200, 216
palamai 256

Palästina 49
Palladion 277, 279
Pallene 138, 169, 180
Panathenäen 172, 192
Pangaion-Gebirge 224
Panther 198
Paphlagonien 212
Paphos 155
Pardel 99
Parnaßgebirge 68 f, 208, 226, 260
Parnes-Gebirge 181
Paros 182
Parthenion-Gebirge 98, 120, 262 f
Parthenon 171, 257
Patara 264
pege 70
Peirene 70
Peirithoidai, Demos 189
Pelion 122, 157, 189, 197, 200, 209, 242–244, 248
Pellana 90
pelogonos 32
Peloponnesos 14, 23, 53, 57, 60 f, 64, 66, 73 f, 108, 124, 126, 130, 134, 144, 148, 164, 174, 197, 222, 237
pelos 242
Peneios 125
penelops 251
Pentelikon 180
penthos 273
Pephnos 90
Pergamon 262, 265
Perkote 204
Perlhuhn 101
perramos 246
Perseia 51
Pfeil 72, 98, 100, 119, 123, 134, 136 f, 150, 153, 160 f, 164, 194, 254, 261, 272, 274 f
Pferd, Roß, Füllen, Stute, Hengst, Fohlen 22, 37, 46–48, 50, 57 f, 60–64, 69–73, 75, 77, 82, 84, 89–92, 98, 126–129, 131, 133, 135, 140, 149, 151 f, 189, 194 f, 233, 245, 250, 256 f, 271, 277 f
Pflanze 23, 42, 63, 177
Phaistos 37, 105, 279
Phaleron 187
Phallos, phallisch 30, 106, 232
Pharos 279
Pharsalos 246
Phasis 200, 208 f, 211 f
Pheneos 153
Pherai 127, 199
Phikion-Berg 82 f
Phlegräische Gefilde 138
Phlegyer 31
Phlius 67
Phokis 31, 39, 79, 81, 108, 260
Pholoe 61, 122 f
Phönizien 30, 40, 76, 105, 279
Phrygien, phrygisch 23, 53, 158, 162, 246, 262

Phthia 242–244, 246, 248, 266 f, 272
Phylake 267, 269
Pierien 221
Pilos s. Hut
Pinien 200
Pisa 57, 60, 62, 77, 80, 189
Pithekusai 156
Plakos 272
Planktai, Plankten 201, 213
Plegades 201
Pleuron 89, 97, 100, 159
Pnyx 193
Po 213
Polion 53
politeia 192
Pontinos 118
Pontos Euxeinos 130, 276
Potniai 69, 79, 81, 126
Prasiai 203, 229
priamai 131
Propontis 62, 203
Psophis 122
psychostasia 274
Ptelea 229
Pteleon 229
Pylos 16 f, 66, 134–136, 144, 153, 197, 201, 255, 279

Quelle 32, 36–38, 43, 47, 51, 67, 70, 85, 89, 95, 118 f, 128, 141, 156, 158, 165, 170 f, 173, 203 f, 214, 218, 234, 247, 263, 266

Rad 222
Regen 42
Reggio 138
Reinigung 71 f, 134, 144, 150 f, 153, 163, 179, 213, 273
Rhamnus 254, 257
Rhegion 138
rhegnynai 138
Rhipäische Berge 141
Rhodanos 213
Rhone 213
rhytor toxon 151
Riese 33, 91, 93, 120, 135 f, 138 f, 204, 215, 253
Rind 67 f, 71 f, 92 f, 108, 133–139, 146, 189 f, 213, 256, 275
Ring 183 f
Ringkampf 112, 117, 127, 133, 135 f, 138, 140, 144 f, 178, 186, 243 f
Ritus 15 f, 21, 106, 163, 216, 224, 231
Robbe 242
Rom, Römer, römisch 137 f, 195, 227, 241
Roß s. Pferd
Rotes Meer 140

Sage (Saga) 15, 20
Saitenspiel 112, 248
Salamis 97, 130, 178, 183, 228, 242, 246, 252 f, 275

335

Salmona 62
Samos 97
Samothrake 24 f, 30 f, 33, 36, 203, 224
Sandalen s. Schuh u. Monosandalos
Sangarios 246, 273
Santorin 215
Sardes 154
Sardinien 114 f, 164
Saronischer Meerbusen 67, 195
Schaf, Lamm, Widder 22, 59 f, 64, 74 f, 94, 105, 117, 132, 197, 217, 237 f, 240, 267, 271, 275
Schaukel 195
Scheiterhaufen 21, 151, 157, 162–164, 233, 236, 266, 273, 275
Schicksal, Sch.sgöttin 20, 24, 128, 223, 250, 255, 270, 274, 277
Schild 44, 48 f, 133, 137, 252 f, 257
Schildkröte 177
Schlaf, s. a. Traum 132, 139
Schlange 22, 24, 32–35, 72, 76, 78, 83, 85 f, 90, 111, 116, 118–120, 121, 127, 134, 140–145, 147, 155 f, 159, 169, 171–173, 178, 191, 200, 210 f, 214, 216, 219, 222, 229, 234, 244, 254, 263, 266 f, 278
Schlangenhochzeit 127
Schmied 178–180
Schönheit 36
Schrift 17, 68 f, 76, 112, 256
    Mykenische Schrift 16, 115
Schuh, ein Schuh, Flügelschuh, s. a. Monosandalos 47, 49 f, 154, 175 f, 180, 198 f, 217
Schwalbe 226 f
Schwan 90, 128 f, 228, 233, 270
Schwangerschaft 62, 69 f, 109, 246, 257
Schwarzes Meer 124, 130, 193 f, 200, 202, 207, 212, 238, 276
Schwarzpappel, Weißpappel 143, 149
Schwein, Sau, Ferkel 177, 181, 213
Schwert 32, 48, 78, 112, 117, 133, 144, 146, 159 f, 176 f, 180, 186, 206, 274, 279
schwimmende Kiste, Truhe, schw.er Trog, s. Truhe
Schwur, Meineid 68, 200, 205, 250, 255
Seher, S.tum 62, 71 f, 85, 205 f, 233, 235, 266 f
Sele 109, 159
Sellerie 117, 234
Sepias akte 244
Seriphos, Seriphier 45–47, 50
Sichel 119, 131, 158, 213
Sieben gegen Theben 12–14, 99, 231–236, 251
Sigeion, Kap 275
Sikyon 37, 80, 105 f, 232, 240
Silber 86, 148, 207, 210, 215, 244, 266 f, 272, 280
Sinope 208
Sintflut, Überschwemmung 49, 62, 116
Sipylos 53–55, 58
Sizilien 92, 138, 213
Skäisches Tor 271, 275, 277

Skamándros-Fluß 246
Skarphe 88
Skorpione 229
Skyros 195 f, 256 f, 276
Skythisch 132, 137, 140 f, 152
Smyrna 53, 224
Solymer 72
Sonne 39, 47, 51, 56, 86, 167, 184 f, 199 f, 205, 216, 219, 224, 238 f
Sonnengott s. Helios
Sonnenkind, Sonnenknabe 51, 77
Sonnenwagen, Sonnenbecher 136 f, 140 f, 216
Spargel 177
Sparta, spartanisch, Spartaner 16, 22, 35, 37, 51, 84, 89–94, 115, 138, 148, 153, 164, 173, 180, 188, 190, 240, 250, 255, 261, 279
Speer 72, 84, 93, 100, 225, 229 f, 252, 257, 277 f
sphaira 175
Sphairia 175
Sphettos 180
Spindel, Spinnen, Spinnrocken 69, 155, 185, 277
Stadtgründung, s. a. Gründung 14, 32, 38 f, 51, 53, 64, 66, 74, 89 f, 117, 128, 153, 197, 277
staphyle 95
Stein, Steinigung 32 f, 35, 38, 49, 51, 53, 55 f, 69, 93, 137, 139, 144–146, 155, 169, 175, 177, 186, 203, 211, 215, 220, 222, 225, 235, 252, 266, 279
Stern, Sternbild, Gestirn 50, 55, 94, 156, 163 bis 165, 174, 184, 186, 195, 201, 209 f, 212, 225, 238
Stier 14, 29, 38 f, 41, 63, 71 f, 105, 129 f, 157, 159, 180–183, 184–186, 195, 210, 212 f, 250, 267, 278
Stierhochzeit 29
Stoa Poikile 193
Strophades 206
Strymon 223, 228
Stummheit 227, 263
Stute s. Pferd
Stymphalos 123 f, 145, 208, 242
Styx 145, 248
Sumpf 95, 98, 118, 122, 123 f, 145
Sünde, Frevel 54 f, 151–154, 185, 253, 258
Sunion, Kap 188
Syleus 157
Symplegades 201, 213
synoikia, synoikisis 169, 192
Syrtis 214

Tainaron 144, 191, 201, 222
talanta 54
Tanger 136
Tantalos (Teich) 53
Tantalos (Berg) 54
Tanz, Tanzplatz 122, 186 f, 240, 244, 263
Taphier 107–109
Tartessos 136 f, 139
Taube 201, 206 f
Taurische Halbinsel, s. a. Krim 259, 261, 276

Taygetos 90, 93, 120, 122

Tegea 190, 237, 240, 262 f

teirea 84

Teleboer 107–109

telete 268

telos 42

Tempel s. Heiligtum

Tempelbrand 36

Tempe-Tal 222

Tenedos 270, 278

Teneros 36

Teumessos 108, 229

Teuthrania 262–264

Thasos 30, 105

Thebe 272

Theben, Thebaner, thebanisch 14, 16, 21, 23
bis 25, 29 f, 32–35, 36–40, 44, 51, 53, 61 f,
76–79, 81–83, 86, 88 f, 97, 105, 107–115, 116,
149–151, 154, 164, 182, 192, 195, 210, 217,
220, 224, 226, 236 f, 241, 251 f

Theben (Ägypten) 274

Themiskyra 133, 193

Thera 215

Therapne 94, 254

Thermodon 130 f, 208

Thermopylai 156

Theseion 173, 193, 196

Theseis 176

Thespiai 113 f

Thesproter 191

Thesprotos 240

Thessalien 50, 61 f, 66, 71, 74, 97, 115, 122,
127 f, 148, 151, 162, 188, 190, 197, 199 f, 209,
222, 242, 248, 266

Thestia 90

Thetideion 246

Thorikos 229

Thrakien, Thraker, thrakisch 24, 31, 126–129,
133, 155, 173 f, 202, 205, 222–229, 270

Thron 199

Thymbra 271

Thynias 207 f, 215

Thynier 205

thysia 13

Tibarener 208

Tiber 64, 137

Tier 23, 42, 63, 221

Tierkreis, s. a. Stern, Sternbild 118 f, 159

Timavus 121

Tingris 136

Tiryns 42 f, 51, 57, 66, 71–73, 107, 110 f, 115 f,
118, 126, 130, 144, 147, 150, 152 f, 161, 231

Tithoreia, Thitoreer 39, 76

Tmolos 53, 155

Tod 20 f, 24, 67 f, 97 f, 101, 117, 119 f, 123,
126 f, 129, 141–143, 148, 154, 158, 241 f,
210 f, 216, 222 f, 259, 266, 274, 276, 280

Todesgott, s. a. Hades 152, 277

Tontäfelchen 35

Totenkult 17, 20

Totenreich, s. a. Hades, Unterwelt 13, 21–23,
68, 85, 87, 118, 124 f, 137, 143–147, 149, 159,
195, 201, 205, 221–225, 276

Trachis 148, 151, 160–162

tragodia, Tragödie 23, 34

Traube, s. a. Weinstock, Weinrebe 95, 97, 269

Traum, s. a. Schlaf 47, 71, 117, 186 f, 199 f,
215, 225, 246, 276

Tremiti, le isole 252

Tretos 116

Trikorythos 237

Trinakria 213

triselenos 109

Tritonis 48, 214 f

Troizen 146, 174–176, 194 f, 219, 252

Troja 54, 93, 130–132, 148, 163, 190, 192 f,
241–248, 249–257, 264, 266–268

Trojanischer Krieg 12, 66, 130 f, 202, 224, 232,
236 f, 241–248, 249–257, 258, 262, 265 f,
270–280, L

Trompete 52

Truhe 45 f, 64, 80, 203, 264

Tyrier 106

Tyrrhenien, Tyrrhenisches Meer 137, 213, 280

Uhu 146

Ulme 143, 229, 268

Ungeheuer (s. auch Meerungeheuer) 49, 78,
82 f, 131, 210 f, 230, 266

Unsterblichkeit 111, 139, 182, 218 f, 225, 229,
235, 248, 252, 274 f

Unterirdisch 45, 86, 94 f, 123 f, 172, 184, 186,
199, 206, 212, 226 f, 268

Unterwelt 11, 13, 17, 21–25, 32, 34 f, 42, 46,
52, 56, 65, 68 f, 76, 83, 85, 86 f, 95, 100 f,
106, 110, 116–118, 121, 123–127, 131, 133,
140, 143–148, 150, 152, 158 f, 161, 164, 173,
176–179, 181, 186, 188 f, 191, 196, 198, 201 f,
205–207, 210 f, 216, 219–224, 226–228, 233 f,
239, 242, 248, 250, 253, 255, 268, 273, 276,
280

Urbild 11

Urfrau 36, 40, 90, 95, 241

Urmensch 32, 40, 42, 53, 68, 89, 116 f, 170

Veilchen 152

Veneter 121

Verkleidung 133, 155, 180

Versteinerung 50, 52

Verwandlung 62, 76, 85, 140, 146, 189, 226
bis 228, 244

Vielköpfigkeit 7a, 118, 133 f, 137, 141

Vitalia 138

vitulus 138

Vogel 15, 76, 85, 90, 101, 123, 129, 134, 182,
208, 220, 226–228, 274

Volo 197

Wacholder 211

Wagen, Gespann, Wagenlenker 34, 55, 58–61,
65, 91, 98 f, 112, 119, 141, 163, 180, 219, 235

337

Wahnsinn, Raserei 34, 39, 66, 74 f, 78, 86, 98, 149–153, 162, 189, 219, 223, 227, 231, 253, 256

Wahrsager, Wahrsagerei 36, 79, 85, 97, 136, 143, 197, 202, 207, 211, 246, 252, 276

Wasser, Gewässer 41–43, 51, 56, 64, 80, 95, 118 f, 140, 160 f, 170 f, 204, 215, 218, 222, 228, 244, 248

Weide 143

Wein 19, 57, 86, 95 f, 122 f, 127, 142, 158, 189, 203, 225, 244, 275

Weinberg 67, 97, 156 f, 160

Weingott s. Dionysos

Weinlese 187

Weinstock, Weinrebe 23, 76, 95, 157, 204, 264 f

Weltraum 56

Wettkampf 58, 60 f, 68, 91, 98, 105, 135, 149, 151 f, 154, 158 f, 170 f, 185, 203, 210 f, 215, 234, 238, 243, 269

Widder s. Schaf

Widderhochzeit 75

Wiedehopf 226 f

Wiesel 110

Wind 62, 74, 126, 141, 228

Wolf 37, 41, 68, 121, 207, 256

Wunde, Verwundung, Unverwundbarkeit 43, 50, 97, 123, 129, 133 f, 145, 161, 190, 235, 248, 252–254, 264 f, 267, 276

Xanthos 245 f

Zahlen: »3« 36, 43 f, 47 f, 51, 97 f, 109 f, 118 f, 131, 134, 137 f, 141, 145, 214, 223 f, 244, 247, **272**
»4« 34, 40, 57, 61, 92, 126, 137, 141, 174, 244

»5« 33, 60, 118, 247

»6« 61, 85, 108, 174, 204

»7«, s. a. »Sieben gegen Theben« 33, 36, 39, 44, 71, 85, 176, 183, 217 f, 223, 260, 272

»8« 33, 108, 119, 150, 229

»9« 36, 47, 72, 99, 118, 136, 183, 214, 266, 271 f

»10« 111, 120, 255 f, 266, 272, 279 f

»11« 273

»12« 58, 111, 116, 118–120, 134, 149, 152, 171, 197, 273

»13« 58, 61

»14« 183, 217 f

»17« 275

»20« 148

»30« 117, 119

»48« 42

»49« 41

»50« 40 f, 113 f, 118, 145, 180, 201, 210, 234, 237, 246

»100« 114, 118

im allgemeinen 256

Zauber, Zauberin 71, 75, 142, 161, 179, 201, 209–213, 215–218, 229

Zepter 57, 61, 199, 237, 240

Zerstückelung 54, 212, 216 f, 224, 227, 237

Ziege, Zicklein, Bock 54, 72, 95 f, 174, 208, 239 f

Zweigeschlechtigkeit 169

Zwerge 135

Zwiebel 177

Zwillinge 36, 40, 44, 62–66, 89, 91–94, 109–111, 114, 120, 148 f, 151, 197, 201 f, 206

Zypern 136, 186, 279

Zypresse 264

Inhalt

Vorwort 7
Einführung 11

Erstes Buch

   I. Kadmos und Harmonia 29
   II. Die thebanischen Dioskuren 36
   III. Danaos und seine Töchter 40
   IV. Perseus 44
   V. Tantalos 53
   VI. Pelops und Hippodameia 57
   VII. Salmoneus, Melanippe und Tyro 62
   VIII. Sisyphos und Bellerophontes 67
   IX. Phrixos und Helle 74
   X. Oidipus 76
   XI. Die spartanischen Dioskuren und ihre Vettern . . 89
   XII. Meleagros und Atalante 95

Zweites Buch: Herakles

   Einleitung 105

   I. Die thebanischen Geschichten 107

     1. Abstammungsgeschichten 107
     2. Die Geburt des Heros 109
     3. Die Jugendgeschichten 113

   II. Die zwölf Arbeiten 116

     1. Der Löwe von Nemea 116
     2. Die Schlange von Lerna 118
     3. Die Hindin von Keryneia 120
     4. Der Eber von Erymanthos 122
     5. Die Vögel vom Stymphalossee 123
     6. Die Stallungen des Augeias 124
     7. Die Rosse des thrakischen Diomedes 126
     8. Der Stier des Minos 129
     9. Der Gürtel der Amazonenkönigin 130
     10. Die Rinder des Geryoneus 133
     11. Die Äpfel der Hesperiden 139
     12. Der Hund des Hades 143

   III. Taten und Leiden nach den zwölf Arbeiten 148

     1. Der Kallinikos 148
     2. Der Wahnsinnige 149

3. Der Frevler 151
4. Der Frauendiener 154
5. Retter von Hera und Deianeira 158
6. Das irdische Ende 161

Drittes Buch

   I. Kekrops, Erechtheus und Theseus 169
  II. Iason und Medeia 197
 III. Orpheus und Eurydike 220
 IV. Tereus, Eumolpos und Kephalos 226
  V. Amphiaraos und die Heroen des Thebanischen Krieges . 231
 VI. Atreus und seine Dynastie 237
 VII. Das Vorspiel zum Trojanischen Krieg 241
VIII. Die Heroen des Trojanischen Krieges 249
 IX. Iphigeneia und ihre Geschwister 258
  X. Telephos 262
 XI. Protesilaos und Laodameia 266
 XII. Achilleus und der Ausklang des Trojanischen Krieges . 270

Anhang

1. Stammbäume 283
2. Anmerkungen zur Einführung 301
3. Schlüssel der Abkürzungen 302
4. Nachweis 305
5. Index 321

Sir Galahad

Mütter und Amazonen

Die erste Kulturgeschichte des Weiblichen, brillant formuliert, geschrieben mit profunder Sachkenntnis von der geheimnis umwitterten Autorin einer Dame des Wiener Gesellschaftslebens.
Sie verbirgt sich beziehungsreich hinter dem Namen des letzten Gralsritters.
Ihrem Buch kommt heute, zu Zeiten der verschiedensten Frauenemanzipatorischen Bestrebungen größte Bedeutung als einem Grundlagenwerk zu.

328 Seiten, Leinen

HERBIG

Lexikon der Antike

Ein umfangreiches Nachschlagewerk über die Welt der Antike, alphabetisch angeordnet und zusammengefaßt in Abteilungen, von denen jede für sich ein abgeschlossenes Lexikon darstellt. Mit Literaturangaben, zahlreichen Abbildungen und Karten.
3071–3083

dtv Lexikon

Ein Konversationslexikon in 20 Bänden.
Jeder Band ca. 320 Seiten; mit insgesamt über
100 000 Stichwörtern von A bis Z,
5600 Abbildungen und 32 Farbtafeln.
Dieses handliche Nachschlagewerk wurde vom
Deutschen Taschenbuch Verlag nach den
lexikalischen Unterlagen des Verlags
F. A. Brockhaus erarbeitet.
Bei den zahlreichen Neuauflagen und Nachdrucken werden laufend aktuelle Ergänzungen eingearbeitet.
3051–3070